高等院校经济与管理核心课经典系列教材

INTERNATIONAL TAXATION

国际税收

(修订第三版)

饶友玲　李月平　张志超　主　编

首都经济贸易大学出版社

·北京·

图书在版编目(CIP)数据

国际税收/饶友玲,李月平,张志超主编.—3 版.—北京:首都经济贸易大学出版社,2011.7

(高等院校经济与管理核心课经典系列教材)

ISBN 978-7-5638-1183-0

Ⅰ.①国… Ⅱ.①饶… ②李… ③张… Ⅲ.①国际税收—高等学校—教材 Ⅳ.①F810.42

中国版本图书馆 CIP 数据核字(2004)第 127145 号

国际税收(修订第三版)

饶友玲 李月平 张志超 主编

出版发行	首都经济贸易大学出版社
地　　址	北京市朝阳区红庙（邮编100026）
电　　话	(010)65976483　65065761　65071505(传真)
网　　址	http://www.sjmcb.com
E - mail	publish@cueb.edu.cn
经　　销	全国新华书店
照　　排	首都经济贸易大学出版社激光照排服务部
印　　刷	北京大华山印刷厂
开　　本	787 毫米×980 毫米　1/16
字　　数	552 千字
印　　张	25.75
版　　次	2005 年 2 月第 1 版　2008 年 7 月修订第 2 版 **2011 年 7 月修订第 3 版**　2011 年 7 月总第 5 次印刷
印　　数	17 001～22 000
书　　号	ISBN 978-7-5638-1183-0/ F·682
定　　价	39.00 元

图书印装若有质量问题,本社负责调换

版权所有　侵权必究

出版总序
（2009年版）

　　经济领域竞争的实质,是人才的竞争;而人才的培养,有赖于教育,尤其是培养高素质专业人才的高等教育。目前直至今后相当长的一个时期内,我们还缺乏一大批理念先进,勇于创新,善于管理,精通业务,既熟悉现代市场经济运行规则,又精通专业知识,适应国内经济发展和国际竞争需要的高级经济类、管理类专业人才。

　　教育是当代科技生产力发展的基础,是科学技术转化为现实生产力的条件,是培养高素质专门人才和劳动者的根本途径,也是实现管理思想、管理模式、管理手段现代化的重要因素。

　　人才的培养离不开教材,教材是体现教学内容的知识载体,是进行教学的基本工具,更是培养人才的重要保证。

　　教材质量直接关系到教育质量,教育质量又直接关系到人才的培养质量。因而,教材质量与人才培养质量密切相关。

　　正是由于教材质量在实施科教兴国的发展战略中具有十分重要的作用,我们在策划与组织编写本套教材的过程中倾注了大量的心血、人力和物力。

　　我们希望奉献给广大教师、学生、读者的是一套经得起专家论证和实践检验的经济与管理类各专业核心课精品系列教材。

　　在策划和编写本套教材的过程中,我们始终贯彻精品战略的指导思想,使之具有如下特点:

　　第一,以全面推进素质教育为着眼点,以教育部《普通高等教育教材建设与改革的意见》为指导,面向现代化,面向未来,面向经济全球化,充分考虑学科体系和知识体系的完备性、系统性和科学性,同时兼顾教材的实用性和可读性,以适应教学和教材改革的需要,适应国内外经济发展的需要,适应培养高素质、创新型、复合型专业人才的需要,并力求教材具有体系新、内容新、资料新、方法新的特点。

　　第二,在广泛调查研究的基础上,通过多所国内著名高等院校一批有着丰富教学经验的专家教授论证和推荐,优化选题,优选编者。参加本套教材论证和编写的专家教授分别来自北京大学、清华大学、中国人民大学、中国政法大学、对外经济贸易大学、复旦大学、上海交通大学、首都经济贸易大学、东北财经大学、西南财经大学、中南财经政法大学、上海财经大学、天津财经大学、武汉大学、南开大学、天津商学院、南京大学、华中科技大学、北京科技大学、厦门大学、北京工商大学、四川大学、中央财经大学等多所国内著名高等院校。

第三，在选择教材内容以及确定知识体系和编写体例时，注意素质教育和创新能力、实践能力的综合培养，为学生在基础理论、专业知识、业务能力以及综合素质的协调发展方面创造条件。在确定选题时，一方面考虑了当前经济与管理类各相关学科发展和实践的迫切需求，一方面又贯彻了教育部关于专业核心课的设置及素质教育的要求；除传统课程外，在充分学习和借鉴国外经典教材的基础上，编选了部分带有前沿性、创新性的专业教材，以利于中外高等教育在课程设置方面的接轨。

第四，考虑到培养复合型人才的实际需要，本套教材突破了原有的较为狭隘的专业界限和学科界限，在经济学和管理学两大一级学科的统领下，广纳多个分支学科的基础课、专业基础课、专业主干课教材。这些分支学科和专业包括工商管理、经济学、金融学、人力资源管理、物流学、广告学、会计学、市场营销、电子商务、国际经济与贸易、旅游管理、行政管理、信用管理等。从纵向上看，各学科、各专业的教材自成体系，完整配套；从横向上看，各学科、各专业的教材体系又是开放式的，相互交叉，学科与专业之间没有明确的界限，以便于各院校、各专业根据自身的培养目标设置课程，交叉选用。

本套教材自身也是开放式的。我们将根据学科发展的需要、教学改革的需要、专业设置和课程调整的需要、中国经济建设的需要，不断加以补充和完善。

本套教材不仅是一大批专家教授多年科研成果和教学实践的总结，同时在编写体例上也有所突破和创新，希望它的出版能够对我国经管专业高级专业人才的培养有所帮助。

出版者

修订第三版前言

  国际税收是国际经济领域的重要方面,是一国对外经济交往活动的重要组成部分,涵盖内容极其广泛和复杂,涉及财政、税收、法律、国际投资、国际贸易等相关学科领域。单从税收法律角度看,它既涉及一国国内税收法规的相关规定,更涉及国与国之间的税收协调。各国经济交往的日益频繁,国际竞争的加剧,以及电子商务、区域经济一体化等的发展,使得国际重复课税、国际避税与反避税及国际税收协调的重要性及复杂性日益提升。本教材正是在密切跟踪我国税收制度的变化,国际税收面临的新形势、新情况的背景下而编写并不断加以修订的。

  本教材修订第三版主要包括的内容及重点体现在如下几方面:一是关于税收管辖权确立的原则,其重点在于阐述居民身份的认定以及非居民所得来源地的确认;二是国际重复征税及其减除,其重点在于阐释国际重复征税产生的基础以及解决重复征税的国际规范、原则与方法;三是国际避税与反避税问题,核心是对当今各纳税人采取的主要避税手段以及各国、国际组织的日益加强的反避税措施进行分析介绍;四是联合国与经合组织在国际税收方面所发挥的作用,以及各国、各区域性组织的税收协调手段;五是电子商务、国际有害税收竞争等问题给国际税收带来的新挑战。

  作者在本次修订中力求突出以下特点:一是在保持原版教材系统性、完整性和全面性的基础上使得内容更精炼、重点更突出、体系更科学完善;二是内容新颖,教材内容紧跟对外经济交往发展的步伐,顺应社会发展对人才的需求;三是进一步突出内容的实用性和适用性,在内容上坚持国际惯例标准的同时,也兼顾中国的实际情况,并通过案例分析增强实用性。

  本书除可作为高等院校相关课程的教材、教辅外,还可供相关领域研究人员、从业人员参考。

  作者衷心地感谢为本书的出版作出贡献的同仁们,感谢首都经济贸易大学出版社、特别是赵侠编辑一直以来的信任和支持。

饶友玲
2011 年 6 月于南开园

前　言

各国现行税收制度一般是在市场经济建立以后才逐步完善起来的,但是随着各国经济生活国际化的发展,税收活动也就出现了国际化的趋势,产生了国际税收问题。特别是19世纪末到20世纪初,主要发达国家的资本输出规模不断扩大,国外投资经营所得成为资本输出国的一项重要收入来源,由此不可避免地产生了有关当事国政府对同一笔跨国收入各自行使税收管辖权的问题,产生国际双重征税现象。一方面,纳税人的母国要对其全部所得征税,因为母国是他们的主要活动地,纳税人在这里享受公共服务、通信基础设施和社会保障等。另一方面,收入来源国对非居民在其地域范围内取得的所得也要征税,如果从事跨国经营的企业和个人不承认有关国家的地域权,不向非居住国纳税,则不可能取得在该国从事经济活动的权力。正如匈牙利学者约瑟夫·努伊拉斯在谈及世界市场的性质时曾经讲过的:它(世界市场)是各民族市场相互之间特殊地联系起来的体系,是民族经济的利益相互接触和相互冲突的场所。因此从根本上讲,国际税收问题更集中地反映了经济生活国际化进程中各有关当事国的这种利益维系与利益冲突的关系。

如何消除或减轻对跨国纳税人国外所得的双重征税,是国际税收要解决的首要问题。为了保证资金的跨国有序流动,税收中性思想被引入国际税收领域。严格说来,国际税收中性主要强调国民的国外所得应由所在地政府课税,而母国政府对其不课征任何税收。然而,这一理想化的国际税收分配原则在实践中很难推行。实践还表明,国与国之间税收关系调节不力就会阻碍劳动、资本、技术等生产要素的国际流动和有效配置,不利于世界经济的总体发展,也会损害各国自身的利益。所以,理顺国际税收关系、搞好国际税收协调对各国来说都是一项十分重要的工作。

也正是出于上述需要,国际税收理论研究和技术开发引起了人们的广泛兴趣,最终使国际税收研究成为公共财政理论与实践的一个相对独立的组成部分。这里提供给读者的《国际税收》比较详细地阐述了现代国际税收理论与基本技术安排。本书从国际税收是国家之间的税收分配关系这一基本概念出发，把国际税收的研究对象界定为：各国为处理同其他国家之间的税收分配关系所采取的单边、双边和多边措施，以及由此形成的各国政府处理同其他国家政府之间税收分配关系的国际准则和规范。考虑到具体教学内容对不同类型税收实践活动的具体指导以及教学活动的方便，进一步把国际税收研究对象分解为三个层次：一是国家之间的税收分配关系及其税收协调；二是各国政府之间处理税收分配关系形成的国际准则和规范；三是各国在其税收管辖权范围内对跨国人员的所得、财产和商品的征税关系。在上述三个层次的研究中，本书确定了两个侧重点：一是侧重对跨国纳税人跨国所得的税务处理的研究，二是侧重对国际避税与反避税问题的研究。

本书在内容安排上作了精心筛选，力图全面地反映最近十几年里国际税收理论、税收制度的新发展、新变化。在论述这些新发展、新变化的同时，本书还着重说明典型发达国家政府在国际税收领域中对这些理论的实际运用情况，以及有关理论对我国政府国际税收政策形成的一般指导意义。我国自20世纪70年代末实行经济改革、对外开放政策以来，社会主义市场经济得到了空前的发展，国民经济实力得到了根本性加强。与此同时，建立、发展现代国家财政及税收制度也受到了政府与普通民众的高度重视。特别是在有建设中国特色的社会主义市场经济的过程中，如何利用国际税收工具帮助解决诸多社会经济问题（如更有效地吸引外资进入国内市场、更有效地协同有关当事国共同进行国际反避税活动，以及通过国家税收结构调整影响产业发展等），更是成为政府在今后一段时间内必须下大力量予以认真研究，并要拿出切实可行措施的一项艰苦工作。对此，我们对现代国际税收理论、制度、管理、技术等进行探讨，有针对性地借鉴西方发达国家的经验就显得尤其重要。可以说，出于这种考虑而编著的此书既注意对国际税收理论的阐述，也更重视国际税收征管实践，力图对读者在这两个方面均有所裨益。

本教科书由李月平、张志超提出构想，设计了基本框架和章节安排，并对文献资料、学术信息、统计数据以及写作内容进行了认真筛选。全书由李月平主持、指导，何志宏、邓珊珊、杨祥华和李克刚、黄春元等人协助和参与，完成了本书的初稿，并由李月平统纂修正定稿。张志超在写作过程中给予了及时的指导，并在本书定稿前审阅了全部内容。

本书的撰写和出版，得到了首都经济贸易大学出版社有关同志的大力支持和协助，在此，代表全体参编人员表示由衷的感谢。

张志超　李月平
2004年12月于北京

目 录

第一章　国际税收导论　1

- 第一节　国际税收的产生和发展　2
- 第二节　国际税收的概念　8
- 第三节　主要税种概述　15
- 第四节　国际税收的研究对象和范围　25
- 案例应用　30
- 思考与练习　30

第二章　国际税收管辖权　31

- 第一节　税收管辖权的概念与原则　32
- 第二节　地域税收管辖权　36
- 第三节　居民税收管辖权　49
- 第四节　公民税收管辖权　59
- 第五节　各国税收管辖权的实施情况　61
- 案例应用　64
- 思考与练习　65

第三章　国际重复征税　66

- 第一节　国际重复征税概述　67
- 第二节　国际重复征税产生的原因　70

· 1 ·

第三节　国际重复征税的影响 ·· 72
案例应用 ·· 74
思考与练习 ·· 74

第四章　国际重复征税的减除　75

第一节　减除国际重复征税的方式、思路及原则 ···················· 76
第二节　国际重复征税的减除办法 ·· 81
第三节　直接抵免与间接抵免 ·· 88
第四节　税收饶让 ·· 104
第五节　国际税收中性理论 ·· 110
案例应用 ·· 116
思考与练习 ·· 117

第五章　国际避税　118

第一节　国际避税概述 ·· 119
第二节　国际避税的主要方式 ·· 128
案例应用 ·· 145
思考与练习 ·· 147

第六章　转让定价与国际避税　148

第一节　跨国关联企业 ·· 149
第二节　转让定价的基本概念与成因 ······································ 154
第三节　转让定价的表现形式及影响因素 ······························ 162
第四节　跨国公司制定转让定价的策略 ·································· 167
案例应用 ·· 173
思考与练习 ·· 175

第七章　国际避税地　　176

第一节　国际避税地概述 …………………………………… 177
第二节　国际避税地的产生及判定条件 …………………… 178
第三节　国际避税地的作用与评价 ………………………… 183
第四节　利用国际避税地避税的主要模式 ………………… 190
案例应用 ……………………………………………………… 198
思考与练习 …………………………………………………… 199

第八章　国际反避税　　200

第一节　反避税的一般方法 ………………………………… 201
第二节　防止滥用国际税收协定 …………………………… 212
第三节　针对避税地的措施 ………………………………… 216
第四节　资本弱化法规 ……………………………………… 221
案例应用 ……………………………………………………… 226
思考与练习 …………………………………………………… 228

第九章　针对转让定价的调整措施　　229

第一节　调整转让定价的立法与基本内容 ………………… 230
第二节　调整转让定价的基本原则 ………………………… 234
第三节　调整转让定价的方法 ……………………………… 247
第四节　转让定价的检验、调整与附属调整 ……………… 255
第五节　预约定价协议 ……………………………………… 261
案例应用 ……………………………………………………… 270
思考与练习 …………………………………………………… 276

第十章　国际税收协定　　277

第一节　国际税收协定概述 ………………………………… 278
第二节　国际税收协定的法律地位与作用 ………………… 285
第三节　国际税收协定的基本内容 ………………………… 289

第四节 国际税收协定范本 ……………………………………… 302
第五节 中国对外税收协定 …………………………………………… 308
案例应用 …………………………………………………………………… 315
思考与练习 ………………………………………………………………… 315

第十一章 国际税收协调 317

第一节 国际税收协调概述 …………………………………………… 318
第二节 税收管辖和税收征管合作 …………………………………… 321
第三节 国际商品税的协调 …………………………………………… 323
第四节 区域成员的国际税收协调 …………………………………… 334
第五节 国际税收协调的发展趋势 …………………………………… 337
案例应用 …………………………………………………………………… 341
思考与练习 ………………………………………………………………… 342

第十二章 国际税收发展新方向 343

第一节 国际税收发展的一般特征 …………………………………… 344
第二节 电子商务与国际税收 ………………………………………… 346
第三节 国际有害税收竞争及对策 …………………………………… 357
第四节 区域性税收一体化 …………………………………………… 366
案例应用 …………………………………………………………………… 369
思考与练习 ………………………………………………………………… 370

附录一 联合国关于发达国家与发展中国家间避免重复征税的协定范本 ………… 371
附录二 经济合作与发展组织关于对所得和财产避免重复征税的协定范本 ……… 383
附录三 国际税收相关词汇中英文对照表 ……………………………………… 393

参考文献 …………………………………………………………………… 397

第一章 国际税收导论

Introduction of International Taxation

学习要点

国际税收是国际经济领域的重要方面，它是经济国际化的产物，是国际经济关系发展到一定阶段后出现的一个新的税收范畴。要研究国际税收问题，我们首先必须理解国际税收的产生和发展、国际税收的概念、国际税收的范畴以及国际税收的研究对象和研究内容。学习本章应重点掌握：国际税收的产生和发展阶段、国际税收概念、三种主要税种及其与国际税收的关系、国际税收的研究对象和研究内容，为学习以后章节打好基础。

International taxation is the important aspect in the international economics area. It's the result of economic internationalization and it's a new tax category when the international economics has developed very fast. To study the international taxation, we must learn about the emergence and development of international taxation, the concept of international taxation, the object of study, scope and contents of international taxation. To study this chapter well you should master: the emergence and development of international taxation, the concept of international taxation, the object of study, scope and contents of international taxation.

第一节　国际税收的产生和发展

国际税收既是一个经济范畴,又是一个历史范畴。它不是自国家税收产生以来就有的,而是伴随着国家间经济贸易活动的发展和扩大而产生和发展的。和税收的历史相比,国际税收的历史要短得多,它是国际经济交往发展到一定历史阶段的产物。税收从产生至今,大体经历了从古老的直接税到间接税再到现代直接税收三个阶段。国际税收产生之后,也经历了两个发展阶段,即非规范化阶段和规范化阶段。下面我们沿着这一发展轨迹,从社会经济和税收发展的角度,探讨国际税收的起源和发展。

一、国际税收的史前期

国际税收的史前期是指奴隶社会和封建社会时期,这一时期的主要税种是古老的直接税。在这一时期,自然经济的自给自足性和古老直接税计税基础的不流动性,使得国际税收不存在产生的前提条件。

自给自足的自然经济,使得农业成为这一时期的主要生产部门,农产品的生产不是为了交换,而是为了满足生产者本身的需要。这种客观的经济基础,使以农业生产者的收获物为直接课征对象的直接税普遍成为贯穿奴隶社会和封建社会的一个最基本的税种。我国的贡、助、彻和田赋,亚洲其他国家的土地税,欧洲的什一税,都属于对农业收获物的直接税。这种直接税不仅就其起源而言是最古老的,而且连其征税形式也都是最原始、最古老的。这种直接税不是按农业生产者的真实收入来计量课征,而是按照农业收获物的某些外部标志,如土地的亩数、农业劳动力的人口数或农业家庭的户数来计算课征。在这些计税的外部标志中,土地亩数总是固定在某一个国家领土的疆域以内,而劳动力和农户是附属在土地田亩之上的,不能与土地分离,从而也相对固定在某个国家领土的疆域之内。古老的直接税的这一基本特征,使它不可能形成跨国的纳税人和跨国的征税对象,从而也就不可能产生国际税收关系。

由于自给自足的自然经济的生产是为了满足自身的需要,因此交换和贸易很少产生,即使产生也是很偶然的,这样就把古老的直接税严格地限制在了一国的范围内,因此国际税收关系也不会产生。古老的直接税阶段缺少国际税收产生的前提条件,在此阶段国际税收不可能产生,因此这一阶段常被称为国际税收的史前期。

二、国际税收的萌芽期

国际税收的萌芽期是指资本主义发展初期到第二次世界大战结束这段时期。在这段时期内,由于资本主义的发展,商品交换日益扩大,社会财富表现为庞大的商品堆积。

于是以商品流转额为征税对象的间接税,代替了以农业生产者的收获物为征税对象的古老的直接税,成为新兴资本主义国家的主要税类。

由于商品经济的发展,这一时期国家之间的商品交换或经济交往开始增多。对于国家之间的商品交换来说,虽然同一种商品在出口前和出口后会被两个国家政府征收关税和其他交易税,但是由于受交易行为所在地的限制,任何一国政府都只能对发生在本国境内的交易行为征税,不存在征税权利的交叉,不会引起国家之间的税收分配关系。

随着资本主义的进一步发展,资本主义发展的不平衡规律决定了资本主义商品经济在各国发展的不平衡性。这一时期国际的经济交往主要以商品贸易为主。与此相适应的是,各国都建立了包括关税在内的以流转税为课税对象的商品课税制度。对本国境内的商品流转额的课税,一般不涉及国际税收关系,但如果从深一层来分析,也会影响到国际利益的分配。在国际市场竞争十分激烈的情况下,关税成为许多国家进行"商战"的重要武器。许多国家为了保护本国经济和争夺世界市场,相互展开了关税战,纷纷建立"关税壁垒"和"非关税壁垒",缔结"关税同盟"。所谓"关税壁垒",是指一国政府对进口商品征收较高的关税。所谓"非关税壁垒",是对除关税以外的各种限制进口的法律和政策措施的总称,如进口限额制,进口配额制,许可证制,外汇管制,复杂烦琐的海关手续,过严的卫生、安全、质量检查标准,等等。不论是"关税壁垒"还是"非关税壁垒",其目的都是为了阻止或限制外国商品输入本国境内,保护本国的经济利益。工业发展先进的国家提出"贸易自由化"和"门户开放"的政策,而工业发展相对落后的国家则主张保护本国的经济,并相应地实行保护贸易政策,采取"关税壁垒"和"非关税壁垒"等措施。

这种在国际贸易中的贸易自由主义和贸易保护主义之间的争夺产生了贸易战和关税战,这种贸易战和关税战引起了国际贸易中的许多矛盾和冲突。各国之间进行的关税战,影响了国际贸易的发展,为了解决国际贸易中的这一尖锐矛盾,各国政府纷纷订立双边或多边关税贸易协定,缔结"关税同盟",对结盟国家实行关税优惠,逐步削减直至完全取消关税,推行自由贸易。国家之间的这类以协调关税和贸易为内容的双边或多边协定,涉及国家之间课税权益的分配,因而已包含有国际税收关系的因素。为了求得暂时的妥协,以改善国家间的商品流通与资本流通,从17世纪前后开始,一些国家就通过协商,订立了双边或多边贸易协定,借以减少这种人为的阻力。19世纪以来,这种国家之间的贸易协定发展得更加普遍。例如,英国在1813年就与各主要国家签订了互惠关税协定。到了20世纪,具有排他性的关税同盟也应运而生,如1948年的"荷、比、卢关税同盟"。又如1948年由23个国家共同发起签署,到后来已有103个国家和地区(另有31个国家也履行此协定)参加的"关税和贸易总协定"(简称"关贸总协定",

GATT)。此外,另一个国际性组织——欧洲经济共同体于1958年1月1日正式宣告成立(1967年7月发展成为欧洲共同体,1991年12月发展成为欧洲联盟),其成员国之间在关税及贸易、农业政策及流转税、财产税等方面进行协调,先后达成了一系列协议。毋庸置疑,国际上的这些贸易协定反映了国家之间贸易方面的关系。而协定本身又包含关税等这些间接税的内容,因此,它同时也就涉及了国家之间的税收联系。

但是,这些贸易协定并不包含国家之间的税收分配关系。因为,在间接税阶段是以协调各自国家的关税等税收制度为主要内容的国际税务联系,并不涉及国家之间的税收分配。但是间接税阶段由于国家之间出于自身经济利益所实行的高低不同的税收负担政策必然会涉及国与国之间的利益关系,因此,仍然要通过国际的税务联系进行相互协调。这种国际的税务联系和相互协调终于打破了古老的直接税阶段的长期闭守状态,它使得各国的国家税收事务和国家税收制度从原来的彼此互不相关发展到彼此经常联系,为下一阶段国际税收的形成作了充分的准备。因此,我们称这一阶段为国际税收的萌芽期。

三、国际税收的形成期

第二次世界大战之后,由于国际贸易发展的需要,各国之间开始征收近代直接税——所得税,并且随着经济的发展和税制的变革,所得税取代了间接税而成为各主要资本主义国家的主要税种。

18世纪末,英国首创了所得税。起初,所得税在英国税制中只处于辅助税种的地位,到1922年,所得税收入已占英国税收收入总额的45%以上。美国在南北战争期间,于1862年首次对个人收入课征了综合所得税,后来,美国国会于1909年通过了对公司利润课征1%税收的法案。1913年,美国国会通过了对个人所得征税的法案。到1922年,所得税收入就已达到联邦税收收入总额的65%,成为美国国家财政收入的重要支柱。西欧各国在20世纪初也都相继引进了所得税。在亚洲,印度、缅甸、斯里兰卡、泰国、印度尼西亚、巴基斯坦等国从1886年以来就征收所得税,不过,由于生产力水平低下,在这些国家的税收收入构成中,所得税一直没有占有重要的地位。从发展的历史来看,20世纪初,所得税在大多数国家得到普遍推行,并且在一些主要资本主义国家中代替了间接税而成为主要税类。

所得税的征税对象是纳税人的所得,它同古老直接税和间接税的征收对象相比有明显不同。首先,古老直接税的征税对象为农业收获物,要受土地固定在一国疆域范围之内的限制。而所得税的征税对象为所得,完全不受一国疆域范围的限制,它可以同时在几个国家取得。其次,间接税的征税对象——商品流转额有着明显的交易行为起点和终点所在国的概念,因而不会发生有关国家政府对跨国商品流转额的重复交叉征税问题，但是对跨国所得的征税，却往往造成国家间的重复交叉征税。

第二次世界大战之后，国际经济交往的内容、范围等不断扩展，生产的国际化、企业的国际化和经济的国际化趋势日益明显。资本输出逐渐代替了商品输出，跨国公司的快速国际化发展，高速而发达的信息交通缩短了国家之间的地理距离，迅速发展的科学技术加强了各国间经济的相互依存。经济活动的国际化必然带来企业或者个人所得的国际化，而所得的国际化又为税收活动的国际化创造了条件和提供了可能。各国出于维护本国税收权益的目的，都要对参与国际经济活动的纳税人的所得和财产征税。这样，这些企业和个人就会被重复征税，由此就引发了国家之间必要的税收协调活动，如重复征税的避免、共同签订协定解决重复征税问题等。因此，在近代直接税阶段，所得税和一般财产税的征税对象所具备的这种跨国家的可能，以及由此而发生的有关国家重叠交叉征税的特点，必然带来国与国之间由于税收管辖权交叉所发生的财权利益矛盾，这才促使以处理这种矛盾而进行的国家之间的税收分配为内容的国际税收得以最终形成。而在古老的直接税和间接税阶段，是不具备这种特点的。

所得税的普遍推行带来了一系列涉及国家税收权益的分配问题。因为所得税是以所得为课税对象的税收，其纳税人一般就是税收负担人，在跨国经营的情况下，纳税人的全部所得和费用，往往既有国内的，同时也有国外的，因此，对跨国经营的纳税人课税，不仅会涉及本国国内，往往还会涉及有关国家的税收利益，也就必然要产生国家间的税收分配问题。

国家间的税收分配问题还由于各国实行不同的税收管辖权而更加复杂化。每个主权国家都有权实行最符合本国利益的税收管辖权，由此产生了国家之间税收管辖权的重叠与交叉，使同一跨国纳税人的同一笔所得要在居住国和来源国分别缴纳同样的税收，于是产生了国际重复征税问题。随着跨国经济活动的发展，重复征税问题愈发突出。各国为了妥善协调与此有关的税收问题，以维护各自的税收权益，签订了许多双边或多边条约或协定，这也是形成国际税收的重要原因。

国际税收产生有两个前提条件：一是收入国际化；二是所得税制度的普遍建立。收入国际化是经济前提，没有收入的国际化，收入就必然被局限于一国政府管辖范围内成为征税对象；所得税制度的普遍建立是国际税收形成的税制前提，没有它就不会引起国家之间对跨国所得重叠交叉征税矛盾的产生，不可能最终成为国际税收。因此，这一阶段被称为国际税收的形成期。

四、国际税收的发展

国际税收从产生到现在比较规范的发展，经历了非规范化发展阶段和规范化发展阶段。下面我们来详细介绍在这两个阶段中国际税收的发展过程。

(一) 非规范化阶段

在现代直接税阶段,特别是在国际经济活动中,由于跨国所得的大量形成以及各国广泛开征所得税,国家课税权范围的发展,导致了税收的国际化,使国际税收这一特定的经济范畴在第二次世界大战后开始出现。而国际税收形成后仍有许多问题需要解决,其中一个最直接、最基本也最突出的问题就是各国政府对跨国纳税人的跨国所得重复征税的问题。这个问题如果不能及时解决,国际经济贸易往来以及发展就必然会遇到严重的阻碍,特别是会给缺少资金和技术的发展中国家带来更多的麻烦。国家的课税权是国家政治权力的重要表现,它一是在国家政治权力所及的范围内行使的,世界上并没有一个具有超越国家政治权力的组织能够对国际的重复征税问题作出强制性规定,任何一个国家也无权强迫对方主权国家作出税收让步。因而,解决问题的方法开始时只能从一个国家的国内税法角度出发,单方面对国际的重复征税问题作出暂时的处理。例如,对跨国纳税人在国外取得的所得的申报,其在国外的已纳税额可通过适当地从应纳本国税额中进行税收抵免等方式处理。

随着国际经济活动交往的加强、纳税人收入的国际化和所得税的普遍采用,国家间的重复征税问题日趋严重和普遍,能否解决国与国之间的重复征税问题,关系到国家之间的经济贸易活动是否能顺利进行。这时,从单个国家国内税法的角度解决重复征税问题已不能适应经济发展的要求,所以,国家之间开始接触,探讨和研究解决国际重复征税问题的办法,通过谈判和协商,签订非规范性的税收协定或协议,以求得双方或各方的平衡。这种早期的国际税收协议是有关国家处理相互间税收关系问题而自发进行的,属于国际税收的非规范化阶段。例如,1948 年由 23 个国家共同发起签署,截至 1994 年底,共有 128 个国家和地区参加的关税和贸易总协定,就为当时许多国家解决彼此之间的重复征税问题提供了有利的准则。

但是,这个时期的国际税收协定仍处于国家之间自发地处理税收的阶段。不同国家之间对税收的范围及管辖权的划分等问题的认识还不够充分,以至于各个协定的形式、内容互不相同,协定用语、条文等也不规范。因此,这个时期的国际税收处于非规范化发展阶段。

(二) 规范化阶段

随着国际经济往来的不断发展,以及纳税人所得的国际化和所得税的广泛运用,上述单方面的处理和非规范性的双边税收协定已经不能适应形势发展的需要,国际重复征税问题已经影响到国际经济交往能否顺利进行。为了促进国际经济活动的不断发展,迫切需要用一个比较完整的规范性的国际税收协调方法来指导各国处理相互间的税收分配关系。因此,20世纪60年代以后出现了普遍被各国接受的国际税收协定,即经济合作与发展组织(OECO,简称经合组织)提出的《关于对所得和财产避免重复征税的协定范本》和联合国专家小组提出的《关于发达国家与发展中国家间避免重复征税的协定范本》。这两个范本的出现,为世界上大多数国家提供了国际税收活动的共同规范和准则,基本上起到了国际税收公约的作用,各有关国家在处理相互之间的税收问题时有了可参考的标准和依据。

自两个范本发表以来,更多的国家开始签订国际税收协定。这样,国家之间在处理重复征税等国际税收方面的问题时就有了可以参考的标准和准则。据统计,1997年全世界187个国家和地区签订的双边税收协定已经有3 500多项,其中近50%是发展中国家与发达国家之间签订的。在发达国家中,美国、英国、日本和德国等国家对外签订的协定最多。

国际税收进入到规范化阶段,使得人们对国际税收的认识无论在深度还是广度方面都有了历史性的飞跃。规范化的国际税收,使得国家之间的经济贸易进行得更加顺利,重复征税的问题也在人们的努力下变得不再那么尖锐。可以说,国际税收进入规范化阶段,对国际的经济往来和高速发展起到了非常大的促进作用。同时,世界经济的国际化也给国际税收发展带来了影响,主要表现在以下几个方面:

1. 跨国公司空前发展,成为世界经济活动的主体。第二次世界大战以后,特别是20世纪50年代末和60年代初,跨国公司有了迅速发展。据联合国统计,1968~1969年,全世界共有跨国公司7 276家,所属国外子公司27 000多家。而目前全世界跨国公司已达20 000家,其分支机构和子公司约110 000家,业务伸展到一切工业生产领域和银行、保险、交通运输、房地产、经营管理和信息咨询等部门。世界著名的跨国公司在海外的分支机构或子公司少则几十家,多则几百家。由于跨国公司经营活动的迅猛发展,其收入来源的范围越来越广,收入的渠道也越来越多。有关国家的税收关系由于跨国公司的全球经营而出现错综复杂的局面。各国政府为了维护本国的主权和经济利益,非常重视国际交往活动中国家经济权益的划分和收入的分配问题。对于跨国投资者来说,国际税收所涉及的征纳活动,关系到其自身利益,因此,资本输出国、输入国等许多国家的跨国投资者对国家间的税收问题也十分重视。此外,由于跨国公司的下属机构分布极广,它们常会利用各国税制的差异进行逃税、避税,对于这种现象,已不能仅仅依靠各国的国内税法,而需要通过各国之间的协商才能解决。

2. 区域经济、税收一体化给国际税收增添了新的内容。20世纪90年代,世界经济发展的一个最显著特征是各种类型的经济区域化、集团化浪潮席卷全球,无论是欧洲、美洲、亚洲,还是大洋洲,都被分割为一个个的经济区域集团。随着国际经济的发展和跨国公司的兴起,一方面,各国经济相互依赖的程度大大加强,另一方面,国际资本争夺世界市场的竞争也日益加剧。一些发达国家为了避免在国际竞争中孤军作战而使自己处于不利地位,往往联合起来,借助集体力量,与实力更加雄厚的超级大国相抗衡,从而增强自己的竞争地位,保持和扩大国内外市场。一些发展中国家为了维护自身利益,防范经济实力雄厚的发达国家的扩张,也相继建立起一些区域性的经济联盟。这些区域性经济联盟都要求不同程度地打破国家间原有的经济壁垒,使商品、资本和人员可以在区域内自由流动。要达到这一目的,国家间必须协调税收政策,建立包括关税、流转税以及所得税在内的共同税收制度,并逐步实现区域税收一体化。区域性税收制度的协调与建立,扩大了国际税收发展的视野,给国际税收研究增添了新的内容。

3. 国际全面性双边税收协定网络不断拓宽。国家间协调税收关系的双边税收协定在20多年前只有约1 200个,其中发达国家之间缔结的约占一半左右,发达国家与发展中国家缔结的约占1/4,还有另外的1/4是发展中国家之间缔结的。近20年来,由于国际经济交往的迅速发展,签订双边税收协定的国家日益增多。国际税收协定的广泛签订与执行,为从事国际经济活动的企业和个人创造了良好的投资环境,对促进国际经济交流与合作具有积极意义。

(三) 国际税收的未来

进入21世纪以来,国际税收领域面临三大问题。

1. 区域税收一体化与国际税收的联系。区域税收一体化为国际税收协调指出了方向,较好地解决了区域内部一个国家与成员国之间的税收关系。但是,区域税收一体化还必须处理好与区域集团外部国家或区域的税收关系,这样才能促进世界经济繁荣,否则很可能出现更大范围的税收摩擦和贸易壁垒,形成新的区域分割。

2. 国际组织为世界各国服务,应该具有稳定的经费来源,它既可通过成员国按比例分摊,又可通过税收协调筹措。后者作为一种新的形式,需要深入研究如何收税、收费根据、收费标准等一系列问题,逐步设立规范性的联合税收。

3. 制定国际税收准则,建立一个标准国际税收制度,使世界各国的税制趋向一致。标准国际税收制度的建立,应以有利于世界各国共同繁荣、促进国际经济交流和发展为宗旨,既要满足各国不同的要求,又要使各国税制标准化。这是一项十分艰巨的任务,在短期内难以实现。但只要坚持不懈地努力,在全球范围进行广泛的国际税收合作,建立标准的国际税收制度最终是会实现的。

第二节 国际税收的概念

第一节关于国际税收起源和发展的探讨告诉我们,国际税收是与国家税收并列的,属于税收的一个分支,并且是在一定的历史条件下产生的。要了解什么是国际税收,就要严格区分国际税收与国家税收的关系、国际税收和国外税收的关系,需比较国际税收和涉外税收的异同点,进而更深刻地理解国际税收的概念。

一、国际税收的概念

(一)国际税收的定义

国际税收的理论研究是一个不断深化的过程,当前已成为一个较为完整的体系,从单纯地对税收管辖及国际重复征税问题的研究发展到对一系列有关国家间税收分配矛盾的探讨,从对一国涉外税收制度的研究发展到对跨国纳税人征税行为的统一协调,从而建立起了一门独立于国家税收的新兴税收学科。

国际税收是各国课征税收的国际影响和各国间的税收协调。各国课征税收的国际影响包括各国税收对个人、企业、国家及其各级政府,乃至全球的影响;各国间的税收协调是指各国就各国课征税收的国际影响进行的协调。国际税收的性质是国与国之间的税收协调关系,归根到底是国与国之间的税收分配关系。国际税收随着国际经济交往的经常化而产生,随着国际经济和政治的发展而发展。

国际税收主要要解决以下的问题:国际税收的纳税人、征税对象分别是什么;国际税收涉及的国家与国家的税收分配关系和协调关系有哪些。国际上对国际税收的概念主要有以下几种代表性的观点:

1. 国际税收是指在国际经济活动中协调国家与国家之间的税收分配关系,即调节跨国所得。

2. 国际税收是指涉及两个或者两个以上的国家财权利益的税收活动,它反映着各自国家政府在对从事国际活动的纳税人行使征税权力而形成的税收征纳关系中所发生的国家之间的税收分配关系。

3. 国际税收是指两个或两个以上的国家政府凭借其政治权力,对跨国纳税人的跨国所得或财产进行重叠交叉课税,以及由此所形成的国家之间的税收分配关系。

使用比较多的概念为:两个或两个以上国家政府,各自基于其课税主权,在对同一跨国纳税人的同一课税对象进行分别课税而形成的征纳关系中,所发生的国家之间的税收分配关系。

从以上这些给出的概念中我们可以看出,国际税收应该具有以下特点:

第一,国际税收同税收一样,必须凭借政治权力来进行分配。如果没有各国政府同它们各自管辖范围内的纳税人形成的征纳关系,也就无从产生国家之间的税收分配关系。两个或两个以上国家的税收征纳关系是国际税收的基础。

第二，国际税收以国际的经济贸易交往为存在的前提。如果不存在跨国纳税人，国际税收关系也就无从谈起。因为一般意义上的纳税人只承担一个国家的纳税义务，而只有跨国的纳税人同时承担几个国家的纳税义务，才可能引起几个国家之间的税收分配问题。

第三，国际税收同税收是有区别的两个范畴。其根本区别在于国际税收只涉及国家之间的财权利益分配，而不涉及其他的经济分配关系或社会关系。

(二) 广义与狭义的国际税收

国际税收的概念目前有狭义和广义两种。

狭义的国际税收是指两个或两个以上国家对跨国纳税人的跨国所得或跨国财产共同享有征税权所形成的国家之间的税收分配关系。在狭义的国际税收含义中，要注意两个概念：一是跨国公司，二是跨国所得或跨国财产。跨国纳税人，是指在两个或两个以上国家同时负有纳税义务的纳税人；跨国所得和跨国财产，则是指由某一国人所有但来源于或存在于另一国的所得或财产。由此可知，狭义的国际税收仅涉及所得税和财产税，更准确地反映了国际税收的特殊矛盾主体和本质特征：矛盾的主体是两个或两个以上的国家政府及跨国纳税人，本质特征是税收分配关系。

而广义的国际税收是指两个或两个以上国家与从事跨国经济活动的纳税人之间形成的征纳关系，以及由此引发的国家间关于税收利益的分配关系。由于国际税收协调包括关税等商品税的国际协调，所以广义的国际税收概念不仅涉及所得税和财产税，也涉及商品税。本书所采用的是广义的国际税收的概念。

广义的国际税收概念包含以下四层含义。

1. 国际税收不能离开国家而独立存在。税收必须有征税者和缴纳者，而国际税收并没有也不可能有自己的独立于国家税收的特定的征收者和缴纳者，国家税收只能依附于国家税收的征收者和缴纳者。没有各个国家政府对它政权管辖下的缴纳者进行的课征，也就无从产生国家之间的税收分配关系。

2. 国际税收关系的发生不能离开跨国纳税人这一关键因素。作为属于一个主体的跨国纳税人通常只承担某一国的纳税义务，从而这个国家也就不可能发生与其他国家之间的税收关系。只有同一主体的跨国纳税人在同时承担几个国家的纳税义务的条件下，才有可能引起这几个国家之间的税收分配关系，即国际税收所依附的国家税收中的缴纳者必须是跨国纳税人。

3. 课税对象具有跨国性。国际税收涉及的课税对象是跨国纳税人取得的跨国所得和拥有的跨国财产，换言之，就是所得来源地或财产所在地与所得或财产所有者的居住国或国籍国不一致。这样，才导致了重复征税问题的产生，最终导致国际税收的形成。

4. 国际税收是关于国家之间的税收利益分配关系。只有当一个国家对其管辖范围内的跨国纳税人的课税对象进行课税并涉及另一相关国家的财权利益，从而需要协调国家间的税收利益分配关系时才属于国际税收。这种分配关系主要是由有关国家政府通过签订税收协定来处理的，因此国际税收不是一般的国家税收分配关系，而是有关国家之间的税收分配关系。

二、国际税收与相关税收范畴的关系

提起国际税收，人们会很自然地联想到国家税收、外国税收、涉外税收等，甚至会混淆它们之间的关系，造成对国际税收概念的误解。实际上，无论是在国内还是国外，都存在一些不同的观点，把国际税收这个范畴与外国税收或外国税制，甚至与涉外税收混为一谈，或者将其与各国税制的某些特定部分完全等同起来，从而忽视了国际税收分配管辖与国家税收分配关系以及国际税务关系间的严格区分。这在一定程度上模糊了国际税收的概念以及国际税收这一范畴在本质上的规定性。国际税收作为一个相对独立的税收领域，有着不同于其他税收范畴的特殊性。因此，分析国际税收与其他税收范畴的关系，有助于了解国际税收的基本特征和更加准确地理解国际税收的概念。

（一）国际税收与国家税收

国际税收和国家税收之间既有联系又有区别，区分两者之间的关系有利于我们更好地把握国际税收的概念。

1. 国际税收与国家税收的联系。国际税收和国家税收之间的联系是：

（1）国际税收是以国家税收为基础的，国际税收不可能脱离国家税收而独立存在。没有各国的税收制度，各国政府的税收管辖权以及税收利益就不会发生直接冲突，也就不会产生国际税收问题。

（2）由于经济国际化和各国所得税制度的发展，各国政府不可避免地要面对国际税收问题。为了更好地处理与其他国家之间的税收分配关系，要求各国政府在制定本国制度时遵循国际税收准则、规范或惯例。

2. 国际税收与国家税收的区别。国际税收和国家税收的区别主要有以下几个方面：

（1）二者反映的关系不同。国家税收反映的是一国与其纳税人之间的税收分配关系，而国际税收反映的则是不同国家之间的财权分配关系。

（2）二者的课税对象不同。国家税收的课税对象主要是国内所得商品流转额和财产收入,而国际税收的课税对象主要是跨国性收入和国际商品流转额。

(3)二者是否具有强制性不同。国家税收是以国家政治权力为依托,强制性征税,其强制性、固定性、无偿性更为鲜明,而国际税收则不具有强制性。

(4)二者的利益协调方式不同。国家税收中各方的利益协调以国家强制性规定为协调、管理依据,而国际税收中国家间的税收征收分配或协调关系则往往通过双边协定方式加以解决,其原则是平等互惠。

(5)二者的课征形式不同。国家税收按照课征对象不同,依据本国法律进行课征,而国际税收并非一种具体的课征形式,没有自己单独的税种,涉及的是各国实际课征的某些税种。

(二)国际税收和外国税收

在谈到外国税收的时候,很多人会认为外国税收就是国际税收,实际上,外国税收是相对于本国税收(或者国内税收)而言的。如果从本国的角度看,凡是其他国家的税收都是外国税收;从外国的角度看,本国的税收相对于该国而言,就是该国的外国税收。外国税收所体现的税收关系是一国政府同其管辖范围内的纳税人之间的征纳关系,其中既包括国内纳税人,也包括跨国纳税人。而后一种纳税人,即跨国纳税人,则属于一国政府的涉外税收部分。涉外税收虽然是国际税收研究内容所涉及的一部分内容,但是它的内容不包括研究国家之间的税收分配关系。明确国内税收与国际税收的关系,会促使人们去注意研究各个国家的税收法律、法规及其发展的新变化和新动向,以利于在国际经济交往和国际税收协定的谈判中做到准备充分,处于主动地位。因此,国际税收固然有其自身的优点和内容,但并不能脱离国内税收而单独存在。所以,研究外国税收对于本国的税收法规、各国间税收协定的签订以及更好地促进国际税收的发展有很大的作用。

(三)国际税收和涉外税收

涉外税收和国际税收是税收领域的两个基本学科,但是在理论上,人们对涉外税收和国际税收之间关系的认识和理解却很容易将二者混淆,认为涉外税收就是国际税收,其实两者之间是有区别的。

涉外税收反映的是以国家为一方主体和以涉外纳税人为另一方主体所形成的税收征纳关系。这一定义说明涉外税收反映的是税收征纳关系,不反映相关国家之间的税收分配关系,而涉及的涉外纳税人则必须是在一国税收主权管辖范围内的纳税人。由于各国采用的税收管辖权标准不同,因此涉外纳税人既可能是在一国境内的外国人和外国居民,也可能是本国人和本国居民。由此分析可以看出,国际税收和涉外税收的联系主要体现在涉外税收是国际税收关系形成的基础,而国际税收既是各国涉外税收在国际关系上的反映,又是各国涉外税收的延伸和扩展。

但是,国际税收并不是涉外税收,简单地将涉外税收归属于国际税收也是不正确的。国际税收和涉外税收有着严格的区别。

1. 涉外税收属于国家税收的范畴,它并不属于国际税收的范畴。

2. 涉外税收的征税权凭借的是国家的政治权力,而对国际税收而言,则不存在一种超国家的政治权力,也不存在一部对世界各国都有约束力的国际税法。因此,国际税收在规范国家之间税收分配关系的过程中,依据的只能是那些对当事国具有约束力的双边或多边条约法以及一些国际惯例和判例。

3. 从载体的方面看,涉外税收体现为一国具体的涉外税收制度,而国际税收则体现为国际惯例和税收协定等法律规范。

4. 从职能方面来看,涉外税收的职能主要表现为聚财和调控职能,而国际税收的职能则主要表现为调整并规范国家之间的税收分配关系,即协调职能。

三、国际税收的两个基本要素

国际税收作为税收,同样应该具有纳税人和征税对象两个基本要素。纳税人和征税对象都是由一个国家的税法明确规定的。既然不存在超国家的权力机关,故只能称之为国际税收"涉及"的纳税人和征税对象。因为国际税收本身并没有自己独立于国家税收以外的纳税人和征税对象,所以从法律的角度看,国际税收的基本要素实际上仍是国家税收的基本要素,只是当有关国家依照本国法律对其跨国纳税人征税而引起这些国家之间财权利益的分配时,才使得这些国家税法中规定的纳税人和征税对象同时成为国际税收所涉及的纳税人和征税对象。

(一)国际税收涉及的所得税纳税人

纳税人是税法规定的直接负有纳税义务的单位或个人,是缴纳税款的主体。概括说来,国际税收涉及的纳税人,是指在两个或两个以上国家同时负有双重交叉纳税义务的跨国自然人或法人。这一概念具有两方面的含义。

1. 作为国际税收涉及的纳税人,必须是跨国的自然人和法人。如果各国税法中所规定的自然人或法人纳税人只是在一个国家管辖范围内从事经营活动,并只与该国政府发生纳税关系,这种纳税人就仅仅是国家税收的纳税人,不是国际税收涉及的纳税人。成为国际税收涉及的纳税人,必须在两个或两个以上国家从事经济活动,从而有来源于两个或两个以上国家的收入,或有存在于两个或两个以上国家的财产,需要向两个或两个以上国家履行纳税义务。

2. 作为国际税收涉及的纳税人,必须在两个或两个以上国家负有双重交叉纳税义务。一个跨国自然人或法人纳税人,虽然同时有来源于两个或两个以上国家的收入,从而必须同时向这两个或两个以上国家履行纳税义务,但是,如果这个跨国纳税人只需就来源于甲国的收入向甲国纳税,就来源于乙国的收入向乙国纳税,他在这两个国家所承担的纳税义务并无任何交叉重叠,就不会在这两个国家之间引起税收的分配关系。这个跨国自然人或法人纳税人就不会成为国际税收涉及的纳税人。只有当这个跨国纳税人的同一笔跨国收入中有一部分或全部,同时对两个或两个以上国家负有双重交叉的纳税义务时,才会发生国家之间的税收分配关系,从而该跨国纳税人才会成为国际税收涉及的纳税人。

综上所述,国际税收涉及的纳税人的概念可以进一步表述为:凡有来源于两个或两个以上国家的收入,或有存在于两个或两个以上国家的财产,或者虽然只有来源于一个国家的收入,但是在两个或两个以上国家同时负有双重交叉纳税义务的跨国自然人或法人,都是国际税收涉及的纳税人。

(二)国际税收涉及的直接税的征税对象

国际税收涉及的征税对象,从直接税的角度来看,仅仅同所得税和一般财产税等对人税的征税对象相联系,即指跨国纳税人的跨国所得和跨国一般财产价值。

1. 国际税收涉及的所得税的征税对象。国际税收涉及的所得税的征税对象是跨国所得。把对跨国所得征税适用的各种不同税种及其征税对象范围按其性质加以归并,可划分为以下四大类。

(1)跨国一般经常性所得。它是指跨国纳税人在通常情况下可以经常获得的跨国所得。跨国一般所得按其来源的不同性质,又可以划分为如下几类:

第一,经营所得,即营业利润,是指跨国纳税人在某个固定场所(如工厂、商店、农场、公司等)从事农工业、商业、服务业等生产经营活动所取得的所得。

第二,劳务所得,一般是指个人劳务所得,又分为独立劳务所得和非独立劳务所得两种。独立劳务所得是指自由职业者从事专业性劳动取得的所得;非独立劳务所得是指雇员或职员取得的工资、薪金、奖金、年终加薪、津贴等所得。

第三,投资所得,是指因购买股票取得的股息、提供贷款收取的利息、存款利息和各种债券利息,以及转让工业产权或者专有技术所收取的特许权使用费等所得。

第四,租赁所得,指出租房屋、机器设备、机动车船及其财产所取得的租金。

第五,其他所得,是指除了上述所得以外的其他所得,包括因意外事件取得的各项所得,如彩票中奖等收入。

(2)跨国超额所得。它是指跨国纳税人所取得的超过一般经常性所得标准的那部分跨国所得。这类所得大多是在特殊情况下取得的,例如,利用战争造成的特殊条件,或利用所经营行业的自然资源的优越条件,可以获得比一般行业更多的所得等。

(3)跨国资本利得。它是指跨国纳税人通过出售或交换房屋、机器设备、股票、债券、商誉、商标和专利权等一些资本项目所得到的毛收入,从中减去购入价格后的那一部分差额。对跨国资本利得征税,大致有两种不同的做法。一种是把跨国资本利得合并到跨国一般经常性所得中,按一般的公司所得税或个人所得税征税。我国就是采用这种方法。另一种做法是对资本利得单独征税,另立资本利得税或财产收益税,采用较低的比例税率征收。

(4)跨国其他所得。它是指除上述三类跨国所得以外的某些非经常性的跨国所得。如跨国负债豁免、跨国非独立劳动者的一次性补助所得等,它们均属于这一类非经常性的跨国其他所得。

2. 国际税收涉及的一般财产税的征税对象。国际税收涉及的一般财产税的征税对象是跨国一般财产价值。所谓跨国一般财产价值,是指跨国纳税人的全部财产在货币形式上的综合表现。跨国一般财产价值又可分为跨国一般静态财产价值和跨国一般动态财产价值两类。

(1)跨国一般静态财产价值,是指跨国纳税人在一定时期处于相对静止状态的各项跨国财产价值的总和。对跨国一般静态财产价值进行课税所适用的税种,依自然人和法人纳税人的不同而不同。对跨国自然人有财富税、一般财产税和富裕税;对跨国法人往往适用一般财产税和资本税。

(2)跨国一般动态财产价值,是指一般财产税类中的因无偿转移而发生所有权变化的那部分跨国一般财产价值。例如,被继承人死亡,由遗嘱执行人或遗产管理人将其所遗留的一般财产,按遗嘱分别转移归有关继承人所有,以及赠予人在生前将跨国一般财产馈赠给受赠人等。对跨国一般动态财产价值征税时所适用的税种有遗产税、继承税和赠予税等,对于具体的征税办法各国税法的规定并不相同。

第三节　主要税种概述

所得税、财产税和商品税是当今世界各国征收的三大主要税种,这三种税的征收都可能跨越国界,造成国际重复征税的问题,因而都涉及国际税收关系。因此,有必要对这三个主要税种作简单介绍。

一、所得税

所得税,就是以纳税人的所得为课税对象的税收。这一课税体系主要包括个人所得税、公司所得税和社会保障税。

在各类税中,所得税制属于比较复杂的类型,在税收中所占比重也比较大,各国对跨国纳税人的跨国收入或所得进行征税所使用的税种以及涉及的具体征税对象范围是有差异的,而且比较复杂。

(一)所得税制度的类型

各国实行的所得税制度按其课征方法的不同可以分为三类:分类所得税制度、综合所得税制度和分类综合所得税制度。

1. 分类所得税制度。分类所得税制度,即对各类所得分别按不同的税率和方式进行课征,从而形成工薪所得税、利息所得税等个人所得税制的子税种。分类所得税制度一般采用源泉课征法,课征简便,节省征收费用。例如,我国的香港特别行政区按照所得的类型分别设置四种所得税,即利息税、利润税、薪金税和财产收益税,并分别按照不同的征收方法和不同的税率征税。

分类所得税制的理论依据在于,不同性质的所得项目应适用不同的税率,分别承担轻重不同的税负。劳务所得(如工资薪金)要付出辛勤的劳动,所以应该课征较轻的所得税;投资所得(如股息、利息、红利等)是凭借其所拥有的财产而获得的,付出的辛苦较少,因此应课征相对劳务所得较重的所得税。分类所得税始创于英国,但现在实行纯粹分类所得税的国家已经很少。

2. 综合所得税制度。综合所得税制度,即对纳税人的所得不加区分,将其所得汇总以后按统一的税率和方式进行征税。综合所得税制度课税的范围广,能体现按纳税能力课税的原则。但这种制度的课税手续比较烦琐,征收费用比较多,对征管的要求也比较高。综合所得税制度的理论依据在于,既然所得税是一种对人税,计税依据就应该是人的总体负担能力,因此必须综合纳税人全年的各种所得,减除各项法定的宽免和扣除额后,按统一的累进税率征税。目前,综合所得税制度已经被很多国家所接受,体现着当代所得税课征制度的一个重要发展方向。大多数实行综合所得税制度的国家,特别是经济发达国家,除一般所得税外,还征收社会保障税,或者称之为薪给税。这种税实质上是一种社会保障基金筹集形式,并非是真正意义上的税收。该税一般在政府预算之外建立特别预算,专收专支,其税额多由雇主和雇员按比例分摊,支出主要用于退休金、救济金、医疗保险、失业保险和职工培训等。

3. 分类综合所得税制度。分类综合所得税制度,即将纳税人的全部应税所得分成若干部分，每一部分可以包括一类或几类所得，各部分分别按不同的税率和方式征税，这实际上是一种分类和综合所得税制度的综合使用。这类所得税的征收办法，是对纳税人的各项所得，先以分类所得税制度的源泉法按一定的比例税率征收，然后在纳税年度结束时，汇总纳税人全年各类所得额，减去法定扣除项目后，得出其该年度的综合应税所得，再乘以应税所得所适用的累进税率，计算综合应纳税款。分类课征阶段已纳税款可以冲抵综合应纳税款，年度汇总后多退少补。分类综合所得税制度是当今世界上广泛实行的一种所得课税制度，它反映了综合所得税和分类所得税的趋同态势。这种税收制度的主要优点在于：一方面，这种税制坚持了按纳税能力课税的原则，对纳税人不同来源的收入实行综合计算征收；另一方面，该税制又对不同性质的收入实行区别对待，对所列举的特定收入项目按特定方法和税率征税。

(二) 所得税的课税对象

所得税的课税对象，即为纳税人所得。各国在税收理论和实践中对于所得含义的理解和所得范围的确定都有所不同。

1. 所得的概念。自18世纪末所得税制度产生以来，各国经济学家对所得的概念在理论上有过不同的解释，其中最主要的是"纯资产增加说"和"所得源泉说"。"纯资产增加说"认为所得是纳税人在一定期间资产增加额减去同一时期内的资产减少额的余额。按这种观点，纳税人在一定时期内任何原因造成的所持资产的净增额都应列入应税所得的范围，它不但包括经常性、连续性所得，也包括临时、偶然的一次性所得。"所得源泉说"则认为所得的发生应具备循环性和反复性的特点。依据这种观点，应税所得应是有连续来源的收入（如工资、薪金、经营利润、股息、利息、租金等）扣除相应费用后的纯收入，不应包括销售资产的所得、继承所得等一次性所得。

由此可以看出，采用"纯资产增加说"的国家对所得征税的范围要远大于采用"所得源泉说"的国家。

世界各国在确定所得税的征税对象时，根据本国的政治、经济和社会状况，按照本国的财政经济政策建立各自的所得税法理论。

2. 应税所得的基本分类。目前各国税法中规定的应税所得可以归纳为五类，即经营所得、劳务所得、投资所得、财产所得和其他所得。

（1）经营所得即是营业利润，是指个人或公司从事工业、农业、建筑业、服务业等一切生产性或非生产性经营活动所取得的纯收益。按照各国税法的规定，确定纳税人的某项所得是否为经营所得的依据在于纳税人取得该项所得的经济活动是否为其主要经济活动。例如，一家证券公司从事证券投资活动所获得的股息、利息等收益属于经营所得，而一家服务业公司因其所持股权、债权而获得的股息、利息等则不属于其经营所得。

(2)劳务所得是指个人从事劳务活动所取得的报酬。劳务所得通常分为独立劳务所得和非独立劳务所得。独立劳务所得是指自由职业者从事专业性劳务所取得的报酬,如独立从事的设计、咨询、法律、文教、艺术、体育等活动取得的劳务报酬。非独立劳务所得是指因雇佣关系所取得的工资、退休金、年金等。

(3)投资所得是指个人或公司通过直接投资或间接投资所取得的股息、红利、利息、特许权使用费等项收益。股息、红利是由于股权而取得的所得;利息是由各种债权取得的所得,包括存款利息、贷款利息、各种债券利息,以及因垫付款、延期付款所取得的利息;特许权使用费是由于专利权、商标权、著作权等提供给别人使用而收取的作为报酬的各种款项。

(4)财产所得是指纳税人凭借拥有的财产或通过销售财产所获取的收益。财产所得又分为两类:一类是不动产(如土地、房屋等)和有形动产(如机器设备、船舶、飞机等)的出租收益;另一类是指在各种动产和不动产的转让过程中所产生的溢价收益,这类所得就是通常所说的资本利得。

(5)其他所得是指除以上主要应税所得之外的保险赔偿金、奖学金、博彩收入等所得。一些国家将遗产继承所得、财产赠予所得列为应税所得。本书在以后章节中将重点讲述对遗产继承所得、财产赠予所得的征税情况。

(三)所得税的纳税人

所得税的纳税人主要有两类:一类是个人,即自然人;另一类是公司和其他团体。公司是指任何法人或在税收上被视同法人的实体。法人是指根据国家有关法律组建的能够独立承担法律责任的组织或者实体,其中最重要的法人形式是股份有限公司。非法人实体是指对外不能独立承担法律责任的组织或者实体,如社团、协会、股份无限公司、合伙组织、信托组织等。

各国所得税税法关于纳税人的规定,在将法人和个人作为独立的纳税实体方面是一致的,但在非法人团体是否作为独立纳税实体方面则有所不同。

1. 分类所得税制度下关于纳税人的规定。实行分类所得税制的国家或地区,因其所得税税种是按照不同类型的所得设置的,其着眼点是所得发生的事实,一切经济实体以及个人只要发生了某类所得,就应该按相应税种的规定进行纳税。所以,这些国家或地区在税法上对经济实体一般不作区分,即无论是否具有法人地位的经济实体都应是相应税种的纳税人。

2. 综合所得税制度下关于纳税人的规定。实行综合所得税制的国家,一般根据纳税人的性质对公司和个人分别设置公司所得税和个人所得税。这些国家在有关税法中关于公司纳税人的规定一般分为两种类型。

第一种类型是将公司纳税人限定在具有法人地位的经济实体范围内,如股份有限公司等,而社团、合伙组织、信托等其他团体不能被作为独立的纳税实体看待。这类非法人团体的所得必须分别归属于所有人、合伙人或信托受益人名下,分别按照个人所得税或公司所得税的有关规定纳税。目前,世界上大多数国家都采用这一办法。

第二种类型是不区分各种经济组织的法律地位,在税收上都把它们作为独立的纳税实体看待。这些国家所得税法规定的纳税人不仅包括具有法人地位的经济实体,也包括不具有法人地位的经济组织或实体(注意,这时税法上所指的法人与民法上所指的法人是不一致的)。

(四) 所得税与国际税收

所得税是一种对人税,课税对象与其所有者直接相联系。当一国纳税人在境外取得所得时,这种跨国所得也要被纳入该国所得税的征税范围。这样,该国的所得税征收权就超出了国境,国家之间的征税权发生交叉重叠的现象,从而导致国与国之间所得税重复征税以及所得税收入国际分配问题的产生,这一问题的产生是由所得课税的性质决定的。所得课税国际税收问题的产生不仅与所得课税的性质有关,而且与跨国所得的出现也是分不开的。跨国投资带来所得的国际化是所得课税国际税收问题产生的现实经济条件,没有所得的国际化,各国只对来源于本国境内的所得课税,国家之间也就不会发生所得税的国际税收问题。由于跨国投资尤其是跨国直接投资发展非常迅速,跨国投资所得日益增多,对跨国公司的国际重复征税问题就变得越来越突出,为了消除跨国投资的税收障碍,一些国家开始在本国的税法中加进单方面减除所得重复征税的措施条款。例如:瑞士率先在国内税法中规定对本国居民的境外机构和不动产所得免税;美国和英国从1918年开始使用抵免法单方面消除对本国居民国外所得的重复征税。另外,一些国家也开始寻求通过签订避免重复征税协定的办法来解决所得的国际重复征税问题,最有代表性的协定活动是1922年联合国的前身——国际联盟组织了一个专家工作组专门研究如何避免和消除所得和财产的国际重复征税问题,这项活动充分体现了国际社会对所得重复征税问题的高度重视,并且首开国际组织致力于解决重复征税问题的先河。

跨国公司的发展不仅加剧了对所得的国际重复征税问题,而且也带来了国际避税的问题。跨国公司在海外许多国家设有关联的分支机构和附属公司,它们可以利用转移定价等手段把利润转移到低税国去实现,以避免高税国的征税。这种情况严重影响了高税国的税收利益,并导致一些国家通过立法的形式限制跨国公司的避税行为。关于这一点,我们在以后的章节中会详细介绍。

二、财产税

财产税是以一定的财产额为对象,向拥有或转让财产的纳税人课征的税收。在各国的税收体系中,财产税一般是地方政府财政收入的主要来源。世界上许多国家征收财产税,以作为所得税和商品税的补充。财产课税的计税依据为纳税人拥有的财产价值或纳税人转移的财产价值。

(一)财产的分类

一般来说,财产可以分为不动产和动产,动产又可以分为有形动产和无形动产。不动产通常是指土地、房屋等。有形动产一般包括有形收益财产和有形消费财产,前者如营业设备、商品存货等,后者如汽车等耐用消费品。有形动产还包括一些具有收藏价值的财产,如古玩、珍宝、金银等。无形动产主要是指具有价值并可据此取得收益的各种无形资产,如专有技术、专利权、股票、债券、银行存款、应收账款等。

(二)财产税的类型

财产税可以按以下方法进行分类:

1. 以课税范围为标准,可将财产税分为一般财产税和特别财产税。一般财产税是就纳税人所有的一切财产综合课税。特别财产税则是就纳税人所有的某一类或某几类财产(如土地、房屋等)单独或分别征税。

2. 以课税对象为标准,可将财产税分为静态财产税和动态财产税。静态财产税是就一定时点的财产占有额,依其数量和价值进行课税,既包括一般财产税,也包括特别财产税。动态财产税是就财产所有权的转移进行课税,主要指遗产税和赠予税。由于遗产税和赠予税经常是针对纳税人转移的全部财产价值征税,因此应该被归入广义的一般财产税的范围。

具体而言,对纳税人转移的财产课征的税收可以分为两大类:一是赠予税,这是对纳税人生前转移的财产进行的课税;二是死亡税,这是对纳税人死后转移的财产即遗产进行的课税。根据课税方式的不同,死亡税又可以分为遗产税和继承税。遗产税是在立遗嘱人死后遗产分配前对其遗产课征的税收;继承税则是在立遗嘱人死后对其遗产继承人分得的遗产部分课征的税收。另外,有的国家将赠予税和死亡税合并征收,称为财产转移税。无论纳税人生前还是死后转移财产,只要超过一定的免征额,都要按一个统一的税率对其转移的财产进行征税。

(三) 财产税与国际税收

一般而言，国际税收涉及的财产税的征税对象是跨国财产价值。所谓跨国财产价值，是指跨国纳税人的全部财产在货币形式上的综合表现。跨国财产价值又可分为跨国静态财产价值和跨国动态财产价值。

所谓跨国静态财产价值，是指跨国纳税人在一定时期处于相对静止状态的各项跨国财产价值的总和。对跨国静态财产价值进行课税所使用的税种，依照自然人和法人的不同而有所不同：对跨国自然人有财富税、一般财产税和富裕税；对跨国法人一般适用一般财产税和资本税。

所谓跨国动态财产价值，是指一般财产税类中的因无偿转移而发生所有权变化的那部分跨国财产价值。例如，被继承人死亡，由遗嘱执行人或遗产管理人将被继承人所遗留的一般财产按照遗嘱分别转移归有关继承人所有，以及赠予人在生前将跨国一般财产馈赠给受赠人等。跨国动态财产价值征税时所适用的税种有遗产税、继承税和赠予税等，具体的征税方法和有关税法规定，各国并不相同。

财产税是对人税，纳税人一般要就其在境内和境外拥有的财产一并向本国（居住国）政府纳税，而一国政府对在本国境内的一切财产（包括外国人拥有的财产）拥有征税权，因此财产的所在地和纳税人的居住地并不一定在同一国家。这样，财产与所得一样也存在着国际重复征税问题。财产税在西方国家是一个古老的税种，在经济发展初期，国家能够据以课税的对象主要是房屋、土地等私人财产，所以当时这些国家的主体税种一直是财产税。不过，由于早期西方国家的国际投资十分有限，财产的跨国拥有问题并不普遍，因而财产的国际重复征税问题并没有引起国际社会的重视。但从19世纪中后期开始，资本主义国家之间的国际投资日益增多，财产国际化引发的财产国际重复征税问题也开始受到重视。1872年，英国和瑞士签订了世界上第一个关于避免两国对遗产重复征收继承税的税收协定。此后，财产课税的国际协调与所得课税的国际协调一同成为国际社会避免重复征税的重要任务。

三、商品税

商品课税起源很早，早在古希腊、古印度等国就有盐税的课征。当代的商品课税在税制结构中占有重要地位，发展中国家基本上采用以商品税为主体税种的税制模型。所谓商品税，就是指以商品和劳务的流转额为课税对象的税收。它的计税依据为商品或劳务的流转额（销售收入或劳务收入），因此有时也称为流转税。商品课税的税款一般都要通过提高价格转嫁给消费者和使用者，因而它属于间接税。

(一)商品税的税基

商品税的税基可以分为以下两种类型。

1. 按照商品流转过程中的新增价值课征税收,即增值税。以增值额为课税对象相对于以收入总额为课税对象而言,税基缩小,计税和征管难度比较大,但在多环节征税情况下可减少或消除重复征税,有利于平衡企业间的税收负担,稳定税收收入。

2. 按照商品的销售收入总额课征税收。各国实行的营业税、消费税、关税等,基本上都属于这种类型。这种类型的税基较大,由于不涉及扣除额的核算,计税和征管难度比增值税较小,但在多环节征税情况下,会引起重复征税,不利于企业间的税负平衡。

(二)商品税的计税依据

从计税依据的角度,商品课税可以分为从量税和从价税两种类型。

1. 从量税。它是以商品或劳务数量为计税标准,按一定的单位来计算应纳税额,如重量、容积和体积。从量税课征比较简单,但是由于税款与商品价格脱钩,当物价上涨时税收不能相应增加,财政收入缺乏保证,因此从量税这种计税办法不能被广泛地推行。

2. 从价税。当今各国所实行的商品税一般都是以从价税为计税依据。从价税是以商品或劳务的交易额为计税标准来计算应纳税额,交易额由计税价格乘上计税数量得到。由于以商品或劳务价格为依据,商品价格的变化会影响到税额的变化,因此各国广泛使用从价税来对商品进行征税。

(三)商品税的课税范围

商品税的课税范围可以分为以下三类。

1. 就全部商品和劳务课税,即除了全部消费品外,也将资本品以及交通运输等一些劳务纳入商品课税的范围。实行普遍征税有利于扩大商品税的税基,平衡消费品和资本品的税负,但不利于鼓励投资。

2. 就全部消费品课税,资本品则被排斥在课税范围之外。这种税收政策有利于促进资本品的生产,有利于刺激投资。

3. 选择部分消费品课税,如只对烟、酒、小汽车等一些特定的消费品课税。这种做法主要是为了发挥税收的调节作用,体现政府的某些特殊政策意图,选择的课税对象一般是奢侈品、产生外部效应的商品、某些有损社会公益的商品等。

(四)商品税的类型

根据商品税税基、课税范围等基本要素的不同组合,大致可以将商品税划分为周转税、销售税、增值税和消费税四种主要类型。

1. 周转税,即在商品的生产、批发、零售或劳务提供的每一个周转环节对商品销售收入总额或提供劳务的营业收入总额进行征税。周转税作为传统的商品税,曾经是最重要的商品税形式,但在实践中由于其具有无法克服的局限性,逐渐被销售税和增值税所代替。

2. 销售税是选择商品生产、批发、零售的某一环节,对商品销售收入全额进行征税。销售税与周转税比较,最明显的特点是把多环节征税改为单环节征税,可以在很大程度上减轻重复征税的问题。但这种做法将商品税的税收负担集中在一个流通环节,不利于企业间的税负平衡。

3. 增值税是在商品生产、批发、零售和劳务提供的每一个环节,对销售商品或提供劳务所产生的增值额进行征税。

4. 消费税是选择少数商品在生产或零售环节,对商品销售收入总额进行课税。

(五)商品税制模式

目前,世界上绝大多数国家都征收两种或两种以上的商品税。由于各国在商品税组合的选择上有所不同,所以就形成了不同的商品税制模式,其中主要有周转税制模式、销售税和消费税结合模式、增值税和消费税结合模式。

实行周转税制模式的国家,商品税一般仅选择周转税一种类型,以达到取得财政收入和调节经济的目的。目前,由于周转税所带来的重复征税等问题非常严重,发达国家都已经废弃了这种模式。但周转税具有征管方便、征税普遍的优点,仍有少数经济相对落后、税收管理基础较差的国家实行周转税制。我国曾经实行的工商统一税制就是典型的周转税制。

实行销售税和消费税结合的国家,商品税一般选择销售税和消费税两种类型。销售税作为一般商品税在生产、批发或零售环节对各种商品就其销售总额普遍征税,以单一税率为主。消费税作为选择性商品税,在生产或零售环节选择少数商品进行征税,一般实行差别比例税率,主要发挥商品税的调节功能。美国是典型的实行销售税和消费税结合模式的国家。

实行增值税和消费税结合的国家,商品税一般选择增值税和消费税两种类型。增值税作为一般商品税在生产、批发、零售各个环节对各种商品就其增值额普遍进行征税,税率差别一般不大,以体现税收中性。消费税作为选择性商品税,在生产或零售环节选择少数商品进行征税。欧盟成员国基本上采用的是增值税和消费税结合的商品税制模式。

另外,对于劳务收入的课税,有的国家是采取对劳务收入与销售商品收入适用同一税种的做法,有的国家则针对劳务收入另外设立营业税等税种。在行使周转税和增值税时,商品和劳务适用同一税种的情况更为普遍。例如,欧盟成员国的增值税就是对商品和劳务普遍征收的,但我国主要是以营业税这一税种对劳务收入进行课税。

(六) 商品税与国际税收

对于跨国商品课税是否会产生国际重复征税问题,而且商品课税的国际协调是否直接或间接影响到国家之间的税收利益分配,目前国内学术界存在很大分歧。一种比较有影响的观点是:商品税的课税对象是商品流转额,并与商品交易行为密切相关。每次商品交易以买者为起点,卖者为终点,交易活动只能发生在一国国内,因此商品税的课税对象具有明显的地域性。即使发生出口这样的跨国商品交易,由于一国政府只能对本国境内的商品流转额征税,对超出本国境的商品流转额是无权征税的,因此不可能发生对同一纳税人的同一笔商品流转额的国际重复征税情况,也就不会涉及国家之间的税收利益的分配关系。本书所采用的是另外一种观点,即跨国商品课税是会产生国际重复征税问题的。因为对跨国商品交易而言,不同国家政府对不同纳税人的同一课税对象(商品进出口额)的课税会产生重复征税问题。各国政府对商品课税可以采用产地征税原则,也可以采用消费地征税原则。假定A国实行产地征税原则,而B国实行消费地征税原则,若A国向B国出口一批商品,则两国都将对此笔交易额征税,因此就产生了商品课税的国际重复征税问题。

对跨国商品课税不仅会产生国际重复征税问题,而且商品课税的国际协调也会直接或间接影响到国家之间的税收利益分配。在经济高度全球化的今天,各国相互竞争、相互依赖。广大发展中国家急需大量资金、先进的技术和设备,依靠出口大量初级产品与他国交换自己所需的东西,而发达国家要出口过剩的产品,以换取原材料和矿藏等稀缺原料。但是由于各国实行不同的流转课税制度,各国商品税负有轻有重,并不相同,阻碍了国际商品、资本、技术等经济要素的自由流动。这样各国都会从各自的经济利益出发,提出减让关税和协调流转税制度等要求。这种对国际流转课税制度的协调,不仅影响到国家与从事国际经济活动的纳税人之间的税收征纳关系,而且会进一步影响到国家与国家之间税收利益的分配关系。第二次世界大战以后,随着国际贸易环境的巨大变化,生产要素和商品的国际流动得到极大发展,各国国内商品税的不协调对国际经济活动影响的问题日益暴露出来,并逐渐成为国际性问题。商品税的国际协调从双边协调阶段发展到区域性多边协调阶段,又经过多年的努力发展到世界性多边协调阶段。由此可以看出,商品课税也是国际税收的重要内容之一。

第四节 国际税收的研究对象和范围

一、国际税收的研究对象

随着经济全球化的发展,国际税收在经济发展中起到了非常大的作用。从国际税收政策在全球经济中所起的作用看,国际税收的功能主要包括三个方面:一是收入功能,即保障主权国家的税收收入;二是效率功能,国际税收不应成为开放型市场经济行为的障碍,也就是说,国际税制应该具有财政中性,并使时期扭曲性最小化;三是协调功能,包括协调国家之间的税收分配关系和国际税务的管理。由于国际税收是国家之间的一种税收分配关系,我们可以认为国际税收的研究对象是:各国为处理同其他国家之间的税收分配关系所采取的单边、双边和多边措施,以及由此形成的各国政府处理同其他国家政府之间税收分配关系的国际准则和规范。国际税收的研究对象包括三个层次:一是国家之间的税收分配关系及其税收协调;二是各国政府之间处理税收分配关系过程中形成的国际准则和规范;三是各国在其管辖权范围内对跨国人员的所得、财产和商品的征税关系。本书主要从这一角度对国际税收的研究对象作详细介绍。

(一)国家之间的税收分配关系及其税收协调

国际税收自产生以来,在研究内容上就围绕着国家间的税收分配关系这个本质在不断地发展和延伸。在经济交往中,国家之间会发生税收利益的矛盾,而这种矛盾或分配关系主要由国家之间的税收协调来处理。例如:为了避免对跨国投资所得的国际重复征税,投资者的居住国放弃对本国居民国外投资所得的征税权,而由所得来源国单独对其征税;另外,在现代国际经济活动中,跨国公司的子公司和分支机构分布在众多国家,它们可以利用转移定价方法在国与国之间转移利润,以达到避税或其他经济管理的目的,而这在客观上也会造成国与国之间发生税收利益的分配关系。由于国与国之间的税收分配关系涉及相关国家的切身利益,而且它在现代国际经济生活中普遍存在,所以国家之间的税收分配关系及其税收协调就构成了现代国际税收的研究对象之一。

建立一个统一的多边国际税收协调体系,进一步设计国际公认的标准税制,实现世界性税收协调和区域税收一体化是未来国际税收发展协调的趋势。随着共同市场的发展,税收一体化越来越广泛,成为可供选择的最佳方案。

税收一体化一般包括三个方面。

1. 关税协调。对于成员国之间的产品和劳务进出口,可以有选择地免除关税或降低税率,对于非成员国交易采取一致的关税政策,消除关税引起的贸易障碍。

2. 间接税协调。实行增值税和消费税的统一税基、统一税率、平衡税负水平,以利于国际经济交流。

3. 直接税协调。主要以税收协定方式体现,协定不仅涉及避免所得税和财产税的重复课税,而且将涉及社会保障税、赠予税和遗产税。

由于世界各国政治、经济发展的差异,在全球范围建立广泛税制协调的时机还不成熟。但是,区域共同市场无论在数量上还是规模上都在迅速发展,因此,以区域共同市场为主的税收一体化将成为世界税制协调的重要趋势。

(二)各国政府之间在处理税收分配关系过程中形成的国际准则和规范

第二次世界大战以前,国际上在协调各国对跨国所得和跨国财产征税方面还没有一个被大多数国家所接受的准则和规范。不同的国际税收协定解决重复征税问题的办法并不完全一样,有些协定的内容甚至相互抵触,从而造成国家间的税收分配关系很不规范。1963年和1979年,经济合作与发展组织以及联合国分别公布了避免重复征税协定的范本,这两个范本为世界上许多国家解决重复征税问题提供了依据、准则和规范。

(三)各国在其管辖权范围内对跨国人员所得、财产和商品的征税关系

国际税收利益分配关系不仅仅体现在国与国之间的税收关系协调活动中,同时也体现在各国在其管辖权范围内对跨国人员所得、财产和商品的征税关系中。由于各国的税收管辖权界定的不同,对于跨国人员的所得、财产和商品的征税就产生了重复征税的问题,由此也产生了各国间的税收协调活动,最终形成了国际税收。各国政府在对跨国纳税人的征税过程中形成的税收法律制度既是国际税收惯例、准则和国际性规范产生的基础,也是这些惯例、准则、规范等得以实施的保证。例如,国与国之间签订的税收协定是对缔约国税收管辖权的规范,同时也必然会影响到缔约国同有关跨国纳税人之间的征纳关系,缔约国必须相应调整本国税法以保证国际税收协定的实施。因此,国际税收还要客观、全面地研究各国在其管辖权范围内对跨国人员的所得、财产和商品的征税制度和准则。各国间税收制度和准则的矛盾冲突,其协调解决的根本也在于各国间的税收分配关系。因此,根据本国国情确定的税收管辖权方面的制度和准则,也是国际税收的研究对象之一。

二、国际税收的研究内容

国际税收的研究内容包括国际税收问题及其影响,处理国际税收问题的原则及其制度、准则和规范两大方面。

(一)国际税收问题及其影响

国际税收问题及其影响包括以下六个方面的内容。

1. 税收管辖权。税收管辖权是一国政府在税收领域的主权,即一国政府在行使主权课税方面所拥有的管理权。它是国际税收关系中一个根本性的问题,由此而引发出国际税收关系中一系列的其他问题。

税收管辖权包括居民管辖权、公民管辖权和地域(来源地)管辖权三种基本形式。一个国家行使税收管辖权的原则,在不违背国际法和国际条约规定的前提下,国际上并没有规定统一的标准,各国政府都可以自由选择税收管辖权。因此,要理顺国际税收中的各种关系,最终的出路在于协调各国的税收管辖权。理想的模式是在世界范围内统一实施相同的税收管辖权,但实际上不可能做到这一点,其原因是:一方面,在政治上没有超越国家的权力机构;另一方面,经济上各国的发展水平相差很大,发达国家倾向于实行居民管辖权,发展中国家倾向于实行来源地管辖权。所以,要使税收管辖权完全统一起来是办不到的。只有通过相互协调,才能逐步缩小其差别,以促进国际税收利益分配格局的合理化,并促进世界经济的发展和繁荣。

国际税收问题与各国实行不同税收管辖权有直接的关系,各国不同的税收管辖权的冲突会导致许多国际税收问题的产生。国际税收要研究税收管辖权的建立原则、税收管辖权的类型,以及由其导致的国际税收问题和影响。

2. 国际重复征税及其影响。国际重复课税,也称国际双重征税,是指两个或两个以上国家,对跨国从事经济活动的同一纳税人所发生的同一征税对象同时征收相同或相适的税收,即发生了重叠征税。国际重复课税是各国税收管辖权交叉的结果,它对国际经济的发展会产生不利的影响:一方面,由于国际重复征税加重了跨国投资者的实际负担,不利于资金的国际流动和运用;另一方面,国际重复征税影响商品、劳务、人才和技术的国际流动,对国际资源配置产生阻碍。所以,缓解乃至消除国际重复征税是国际税收关系中最为实际的问题,而研究国际重复征税的产生、影响和重复征税的减除办法等问题,是研究国际税收的一项重点内容。

3. 国际避税及其影响。国际避税是指纳税人以不违法的手段跨越国境,通过人或物的流动或不流动,来达到减少或免除纳税的目的。换言之,国际避税并不是一种违法行为,而是利用了各国在税法规定上的缺陷。因此,在税收的征管活动中,税务当局处理国际避税是一个十分棘手的问题。

研究国际避税的概念、途径、方式及其影响等问题,是国际税收的另一项重点内容,是解决国际避税问题的基础。

4. 国际反避税。由于国际避税影响各国政府的财政收入,因此,各国都积极采取相应的措施,对国际避税加以防范和制止,这被称为反避税。反避税的主要措施有:

(1)从纳税义务上制定具体措施。如税法中规定与纳税人有关的第三者必须提供税收情报,或纳税人某些交易的价格必须得到政府部门的认可和同意等。

(2)不断调整和完善税法。如取消延期纳税、限制关联企业之间通过转让价格进行避税、控制子公司海外经营利润长期滞留在避税地等。

(3)强化税收的征收管理。如成立专业的反避税机构,加强对纳税人银行账户的审查等。

(4)加强国际税收合作。如开展国家之间的税收情报交换,或由国际税收组织牵头,采取多边国际避税防范措施等。

有了对国际避税有关内容的研究,国际反避税的研究就成为国际税收的另一项主要研究内容。研究国际反避税的方法、国际反避税的协定等问题,是解决国际避税给各国带来税收损失的有效方法。

5. 国际税负转嫁及其影响。国际税负转嫁问题及其影响早已被许多国家财政学方面的专家所关注。因为国际税负转嫁会给东道国的税收带来很大的损失,不利于国际经济贸易的发展,所以,研究国际税负转嫁及其影响是广义国际税收的一项研究内容。

6. 国际税收的发展趋势。随着国际经济交往的不断加强、国际经济贸易的不断发展,以及跨国公司的迅速发展,国际税收也呈现出了新的发展趋势。在商品课税领域,增值税和消费税的国际协调将逐步取代关税的国际协调而成为商品课税国际协调的核心内容;在所得课税领域,国与国之间的税收竞争将更为激烈,为了防止"财政降格"(fiscal degradation)情况的发生,国际社会有必要对各国资本所得的课税制度进行协调;随着地区性国际经济一体化的不断发展,区域性的国际税收协调将会有更为广阔的前景;各国之间将加强税收征管方面的国际合作,共同对付跨国纳税人的国际避税和偷税行为;随着电子商务的发展,国际税收领域将出现许多新的课题,亟待各国政府和国际社会加以研究解决。例如,电子商务的国际税收问题、国际税收的不正当竞争问题等,这些都是国际税收新的研究内容。电子商务的迅速发展给国际税收领域提出了一些新的课题。例如:①电子商务交易中客户所在国(所得来源国)是否应对国外销售商的经营所得征税;②在电子商务交易中交易所得的性质和类别有时会难以确定,从而给在相关国家之间区分征税权带来一定困难;③电子商务条件下纳税人的国际偷税和避税活动会更加隐蔽,从而要求国际社会尽快研究制止纳税人偷税和避税行为的办法。

(二) 处理国际税收问题的原则及其具体制度、准则和规范

处理国际税收问题的原则及其具体制度等内容包括以下五个方面。

1. 国际税收的一般规范。国际税收要研究的另一项内容是国际税收原则，即各国对其管辖权范围内跨国流动的人员、资本和货物征税的一般规范。

2. 各国处理国际税收问题的单边制度和准则。处理国际税收问题的单边制度和准则也是国际税收的研究内容。因为无论是与其他国家签订了双边税收协定的国家，还是没有签订双边税收协定的国家，都要有处理与非税收协定国之间税收问题的单边制度和准则。

3. 双边处理国际税收问题的准则和规范。目前，双边处理国际税收问题包括重复征税、重复征税的免除和避免、国际避税和逃税、国际反避税的准则和规范，这其中主要是双边协定。因此，双边处理国际税收问题的准则和规范也是国际税收的一项重要内容。

4. 区域国家或区域性国际组织成员国之间处理国际税收问题的多边税收协定制度和准则。随着国际经济全球化的不断深入，区域性国际税收协调关系得到了很大的发展。尤其是欧盟国家的税收协调，不仅涉及关税，而且涉及国内商品的增值税、消费税等协调制度和准则。关税的国际协调就是从区域多边协调走向世界范围多边协调的，因此，区域国家或区域性国际组织成员国之间处理国际税收问题的多边税收协定制度和准则也是国际税收要研究的一项主要内容。

5. 世界范围多边税收协定的准则和规范。国际税收协定是两个或两个以上的主权国家，为了协调相互之间的税收关系，通过政府谈判所缔结的一种书面协议。各国政府之间签订国际税收协定，其目的在于保护跨国纳税人免于国际重复征税，防止国际税收影响国际贸易、国际投资行为和技术交流。目前，大多数国家在解决国家之间的税收问题时使用的是《关税和贸易总协定》以及联合国《关于发达国家与发展中国家间避免重复征税的协定范本》和经合组织《关于对所得和财产避免重复征税的协定范本》。研究后两个范本的异同点，研究发达国家之间、发展中国家之间以及发达国家与发展中国家之间签订的税收协定，总结探索、处理和协调有关国家之间税收分配关系的准则和规范，有利于推动国际经济交往的发展，因此也是国际税收的又一项研究内容。

国 际 税 收

> **案例应用**

1. 假设一跨国公司的标准基期跨国一般收益或所得被核定为 1 000 万美元,公司所得税税率为 33%,超额所得税税率为 10%。如果该公司在 2007 年获取的跨国收益或所得为 1 600 万美元,则该公司应纳的公司所得税和超额所得税税额是多少?

通过题目的假定,我们知道该公司在 2007 年度取得的跨国收益是 1 600 万美元,而当年的公司所得税税率是 33%,因此其应纳所得税额为 528 万美元(1 600×33% = 528)。当年该跨国公司的标准基期跨国一般收益或所得被核定为 1 000 万美元,因此 2001 年该公司获取超额利润 600 万美元(1 600 - 1 000 = 600),又因为当年的超额所得税税率为 10%,因此该公司的超额所得税税额为 60 万美元(600×10% = 60)。所以该公司应纳公司所得税和超额所得税税额是 588 万美元(528 + 60 = 588)。

2. 假设一跨国公司的标准投资利润率为 15%,公司所得税税率为 33%,超额所得税税率为 10%。如果该跨国公司 2007 年度投资额为 6 000 万美元,当年取得的跨国收益或所得为 1 600 万美元,则该公司应纳公司所得税和超额所得税税额是多少?

通过题目的假定,我们知道该公司在 2007 年度取得的跨国收益是 1 600 万美元,因此该公司的应纳公司所得税为 528 万美元(1 600×33% = 528)。该公司的标准投资利润为 900 万美元(6 000×15% = 900),而当年的跨国收益为 1 600 万美元,因此该公司的超额利润为 700 万美元(1 600 - 900 = 700),该公司的超额所得税税额为 70 万美元(700×10% = 70)。所以该公司应纳公司所得税和超额所得税税额是 598 万美元(528 + 70 = 598)。

> **思考与练习**

1. 国际税收的发展经历了哪几个阶段?各阶段的特点是什么?
2. 什么是国际税收?国际税收与国家税收、外国税收、涉外税收的联系和区别是什么?
3. 税收有哪几种分类?各类税收与国际税收的产生与发展有什么联系?
4. 国际税收的研究对象是什么?包含哪些研究内容?
5. 如何理解国际税收涉及的纳税人?
6. 国际税收涉及的所得税和财产税的征税对象可分为哪几类?

第二章 国际税收管辖权

International Tax Jurisdiction

国际税收问题的产生与各国实行不同的税收管辖权之间有着十分直接的联系,正因为各国税收管辖权的外延和内涵不同,才导致国际税收问题的出现。因此,税收管辖权及其约束规范问题,是研究国际税收的出发点。本章专门阐述税收管辖权的概念与原则、税收管辖权的类型以及各国税收管辖权的实施情况。学习本章应重点掌握:税收管辖权的概念与原则;跨国所得来源地的判定;居民身份的判定、公民身份的判定;各国管辖权的实施情况;地域税收管辖权的优先征税原则。

学习要点

The emergence of international taxation has direct relation with the different choices of tax jurisdiction for many countries. Different countries carry out different tax jurisdiction, which causes a lot of questions of international taxation constantly. Therefore, the tax jurisdiction and its restraint are the starting point of research for international taxation. So in this chapter, we will specially introduce the concept and principles of tax jurisdiction, the types of tax jurisdiction and practices of tax jurisdiction. In this chapter you should pay more attention to the concept and principles of tax jurisdiction, the identification matter of the source of transnational income, the identification mater of resident and the identification matter of citizen, the practices of tax jurisdiction. At last you should know more about the principle of the priority to area tax jurisdiction.

第一节 税收管辖权的概念与原则

一、税收管辖权的概念

（一）税收管辖权的含义

国际税收问题是由两个或两个以上的国家，各自凭借其税收管辖权对跨国流动的人、物或劳务征税而引起的。各国税收管辖权的矛盾冲突引起了国际税收问题的产生，因此要研究国际税收，首先要研究税收管辖权与国际税收的关系。

随着国际经济交往的日益加深，出现了越来越多的跨国纳税人和跨国所得，而各国所得税制度的发展，使得同一纳税人的同一项所得有可能同时被两个或两个以上的国家行使征税权。这样，就由税收管辖权的不同产生了国与国之间税收利益分配的矛盾。如何尽量避免这一矛盾的产生和更好地协调各国的税收管辖权，从而协调好各国的税收征纳关系，就成为国际税收研究中的一个重大问题。由此可见，税收管辖权是国际税收研究中的一个根本性的问题，是研究一切国际税收问题的基础和起点。

所谓税收管辖权，是指一国政府在税收方面的主权，它是国家的管辖权在税收上的具体体现。也就是说，任何一个主权国家，在不违背国际法和国际公约的前提下，都有权选择最优的或对本国最有利的税收制度。税收管辖权主要包括以下几项基本内容：

1. 征税主体和纳税主体。征税主体即由谁来征税，具体而言是由国家行使征税权，由国家的税务部门行使税收的管理权。这是税收管辖权的实质和核心，是构成税收管辖权主体的一个方面。毫无疑问，有权征税的只能是一个主权国家，而不可能是其他的组织、团体以及企业或个人。纳税主体是对谁行使征税权，即对谁征税，这是构成税收管辖权主体的另一个方面。从法律的角度看，构成纳税主体的是一国管辖的自然人和法人，即一个主权国家有权规定什么人构成本国的纳税主体，什么人负有本国的纳税义务。

2. 纳税客体。纳税客体即对什么征税，通常包括收益、所得和财产等，它构成税收管辖权的客体。一国的征税客体可以是商品流转额，可以是所得额，也可以是财产和其他行为。

3. 纳税数量。纳税数量即征多少税。它既包括宏观整体税负的确定，也包括各具体税种的确定，还包括有关征税项目、征税数量的确定。

(二) 税收管辖权行使中体现的原则

税收管辖权是国家主权在税收领域的体现,是一国政府在征税方面所行使的管理权及其范围。因此,税收管辖权在行使的过程中体现了以下两个原则。

1. 独立自主原则。国家的税收管辖权是国家主权的一种体现,因此就决定了它对外应该表现为一种完全的独立自主性,是不受任何外来意志干预的权力。一国政府有权根据本国的需要和自己的意志,决定对哪些人征税、征收哪些税以及征多少税。税收管辖权独立,意味着一个国家在征税方面行使权力的完全自主性,对本国的税收立法和税务管理具有独立的管辖权力;在国际税法领域,即指一国通过制定法律,确定本国税收管辖权的范围,有权对属于该范围内的征税对象进行征税。

2. 约束性原则。税收管辖权完全的独立自主性,并不意味着一国政府在行使这种权力的时候不受任何限制和约束。作为国际社会的一员,每个国家都必须尊重他国的主权,不得以行使自己的税收管辖权为借口侵犯他国的税收管辖权。如果没有国家之间的条约规定,一国税务机关不得在另一国内实施税务行政行为,包括不得向住在外国境内的本国纳税人传送纳税通知书,不得因征税目的在外国境内征集税务情报等。税收管辖权除了受这种主权约束外,还要受到外交豁免权的约束。对享有外交豁免权的外交代表机构及其人员、国际组织及其人员一般免予征税,这也构成了对一国行使税收管辖权的一种限制。

(三) 税收管辖权与各税种之间的关系

由于不同税种之间的差别和它们各自的特点,各国在行使税收管辖权的时候针对不同的税收种类制定了不同的税收制度,以此来更好地维护本国的税收利益。下面简单介绍一下税收管辖权与所得税、财产税和商品税之间的关系。

1. 所得税与税收管辖权。如第一章内容所述,所得税在课税方面可实行分类所得税制和综合所得税制,根据这两种不同的税收制度,税收管辖权的实施情况也有所不同。

实行分类所得税制的国家和地区一般行使单一的地域税收管辖权。分类所得税是对物税,国家征税的依据是某项所得发生的事实。这样,不论某个自然人或法人是否为本国居民或公民,只要其在本国境内取得了某项应税所得,就要成为本国的纳税人,并就该项所得在本国负有纳税义务。

实行综合所得税制的国家一般按属地原则和属人原则这两个原则来确立税收管辖权。因为综合所得税是对人税,其特点是对纳税人各种来源的所得进行综合征税,所以,在这种税制下该国对本国居民或公民有权就其在世界范围内的所得征税。另一方面,有关国家也不放弃行使地域税收管辖权,要对非居民或非公民来自本国境内的所得课税。

2. 财产税与税收管辖权。财产税税收管辖权的行使根据这一税种具体类型的不同而有所不同。

一般财产税,包括遗产税、赠予税等财产转移税,属于对人税,纳税人需要就其在某一时点上拥有的全部财产承担纳税义务。因此,征收这类税收的国家和地区,和实行综合所得税制的国家一样,也要实行居民或公民税收管辖权,对本国居民或公民存在于本国境内和境外的财产征税。同时,有些国家也不放弃行使地域税收管辖权,对非居民或非公民纳税人存在于本国境内的财产也进行课税。

特别财产税的课税对象是某一类或某几类财产价值,如土地、房屋、车船、机器设备等。因此,特别财产税是对物税,各国政府在这类财产税的征收过程中一般都只行使地域税收管辖权,只对存在于本国境内的应税财产课征税收。

3. 商品税与税收管辖权。商品税属于对物税,其课税依据是商品交易额发生的事实,而商品交易的发生有着明确的地域性,因此,各国一般都按属地原则确立商品税的税收管辖权,即只对商品税行使地域税收管辖权。不论商品交易额属于本国居民或公民,还是属于非居民或非公民,都只对发生在本国境内的商品交易额课税。

二、税收管辖权的确立原则

由于税收管辖权是国家主权的重要组成部分,而国家主权的行使范围一般要遵从属地原则和属人原则,所以一国税收管辖权要受国家政治权力所能达到的范围的制约,在征税范围这个问题上也必须遵从属地原则和属人原则。所谓属地原则,是指一国政府可以在本国区域的领土和空间内行使政治权力;所谓属人原则,是指一国政府可以对本国的全部公民和居民行使政治权力。

(一) 属地原则

属地原则(Principle of Territoriality)是以地域为标准确定国家行使管辖权范围的一种原则。现代属地原则是随着现代国家概念的出现而出现的。现代国家认为主权是国家最高的、最根本的权力。现代的属地原则和属人原则,与国家主权概念是结合在一起的。现代税收属地原则是指属地主权原则,即一个主权国家可以以其领土作为行使其征税权力范围的依据的原则。根据属地原则,一国有权对来源于本国境内的一切所得征税,而不论取得这笔所得的是本国人还是外国人。属地原则着眼于物,一国政府在行使征税权力时,只对来源于或存在于本国领土内的征税对象课征税收,而对来源于或存在于国外的征税对象不课征税收。这一原则说明,任何一个国家对其所属的领土具有最高的地域管辖权。按照国际法,领土包括:领陆,即国家领有的陆地及其地下层;领水,即陆地疆域以内的江、河、湖、海等内水及其地下层,以及环绕国家陆地一定宽度的海洋水域及其地下层;领空,即领陆和领水上空;拟制的领土,即国家领有的船舶和飞机。国家对其所属领土(领域)内的人、物和发生的事件,有权按照本国的法律实行管辖。例如,有一项贸易活动,其合同签署地点在甲国,而根据已签署的合同,买卖成交的地点又在乙国,在这种情况下,甲、乙两国均有管辖权。行为开始的甲国根据主体的地域原则拥有管辖权,而行为完成的乙国根据客体的地域原则拥有管辖权。由此可见,属地原则是以发生在一国境内的事件为管辖对象的原则,用于解决一国法律的适用范围。以地域原则为标准,凡是在本国境内发生的各种事件都要求适用本国法律的管辖,而在境外的则不适用。

(二)属人原则

属人原则(Principle of Person)是与属地原则相对应的。现代税收管辖权的属人原则是指属人主权原则,即以属一个国家政治权力管辖的人作为行使征税权力范围的依据的原则。属人原则亦称属人主义原则,这是以人,包括自然人和法人的国籍和住所为标准,确定国家行使管辖权范围的原则。所谓国籍,一般是指一个人属于某一国家的国民或公民的法律资格,是一个人同某一特定国家固定的法律联系。所以,国籍通常与国民或公民资格具有同一含义。所谓公民,是指具有本国国籍的人;所谓居民,是指居住在本国境内并享有一定权利和承担一定义务的人。居民的范围可以包括本国公民、外国公民以及具有双重国籍和无国籍的一切人员。从各国税收管辖权的实践来看,各国更倾向于以本国政治权力管辖的居民作为行使征税权力范围的依据。根据属人原则,一个国家有权对本国居民或公民的一切所得征税,而不论他们的所得来源于本国还是外国。属人原则着眼于人,一个国家在行使征税权力时,只对本国居民或公民课征税收,而对在本国暂留的外国居民或公民的所得不课征税收。例如,甲国的居民A在乙国犯罪,甲国根据属人原则可以对该居民A所犯罪行起诉。由此可见,属人原则是以人为管辖对象的原则,用于解决一国法律的适用范围,以属人原则为标准,凡是属于本国的居民或公民,都应适用。

根据上述国家主权行使范围的属地原则和属人原则,可以把税收管辖权分为三类:

第一,地域税收管辖权,又称来源地管辖权,即一国要对来源于本国境内的所得行使征税权。

第二,居民税收管辖权,即一国要对本国税法中规定的居民(包括自然人和法人)的所得行使征税权。

第三,公民税收管辖权,即一国要对拥有本国国籍的公民的所得行使征税权。

第二节　地域税收管辖权

一、地域税收管辖权概述

一个主权国家按照属地原则所确立的税收管辖权，称为地域税收管辖权或收入来源地税收管辖权，即一国对来源于本国境内的收入或所得以及存在于本国领土范围内的财产行使征税权，而不考虑取得收入者和财产所有者是否为该国的居民或公民。相反，对于纳税人来源于本国领土范围以外的收益、所得以及不存在于本国领土范围内的财产不征税，即使这个纳税人是本国公民或居民，也不必承担此纳税义务。因此，这是一种按照属地原则，以国家主权所能达到的地域范围为依据，基于所得来源地或财产所在地而行使的税收管辖权。

收入来源地税收管辖权从源课征，即收入来源发生在哪个国家，就要在哪个国家征税，这既体现了各国经济利益分配的合理性，又体现了税务行政管理的方便性。所以，在国际税收中，地域税收管辖权被认为是一种最恰当的税收管辖权，目前已被世界许多国家接受和使用。当然，许多国家在采用地域税收管辖权的同时，也不放弃居民或公民税收管辖权，认为地域税收管辖权可以是一项占优先征税地位的税收管辖权，但不能是一项独占征税地位的税收管辖权，只有这样，才能使税收利益在收入来源国和居住国之间进行合理的分配。

地域税收管辖权实际上可以分解为两种情况：一是对本国居民而言，只就本国范围内的收益、财产和所得纳税，即使在国外有收益、所得和财产，也没有纳税义务；二是对于本国非居民（外国居民）而言，其必须就该国领土范围内的收益、所得和财产承担纳税义务。

在实行地域税收管辖权的条件下，由于主权国有权对非居民征税，所以必然引起国家与国家之间税收关系的重复课税，必须对此加以协调。例如，现有 A 和 B 两个国家，其中在 A 国有 B 国的居民从事经济活动，在 B 国有 A 国的居民从事经济活动，而且 A 与 B 两国都实行地域税收管辖权，那么两国的税收关系如下：A 国政府可以对本国范围内的 A 国、B 国的居民征税，B 国政府可以对本国范围内的 B 国、A 国居民征税。在两国都实行地域管辖权的前提下，并不会发生重复课税的问题。但问题的关键是各国之间并不只存在单一的税收管辖权，还有其他类型的管辖权，所以将引发更为复杂的国际税收关系。

值得一提的是，在同样实行地域税收管辖权的国家中，对收入来源的确定也是一个棘手的问题。由于各国有不同的规定，不同国家对收入来源地会有不同的看法，在具体处理中很难把握,例如:对外国公司的国际贸易所得的归属,各国时常存在争议。

二、所得来源地的确定

确定所得的来源,对正确行使地域税收管辖权是十分重要的。行使地域税收管辖权的国家,确定非居民对本国是否有纳税义务时,首先要确定这个非居民是否有来源于本国境内的所得。对非居民取得的一笔所得究竟产生于何处,有时很难进行判断,因此往往容易引起国家之间的利益纠纷,国际社会必须确立各国都比较容易接受的关于判断收入来源地并根据这一判定进行征税的标准和原则。行使地域税收管辖权的国家,对非居民的所得要判定其来源是境内还是境外,对于来源于境内的所得可征税,对于来源于境外的所得则不可以征税。对于区分非居民所得是来源于境内还是境外,不仅是确定一个非居民对本国是否有纳税义务的前提,而且对居民而言也是十分重要的。因为对居民的所得而言,虽然不区分其境内所得还是境外所得都要征税,但在采取税收抵免方法减除重复征税时,对居民要将其境外所得的已纳税款从其全部应纳税额中扣除。所以,确定所得的来源,对正确行使居民税收管辖权是非常重要的。

对于不同种类所得来源地的判定标准和征税规则是不同的,下面对这一问题进行具体阐述。

(一)关于经营所得来源地的确定

经营利润,又称营业所得,是指工业、交通运输业、农业、林业、养殖业、金融业和服务业等,通过进行企业性经营活动所取得的所得。在企业经营活动国际化的情况下,生产的所在地,购销货的成交地、交货地、收付款地等,可以在不同国家的境内进行。一个国家对本国居民取得的来自本国境内的所得,是不难确定其来源的,但困难在于对非居民取得的营业所得,在什么条件下,在多大程度上,算是来源于它国境内而不能对之征税。为了明确划分营业所得的来源,各国提出了不同的判别原则和标准,其中某些原则和标准因其独具的合理性和可操作性,已经逐渐演变成通行的国际惯例,被写入了不同的税收协定范本,用以指导有关国家对跨国营业所得征税权的协调。目前,各国判定经营所得的来源地,主要有以下两种标准。

1. 常设机构标准。为了明确营业利润来源地,经济合作与发展组织在1963年拟定的《关于对所得和财产避免重复征税的协定范本》(以下简称《OECD范本》)中正式使用了"常设机构"这个概念,用以作为确定营业利润来源地的标准,同时联合国在吸收了1977年《OECD范本》的基础上,在拟定并通过的《关于发达国家与发展中国家间避免重复征税的协定范本》(以下简称《联合国范本》)中也给出了"常设机构"的定义。两个范本规定的差异实质体现了在普遍认同以常设机构原则进行营业利润征税权国际协调的大原则下，作为来源地国的发展中国家与作为居住国的发达国家立场的不同和利益斗争。《联合国范本》和《OECD 范本》都明确规定："缔约国一方企业的利润应仅在该国征税，但该企业设在缔约国另一方的常设机构进行营业的除外。如果该企业通过在缔约国另一方的常设机构进行营业，其利润可以在另一国征税。"

综合以上两个范本，我们给出常设机构的定义如下：所谓常设机构，是指企业在一国境内进行全部或部分经营活动的固定营业场所。常设机构具有以下三个特征：一是要有一个营业场所，如房屋、场地或机器设备等设施，这种营业场所并没有任何规模上的限制，也不论是自有的还是租赁的；二是这一场所必须是固定的，即有确定的地理位置，且有一定的永久性足以表明它是常设的场所；三是通过这一机构进行的活动必须是以营利为目的的。

常设机构原则通过对营业利润来源国税收管辖权的限制来划分居住国与来源国的征税权：通过设置"常设机构"这一门槛性要求，来源国只有在跨国纳税人的营业活动已达到构成常设机构的标准时方可行使其税收管辖权，且其征税权的行使只限于可归属于纳税人在来源国设立的常设机构的那部分营业利润，而低于常设机构标准的营业活动产生的利润则由居住国课税。

代理性常设机构是指一个实体代表企业进行活动并有权在缔约国家以企业的名义对外缔结合同。这种权限必须经常行使而不仅仅是在个别案件中。但是，如果代理人是独立的并在正常商业活动中行事，则不能构成一个常设机构。独立的代理人必须在法律上和经济上都是独立的。如果代理人的义务受制于广泛的控制或者过分详细的指示，或者代理人不承担任何企业风险，则不视其为独立。

常设机构在国际税收，尤其在国际税收协定中，是一个极其重要的概念。一般来说，在采用常设机构标准的国家，是以常设机构的存在与否作为对非居民营业所得征税与否的分水岭。如果一个居民在收入来源国（非居民国）设有常设机构，并且经营所得来自常设机构，该国就可以判定这笔所得来源于本国境内，就可以对其行使来源地税收管辖权进行征税。

常设机构的范围一般包括：管理场所、分支机构、办事处、工厂、车间、作业场所、矿场、油井、气井、采石场或其他开采自然资源的场所、建筑工地、建筑、装配或安装工程，或者与其有关的监督管理活动，但应连续超过一定期限，一般为六个月或一年；有雇员或其他非独立代理人（包括本企业的子公司）经常代表本企业从事营业活动等。由于对常设机构的判定具有较大的不确定性，大部分国家在税法中以列举的办法来明确常设机构的范围。

通常不把一些纯属为企业的营业而设立的准备性或辅助性的场所确定为常设机构。因为这些场所虽然是企业营业的固定场所，但其活动在企业实现利润的过程中只起很微小的辅助作用,很难确定其赢利份额。

对于"准备性或辅助性"活动的判定,应注意以下原则:①服务对象必须是本企业;②其服务必须不起直接营利的作用;③其职责必须是事务性的服务。

如果固定基地或场所不仅为本企业服务,而且与他人有业务往来,或固定基地或场所的业务性质与本企业的业务性质一致,且其业务为本企业业务的重要组成部分,则不能认为该固定基地或场所的活动是准备性或辅助性的。

对非居民的经营所得是否来源于本国境内的确定标准,除了主要看是否有常设机构外,一些国家还结合运用了一些其他的标准。例如:法国公司所得税法规定,除在法国设有常设机构外,凡在法国经常从事经营活动,或在法国境内进行结束形态的商品交易活动的非居民公司,由此取得的所得,在法国都负有纳税义务。英国、澳大利亚、墨西哥等国的税法也有相似的规定。但是,有无常设机构仍是这些国家的一项最重要、最基本的判定标准。

所得来源国对营业利润的课税原则是,只有跨国法人在其境内设有常设机构才能课税。因而在运用常设机构这一概念来确定所得来源地的同时,又派生出了一个常设机构的利润如何确定的问题。常设机构只是总机构或总公司的派出机构,本身并不具有独立的法人地位。但各国的税法和国际税收协定都将常设机构作为一个独立的机构或企业,要求按照正常交易的方式与其总机构进行经济交往。在进行判定时,通常有以下两种情况。

(1)在确定常设机构营业利润范围的时候,通常有以下两种原则。

第一,归属原则。常设机构所在国行使地域税收管辖权课税,只能以归属于该常设机构的营业利润为课税范围,而不能扩大到该常设机构所依附的对方国家企业来源于其国内的营业利润。由于各国在税法和国际税收协定中都将常设机构作为一个独立的机构或企业,所以都要求它按照正常交易的方式与其总机构进行经济往来,即应当按照"独立核算原则"计算其营业利润,并按照实际取得的营业利润向其所在国纳税。所以,这种方法也称为实际所得法,并已经得到国际社会的公认。在我国与英国、美国、日本、法国等国家签订的双边税收协定中,对跨国经营所得的课税范围,均采用归属原则来加以确定。

第二,引力原则。常设机构所在国除了以归属于该常设机构的营业利润为课税范围以外,对并不通过该常设机构但经营的业务与该常设机构经营的相同或同类,其所取得的所得,也要归并到该常设机构中合并征税。采用这种方法将扩大常设机构所在国的征税范围,也有助于防止跨国纳税人利用国际税负差别进行避税。但从税务管理的角度看,引力原则在具体执行上存在一定的困难,因为来源国(常设机构所在国)很难控制和掌握非居民企业未通过常设机构而自行开展的营业活动及取得的相应利润。关于引力原则,曾经得到《联合国范本》的考虑,但并未被《OECD 范本》所采纳。《OECD 范本》反对采用引力法的理由是:认为这一原则不适当地扩大了地域税收管辖权的行使范围,不利于跨国公司精简机构。因此,引力原则适用的范围较归属原则狭窄,一般需要由有关的国家协商确定。

国际税务专家对是否采用引力原则存在不同观点。

赞同的观点认为:如果不采用引力原则就会导致避税问题。例如,企业可能只在一个国家设立不营利而仅承担监管职责的常设机构,而企业实际的销售产品的业务却通过独立代理人进行,监管活动的实际情况不容易得到证实,即使可以证实其所产生的利润数量,也难以合理确定,这样就为避税留下了可乘之机。

不赞同的观点认为:这会降低税收管理的效率水平。因为现代商业组织极为复杂,比较大的跨国公司经营范围广、形式多样、面向许多国家,企业除了设立常设机构从事某一项或某几项营业活动外,往往还另外通过独立代理人进行相同或不同的营业活动,税务当局的工作会过于困难。

就实践来看,大多数国际税收协定为便利税收管理和减少对企业经营活动的干扰,都放弃了引力原则。

举个例子来说明一下归属法和引力法的使用。例如,A 国居民公司甲公司向 B 国销售一批洗衣机,取得营业所得 5 万美元。如果甲公司是由本公司将这批洗衣机直接销售给 B 国进口商的,那么,B 国不能认为这 5 万美元的营业所得是来自于 B 国的。

如果甲公司在 B 国设有分公司乙公司(乙公司应认定为甲公司在 B 国设立的常设机构),甲公司通过乙公司销售洗衣机,获得营业所得 5 万美元。另外还通过 B 国的丙公司销售电冰箱,丙公司与甲公司没有任何附属或控制关系,因此是一家独立代理人,取得营业所得 1 万美元。那么,按照归属原则,B 国将对归属于乙公司的洗衣机营业所得 5 万美元行使地域税收管辖权进行征税;而按照引力原则,B 国不但可对归属于乙公司的洗衣机营业所得 5 万美元进行征税,还可以对并没有通过乙公司销售,但与乙公司经营同类商品的丙公司获取的电冰箱营业所得 1 万美元一起行使地域税收管辖权进行征税。

此外,还要注意计算常设机构的"正常交易原则"。"正常交易原则"亦称"独立核算原则"、"独立竞争原则",是国际收入和费用分配原则之一,指将关联企业视同完全独立核算的无关联企业,依据完全的市场条件下所采用的计价标准或价格来处理其相互间的收入和费用分配。正常交易原则的理论依据是承认市场作用的合理性。在市场上,彼此独立的企业发生正常交易时是按市场竞争形成的价格进行的,这个价格是自然合理的。尽管在市场竞争中,交易双方的经济力量不同会影响到交易价格,出现交易的不公平现象,但一般认为这是市场作用的正常现象,市场竞争会自发地对不公平现象进行调节。如果国际关联企业之间的交易按照市场竞争形成的正常交易价格进行,关联企业间的收入和费用就是合理的。正常交易原则与市场经济和市场竞争的理论是一致的。

正常交易原则早在1963年由经济合作与发展组织在其《OECD范本》里提出,随后在1977年《OECD范本》和1979年的《联合国范本》中加以发展和明确,目前已被世界大多数国家接受和采纳,成为税务当局处理国际关联企业间收入和费用分配的指导原则。

正常交易原则把市场竞争价格作为解决国际收入和费用分配的依据。其优点是:因其分配依据的客观性,可达到最大限度的公平;理论根据比较充足,有说服力,且切实可行。其不足之处是:有时市场竞争价格难以找到;工作量大,执行中困难多。跨国关联企业为数众多,其内部交易频繁,交易额相当巨大,而正常交易原则要求逐笔审核每项交易价格,工作量非常大,会增加具体执行中的困难。

(2) 在确定常设机构营业利润的具体数额时,有以下三种判定方法。

第一,分配法。它又被称为总利润法,是按照企业总利润的一定比例来确定其设在非居住国的常设机构所得的方法。在常设机构不能提供准确凭证来计算扣除营业费用时,非居住国也可以采取这种方法来确定常设机构的利润。常设机构所在国以该常设机构分得的利润为课税范围,行使地域税收管辖权进行征税。一国企业设立在另一国的常设机构,有时只办理联络、接洽等事宜,并不从事营业活动,因此并无营业利润,而只有费用开支。对于这样的常设机构,既然并没有所得,本来是不予征税的,但是,考虑到费用损失乃取得营业利润的代价,既有费用发生,就必有相应的收入和营业利润,只不过该项营业利润是包括在外国总机构的账内,没有直接体现在常设机构账上而已。所以,常设机构的费用和利润,应由其总机构汇总按一定的比例重新分配给各常设机构,以体现各常设机构的经营成果,也可以为常设机构所在国行使地域税收管辖权进行征税提供方便。因此,这种向无营业利润的跨国企业的常设机构行使地域税收管辖权课征所得税的做法,目前已经被西欧一些国家所接受。

第二,核定法。核定法,即常设机构所在国按照该常设机构的营业收入额核定利润或按经费支出额推算利润,并以此作为行使地域税收管辖权的课税范围。例如,一些国家按常设机构实际发生的费用支出额,乘以规定的百分比(通常根据银行赢利水平的不同,规定为5%~10%),作为该常设机构的应税所得进行征税。

第三,独立核算法。根据独立核算法,常设机构同其总机构之间的交易和费用往来,按照两个完全独立的企业来处理。允许常设机构从其毛收入中扣除为营业目的所发生的有关费用,包括它应该承担的总机构实际发生的总管理费和实际垫付的费用。考虑到常设机构与总机构之间的附属关系,对于发生在两机构之间的某些费用,除了属于偿还垫付实际发生的费用外,不得作任何其他的扣除,包括相互支付的特许权使用费、为提供特殊劳务或管理而相互支付的佣金手续费、相互提供资金所支付的利息等,除非是偿还代垫实际发生的费用和金融机构同其所属各个不同部门相互提供贷款所支付的利息。

2. 交易地点标准。英美法系的国家一般不采用常设机构标准来确定经常所得的来源地,而是比较侧重利用交易或经营地点来判定经营所得的来源地。例如,英国的法律规定,只有在英国进行的交易所取得的收入才属于来源于英国的所得。这里的交易泛指各类贸易、制造等经营活动。在确定贸易活动是否在英国国内进行时,主要依据合同的订立地点是否在英国,而对于制造利润则是以制造活动发生地为所得的来源地。加拿大也有与英国相类似的规定,只是以合同签订的习惯性地点作为交易的地点。美国税法规定,在美国从事贸易或者经营活动取得的利润属于来源于美国的所得。但美国判定贸易利润来源地时是以货物的实际销售地为来源地,并不注重合同签订的地点,这与英国和加拿大等国稍有不同。在判定制造利润来源地时,美国和英国一样,是以产品制造加工活动的地点为所得来源地的。

(二)关于劳务所得来源地的确定

跨国自然人从事劳务的劳务所得包括独立个人劳务所得和非独立个人劳务所得以及跨国其他个人活动所得等。

1. 独立个人劳务所得来源地的确定。独立个人劳务所得,是指个人独立地从事非雇用的各种劳动,包括独立的科学、艺术、文化、教育和教学活动,以及独立从事于医生、工程师、律师、建筑师、会计师等的独立劳务所取得的所得,但不包括个人独立从事工业和商业活动的所得,因为它们属于跨国营业利润的性质。一般来说,只有独立个人劳动者在劳动场所出现,并在那里使用其劳动力,才能从那里取得报酬。因此,非居住国能够对跨国独立个人劳动者行使地域税收管辖权征税,必须是该独立个人劳动者在非居住国出场的条件下取得的报酬。衡量是否出场,国际上主要有以下三项标准。

(1)固定基地标准。固定基地标准是指以一个跨国独立劳动者在某一国家是否设有经常使用的固定基地从事专业性劳务活动,并通过该固定基地取得所得为依据,来确定独立劳务所得的来源地。一个跨国独立劳动者,如果在非居住国为了从事某种活动而设有经常使用的固定基地,如事务所等,可以被认定为出场,其通过固定基地取得的劳务所得便可以确定为来源于非居住国,由该非居住国对其行使来源地税收管辖权进行征税。

(2)停留时间标准。停留时间标准是指以一个跨国独立劳动者在有关会计年度中停留在某一国家的时间累计是否已经达到一定的天数(一般为183天)作为依据,来确定独立劳务所得的来源地。如果跨国独立劳动者在某一国家境内从事独立劳动而未设立固定基地,但该跨国独立劳动者在一个会计年度内停留在该国的时间累计已经达到规定的天数,可以被认定为出场,即可以将其劳务提供地确定为在该国境内,由该国对其行使地域税收管辖权,就其在该国进行活动所取得的独立劳务所得进行征税。

(3)所得支付地标准。如果一个跨国独立劳动者的所得是由某国的居民或设在其境内的常设机构、固定基地支付的,即可确定为该跨国自然人的独立劳务所得来源于该国,并由该非居住国对其行使来源地税收管辖权进行征税。当一个跨国独立劳动者在非居住国既未设有经常使用的固定基地,停留时间又没有超过183天时,可以参考这一标准确定其所得来源国,而不必考虑其本人出场的条件。

例如,一位日本律师在中国境内从事法律服务项目,经常在中国短期停留,时间均不到一年,因此他不具有中国居民身份。如果他的行为符合下列条件之一,则认为他拥有来源于中国的劳务所得,应该由中国就这部分所得对该日本律师行使地域税收管辖权进行征税:

第一,他在中国开有一家律师事务所并通过这家律师事务所从事法律服务并取得所得。

第二,某纳税年度他在中国停留时间超过183天,在此期间内从事法律服务并取得所得。

第三,他在中国从事法律服务,报酬由具有中国居民身份的公司或个人支付。

第四,他在中国从事法律服务,报酬由一家日本居民公司设在中国的代表处承担。

2. 非独立个人劳务所得来源地的确定。非独立个人劳务所得,是指受聘于或受雇于他人的工薪收入者所取得的工资、薪金和其他类似的报酬。

非独立个人劳务区别于独立个人劳务的一个最重要的特点,就是受雇人的劳动不能违背聘主或雇主的意愿而独立进行,即离开聘主或雇主的劳动,也就不能被称为非独立劳动了。因此,非居住国对非独立劳动者的所得行使地域税收管辖权征税的条件是,该非独立劳动者的所得是受聘或受雇于非居住国而取得的。具体而言,应该按照下述国际规范加以判断:

(1)所得支付地标准。一个跨国非独立个人劳动者受聘或受雇于非居住国,其劳务所得是由具有非居住国居民身份的聘主或雇主支付的,或者是由居住国的聘主或雇主设在非居住国的常设机构或固定基地支付的,则可以认定其所得是来源于非居住国,并由该非居住国对其行使地域税收管辖权进行征税。

(2)停留时间标准。如果一个跨国非独立个人劳动者受聘或受雇于非居住国取得的劳务所得,不是由非居住国支付,而是由居住国聘主或雇主所支付的,那么,只要该非独立个人劳动者在一个会计年度中,连续或累计停留在非居住国已超过183天,便可以认定该非独立个人劳动者在此期间取得的所得来源于非居住国,并由非居住国对其行使地域税收管辖权进行征税。

按照国际规范,一国居民在另一国因受雇而取得的工资、薪金、津贴、奖金等各项报酬所得,只要符合上述标准之一,即可确定其报酬所得是来源于另一国境内的,应由另一国政府对其行使地域税收管辖权进行征税。

3. 跨国其他个人活动所得来源地的确定。划分独立劳务所得和非独立劳务所得,是确定劳务所得征税的基础。对于某些劳务所得如跨国服务费用、董事费、表演所得等,由于其特殊性和复杂性,如何确定其来源地,是一个非常重要和现实的问题。

(1)跨国政府服务所得。跨国政府服务所得,是指跨国政府服务人员为某国政府提供跨国服务取得的所得,如某一个跨国的政府服务人员在 A 国政府驻 B 国的大使馆,为 A 国政府提供服务而取得的所得。由于此项所得完全是来自政府所在国的行政经费支出,因此国际上通行的做法是,认定此项所得是来源于支付服务报酬所得的政府所在国,由支付服务所得的政府所在国行使地域税收管辖权进行征税。同时,国际惯例还有一个特殊规定,即对于在政府所在国以外的国家为政府提供服务的人员所取得的报酬所得,并且这个服务人员又是他提供服务所在国的居民或公民的,其提供服务而取得的所得应由该人提供服务所在的居住国独占行使居民税收管辖权进行征税。例如,具有美国居民身份的 A 先生为中国政府工作,中国政府向其支付的退休金以外的报酬一般应由中国政府行使地域税收管辖权。但在以下两种情况下应单独由美国政府对其进行征税:一是 A 先生在美国为中国政府工作,且他既有美国居民身份,又是美国的公民;二是 A 先生在美国为中国政府工作,并且他的美国居民身份的取得并不是因为他留在美国为中国政府工作时间过长,而是因为他在美国拥有永久性住所等其他原因而获得的。在这两种情况下,美国政府有权对 A 先生行使地域税收管辖权而对其进行征税。

(2)跨国董事费所得。董事费是公司支付给其董事会成员的董事酬金。对于担任各种跨国公司的董事或其他高级管理人员的人来说,由于其经常在公司所在国境外的其他地点工作,如在分公司所在国或与公司业务有关的国家活动,所以其流动性非常大,确定这类人员提供劳务活动的地点比较困难。因此,国际上通行的做法是把这类人员提供劳务活动的地点确定在公司的居住所在国。换句话说,一国居民作为另一国居民公司的董事成员或其他高级管理人员,不管这类人员属于哪一国居民、在境内停留的时间长短以及实际劳务活动发生在哪一国家,其所取得的董事费或其他类似报酬所得,都应该被确定为来源于该董事会的公司所在国,并由该所在国对其行使地域税收管辖权进行个人所得税的征收。例如,某个中美合资公司在中国注册成立,并将其实际管理控制中心或董事会设立在中国,因此该公司具有中国居民身份。该公司的董事会有两名美国籍董事会成员,不论这两名美国籍董事是否具有中国居民的身份、他们在中国停留的时间长短,以及他们参与公司经营的主要活动是否在中国发生,由该公司向其支付的董事费都应视为来源于中国,应由中国对其行使地域税收管辖权进行征税。我国同日本、美国、英国和法国等国家签订的税收协定中,对于跨国董事费的征收都是这样规定的。

(3)跨国演出或表演所得。一个跨国演出的表演家或运动员,一般说来,在非居住国的表演时间比较短,其所得主要是来自于表演的售票收入。他们既不像一般非独立劳动者那样必须受聘或受雇于他人,也不像独立劳动者那样必须在非居住国设立固定基地或停留183天以上。因此,从这些实际情况出发,国际惯例对于跨国表演家或运动员在非居住国取得的所得,并不适用对一般跨国非独立劳务所得和跨国独立劳务所得的征税规则。不论该项所得是否归属表演家或运动员本人,都由表演活动取得所得的所在非居住国行使地域税收管辖权进行征税。但是,对于按照两国政府的文化交流计划进行演出活动的,为了体现促进国际文化、艺术交流合作的精神,演出活动所在地国家应对其演出所得免予征税。例如,美国的魔术团在中国上海体育场举办了一场为期3天的表演,魔术表演的门票收入一部分由主办者中国上海体育场和该魔术团演出公司取得,另一部分支付给表演的演员们。按照国际惯例,尽管该魔术团在中国停留的时间很短,由于演出是在中国举行,演出所得的门票收入应认为全部来源于中国,由中国行使地域税收管辖权进行征税,其中也包括演员们个人取得的报酬。

(4)退休金所得。各国由于社会保障制度的不同,支付个人退休金的资金来源也各不相同。支付给政府服务人员的退休金,一般都是来自于政府预算;支付给其他单位工作人员的退休金,一般则是来自于这些单位的自有资金,也可能根据有关国家的社会保障制度或公共福利计划,由政府专项基金支付。由于支付退休金的资金来源不同,对其行使地域税收管辖权的情况也不一样,一般有以下四种类型。

第一,对于跨国政府人员的退休金所得,一般由支付退休金的政府所在国征税。但如果一个跨国政府退休人员是政府所在国的非居民,而且同时是其居住国的居民和公民,则该退休金由其居住国对其进行征税。

第二,如果退休金是由非居住国居民或者设在该国的常设机构支付,则该项退休金由非居住国对其进行征税。

第三,按照一国的社会保障计划,由政府专项基金支付的退休金和其他款项,由支付退休金的政府所在国对其进行征税。

第四,除上述各种情况外,由于过去的雇用而取得的退休金和其他类似报酬,仅由纳税人的居住国对其进行征税。

例如,在以下情况下,具有中国居民身份的李先生取得的退休金可以由美国政府行

使地域税收管辖权,否则其退休金由其居住国中国进行征税:

第一种情况,李先生因在美国政府机构工作,其退休金由美国政府支付,且李先生虽然有中国居民身份,却因加入了他国国籍,而不是中国公民。

第二种情况,李先生的退休金由美国公司或机构支付。

第三种情况,李先生的退休金由外国机构设在美国的常设机构负担。

第四种情况,李先生的退休金由美国的社会保险基金支付。

以上四种情况下,均由美国政府对李先生的退休金行使地域税收管辖权进行课税。

(5)学生的所得。学生或企业学徒如果仅由于接受教育或培训的目的停留在非居住国,其为维持生活、教育或培训而收到的来源于非居住国以外的款项,该非居住国不应该对其进行征税。例如,某中国学生在日本留学,她的父母定期为她汇去学费和生活费,日本政府不应对其这部分所得进行课税。

(三)关于投资所得来源地的确定

投资所得,是指投资者并不直接从事经营管理和营业活动,而是将其资金、财产和权利供他人使用所取得的所得。这类所得不同于直接介入经营商业、工业、服务业等营利事业的所得,所以又被称为"被动所得"或"消极所得"。最具代表性的投资所得为利息、股息和特许权使用费等。利息是指从各种债权取得的收入;股息一般是指因拥有股份、股权以及其他与股权相似的公司权利的所得;特许权使用费是指提供使用权所取得的报酬,它包括专利权、版权、商标权和专有技术等因提供使用而取得的各种款项,还包括使用或有权使用商业、工业、科学仪器设备或有关商业、工业、科学实验的情报所支付的作为报酬的各类款项。对投资所得来源地的确定,各国一般根据产生这类权利的投资、贷款、专利、专有技术与本国经济的联系程度而定。不同类型投资所得的确定标准不同,但总的来说,一般都采用以下三种标准。

1. 权利提供地标准,即采用权责发生地标准,认为跨国利息、股息、特许权使用费等投资所得,是来源于提供这类权利的居民所在国,应由该居住国行使征税权。或者说,提供这类权利的企业或个人是哪国的居民,就判定这类投资所得是来源于哪个国家。这一标准反映了居住国或国籍国的利益。

2. 权利使用地标准,即权利在哪个国家使用,就判定这类所得来源于哪个国家,就由哪个国家行使地域税收管辖权。例如,A国的甲公司向B国的乙公司提供一项专利权,专利权在B国境内使用,按照这一标准,应该判定甲公司的这笔特许权使用费所得来源于B国。由于权利的使用地往往与所得的支付地是一致的,即权利的使用一方就是这类投资所得的支付方。因此,这个标准又被称为投资所得支付地标准,这个标准代表着非居住国或非国籍国的利益。

3. 双方分享征税权力，在国际税收实践中，由于居住国或国籍国和非居住国或非国籍国是处于利害关系对立的地位上的，因此，在确定投资所得来源地的标准上存在着分歧，持不同标准的国家各持己见，容易发生税收管辖权的重叠使用，引起国际重复征税的问题。为了调整居住国与非居住国之间对跨国投资所得征税的矛盾，目前采取由居住国和非居住国双方分享征税权的办法，即对利息、股息和特许权使用费等跨国投资所得，可以由居住国征税，也可以由非居住国征税，但对非居住国征税的最高额作出了限制，并附加了相应的通过双边谈判的限制性条款。因此，对于跨国投资所得，非居住国一般都按其毛收入征收一笔较低的预提所得税，即非居住国对这些所得行使地域税收管辖权进行征税时，其税率比本国国内法规定的税率要低，具体税率由双方国家通过谈判确定，以保证居住国也能征得一部分税款。

发达国家倾向于使用权利提供地标准，主张对跨国投资者的投资所得应由居住国独立行使居民管辖权，而所得来源国对非居民的这类所得不应行使收入来源地管辖权征税。而发展中国家更倾向于采用权利使用地标准，主张由支付股息、利息和特许权使用费的国家行使收入来源地管辖权。对此，国际上通常按利益共享原则划分这类权利的提供方和使用方双方国家的征税权。在《联合国范本》中，规定投资所得可以由这类权利的提供方所在国行使居民管辖权征税。但是，由这种权利的使用方所在国征税时，要有一个最高额度的规定，以便给这类权利的提供方所在国行使征税权留有余地，而这个最高额度通常需要双方国家谈判确定。例如，我国与日本的税收协定中规定，对于发生在中国、支付给日本居民的利息、股息、特许权使用费等所得，可认为是来源于中国，中国政府可以对这些所得征税，但所征税款不应超过各项所得总额的10%。根据这一规定，如具有中国居民身份的某个中日合资公司向其日本股东支付股息，对于这笔股息中国政府可以行使地域税收管辖权进行征税，但是税率最高只能达到10%。这样，当日本政府基于居民税收管辖权按照本国的普通税率向该日本股东征税时，依照国际上普遍采用的免除国际重复征税的抵免法，对这笔股息还可以征收到一部分税收。

总的来说，如果利息、股息和特许权使用费是通过常设机构取得的，应该并入该常设机构的营业利润中，按一般的企业所得税率征税。对没有通过设立常设机构而取得的这类投资所得，一般都由收入来源地所在国按其毛收入征收一笔较低的预提所得税。

（四）关于财产所得来源地的确定

财产所得包括不动产、有形财产取得的定期收益和各种动产、不动产转让过程中产生的溢价收益，即资产转让所得。

1. 不动产所得来源地的确定。不动产所得是指出租和使用不动产所取得的所得。所谓"不动产",一般是指固定的存在于某个国家领土范围内、不能移动的财产,如机器、厂房、设备等。不动产也包括附属于不动产的财产、农业和林业所使用的牲畜和设备,一般法律所规定的适用于地产的权利、不动产的使用权益,以及由于开采或有权开采水源、矿藏和其他自然资源而取得的不固定或固定收入的权利。不动产应当具有财产所在国的法律中所规定的含义。不动产所有人只有在取得财产所在国对其产权认可的条件下,才能出租和使用其不动产而取得租金或租赁费等项所得。

不动产所得的取得,通常是和不动产的位置相联系的。因此,对于不动产所得的来源地的确定,国际上一般都采用财产所在地标准。由于不动产具有不可移动性,因此,以这类财产的坐落国或所在国为其所得来源地。如我国个人所得税法规定,对外国居民个人的财产租赁所得,只对其在中国境内的财产所取得的租金征税。

2. 财产收益来源地的确定。财产收益是指转让、销售动产和不动产的所得。它不同于不动产所得,不动产所得是因让渡不动产的收益权而取得的固定或不固定的收益,即出租、使用不动产的所得,不动产的所有权并没有发生转移。而财产收益则是因财产所有权转移而取得的所得,即转让、销售不动产和动产所取得的收益。

在现实国际经济交往中,人们经常会发生各种财产跨国转让或销售的情况。对于这类情况所发生的收益,各国税法以及国际税收协定都是分别就不同的情况确定其收入来源地的。

(1)销售不动产收益。对于出售不动产的收益,以其不动产物质形态的存在地作为收入来源地,即由不动产坐落的国家对不动产收益行使地域税收管辖权进行征税。

(2)销售动产收益。动产包括商品、存货以及商誉、许可权等无形资产。对于销售动产,特别是出售营业性商品所取得的收益,国际上通常判定由转让者的居住国征税。

(3)转让属于非居住国的常设机构或固定基地的动产,以常设机构或固定基地所在国为该转让所得的来源地。

(4)转让从事国际运输的船舶或飞机,或转让经营上述动产所取得的收入,按照国际规范,这类所得属于转让者为其居民的国家,即一般由船舶、飞机企业的居住国征税。

(5)对股票、债券等的转让所得,依据发生在本国境内的事实进行征税,即这些权利转让所取得的收益为本国来源所得。

3. 遗产继承所得来源地的确定。对于跨国取得的遗产继承所得,其来源地的确定,国际上通常根据不同的情况来确定其来源地。凡是以不动产或有形动产为代表的,以其物质形态的存在国为遗产所在地,并由遗产所在国对遗产所得行使地域税收管辖权进行征税;凡是以股票或债权为代表的,则以其发行者或债务人的居住国为遗产所在地,并由遗产所在国对遗产所得行使地域税收管辖权进行征税。例如,中国居民李先生拥有的各类财产通过遗嘱分别转移给不同的继承者,每笔遗产价值税收管辖权的行使都有所不同,分为以下几种情况:坐落在中国的房地产价值,应该由中国行使居民税收管辖权;坐落在日本的房地产价值,应该由日本行使地域税收管辖权;存放在美国的金银珠宝价值,应该由美国行使地域税收管辖权;拥有的英国公司发行的股票价值,应该由英国行使地域税收管辖权;债务人为法国居民的应收款价值,应由法国行使地域税收管辖权。

第三节 居民税收管辖权

一、居民税收管辖权概述

实行居民管辖权的理论基础是:国家对居民提供了社会公共服务和法律保护,因此居民就应该对国家履行纳税义务,这是一种权利与义务相对等的关系。对居民的境外收入而言,收入来源国不能独占税收管辖权,税收权益应该在收入来源国和居住国之间进行分配。

居民税收管辖权是指一国政府对其境内居住的所有居民(包括自然人和法人)来自于世界范围内的全部收入以及存在于世界范围内的财产所行使的课税权力。它是按照属人主义原则确立起来的一种税收管辖权。行使居民税收管辖权的核心在于纳税人居民身份的确定,凡是本国居民,本国对其一切应税收益、所得或财产都要征税,而不论这些课税对象是来源于本国还是来源于外国。

居民税收管辖权是属人原则在处理国际税收关系方面的体现,它强调各国有权按纳税人居民的法律身份,对其所取得或拥有的所得来源或存在于世界范围的收入或财产行使征税权。对跨国所得不论来源于何处,跨国一般财产价值存在于何处,只要是本国居民取得或拥有的,居住国就可对其课税。

一国行使居民税收管辖权,一方面说明了征税国对凡是本国居民的纳税人,不论他是否实际住在本国,都就其来自于世界各地的所得征税;另一方面,对于非本国居民,即使他有来源于该国的所得,也不实行税收管辖。这样,在居民税收管辖权范围内,一国居民便负有其居住国的无限纳税义务或全面纳税义务,即纳税人必须对其来源于国内、国外的所有收入向居住国申报纳税。这一点同地域税收管辖权范围内的纳税人仅负有限纳税义务,即仅就来源于一国的所得向该国纳税是不同的。

在实行居民管辖权的前提下,会产生两国之间税收利益的协调问题。例如,有 A

与 A B 两国,其中 A 国境内有 B 国居民,B 国境内有 A 国居民,那么两国的征税关系如下:如果两国都实行居民管辖权,则不会发生重复课税问题。但如果其中一国采取地域管辖权,两国之间在税收上的矛盾将不可避免地产生。当 B 国实行地域管辖权时,B 国有权对在该国居住的 A 国居民的收入、所得和财产征税,而 A 国实行居民管辖权,也有权对这部分收益征税,因此两国政府必须对此进行税收方面的协调。

二、居民身份的确定

所谓居民,是指按照某国法律,按照住所、居所、管理场所或其他类似性质的标准而负有纳税义务的自然人和法人,即在税收领域中与一国发生人身连接而又负有纳税义务的人。居民身份的确定是行使居民税收管辖权的关键问题,它是行使居民税收管辖权的国家确定课税主体和课税范围的依据。居民身份的确定必须依据一定的标准,归结起来,当跨国纳税人从事国际经济活动时,将不可避免地导致国家间居民税收管辖权冲突的发生。综观世界各国对于居民税收管辖权冲突的协调,大致包括以下几个方面:对于跨国自然人居民双重身份冲突的协调;对于跨国法人居民双重居所冲突的协调;对于从事国际海运的跨国法人居民税收管辖权的冲突的协调。

(一) 跨国自然人居民身份的确定

居民税收管辖权的行使,关键问题在于如何确定一个纳税人的居民身份。跨国自然人若成为一国居民,就要对该国负有无限纳税义务,即就其来源于全世界范围的所得和财产向其居住国纳税。自然人居民身份的确定标准大致有住所标准、居所标准、居住时间标准、意愿标准、总机构所在地标准、实际管理和控制中心所在地标准、控股权标准和主要营业所在地标准等。下面分别介绍几种主要情况下居民身份的确定标准。

1. 住所标准。一个人在行使居民税收管辖权的国家内拥有永久性住所,这个人就是该国居民,对该国就要履行无限纳税义务。住所是指有长期居住意愿的住处,通常为配偶、家庭以及财产所在地。

住所标准的优点是,住所具有永久性和固定性,是法律规定的个人从事政治、经济活动的主要地点,在该国有获得国家保护的权利,也有纳税的义务。以住所为标准判定一个人的居民身份,可以体现上述权利与义务的关系。住所也是我国判定自然人税收居民身份的一项重要标准。我国的《个人所得税法》规定,在中国境内有住所的个人,从中国境内和境外取得的所得要依照规定缴纳个人所得税。另外,《个人所得税法实施条例》第 2 条规定,在中国境内有住所的个人是指因户籍、家庭、经济利益关系而在中国境内习惯性居住的个人。此项规定表明,我国税法是以户籍、家庭和经济利益中心作为住所的验定标准的。也就是说,凡是在我国有户籍、家庭或经济利益中心的个人,都应被认定在我国有住所,因而也都应该被认定为是我国的居民纳税人。值得注意的是,这里所说的"在中国境内习惯性居住",是指个人由于住所在中国境内而当其在国外学习、工作、探亲、旅游等活动结束后必然要返回中国境内居住,而不是指个人在中国境内实际居住。所以,只要某人的住所在中国境内,那么在某个纳税年度即使该人实际并没有在中国境内居住,他仍属于在中国境内习惯性居住,该年度他仍属于中国的居民纳税人。但是,随着经济活动的国际化发展,不可避免地会发生个人居住场所与从事实际经济活动的场所不一致的情况。如果单纯按照住所标准确认纳税人的居民身份,就会产生纳税人义务发生地与创造所得的实际经济活动地分离的问题。因此,国际上又制定了其他的判定标准来确定居民身份。

2. 居所标准。一个人在行使居民税收管辖权的国家短期停留、临时居住并达到一定期限,那么,这个人就是该国居民,相应地就要承担无限纳税义务。所谓居所,则是指个人的习惯性居住场所。居所的确认通常考虑到人的居留时间因素。居所的物质形态既可以是纳税人自有的房屋,也可以是租用的公寓、旅馆等。由于居所是确立纳税人义务的一个重要标志,所以在一些国家的税法中又被称为"财政住所"。采用居所标准的国家主要有英国、加拿大、法国、瑞士、澳大利亚和德国等国。例如,英国规定,凡在英国拥有住宅者,不论其居住时间的长短,只要在纳税年度内曾在英国停留,就应当被认定为英国居民,英国有权对其行使居民税收管辖权进行征税。居所标准的最大优点是居民身份的确定与纳税人实际经济活动地的联系比较密切。但是,由于居所的定义比较抽象,在判定时存在很大困难,因此大部分国家都会用居住时间标准加以补充。

3. 居住时间标准。居住时间标准是指以自然人在本国居住或停留时间的长短作为判定其是否为本国居民的标准。如果一个人在本国境内居住或停留的时间超过了本国税法规定的期限,即为本国居民纳税人。居住时间标准还经常与上述的居所标准结合起来使用,即如果一个人在本国境内居住或停留的时间超过了税法规定的时间,就会被认定是在本国境内有居所,从而成为本国的居民纳税人。国际上采用居住时间标准的国家比较多,如中国、英国、日本、印度、法国等,但是各国关于居住时间或期限的具体规定和要求又不尽一致。大多数国家规定的时间或期限为半年或一年,有的连续计算,有的则累计计算。如英国、法国、德国、瑞典等国规定在一个纳税年度内连续或累计居住超过 183 天(即半年)即为本国居民;中国、美国、日本等国则规定在本国居住达一年(365 天)以上者,即为本国居民。累积计算的,要限定在一个纳税年度内。连续计算则不会规定年度。例如,韩国规定连续居住一年以上的为本国居民,由于只是连续计算,没有累积计算,因而没有规定必须在一个纳税年度内居住达到一年或一年以上。

在居留期间的计算上,不同国家之间也存在着一些差别,具体表现在以下两个方面。

一是连续或累计计算居留时间的差异。一些采用居住时间标准的国家规定,跨国自然人只有在本国境内连续居住的时间超过税法规定的时间才能被认定为本国的居民纳税人。例如,我国税法规定,在中国境内居住满一年的个人,不论属于哪个国家国籍,都被视为中国居民个人。有些国家则规定,跨国自然人只要在本国境内累计居住时间超过本国税法规定的时间即为本国居民纳税人。如日本规定,在日本境内连续或累计居住长达一年或以上者为日本的居民个人,日本政府有权对其行使居民税收管辖权进行征税。

二是计算居住期间起止点的不同。一些国家以跨国自然人在一个纳税年度内居住在本国境内的时间是否达到本国税法规定的时间为标准。如果一个人居住时间虽然超过了本国税法规定的时间,但是分跨两个纳税年度,而且在任何一个纳税年度都没有达到规定的时间,则不能将其确认为该国的居民纳税人。例如,我国税法规定,在我国境内居住满一年的个人是指一个纳税年度(公历每年1月1日起至12月31日止)内在我国境内居住满365天的个人,在纳税年度内临时离境的不扣除天数。另一些国家则规定自然人在本国居住的日历天数达到本国规定的时间,即达到或超过本国税法规定的时间即为本国居民纳税人,至于是否在一个纳税年度内住满法定时间则不影响认定其为本国居民纳税人。例如,在一个日历年度或一个会计年度以及任何12个月内住满税法规定的时间均可被确认为本国居民纳税人。

此外,在一些采用时间标准的国家还根据居留时间的长短,把居民进一步划分为永久居民和非永久居民。对于不同类型的居民纳税人,规定不同的纳税义务。例如,日本规定连续居住1年以上的为本国居民,居住满5年的为永久居民,对其在全世界范围内取得的所得都征税;居住满1年,未满5年的为非永久居民,对其境外的所得只就其带进或汇入本国的部分征税;居住不满1年的,为非居民,只就其来源于日本境内的所得征税。我国个人所得税法及其实施细则中有关居民与非居民纳税义务的规定,与日本的规定与做法大体相似。在我国境内居住满1年以上但不满5年的个人,从我国境外取得的所得,经主管税务机关批准,可一直就由中国境内公司、企业以及其他经济组织或个人支付的部分缴纳个人所得税。但对于"居住满1年"的计算,只限于"一个纳税年度内在中国境内居住满365日",这一点与日本税法规定的不同。

表2-1概括了我国对外籍个人在中国境内取得劳务所得如何缴纳个人所得税的规定。

表 2-1　　我国个人所得税法中对跨国自然人缴纳个人所得税的规定

		境内所得		境外所得	
		境内支付	境外支付	境内支付	境外支付
视为非居民	居住时间<90天或<183天	征	免	不征	不征
	90天<居住时间<1年或183天<居住时间<1年	征	征	不征	不征
视为居民	1年≤居住时间≤5年	征	征	征	免（优惠）
	居民居住时间>5年	征	征	征	征

注："非居民90天标准"针对未与我国签订税收协定国家的公民；"非居民183天标准"针对已与我国签订税收协定国家的公民。

4. 意愿标准。意愿标准是指纳税人在行使居民税收管辖权的国家内有居住的主观意愿的即为该国居民。一个人是否有在本国长期居住的主观意图，通常根据其签证时间的长短、劳务合同的签订因素来确定。凡在一国有不定期居住意愿并依法取得入境护照、移居签证和各种居留证明的外国侨民，都属于该国居民，该国政府有权对其来源于世界范围的全部所得进行征税。在一般情况下，由于意愿标准因其属于主观范畴而难以准确判定，因此各国都把意愿标准与其他标准结合使用。例如，巴西的税法中规定，凡在巴西住满1年的个人不论其居住意愿如何，均视为巴西居民，但对于已经取得长期居住签证的外国人，如果该跨国纳税人愿意成为巴西居民，虽然其居住期不满1年，在税收上仍可以认定其为巴西居民。

（二）跨国法人居民身份的确定

国籍和住所、居所等概念，是用来表示个人与其所属国固定的法律联系的，但是由于法人活动的范围不仅局限于国内，往往已经超出了国界，出于法律保护和管辖的需要，法人的国籍和居民的概念便产生了。目前，行使居民税收管辖权的国家，对法人居民身份的确定主要有以下五种标准。

1. 登记注册地标准。这一标准又称为法律标准或组建地标准，是指一个公司或企业按照一国的公司法，履行登记注册手续并得到有关当局的批准，成为该国的法人，在税收上被视为"居民"，负有无限纳税义务。如美国、芬兰和瑞士等国家都采用这一标准，就美国而言，根据美国有关法律的规定，在其境内注册登记的公司，不论其管理机构是否设在美国,也不论其股权属于谁,都是美国的"法人居民"。作为美国的"居民公司"或"国内公司",属于美国居民税收管辖权的实施范围的,均要就该公司在世界范围内的所得向美国政府纳税。总之,此标准是以是否在该国的各级政府注册为依据来确定该法人是否为该国的法人居民的。凡在本国各级政府注册的公司,不论其总机构是否设在本国,不论其投资者是本国人还是外国人,均可确定其为本国企业或本国法人,属于本国居民税收管辖权的实施范围,该国可对其来源于本国和外国的全部所得征税。不在本国注册的公司、企业,则不能确定其为本国企业或本国法人,也就是说该企业或法人不是本国居民,因而该国不能对其来自于国内外的全部所得行使居民税收管辖权,但是可对其行使地域税收管辖权,只对其来源于本国境内的那部分所得征税。

登记注册地标准有两方面的优点:一是居民身份比较容易确认和识别;二是纳税人居民身份的规避或变更比较困难,因为要规避或变更居民纳税人的身份需要经历一定的法律程序,办理有关手续。但这一标准也存在一定的缺陷,主要表现为:一方面,某些公司的注册登记地和实际经营管理地可能不一致,即在一国登记注册的公司,有可能在其他国家从事生产经营活动,因而对这类公司的经营活动不易进行有效的税务管理;另一方面,纳税人容易通过选择登记注册地的办法来达到规避税收管辖权的目的。

2. 管理机构所在地标准。这是以公司的实际管理机构和控制中心是否在本国境内为依据来确定其是否是本国法人居民。所谓实际管理机构,是指经常对公司或企业的生产、经营、销售、分配等进行重要决策、管理、指挥、控制并发送重要指令的机构。通常来讲,实际管理机构是一个法人活动的指挥中心,并不等同于法人的日常经营业务管理机构。凡是实际管理机构和控制中心设立在本国境内的各公司、企业,均可确认其为本国居民,该国可就其来自于境内外的全部所得行使居民税收管辖权进行征税。如果不是这种情况,该公司或企业就不是本国的居民,不属于该国居民税收管辖权的实施范围,该国只能对其行使地域税收管辖权,对其来源于本国境内的那部分所得征税。具体到管理机构的认定,尽管国际上各国的标准不同,但一般来讲,是以公司董事会议场所或股东大会场所为标准来综合判定的,美国、加拿大、新加坡和英国等国都采用这一标准。

英国是采用管理机构所在地标准的典型国家。英国在从1896年起至1986年长达90年的时间里,一直实行这一标准。英国实行这一标准的理由是:公司的注册地固然是决定公司控制地的一个重要因素,但不是决定因素,公司的注册地犹如一个自然人的出生地,不能将一个人的出生地作为该人一生的居住地。因此,当登记注册地与实际管理控制中心所在地不一致时,英国税法规定以实际管理控制中心所在地为公司居民身份的判定标准,当实际管理机构所在地与控制中心不一致时,则以控制中心所在地作为确定公司居民身份的标准。英国长期实行的这一判定标准,由于实施上的困难及与其他大多数国家的做法差异很大。从1986年3月起,英国对居民公司的判定标准除了继续保留管理与控制中心标准外,又增加了登记注册地标准,即同时采纳了这两条标准,只要符合其一,即为该国的居民公司。

3. 总机构所在地标准。这是以公司、企业的总机构是否设在本国境内为依据来判定是否为本国居民,从而要求其承担对本国的纳税义务。在本国境内设有总机构的公司或企业为本国居民,负有无限纳税义务,否则为非居民公司或企业,只负有限纳税义务。总机构是指公司进行重大经营决策以及全部经营活动和统一核算公司盈亏的总公司和总店等。凡属于总机构设在本国境内的跨国公司或企业,不论是本国人还是外国人开设的公司或企业,也不论其投资者是本国人还是外国人,均可确定其为本国的公司或企业,该国都可以就其境内外的全部所得征税。采用这一标准的有日本和法国等国家和地区。

4. 资本控制标准。资本控制标准,又称为控股权标准或控制选举权标准,是以控制公司选举权股份的股东是否为本国居民来判定其法人居民或公司身份的,即公司有选举表决权的股东是哪个国家的居民,则该公司就是哪个国家的居民公司,由该国行使居民税收管辖权对其进行征税。采用这一标准的国家有美国、澳大利亚等。例如,美国税法规定,一家跨国公司即使在国外注册,但只要50%以上的选举权股票被美国股东掌握,即可以将其认定为美国的居民公司,美国政府有权对其行使居民税收管辖权进行征税。

5. 主要经营活动所在地标准。这一标准是指公司的主要活动发生在哪一国家,则该公司就是那个国家的法人居民,属于该国居民税收管辖权的实施范围,该国可以对其全部所得进行征税。主要经营活动所在地是指企业的主要收入来源地、主要财产所在地、主要产品生产和销售地等。

在各国的税收实践中,为了判定法人的居民身份,有的国家只采用一种判定标准,而更多的国家则采用某两种或两种以上标准。例如,美国以登记注册地标准为主,同时采用资本控制标准。对在国外注册但50%以上选举权股票为美国股东掌握的公司,就判定其为美国居民公司,对其行使居民税收管辖权。又如,日本、法国不仅采用总机构标准,同时还采用登记注册地标准。德国、比利时、奥地利、瑞典等国同时采用登记注册地和管理机构所在地标准以及资本控制标准,只要符合其中某一标准,就为该国的居民公司。

为了更清楚地阐述居民税收管辖权的确立情况,现将部分国家确立自然人和法人居民身份的税法规定列表如下(见表2-2)。

表2-2　　　　部分国家确立居民税收管辖权的有关税法规定

国家	判定自然人居民身份的标准	判定法人居民身份的标准
美国	在美国境内居住满1年或根据本人的意愿情况而定	依据美国联邦或州的法律登记注册
法国	符合下列条件之一者： ①在国内有住所 ②受雇或从业地点在法国，经济利益中心地点在法国 ③有5年以上经常居所	在法国境内登记注册或者管理机构、控制中心设在法国
英国	符合下列条件之一者： ①在国内有住所 ②在一个纳税年度居住满6个月 ③在一个纳税年度旅居英国不满6个月，但连续5年以上每年来访英国达3个月	在英国境内登记注册，或者其事业的管理机构以及控制支配中心在英国
德国	在国内有永久住所或在一个纳税年度内在暂时住所居住满6个月	依据德国法律注册登记，或其管理机构设在德国
新加坡	在一个公历年度居住或就业满183天（不包括公司董事）	公司的实际管理机构与控制机构在新加坡境内
加拿大	在加拿大境内有永久居住场所，或在一个公历年度内居住满183天	管理机构和经营控制中心在加拿大境内
意大利	符合下列条件之一者： ①在意大利有居民户籍登记的 ②工作机构或经济利益中心在意大利 ③在意大利境内居住满183天，但居住在境外，为意大利国家机构或公营单位工作	在意大利境内注册登记，管理机构或主要经营活动在意大利境内
日本	在国内有永久性住所或居所，连续居住1年以上	按照日本法律注册登记，或者在日本境内设有总机构、总店或总办事处
新西兰	在新西兰境内居住满1年	在新西兰境内登记成立，或总管理机构、主要办事处（指事业的经营支配中心）在新西兰境内
泰国	一个纳税年度内在泰国境内累计居住满180天	在泰国境内登记成立

续表

国家	判定自然人居民身份的标准	判定法人居民身份的标准
澳大利亚	符合下列条件之一者： ①在澳大利亚境内有永久住所 ②在一个纳税年度中连续或累计有半年以上时间在澳大利亚停留,但通常居住地点在国外,而且没有澳大利亚定居意图的除外	符合下列条件之一者： ①在澳大利亚境内注册成立 ②虽在澳大利亚外成立,但在澳大利亚设有管理控制中心机构,其经营活动在澳大利亚 ③其股票股权受澳大利亚居民股东控制

资料来源：王传纶主编,《国际税收》,中国人民大学出版社,1992年版,第50页。

(三) 特殊情况下跨国纳税人居民身份的确定

由于每个国家都单方面根据自己国内的税法来判定跨国纳税人的居民身份,这样就会出现一个跨国纳税人同时被两个或两个以上国家确定为本国居民,从而具有双重居民身份的情况,由此会产生重复征税问题。对于这种问题的解决,国际上通行的做法是按习惯顺序协商确定该跨国纳税人为哪国居民,属于哪国居民税收管辖权的实施范围。

1. 具有双重居民身份的跨国自然人居民身份的判定。在判定跨国自然人居民身份时,国际通行的顺序是：

第一,永久性住所。根据该跨国纳税人是否在国内拥有永久性住所来判定其是否为该所在国的居民。一个同时在两个国家居住的跨国自然人,应首先被认为是其永久性住所所在国的居民,并由其永久性居住的国家对其行使居民税收管辖权进行征税。

第二,重要利益中心。如果该自然人在两个国家均有永久性住所,就根据该跨国纳税人与哪个国家的经济关系更密切来判定其属于哪一国家的居民,即看其重要利益中心所在地是哪国。这要将其家庭、财产以及主要经济活动所在地结合起来综合判定。

第三,习惯性居所。若该跨国纳税人的重要利益中心所在国无法判定,或者在其中任何一个国家都没有永久性住所,就以其习惯性居所作为判定标准,即应认为该跨国纳税人是其习惯性居所所在国的居民。习惯性居所通常是由居住和停留时间来判断,即看其在哪个国家拘留的时间更长些,就将该国认定为其习惯性居所所在国,该国有权对该跨国自然人行使居民税收管辖权进行征税。

第四,国籍。如果该跨国纳税人在两个国家都有或者都没有习惯性居所,则以其国籍为标准判定其居民身份。

第五,如果该跨国纳税人同时是或者同时不是这两个国家的公民,则由双方税务当局协商来确定该跨国自然人属于哪一个国家的居民,并且该国有权对该跨国自然人行使居民税收管辖权进行征税。

一个国家判定一个跨国自然人是否属于本国居民,通常的依据是其在本国是否拥有住所或居所。但是,如果一个跨国自然人同时在两个国家拥有住所或居所,就会被两国同时认定为本国居民。例如,李先生在中国有一个永久性住所,其妻子和孩子都住在中国,同时他又在日本经商,并且居留时间超过了 12 个月。中国政府因为他在中国拥有永久性住所,按照国内税法的规定,李先生被确定为中国居民。而日本政府因其居留时间超过法定的 365 天,按照日本的法律,李先生又被确定为日本居民。因此,中日双方都要对李先生在世界范围内的所得行使居民税收管辖权进行征税。为了避免对李先生在世界范围内全部所得的重复征税,应该依次通过上述 5 个判断标准来确定李先生的最终居民身份。判定纳税人最终居民身份首先要根据跨国自然人的永久性住所的所在国来判定,既然李先生的妻子和孩子都在中国,说明李先生在中国拥有永久性住所,因此应该判定他为中国居民,应该由中国政府对其行使居民税收管辖权进行征税。

2. 具有双重居民身份的跨国法人的居民身份的判定。对于具有双重居民身份的跨国法人,国际上通行的做法是首先判定其属于实际管理机构所在地的国家的居民,也就是说应由其实际经营管理机构所在国对其行使居民税收管辖权;如果不能判定其为哪国居民,则由双方当局确定该跨国法人为哪一国法人居民,并由这个国家对其行使居民税收管辖权。

例如,一家跨国公司在中国注册成立,实际管理和控制机构设在法国。中国依据注册地标准认定该公司是中国的居民公司,而法国依据管理机构标准也可以认定该公司是法国的居民公司。于是,该公司就有了双重居民身份,其来自于世界范围内的所得有可能被中国和法国两国政府同时征税,导致国际重复征税。根据确定跨国法人最终居民身份的国际惯例,由于该公司的实际管理机构设在法国,应该认为该公司是法国的居民公司,应由法国对其行使居民税收管辖权进行征税。但是,如果该公司的总机构设在中国,则中国可以根据总机构标准确定该公司为本国居民,因此需要由中法两国进行协商来确定该公司的最终居民身份。

3. 从事国际海洋运输从而将总机构设在船上的跨国法人居民身份的判定。从事国际海洋运输的法人与一般从事工农业和服务业的法人在管理机构的设立上有不同的特点,它的管理机构往往设在船舶上并经常运行于各国之间,无固定的场所或具体的所在国。对于这种情况,国际上通行的做法是,按照船舶的船籍所在国、该船舶经营者所在国的顺序判定:如果国际海洋运输公司的实际管理机构设在船舶上,则首先应认为它是该船舶的母港所在国的居民,即其船籍所在国的居民;如果该船舶没有母港或船籍,则应由该船舶经营者所在国对其行使居民税收管辖权进行征税。例如,某国际船运公司甲公司由一家英国居民公司乙公司控股。如果甲公司经营的船舶都在中国的港口登记,即船舶的母港在中国,则应该认为甲公司的实际管理机构所在国是中国,由中国对其国际运输所得进行征税;如果甲公司经营的船舶没有母港,则因为甲公司经营者的实际管理机构所在国为英国,而应由英国政府对其国际运输所得进行征税。

第四节 公民税收管辖权

一、公民税收管辖权概述

公民税收管辖权是按照属人主义原则确立的另一种税收管辖权。公民税收管辖权是以国籍为判定标准的,即凡是具有本国国籍的公民,国家就有权对其来自于世界范围的全部所得或存在于世界范围内的财产进行征税。国家在行使公民税收管辖权时,仅对本国公民行使征税权,而不考虑课税对象的发生地点,因此又称为从人征税。

如同居民税收管辖权一样,公民税收管辖权也是属人主义原则在国际税收上的体现。二者的区别在于:公民税收管辖权强调纳税人的公民身份即国籍所属,而不是居民身份。在行使公民税收管辖权的过程中,无论跨国所得来源于何处、跨国一般财产价值存在于何处、纳税人居住地在何处,只要是本国公民取得或拥有的,国籍国就可对其进行征税。

第二次世界大战以前,按照属人原则确立的税收管辖权大多是公民税收管辖权。第二次世界大战以后,所属国籍与居住地不在同一国家的纳税人增多,公民税收管辖权日益暴露出不合理的一面,于是,绝大多数国家放弃了公民税收管辖权,转而采用居民税收管辖权。在这里,我们简单地介绍一下公民税收管辖权以及公民身份的确定标准。

二、公民身份的确定

公民管辖权,即以公民身份为连接因素的税收管辖权。也就是说,国籍国有对具有本国国籍的公民来源于或存在于世界范围内的收入或财产进行征税的权力。对公民行使税收管辖权进行征税,首先要确定公民的身份。对于如何确定公民的身份,国际上一般有如下两种判定标准。

(一) 自然人公民

国际上约束各主权国家对其实行公民税收管辖权的规范通常是法律标准。所谓的法律标准,即要求各主权国家只限于对本国宪法规定的公民个人行使公民税收管辖权,而不能扩大到对非公民个人按照法律标准行使公民税收管辖权。一国在行使公民管辖权时,首先应确定纳税人是否具有本国公民身份。

在法律概念上，公民是指具有一个国家的国籍，根据该国的法律规范享有权利和承担义务的自然人。各国民法对自然人国籍的认定，除了通过履行一定法律手段加入本国国籍者之外，通常还有另外两个标准：一种是出生地标准，即按照本人的出生地点，凡出生地点位于本国境内的为本国公民；另一种是血统标准，即根据其父母的国籍来确定本人的国籍，亦称为血统主义。目前，几个行使公民税收管辖权的国家在本国税法中对自然人国籍的确定标准一般并没有特殊规定，基本上与本国民法相同。

按照国际惯例，一个自然人，除了依据出生地或血统关系取得国籍外，还有加入国籍、丧失国籍和恢复国籍等变化。所谓加入国籍，是指根据一国的法律，由于婚姻、收养、认领和领土转移等原因，而自然取得某一国家的国籍，或者是依据一国的国籍法或移民法，经过申请获准由原来国籍转为另一个国家的国籍，或从无国籍转变为某个国家的国籍。所谓丧失国籍，是指一国国民由于自愿退出，或者已取得其他国家国籍，或者依照这个国家的国内法被剥夺国籍而丧失其原有国籍。所谓恢复国籍，是指因某种原因丧失其原有的国籍，按照这个国家的国内法规定的条件提出申请，并获准重新恢复原有国籍。

各国国内法在有关国际规定上所存在的差异，往往会导致双重国籍或多重国籍的情况发生。按照法律标准，这些双重国籍的跨国自然人同时成为两个国家的公民个人，这就给他们带来了履行纳税义务的困惑。对此，国际上大多数国家都主张坚持一人一籍的国籍原则，即约束每个国家都应该使合法取得别国国籍的跨国自然人丧失其原有国籍；反之，应该拒绝给予保留别国国籍的跨国自然人以本国国籍。至于对因加入国籍或丧失国籍而转入别国国籍的跨国自然人，则约束应自转入别国国籍之日起，作为别国的公民个人，由所属别国向其行使公民税收管辖权，其原属国籍国应该同时终止向他们行使公民税收管辖权。对于因恢复国籍而从别国转入的跨国自然人，也应约束从转入原有国籍国之日起，作为该国家的公民个人，由这个原属国籍国向其行使公民税收管辖权。

随着国际经济的迅速发展，自然人跨国从事经营活动已成为一种普遍现象，有些人甚至从来不在其所属的国籍国居住，而是基本上在别国居住和从事经营活动。如果其国籍国仅仅按照法律标准，认定他是这个国籍国的公民，对他行使公民管辖权，并对他来源于全世界范围的所得征税，则显然是不合理的。所以，目前世界上除了美国、墨西哥、菲律宾、荷兰等少数几个国家仍在采用法律标准对跨国自然人行使公民管辖权外，绝大多数国家都采用了居民标准。

(二) 法人公民

法人作为民事法律关系的主体，是与自然人相对称的。法人公民，即指国籍公司。

所谓国籍公司,是行使公民税收管辖权的国家基于各国企业活动的国际化和为了行使税收管辖权的需要,将公民的概念扩大到法人,形成所谓的国籍公司。国籍公司与居民公司这两个概念是相近的,在同时行使居民和公民税收管辖权的国家,其税法上所指的国籍公司和居民公司在概念上是一致的。国籍公司的确认主要有以下几种标准:一是采取法律标准,即凡是根据本国有关法律组建并注册的公司均为本国国籍公司;二是根据公司投资者的个人国籍来确定公司的国籍;三是依据公司负责人的国籍来确定公司的国籍;四是依据公司实际管理机构的所在地来确定该公司的国籍;五是依据企业的主要机构所在地来确定该公司的国籍。在这几种标准中,很多国家对国籍公司的确认主要是采取法律标准,即凡是根据本国有关法律组建并注册的公司即为本国的国籍公司,本国有权对具有本国国籍的公司行使公民税收管辖权进行征税。

三、公民税收管辖权的局限性

由于跨国纳税人的经营活动频繁越出自己国籍国的界限,公民税收管辖权的行使已经显示出了很大的局限性。

对于一个很少在自己的国籍国居住,而且经常到别国居住或从事经营活动的跨国自然人而言,其国籍国如果仅仅由于该跨国自然人是本国的公民,对其来源于或存在于世界范围内的全部所得行使公民税收管辖权进行课税的话,就经常会造成国际重复征税,而且从公平的角度而言对跨国自然人也是不合理的。

对于跨国法人来说,其主要经营活动通常在其管理机构所在国进行,为开展业务活动所需要的种种经济权利也必须由该国赋予,但其纳税义务却要在自己的国籍国即登记注册的国家内承担,这显然也是不合理的。

由于上述原因,目前只有很少的国家仍然在行使公民税收管辖权,而绝大多数国家是行使居民税收管辖权对本国居民进行征税的。在《联合国范本》和《OECD 范本》等国际税收协定中采用的也都是居民税收管辖权。即使行使公民税收管辖权的国家,一般也都同时对在本国居住的拥有外国国籍或无国籍的人行使居民税收管辖权,以维护本国的税收利益。

第五节 各国税收管辖权的实施情况

一、各国选用不同管辖权的原因

税收管辖权的选择和行使是一个国家的国内事务,任何一个国家都有权根据本国国内的具体情况选择不同的税收管辖权。由于税收管辖权的行使体现着不同的税收利益,因此,一国对税收管辖权类型的选择往往反映出该国的经济地位及维护本国财权利益的态度,各国都会尽量选择对本国有利的税收管辖权。

对广大发展中国家而言,由于资金贫乏、技术落后,只能从发达国家引进资金和技术。一般说来,发展中国家是资本输入国和技术引进国,本国对外投资的比例小于外商在本国境内的投资比例,因此境外收益相对而言不多,资本和技术呈单向流入,在与发达国家的经济交往中,基本上处于来源国的地位。与此相适应,发生在本国领土内的别国居民或公民的收益、所得和财产也比较多。因此,发展中国家更加倾向于地域税收管辖权,从而扩大对别国居民在本国领土范围内的收益、所得和财产的征税范围。但是,出于国家间利益对等的原则,这些国家也同时行使居民税收管辖权以维护本国的利益。

对于发达国家而言,它们常常是资本输出国与技术输出国,同时也会大量的吸引外资和引进某些更先进的技术。从资本和技术的输出角度而言,大量开展的国外业务会产生巨大的境外利益,居民中从事跨国经济活动的较多,本国居民和公民来自于世界范围内的所得也较多,因此采用属人主义原则对本国的税收收益比较有利,因而发达国家比较强调居民或公民税收管辖权的行使,从而扩大对本国居民在国外的收益、所得和财产征税的范围。另外,从资本和技术的输入角度和出于国家间利益对等的原则方面看,发达国家也会采用地域税收管辖权来维护本国的利益。

二、各国对税收管辖权的选择

在国际税收的实践中,综合世界各国的情况看,选择一种税收管辖权的国家比较少,大多数国家都选择双重管辖权。这是因为,税收管辖权的选择不仅关系到税收收入,而且关系到一国的主权,各国在不违背国际法的前提下,都尽量选择对本国有利的税收管辖权,以最大限度地维护本国的权益。总的来说,在两种基本的税收管辖权中,多数国家都是以其中一种税收管辖权为主,而以另一种税收管辖权为辅。现在将世界主要国家或地区对税收管辖权的实施情况列为表2-3,以便更清楚地阐述各国对税收管辖权的不同选择。

表2-3　　　　　　　世界主要国家或地区税收管辖权的行使情况

税收管辖权	国家或地区
单一行使地域税收管辖权	中国香港、文莱、玻利维亚、阿根廷、巴西、多米尼加、厄瓜多尔、危地马拉、巴拿马、尼加拉瓜、巴拉圭、委内瑞拉等
同时行使地域税收管辖权和公民税收管辖权	菲律宾、罗马尼亚

续表

税收管辖权	国家或地区
同时行使地域税收管辖权和居民税收管辖权	中国、印度、阿富汗、澳大利亚、孟加拉、斐济、日本、韩国、马来西亚、印度尼西亚、巴基斯坦、新西兰、新加坡、泰国、斯里兰卡、哥伦比亚、秘鲁、萨尔瓦多、洪都拉斯、奥地利、比利时、希腊、瑞士、瑞典、英国、卢森堡、土耳其、西班牙、摩纳哥、法国、荷兰、加拿大、俄罗斯等
同时行使地域税收管辖权、居民税收管辖权和公民税收管辖权	美国、墨西哥

资料来源：黄济生、殷德生主编，《国际税收理论与实务》，华东师范大学出版社，2001年版。

从表 2-3 中可以看出，欧洲、亚洲、大洋洲以及美洲的大多数国家和地区都同时行使地域税收管辖权和居民税收管辖权，单一行使地域税收管辖权的国家和地区多数为拉丁美洲的国家和地区。而只有很少的国家同时行使地域和公民税收管辖权，另外也只有极少数国家同时行使地域、居民和公民税收管辖权。

此外，从表中也可以看出，我国（除香港特别行政区外）也是选择同时行使地域税收管辖权和居民税收管辖权的国家。以个人所得税为例，我国《个人所得税法》第一条规定：在中国境内有住所，或者无住所而在境内居住满1年的个人，从中国境内和境外取得的所得，需要按中国税法规定纳税；在中国境内无住所又不居住或者无住所而在境内居住不满1年的个人，从中国境内取得的所得，必须按照中国税法的规定纳税。我国在以后的国际税收关系中，应坚持选择双重管辖权，同时需要在遵循国际税收惯例的前提下，通过不断扩大同相关国家签订税收协定来更好地为我国的经济建设服务。

三、地域税收管辖权优先征税原则

在上述三种税收管辖权中，居民税收管辖权和公民税收管辖权是按照属人原则确定的，故这两种税收管辖权又可称为"属人税收管辖权"；地域税收管辖权是根据属地原则确定的，因此有时又被称为"属地税收管辖权"。

在今天的世界上，实际上已经没有任何一个国家单纯地行使居民或公民税收管辖权，或者单纯地行使地域税收管辖权。各国都是以其中一种制度为主，而以另一种制度为补充。然而，就总的发展趋势而言，实行地域税收管辖权的国家，随着经济全球化的不断深入，大多数国家在向属人原则的税收管辖权方面过渡，各国既按属人的原则也按属地的原则行使税收管辖权。我国就是同时实行居民税收管辖权和地域税收管辖权的国家之一。

在税收管辖权中，不仅许多国家兼用属人原则和属地原则，实行居民或公民税收管辖权和地域税收管辖权,而且大多数国家一般都同意并遵循地域税收管辖权优先的原则。优先征税原则,是指在国际税收关系中,确定将某项课税客体划归来源国,由来源国优先行使征税权的一项原则。地域税收管辖权优先原则,是指同一笔跨国所得,所得来源地国家有优先征税权,即承认在课税权方面,所得来源地及地域税收管辖权是优先于居民或公民税收管辖权的。简单而言,从哪个国家取得的所得,应当首先向哪个国家纳税。如果不允许所得来源国优先征税,而让纳税人居住国优先征税,那么,所得来源国就不会同意别国的居民在其境内通过合法劳动取得所得或收入。在国际税收实践中,尽管可以实行不同的税收管辖权,但是通常都偏重于运用来源地原则。因为对一个国家而言,采取来源地原则更直接、更有效。如果不承认收入来源地的国家优先征税,就无法对跨国纳税人在其他国家取得的收益予以课税,也无法行使优先征税的权利。因此,在签订国际税收协定时,通常规定对常驻代表机构的所得、非独立个人的劳务所得、董事费、表演家和运动员的所得,由来源国优先征税。同时,世界上的许多国家,主要是发达国家,既然希望通过投资技术转让与国际贸易从别的国家赚取所得,就不能不承认所得来源国在征税权上的优先。不过,优先不等于独占,这里有两点需要注意。

第一,优先是有限制的。所得来源国并不能对一切非居民的所得都从源课税,而只能对在其境内居住一定期限的自然人和非居民公司所属的常设机构征税。

第二,优先不能完全排斥纳税人居住国的税收管辖权。居住国在所得来源国优先征税后,仍将分情况对纳税人行使其税收管辖权。因此,纳税人的所得,其来源国可以先行使税收管辖权进行征税,然后该纳税人的居住国才能行使其税收管辖权。

综上所述,所得的地域税收管辖权优先征税地位,就是对跨国纳税人的跨国所得允许来源国先行征税,然后该纳税人的居住国才能对其行使居民或公民税收管辖权。这一原则在国际税收实践中,已经成为世界大多数国家公认的原则。

案例应用

我们来看一个关于资本利得地域税收管辖权的确立方面的案例。假定甲国居民公司A公司在某个纳税年度销售了其自身所拥有的一系列财产,每笔财产转让交易以及相应资本利得的地域税收管辖权的确立情况如何呢?

(1)A公司将位于甲国的房屋转让给乙国居民公司B公司,那么该笔财产转让交易以及相应的资本利得应该仅由不动产所在国甲国行使地域税收管辖权进行课税。

(2)A公司将位于乙国的房屋转让给丙国居民公司C公司,那么该笔财产转让交易及相应的资本利得应该仅由不动产所在国乙国行使地域税收管辖权进行课税。

（3）A公司转让存放在乙国的存货给丙国的C公司,那么该笔财产转让交易以及相应的资本利得应该仅由转让者的居住国甲国行使地域税收管辖权进行课税。

（4）A公司转让设在乙国的分公司D公司的设备给丙国的C公司,那么该笔财产转让交易以及相应的资本利得应该由常设机构所在国乙国行使地域税收管辖权进行课税。

（5）A公司转让其经营的船舶给丙国的C公司,则该笔财产转让交易以及相应的资本利得应该由甲国行使地域税收管辖权进行课税。

（6）A公司转让其所拥有的乙国居民公司D公司的股票给甲国的F公司,D公司的财产主要由位于乙国的不动产组成,则根据甲、乙两国签订的税收协定,可以由其中一国行使地域税收管辖权进行课税。

（7）A公司转让其所拥有的乙国居民公司E公司的股票给甲国的F公司,股票达到E公司股权的30%,则根据甲、乙两国的税收协定,可以由乙国行使地域税收管辖权。

思考与练习

1. 什么是税收管辖权？税收管辖权的原则有哪些？按其原则税收管辖权分别应如何确立？
2. 什么是地域税收管辖权？简述一下常设机构标准。
3. 什么是居民税收管辖权？自然人和法人居民身份的判定标准有哪些？对于双重居民身份应该如何处理？
4. 什么是公民税收管辖权？公民身份的判定标准有哪些？
5. 什么是地域税收管辖权优先征收原则？各国的税收管辖权选择有何不同？
6. 判定各类所得来源地的标准有哪些？

第三章 国际重复征税

International Double Taxation

从本章开始进入国际税收的核心内容。首先介绍国际重复征税的含义、类型。然后,针对两种不同性质的国际重复征税,分别阐述它们产生的原因。最后,从违背税收公平原则、影响资源最优配置、影响国家间税收权益分配以及不利于国际交往四方面阐释国际重复征税的负面影响。本章主要介绍国际重复征税的基础知识,为下一章"国际重复征税的减除"作理论铺垫。

学习要点

The core concept of international taxation begins with this chapter. At first, it introduces the definition and type of international double taxation. Then it goes on to illustrate two kinds of international double taxation of different character. At last, it shows international double taxation's negative effects in the view of violation to the equity principle of taxation, influence on resource allocation and taxation rights and interests among nations, and disadvantage to international intercourse. This chapter gives the basic introduction to the international double taxation, which makes a theoretical preparation for the next chapter "the Elimination of International Double Taxation".

第一节 国际重复征税概述

一、国际重复征税的含义

随着各国经济的发展,国内的企业为寻求资源的合理配置、利润的最大化,往往在国内与国外建立总分结构或母子公司的组织形式。由于各国采取不同的税制,实行不同的税收管辖权,所以产生了国际税收实践中最常见的国际重复征税的问题。国际重复征税是不同国家的税收管辖权交叉重叠的结果,它会加重纳税人的税收负担,使得他们的同额收益或同一财产的国际性税负高于仅在一国所应承担的税负,这不仅有悖于各国税收立法中的税负公平性原则,而且会减少从事国际经济活动的企业或个人的税后收益,不利于国家间的正常经济交往。

在正式讨论国际重复征税之前,我们有必要了解一下重复征税的概念。

重复征税是指一个纳税人的同一笔所得被两次或多次征收同一种税。重复征税问题既可以发生在一国之内,也可以发生在国与国之间。重复征税问题发生在国与国之间,即国际重复征税。

所谓国际重复征税,是指同一纳税人的同一笔所得被两个或两个以上拥有税收主权的国家或地区征收同一税种的税收,或者不同纳税人的同一笔所得被两个或两个以上的国家征收同种或不同种的税收。前者出现于总分公司的跨国企业,也被称为法律性国际重复征税;后者出现在母子公司的跨国企业,也叫经济性国际重复征税,在其他教材中,为了区别于重复征税,经济性国际重复征税也被称为国际重叠征税。

(一) 狭义的国际重复征税

狭义的国际重复征税,是指两个或两个以上国家政府,对同一跨国纳税人的同一跨国征税对象的重复征税。

狭义的国际重复征税所强调的是纳税主体和纳税客体均具有同一性,即是指不同国家对同一跨国纳税人的同一跨国课税对象进行的重复征税。这种狭义的国际重复征税,只限于法律性的国际重复征税。

(二) 广义的国际重复征税

广义的国际重复征税是指两个或两个以上国家对同一或不同跨国纳税人的同一课税对象或税源所进行的交叉重叠征税。

广义的国际重复征税包括法律性重复征税和经济性重复征税。法律性国际重复征税的征税权主体是两个或两个以上的国家与国家之间的关系,因而属于国际重复征税范围。经济性重复征税是对同一经济渊源的不同纳税人的重复征税。如果同一税源的不同纳税人分处于两个或两个以上不同国家,由此而引起的经济性重复征税就属于国际重复征税。

二、国际重复征税的类型

国际重复征税按其性质分为法律性国际重复征税与经济性国际重复征税两类。

(一)法律性国际重复征税

法律性国际重复征税,即两个或多个拥有税收主权的国家或地区由于实行不同的税收管辖权,或即使行使相同的税收管辖权但因对其"法人居民身份"或"收入来源地"的界定不同,造成同一纳税人的同一收入被不同征税主体重复征税的情况。比如某甲国的法人居民来自乙国的收入既被实行地域管辖权的乙国征税,也被实行居民管辖权的甲国征税,所以同一笔收入既向来源国纳税,又向居民国纳税,造成双重税负。

这种重复征税,大多由不同的课税权主体行使其主权所引起。不同课税权主体如果是同属于一个国家内部的不同地方征税当局或者同一国家的中央征税当局和地方征税当局,那么由此产生的重复征税将局限于一个国家的范围内。不同课税权如果分属于两个或两个以上国家的征税当局,那么法律性重复征税就会形成国际重复征税。

(二)经济性国际重复征税

经济性重复征税是由于对纳税人的同一经济渊源征税所引起的。同一经济渊源的不同纳税人,可能是在同一国家,也可能是在两个或两个以上国家,因此经济性重复征税有可能形成国际重复征税。

分处两个税收主权国家的母子公司,由于它们之间的控股关系,子公司会将其税后利润的一部分作为股息汇给母公司,母公司所在国再对这笔收入向母公司征公司所得税。虽然母、子公司是两个独立的经济实体,子公司的税前利润和母公司的股息是不同的纳税客体,但从税源来看,都是子公司的利润。可见,在不同税收主权的国家或地区里,同一税源由不同的征税主体向不同的纳税主体征税就是经济性国际重复征税。

法律性重复征税与经济性重复征税的区别主要在于纳税人是否具有同一性。当两个或两个以上拥有税收管辖权的征税主体对同一纳税人的同一课税对象同时行使征税权时,产生的重复征税属于法律性重复征税,而当两个或两个以上征税主体对不同纳税人的同一课税对象同时行使征税权时,产生的就是经济性重复征税。

此外,还有一些其他类型的重复征税。比如,因为税制的原因,目前各国普遍使用复合税制,对同一纳税人的同一税源实行多税种、多环节的征税,造成税制性重复征税。

比如，对商品的流转，既课征流转税，又课征所得税，对销售收入既征收销售税，又征收消费税。这种由于税收制度而加重纳税人税负的状况称为税制性重复征税。但由于通常其征税主体和纳税主体处于一个税收主权之下，所以它属于国内重复征税。由于法律的原因，一个国家的中央政府和地方政府会分别对同一纳税客体征税。比如，美国的联邦政府、州政府和地方政府组成多主体征税体系，对同一税源征税。即使纳税主体并不同一，只要他们并未跨越国界，就只属于国内重复征税，也叫做法律性国内重复征税。因为股份公司的存在，公司的股东按其股份获得一部分税后利润即股息，并向政府缴纳个人所得税，但这笔股息之前已经作为公司利润被征公司所得税，同样造成同一税源被重复征税。只要股东与公司为同一国自然人居民或法人居民，就只属于国内重复征税，或者称做经济性国内重复征税。以上三种情况，因其征税主体、纳税主体和纳税客体未超越国界，所以都不属于国际重复征税问题，不列入本书的讨论范畴。

三、国际重复征税的特征

国际重复征税是指两个国家或地区各自基于其税收管辖权的行使，对同一跨国纳税人，就同一课税对象，在同一税收期限内，课征同一或类似的税收。其基本特征表现为以下四个方面。

（一）行使征税权力的非同一性

国际重复征税是两个以上主权国家或地区，行使不同的征税权力所造成的重复征税。行使权力者必须是两个或两个以上享有独立自主权的国家或地区。如果重复征税系由同一主权国家或地区行使同一征税权力造成的，应属于国内的重复征税，不属于国际重复征税。

（二）纳税主体的同一性

在多数情况下，只有同一纳税主体或纳税人，被两个或两个以上行使征税权力的国家或地区认定负有纳税义务，才有可能产生国际重复征税。

（三）纳税客体的同一性

一般情况下，纳税客体的同一性是指同一项所得（包括财产等）的发生，导致其拥有者在两个或两个以上税收主权的管辖之下就同一所得（或财产）负有纳税义务。

（四）征税期间的同一性

由两个或两个以上国家进行的征税，通常是在同一期间之内发生的才属于国际重复征税。

第二节 国际重复征税产生的原因

一、法律性国际重复征税产生的原因

国际重复征税的发生,与有关国家行使不同的税收管辖权有关。不同的税收管辖权有不同外延的税收管辖权和不同内涵的税收管辖权之别。

税收管辖权的外延是指税收管辖权的范围,一般由税收管辖权的连接因素决定。税收管辖权的外延相同是指税收管辖权的连接因素相同,即税收管辖权的范围相同。

税收管辖权的内涵是指税收管辖权连接因素的内容。税收管辖权的内涵相同是指税收管辖权连接因素的内容相同,即税收管辖权连接因素的判定标准、程序和方法相同。

税收管辖权是法律性国际重复征税产生的根本原因。具体而言,产生法律性国际重复征税的税收管辖权问题包括下列三方面的内容。

(一) 各国行使不同的税收管辖权相互交叉重叠

税收管辖权是根据征税权力原则确立的。征税权力原则分别为属地原则和属人原则。属地原则确立收入来源地税收管辖权,属人原则分别确立居民税收管辖权和公民税收管辖权,一个国家行使什么样的税收管辖权,完全是这个国家主权范围的事情,一个国家通常行使一种或两种以上的税收管辖权。由于征税权力原则和税收管辖行使范围的不同,两个国家不同的税收管辖权必然会形成征税矛盾。税收管辖权之间这种合理性和矛盾性的同时存在,使国际重复征税的产生成为可能。有关国家行使不同的税收管辖权对跨国纳税人的跨国所得征税时,收入来源地税收管辖权同居民或公民税收管辖权,以及居民税收管辖权同公民税收管辖权之间发生交叉重叠,使同一纳税人的同一笔所得被重复征税,从而引起一系列国际收受活动及相关国家处理相互间税收分配关系的问题。这是目前国际上普遍和经常发生的国际重复征税。

1. 地域税收管辖权与居民税收管辖权的重叠。对于此种情况,我们可以举例说明:甲国的 A 居民在乙国获得 100 万美元的收入,乙国实行地域税收管辖权,所得税率 30%,甲国实行居民税收管辖权,所得税率 25%。那么 A 应向甲国缴纳 25 万美元税款,向乙国缴纳 30 万美元。A 在乙国的收入被两次征税,共计 55 万美元,实际负税税率为 55%。

2. 地域税收管辖权与公民税收管辖权的重叠与第一种情况类似。现在实行公民税收管辖权的国家已经很少,所以公民税收管辖权与地域税收管辖权重叠的情况所占

的比例也很少。

3. 居民税收管辖权与公民税收管辖权的重叠。居民是指居住在本国境内并受本国法律管辖的一切人，包括本国公民和外国公民。公民与居民的概念不同，公民一般是指具有本国国籍，并享有法定权利和承担义务的个人。由于二者的概念不同，当行使居民税收管辖权与公民税收管辖权的国家同时对一跨国纳税人征税时，就会出现国际重复征税。例如：甲国公民 A，因其长期居住于乙国而被乙国视为居民。该税收年度内 A 收入 100 万美元，因甲国实行公民税收管辖权而乙国实行居民税收管辖权，两国都对 A 该年度内的全球收入征税。甲国所得税率 25%，乙国所得税率 30%，A 既向甲国纳税 25 万美元，又向乙国纳税 30 万美元。A 因其既为甲国公民又为乙国居民，处于两国的税收管辖之下，而遭受重复征税，实际负税税率为 55%。

（二）同种居民税收管辖权的冲突和重叠

有关国家同时行使居民税收管辖权，由于这种同时管辖居民的征税权力不涉及地域范围，一般不会发生国际重复征税。但是由于每个国家都是根据本国税法判定居民身份，例如，对自然人居民，有的采用住所标准、有的采用时间标准，这样，对同一纳税人，这个国家可以按国内法标准判定其为本国居民，而另一个国家也根据本国国内法判定其为本国居民。由于各国国内法规定的不同，判定居民标准不同，就会出现同一跨国纳税人同时被判定为两个国家的居民问题，从而形成居民税收管辖权的冲突和重叠，同样就不可避免地产生了国际重复征税。例如，在自然人居民身份的确认上，有的国家采取住所标准，有的国家采取居所和居住时间标准。如果一个人在甲国有永久性住所，一年内又在乙国停留 183 天以上，那么，甲国根据住所标准确定这个人在本国有永久性住所，根据住所标准确定这个人是本国居民，而他又在乙国停留 183 天以上，乙国根据居所和居住时间标准确定此人为本国居民，甲、乙两国同时依法认定这个人是本国居民，都要对其全世界收入征税，从而导致国际重复征税。又如，对法人居民身份的确定，有的国家采取注册登记地标准，有的国家采取管理机构所在地标准。如果某公司的注册登记地在甲国，管理机构在乙国，则甲国根据注册登记地标准确定该公司的居民身份，乙国又依据管理机构所在地标准确定该公司的居民身份，于是，该公司被甲、乙两国同时认定为本国居民，两国都要对该公司的全世界收入征税，从而产生国际重复征税。

（三）同种收入来源地税收管辖权的交叉和重叠

一般来说，一个国家所管辖的地域是十分清楚的，不大可能出现因两个或两个以上国家同时行使收入来源地税收管辖权而产生的国际重复征税问题。之所以会出现收入来源地税收管辖权的交叉重叠，主要是由于有关国家对收入来源地的规定和理解不同造成的。对收益、所得的来源,有的国家采用所得活动地标准,有的国家采用所得支付地标准,有的国家甚至采用资本产生地国际标准等。由于有关国家采用的收入来源地的确定标准不同,才带来确认所得到底来源于哪个国家的问题,由此引起有关国家在行使收入来源地税收管辖权征税时的矛盾,出现所得来源地税收管辖权的交叉和重叠,从而也产生了国际重复征税。

上述三种类型的国际重复征税,都是由于税收管辖权的不统一造成的。第一种类型的国际重复征税是由于两种不同税收管辖权之间的不统一造成的,可以把它称做外延的国际重复征税。第二和第三种类型的国际重复征税是由于同一税收管辖权内部判定标准的不同而造成的,可以把其称做内涵的国际重复征税。内涵的国际重复征税,一般可以通过协商、约束等方法事先予以防范。外延的国际重复征税,一般情况下是不可避免的,不能通过事先的约束来防范,只能事后采取某些方法来减轻或消除。

二、经济性国际重复征税产生的原因

造成经济性国际重复征税的原因有两个:一是税制方面的原因;二是经济方面的原因。税制上,由于几乎所有的国家都既征收公司所得税又征收个人所得税,子公司把税后利润的一部分汇给另一国母公司,或股份公司把股息、红利汇给居住在另一国的股东时,这部分股息又要向其居住国缴纳公司所得税或个人所得税,造成同一税源的重复征税。经济上,由于跨国控股关系的快速发展,母公司控制子公司,子公司控制孙公司,孙公司控制重孙公司的现象频频出现,从而使得同一税源被不同征税主体重复征税。控股层数越多,重复征税的程度越高。

第三节 国际重复征税的影响

一、国际重复征税违背税收公平原则

税收公平原则包括横向公平与纵向公平。横向公平是指相同的经济能力,应负担相同的税;纵向公平是指不同的经济能力,应负担相应不同的税。公平税收原则要求同等收入承担同等税负,而不论它来自国内还是国外。尤其对于跨国投资者,境外投资要面对更多风险,就更应强调税负公平。而国际重复征税使一笔来自境外的收入负担重于等额国内收入的税收,同样的经济能力负担了更多的税收,这是不公平的。由于跨国投资的经营者要负担重于国内投资者的税收,所以引发了他们为达到最终"公平"的税负而进行避税甚至逃税,或者在生产经营过程中采取不平等的竞争方式等,这些将导致更大的不公平。因此,减除国际重复征税可以贯彻税收公平原则。

二、国际重复征税妨碍资源的最优配置

资本、技术、劳动力在国家间自由流动，使生产要素在全球范围得到最有效率、最合理的利用，这是经济规律的必然要求。而国际重复征税的产生，为生产要素在国内和国外的选择制造了障碍，原本在国外可以获得更高回报的要素被迫在国内低效率的使用。只要一个国家存在这样的情况，全球的生产要素就不是最佳配置。跨国投资、经营、技术合作的积极性因此也受到影响，生产要素的流动受到制约，从而阻碍国际经济的发展。

三、国际重复征税影响国家间的税收权益

两国甚至多国政府对跨国纳税人实行重复征税，使纳税人税负大大超过国内投资者，于是在没有相关国家采取税收抵免、减免措施的情况下，纳税人会减小境外投资规模，那么东道国外资的引入就会缩小，相应地税收收入也会减少。如果居住国政府对国外已纳税收实行免税或抵免的税收政策，鼓励本国投资者向国外投资，而且跨国投资者在国内政府的税收抵免政策下不会减少在国外的投资，这样，东道国政府从他们那里得到的税收收入只能是有增无减。居住国政府用本国应收税款的牺牲换来的是东道国税收的增加，由此可见，国际重复征税使税收权益在国家间流动，一国税收权益的增加表示另一国税收权益的减少。所以，国际组织和各国政府非常重视国际重复征税问题，大力采取措施避免国际重复征税。

四、国际重复征税不利于国际交往

社会化大生产的发展要求社会分工、协作的国际化，要求国家之间在更大的范围内交流与合作，这是国际经济发展的趋势和方向。但由于国际重复征税的存在，使从事或参与国际经济活动的各类企业或个人的税收负担加重，实际上是在打击跨国投资以及其他国家交往活动的积极性，为国家间经济、技术、文化的相互交流与合作设置了一道税收障碍。如果国际重复征税问题得不到恰当解决，就会造成有关跨国纳税人额外增加税收负担的事实，大大减少其实际所得或收益，直接削弱跨国纳税人在国际经济领域的竞争力，迫使其抽回资金或减少投资。国际重复征税的存在不仅会阻碍国际交流与合作的发展，而且会使国际经济蒙受巨大损失。

由此可见，国际重复征税给世界经济带来了极为不利的影响。国际重复征税的弊端已引起各国政府和国际经济组织的高度重视。避免或减轻国际重复征税，是国际税收权益分配关系的核心问题，世界各国都在积极寻求减轻国际重复征税的途径和方法。

国 际 税 收

案例应用

美国一公司通过设在日本的常设机构销售给日本一批计算机,取得跨国营业收入20万美元,又通过日本一子公司(贸易公司)销售游戏机取得跨国营业所得15万美元,美国母公司占其50%的股份,日本国内适用税率20%。

(1)分别指出不同性质的重复征税,并计算其税额为多少?

上述美国公司在日本的常设机构取得的跨国营业收入在两个国家被征税是法律性国际重复征税。因为美国、日本分别实行居民税收管辖权与来源地税收管辖权,两个国家法律上实行的税收管辖权的重叠造成了重复征税。其数额为:4万美元(20×20%=4)。该美国公司设于日本的子公司将其税后利润按母公司所占股份汇回美国的那部分收入的税收是经济性国际重复征税,这是由于税制和经济方面的原因而对同一税源重复征税。其数额为1.5万美元[20%×15×(1-20%)×50%÷(1-20%)=1.5]。

(2)说明国际重复征税是如何影响国家间的税收权益的?

不论是法律性重复征税还是经济性重复征税,如果两国不采取措施减除重复征税,那么美国该企业由于税负高于本国不投资于国外的企业,会放弃在日本投资,日本政府原本可以从美国企业收取的税收就不复存在,财政收入也会减少。如果美国单方面采取税收减免措施,抵免美国企业在日本的重复征税,即相当于美国政府牺牲本国的财政收入来鼓励本国企业向外投资,最终增加了投资东道国日本的财政收入。

思考与练习

1. 国际重复征税的特征是什么?有几类国际重复征税?它们分别是什么?
2. 国际重复征税产生的原因有几方面?它们分别是什么?
3. 国际重复征税的影响有哪些?
4. 试比较分析三种不同性质的重复征税。

第四章 国际重复征税的减除

The Elimination of International Double Taxation

世界各国政府采取各种措施减除国际重复征税,可通过单边方式或双、多边谈判和协议的方式来解决。本章的重点是介绍单边方式中的抵免法。税收饶让是抵免法的延伸和扩展。对国际税收中性的理解,按不同学派大体有三种观点。学生在学习过程中重点掌握直接抵免法与间接抵免法的计算公式与步骤,其中注意抵免限额的计算。

学习要点

Governments adopt various actions to eliminate international double taxation, as unilateral way and bilateral or multilateral negotiation. This chapter emphasized the tax credit technique in unilateral way. Tax sparing is the extension of tax credit. Aiming at the problem of taxation neutrality, there are three schools aiming, whose points of view to the neutrality of international taxation are different. The major points which students ought to concern are the calculation formula and process of the direct tax credit and the indirect tax credit, and especially the calculation of limitation on credit.

第一节 减除国际重复征税的方式、思路及原则

造成国际重复征税的根本原因在于各国税收管辖权的重叠和冲突。由于各国经济发展水平不一致,各自在国际经济中的地位也各不相同,各种税收管辖权的并存是难以消除的长期趋势,因此,处理国际重复征税问题只能在各种类型税收管辖权并存的条件下,由各国政府通过一定的方式与方法来限制各自行使的税收管辖权的实施范围来达到。正是因为国际重复征税对一国经济和世界经济的消极影响,才引起各国政府及相关国际组织的极大关注。通过多方长时间的努力,不论是单边的减免措施,还是各国之间签订的税收协定中的明确规定,国际重复征税均得到很好的改善。

一、减除国际重复征税的方式

目前,各国采用减除国际重复征税的方式分为单边、双边和多边三种方式。

(一)单边方式

单边方式是指一国政府为了鼓励国内资本向外投资,增强人员、资本在国家间的流动,单方面地在国内税法中规定对本国居民(自然人或法人)来自国外的所得免除或减少在国内的纳税义务,而不要求对方政府给予同等的让步。单边方式实际上承认了地域税收管辖权优先的原则,以牺牲国内的财政收入来减轻本国居民的税收负担。由于双边谈判的协议成本太高,所以这种单边方式比较常用,通常出现在一些资本比较富足的发达国家。单边方式主要采用扣除法、免税法和抵免法。

例如,日本所得税法规定,日本居民纳税人有来源于国外的所得并缴纳了外国的所得税的,这项外国所得税额可获得该年度的税收抵免;有的国家如荷兰、罗马尼亚多采用免税法;泰国、智利等采用扣除法来单方面避免重复征税;美国、瑞士和新西兰还采取多种方式和手段来避免和缓和国际重复征税。

(二)双边方式

双边方式是指两国政府在平等互利的基础上通过双边谈判、签订协议的方式来协调两国之间的税收分配关系,以此来避免对与两国发生经济关系的跨国纳税人的重复征税问题。

签订双边税收协定比由一国单方面作出让步更公平有效,也比由多国共同签订税收公约的协商成本更小,所以这被视为当今解决国际重复征税的最有效方式。

随着各国对外缔结税收协定的步伐不断加快,国际税收协定对国际重复征税问题

的解决已经并且将会发挥越来越大的作用。既然随着国际经济关系的发展而出现的跨国纳税人和跨国征税对象日趋普遍化是一种不可逆转的潮流，同时，各国政府又都强调不可能削弱或放弃各自的税收管辖权，那么，国家间在避免或减轻国际重复征税问题上的税收协调就显得尤为必要，必然要在更大的范围内和更深的层次上进一步发展。这就意味着，在平等互利原则的基础上，通过国与国之间协商谈判缔结的国际税收协定将发挥越来越大的作用。近年来，世界上缔结国际税收协定的国家数目骤然增多，到1997年9月，全世界187个国家已签订的双边国际税收协定就达到了500多项。尤其引人注目的是，发展中国家对外缔约增加得最快。可以肯定，随着国际经济关系的发展，特别是第三世界国家和地区在国际经济生活中地位和作用的日益提高，国与国之间缔结税收协定的速度还会加快，数量还会大大增加。

就我国而言，到十一届三中全会以后，我国与国外签订税收协定进入了快车道。

我国对外签订避免重复征税协定的工作是从1981年开始的。1981年1月，我国政府首次同日本政府进行第一轮中日税收协定的谈判，经过前后五轮谈判，于1983年9月6日在北京正式签署了中日税收协定。该协定于1986年6月26日起生效，这是我国对外签订的第一个税收协定。随着国际交往的增多，以及外资、先进技术的引进，我国越来越多地涉及同其他国家的税收关系，迫切需要同有关国家签订税收协定来积极、稳妥、规范地解决国际重复征税等问题。到2007年4月，我国已先后同89个国家签订了税收协定。经过20多年的努力，双边税收协定无论在维护国家权益，还是在吸收外资、引进先进技术、优化投资环境方面，都发挥了积极的作用。

(三) 多边方式

多边方式是指两个以上的国家政府在平等互利的基础上通过谈判协商、签订协议的方式对税收权力分配所达成的一种谅解，以达到减轻对与缔约国发生经济关系的跨国纳税人重复征税的目的。多边的免除国际重复征税措施出现得更晚，而且至今还只签订了几个小区域性的多边税收协定。这其中最著名的例子就是1989年9月12日丹麦、法罗群岛、芬兰、冰岛、挪威和瑞典等国家和地区缔结的以避免对所得和财产重复征税为主要内容的《北欧税收公约》(the Convention between the Nordic Counties for the Avoidance of Double Taxation with Respect to Taxes on Income and Capital)。该公约虽已历经数次修改，但至今仍具有较强的生命力。

多边税收协定与双边税收协定相比，虽存在难以协调、条文冗长的缺陷，但至少在关于"常设机构"和"居所"的问题解决上是双边税收形式无法比拟的。以关于"居所"问题为例，假设根据丹麦、挪威和瑞典的法律，同一纳税人同时被认定为三个国家的居民。如果三国之间两两签订有双边协定，那么肯定会出现这样一种情况——

不是一个而是两个缔约国仍处于居住国的地位,这必然引发重复征税问题。虽然这种因双方协定的局限所产生的双重居民身份问题可以通过相互协商程序来解决,但不一定能达成协议。相比之下,多边协定则会强制性地要求各国在居住国认定问题上取得一致。

由于缔结公约关乎各国的根本税收利益,因而涉及的国家越多,利益冲突就越难协调,最终达成协议的可能性也越小。因此,各国在合意基础上缔结多边税收协定并不常见,这也正是现今税收协定多采用双边模式的原因。

国际上把避免国际重复征税分为事前避免和事后避免两种。事前避免是有关国家就因税收管辖权的矛盾而产生的重复征税问题进行磋商和协调,事前把重复征税发生的可能性降到最低。事后避免是在国际重复征税发生之后,相关国家采取措施减轻跨国纳税人的税负,把国际重复征税的程度降到最低,通常这是一种事后补救行为。我们可以把单边方式视为事后避免,把双边和多边方式视为事前避免。

二、减除国际重复征税的思路

(一)避免税收管辖权冲突的有效选择

解决国际重复征税最简单的办法,是让某一国放弃或只取得一种税收管辖权,这样就可自然而然地彻底避免国际重复征税的发生。但这种想法不现实,税收管辖权与一国主权密切相关,各国在一般情况下都不会放弃自己的征税权力,想通过取消某一种税收管辖权来解决国际重复征税是不可能的。假如各国统一行使公民或居民税收管辖权,也能使国际重复征税问题得以解决,但这样必然遭到发展中国家的反对;如果各国都统一行使收入来源地税收管辖权,发达国家也不会接受。在这种情况下,只能在承认各国有权同时行使居民(公民)税收管辖权和收入来源地税收管辖权的基础上,由一方单独或双方协议采取某种措施,避免不同税收管辖权的冲突,或将这种冲突限制在一定的程度和范围内。如果各国行使税收管辖权彼此互不相让,那么,由此产生的国际重复征税将永远不会解决。因此,尽量避免税收管辖权间的矛盾和冲突,是解决国际重复征税切实可行的有效选择。

(二)确认收入来源地税收管辖权的优先地位

解决国际重复征税优先承认某一种税收管辖权已取得共识,但究竟由哪一国优先行使征税权似乎很难确定,因为税收管辖权分别代表发达国家和发展中国家的利益。但仔细分析,当各种税收管辖权矛盾和冲突时,确立收入来源地税收管辖权的优先地位更为合理。按照国际惯例,进入别国领域,必须服从该国法律和行政管理,才被允许在该国从事各种经营活动,否则,将失去在收入来源国取得收入的机会,居住国(国籍国)要想对该居民(公民)的国外所得征税也将没有可能。更何况跨国经营者从收入来源国获得的收益和所得,也必然先处于收入来源国权力的管辖范围内,只要收入来源国行使收入来源地税收管辖权,跨国纳税人就必然先向收入来源国纳税,只有向收入来源国纳了税,跨国纳税人才可以将所得转移出境。这样,从纳税的时间顺序上,收入来源地税收管辖权自然也处于优先的地位。所以,各国政府都认为,在不同税收管辖权的冲突中,允许收入来源国优先行使征税权是恰当的,这就为彻底解决国际重复征税问题提供了必要的前提条件。

由于贯彻来源地税收管辖权优先原则,在一定程度上放弃了本国居民税收管辖权,对国内的财政收入造成了很大的影响,因此,绝大多数国家目前通过法令的形式对国内减除国际重复征税措施的实施条件加以限制。实行来源地税收管辖权优先原则的限制条件主要包括:

1. 必须是按本国税法规定的境外财产或收入所得。判定纳税人的一项所得或财产是否属于境外所得或境外财产,必须以本国国内税法规定为准。如果纳税人的一项所得或财产,根据本国税法已经划为境内所得或境内财产,即使同时被境外国家征税,也不能享受国内减除国际重复征税的待遇。这一限制的实质是维护本国的地域税收管辖权,防止其他国家实施地域税收管辖权范围的扩大而造成对本国税收权益的损害。

2. 必须是税而不是费。免除项目的性质必须是税(Tax),而不能是费(Fee)。东道国政府向跨国投资者征收的财政手段分为税、费两种,甚至某些费用的征收也是以税收的名义。税收具有强制性和无偿性,区别税收与费用的关键在于是否无偿。费是为了取得某种特定权利而缴纳的,是有偿的,如注册费、合同签订费、土地使用费等。这些为了在东道国取得某些收益而支付的费用,在居住国是不能被政府视为重复征税而予以减除的。

3. 必须是所得税和一般财产税,且税基必须是净收入。居住国政府只对东道国已征的直接税,主要是所得税进行税收减免。对于销售商品的总值和净值征收的销售税和增值税,都不属于所得税类,而是流转税类,不能得到居住国政府的税收减免。对于跨国纳税人征收的土地税和车船税,不属于一般财产税,而属于个别财产税类,这些也不能在居住国得到减免。

东道国优先征收税款的税基必须是以净利润为基础的,投资者在取得利润的过程中,必然有相应的消耗和支出,其计税基础必须是扣除跨国纳税人的必要经营费用、资产折旧、工资和各项成本等以后的净值,而不应是毛利润。而对采取源泉征收的股息、利息和特许权使用费等预提所得税(Withholding Income Tax),则可以按毛利润而不是净利润作为税基来计算,这些是例外。

(三) 不放弃居住国(国籍国)充分行使居民(公民)税收管辖权

由于确立了收入来源地税收管辖权的优先地位,从而为国际重复征税问题的解决提供了可能。但是,如果收入来源国依仗其行使收入来源地税收管辖权的优先地位,过多地对跨国应税所得征税,就会影响跨国纳税人居住国的财权利益,进而也会影响对国际重复征税的免除。在这种情况下,居住国(国籍国)政府出于维护本国利益的考虑,确立了"承认优先,政府独占"的原则。在对本国居民(公民)的国外所得征税时,承认其向收入来源国缴纳的税款,并采用一定的方法将这个已缴税款予以免除,然后再对该居民(公民)征税。这些方法主要包括抵免法和免税法。除了这些基本方法以外,还有一些比较特殊的方法,包括扣除法、低税法、延期纳税和区域优惠等。这些方法严格说来并不能起到免除国际重复征税的作用,而只能被视为一定程度的缓解,但它们因其合理性、便利性和有效性,已为越来越多的国家所接受,成为《OECD范本》和《联合国范本》中避免国际重复征税的方法。

三、减除国际重复征税的原则

作为一种国际税收分配活动,消除国际重复征税蕴含着重要的内在导向。要促成这项分配活动的规范化、科学化,就须从其内在导向出发,结合税收国际化的实际,制定出一系列合理原则加以约束和规范。

(一) 财政性原则

国际重复征税,实质上是一种税收分配关系,因而与财政关系甚密。总的来讲,消除国际重复征税,不仅要促成各国财政收入的顺利实现,而且应有利于处理国家政府间的财政利益关系。换言之,国际重复征税的消除是否合理规范,不应只看它是否促成了各国税收收入的及时足额入库或有效增长(这表现为各国政府同跨国纳税人的征纳关系),更应看它是否解决好了国家间的财政利益关系问题(这表现为各国政府间的税收分配关系)。这个原则是维护国家尊严和经济权益的内在要求,各国在制定涉外税收政策时,在不影响国内国民经济发展和符合国际惯例的前提下,都尽量考虑多征税款,这更体现了重要的财政意义。因此,在消除国际重复征税的问题上,必须将财政性原则考虑进去。

(二) 分享原则

应该说,分享原则是财政性原则的一个派生因素。国际重复征税的消除,从根本上说,是合理处理国际税收分配关系的一种形式,因而必须体现出对跨国收益、所得或一般财产价值在国家政府间的分享关系。促成分享的合理,是消除国际重复征税应该考虑的原则。

(三) 征收简便原则

在设计消除国际重复征税的方法时,要考虑可操作性,以便于各国政府的征收和管理,尽量为跨国纳税人和各课税当局提供方便,这就是所谓的征收简便原则。

(四) 促进国际经济交往原则

当前,经济全球化已是不可逆转的必然趋势,国际重复征税的消除也须顺应这种要求。因此,消除国际重复征税应有利于国家间的资金、技术和劳务的合理流动,继而促成国际经济交往的顺利发展。就我国而言,妥善解决国际重复征税就是要促进对外开放,吸引外商投资和鼓励对外投资,以实现国际国内经济资源的优化配置,促进我国市场经济体制的建立和发展。

(五) 公平税负原则

消除国际重复征税,应以减轻跨国纳税人的负担为出发点,以实现税收负担的公平合理。这不仅是税收的内在要求,更是为纳税人创造平等竞争环境的现实选择。

这里的公平包括个人税收的公平和国家之间税收的公平。就前者而言,跨国纳税人的税收负担应该与他所在国纳税人的税收负担一致。例如,有甲、乙两人,甲的收入全部来自于境内,而乙的收入有的来自于境内,有的来自于境外,两人的总收入是一样的,那么他们的税收负担也应该是一样的,否则有失公平。就后者来说,目前人们一般都同意所得来源国应该征收该项所得的税收,但问题在于税率的确定。如果所得来源国的税收负担高于资本输出国的税收负担,那么就有可能对资本输出国的税收权益造成损害,这同样不符合公平的原则。一般认为,所得来源国的税率不能高出资本输出国的税率。

第二节 国际重复征税的减除办法

目前,国际上居住国政府所采用的,对进行跨国投资的本国法人居民重复征税的减免方法主要有三种,即扣除法、免税法和抵免法。

一、扣除法(Method of Deduction)

扣除法是指居住国政府在行使居民管辖权时,允许本国居民用已缴非居住国政府

的所得税作为向本国政府汇总申报应税所得的一个扣除项目,就扣除后的余额计征所得税。其计算公式如下:

居住国应纳所得税额 =(纳税人国内外全部应税所得 – 国外已纳所得税额)× 居住国税率

(一)扣除法的适用范围

1. 适用扣除法的纳税人。扣除法适用于一国的居民或国民纳税人和非居民或非国民纳税人。比如,中国对非居民企业从境外取得的所得的已纳国外所得税采用扣除法来减轻国际重复征税。

2. 适用扣除法的税种。扣除法适用于纳税人在东道国直接缴纳的所得税或财产税和直接被东道国扣缴的预提所得税。

例如,甲国居民法人 A 公司在乙国有一分公司 B,该年 A 公司在甲国获利 50 万元,在乙国获利 30 万元。甲国的所得税税率为 40%,乙国所得税税率为 30%。甲国 A 公司应纳税额为:

A 应向乙国纳税 = 30 × 30% = 9(万元)
A 应向甲国纳税 = (50 + 30 – 30 × 30%) × 40% = 28.4(万元)
A 公司总负税 = 9 + 28.4 = 37.4(万元)

在该例中,如果该公司只负担甲国的税收,则不存在任何重复征税,其纳税额为 32 万元;如果甲国不允许纳税人使用扣除法,则其应纳税额为 41 万元,而在实行扣除法的情况下,该公司实际共负担税款 37.4 万元(9 + 32.4 = 37.4)。显然,扣除法可以缓解重复征税,但不能完全免除重复征税。

(二)扣除法的特点

由上面的分析可见,扣除法具有下列特点:

1. 来源地国税率低于居住国税率的情况下,纳税人的税负减轻程度要小于来源地国税率高于居住国税率的情况,因为来源地缴纳税款的多少直接影响在居住国扣除的应税所得额。

2. 消除重复征税的效果有限。扣除法只能减轻重复征税,不能彻底消除重复征税,因为居住国没有对境外所得免税,也没有将境外缴纳税款在本国的应纳税款中扣除。因此,有境外所得的纳税人的税负仍然高于所得相同但仅来源于境内的纳税人的税负。

二、免税法(Method of Exemption)

免税法也叫豁免法,指纳税人居住国只对来源于本国的所得征税,放弃对来源于国外的收入的征税权。这实际上是要行使收入来源地税收管辖权,彻底免除国际重复征税。免税法按免税范围大小划分,可分为全额免税和部分免税;按有无限制性条件划分,可分为限制性免税和非限制性免税。

采取免税法的国家对本国居民来自国外的所得给予免税,一般采用全额免税法和累进免税法两种办法。

(一) 全额免税法

全额(全部)免税法是指纳税人居住国或国籍国对该居民或国民的所得和财产征税时,仅对该居民或国民来源于国内的所得和存在于国内的财产按母国适用税率征税,对该居民或国民来源于国外的已税所得和存在于国外的已税财产全额免予征税的消除国际重复征税的办法。此即纳税人母国在计算该居民或国民国内所得或财产的税额时,对已税所得或财产不予考虑,完全放弃行使属人管辖权。

(二) 累进免税法

累进免税法是指纳税人居住国或国籍国对该居民或国民的所得和财产征税时,对该居民或国民来源于国外的所得和存在于国外的财产免于征税,但对该居民或国民的国内所得和财产征税时,是根据该居民或国民的全球所得和财产来确定其适用税率,并以此计算该居民或国民的国内所得和财产应纳母国税额的消除国际重复征税的方法。此即纳税人母国在计算该居民或国民国内所得或财产的税额时,尽管完全放弃了对国外所得和财产的征税,但对免税国外所得或财产还要予以考虑,没有完全放弃行使属人管辖权。

例如,甲国 A 公司在该年内总共获利 500 万元,其中来自本国的 300 万元,来自乙国分公司 B 的 200 万元,甲国实行超额累进税率,如表 4 – 1 所示。

表 4 – 1　　　　　　　　　　　甲国税率表

应税所得(万元)	税　率
100 以下	10%
100 ~ 200	20%
200 ~ 300	30%
300 ~ 400	40%
400 以上	50%

第一,如果甲国实行全额免税法,甲国对 A 公司来自国外的收入完全放弃征税权,甲国仅按 A 公司来自国内的收入决定税率表中的适用税率。

甲国对 A 公司应征税额 = 国内所得×适用税率
$$= 100 \times 10\% + 100 \times 20\% + 100 \times 30\% = 60(万元)$$

第二,如果甲国实行累进免税法,计算公式虽然同上,但在税率档次的选择上要依 A 在甲乙两国的总收入而定,所以适用税率的计算公式为:

适用税率 = 全额征收所对应的纳税额÷国内外全部收入
$$= 国内外全部应税所得 \times 适用税率 \div 国内外总收入$$
$$= (100 \times 10\% + 100 \times 20\% + 100 \times 30\% + 100 \times 40\% + 100 \times 50\%) \div 500$$
$$= 30\%$$

所以,甲国应对 A 公司征税:$300 \times 30\% = 90(万元)$。

由此看出,全额免税法不考虑因免除对国外所得征税造成的税基降低而导致适用税率档次降低的问题,仅以国内所得确定税率。累进免税法下,虽然对来源于国外的所得免税,但税率仍然适用全额征税时的税率档次,因此,先要计算全额征税时的适用税率。由于税率表为累进税率,计算全额征税时的适用税率,就要将全额征税情况下要缴纳的税额除以全部应税所得,然后以免税后的应税所得(即国内所得)乘以计算出来的适用税率,算出应纳税额。

由于居住国实行全额免税法不仅不对本国居民的国外所得征税,而且还要减弱对本国居民纳税人征税的累进性,所以更体现税负公平,但实际上实行免税法的国家一般都采取累进免税法。当然,在本国实行比例税时二者无差别。

三、抵免法(Method of Tax Credit)

抵免法是指居民法人根据其来源于国内外的总收入计算应纳税额,但允许对其来自国外的已纳税款从应向国内缴纳的税额中全部或部分的扣除。其计算公式为:

居住国应征所得税额 = 国内外总收入×本国税率 - 允许抵免的已缴国外税额

实施抵免法的政府实际上承认了收入来源国政府的征税优先权,但并不放弃居民税收管辖权。抵免法分为直接抵免法与间接抵免法。

(一)直接抵免法

直接抵免法是指母国对其居民或国民纳税人的全球所得或财产征税时,允许该纳税人从其应纳税额中扣除已由其直接在国外缴纳税额的消除国际重复征税的方法。

直接抵免之所以称为"直接",是因为只有居民或国民纳税人本人直接向东道国缴纳的税额,才允许抵免。

直接抵免法消除的是不同国家征税权主体对同一纳税人的同一征税对象进行的法律性重复征税。

直接抵免法又分为全额抵免与限额抵免两种,前者是指居民法人在国外获得的收入,按来源国的税率计算的应纳税额,可以从国内的以国内外总收入为税基、本国税率计算的应纳税额中全部抵免。但如果国外的税率高于国内,那么不仅使国外的税负被抵免,而且来源于国内收入的应纳税额也被部分的抵免,这就使居住国政府的应得税收转移给了来源国,因而直接抵免法在税收实践中几乎没有国家采用。限额抵免法是指纳税人从境外获得的所得,已在境外按照境外税收管辖权的税法计算缴纳的所得税税额,可以在纳税人应纳税额中抵扣,但可抵扣的数额不能超过按照本国税法计算的应纳税额。也就是说,纳税人从境外获得的收入,应当按照本国税法的规定计算应税所得,确定应纳税额并以此为抵免限额,已在境外缴纳的税收,如不超过此限额,可全部抵免,如果超过此限额,超过部分不抵免。限额抵免法保证了居住国政府的利益,它与直接抵免法的不同是居住国政府对跨国纳税人在国外缴纳的所得税给予抵免时,数额不能超过按本国税率计算的应纳税额。具体地说,如果国外税率低于本国,那么在国外已缴税额可全部抵免,如果国外税率高于国内,则只能部分抵免,其数额是抵免限额。

(二)间接抵免法

间接抵免法是指母国计征其居民或国民公司全球所得的应纳税额时,允许其扣除由其取得的股息所承担的那部分下层国外公司缴纳的国外公司税的消除经济性国际重复征税的方法。

一个国家的居民或国民公司的"下层国外公司",是指合格比例股份为该居民或国民公司所直接或间接持有的国外公司。

间接抵免之所以称为"间接",是因为居民或国民公司允许抵免的不是直接由其缴纳的国外公司税税额,而是由其下层公司缴纳但由其间接负担的国外公司税税额。

间接抵免消除的是不同国家征税权主体对不同国家居民或国民公司的同一税源进行的经济性国际重复征税。

四、扣除法、免税法、抵免法的比较

在国际税收实践中,扣除法、免税法、抵免法这三种避免国际重复征税的方法都表现出了一定的缺陷与优点。

扣除法的缺陷在于:由于它不完全承认所得来源地的税收优先管辖权,而使国际重复征税仅仅被免除了一部分,跨国纳税人的所得与财产仍然被税负重叠所困扰。正是基于这种缺陷,在避免国际重复征税的实践中,扣除法很少被采用。

免税法在避免国际重复征税的效果上是最佳的,它使居住国对居民纳税人来自外国的已向来源国缴纳税款的那部分所得免予征收所得税,从而彻底消除了跨国纳税人税负重叠的问题。但是，免税法也有一个重大缺陷，即它是建立在居住国完全放弃居民税收管辖权并承认所得来源地税收管辖的独占地位的基础上的，这势必导致居住国的财权利益受到损失。此外，这也为跨国纳税人进行国际避税提供了机会，他们可能会千方百计地把居住国的利润与财产转移到低税率的国家去。

抵免法的缺陷在于：它在避免国际重复征税中要受到限制。一是在无税收协定的情况下，有些国家不同意给予抵免；二是对于到高税率国投资，投资者常有顾虑；三是对于到低税率国投资，由于抵免后还要向国内补交差额，则又是一损失。但是，综合起来从居住国、来源国、跨国纳税人三者利益的角度考虑，抵免法却有极大优势：一是抵免法既承认来源国所得来源地税收管辖权的优先地位，又保留行使居民税收管辖权的权利。这样就不至于因免除国际重复征税而过分地牺牲居住国的利益，也不会因一味保全居住国收入而阻碍国际重复征税的免除，从而加重跨国纳税人的税收负担。二是抵免法对国内外收入同等征税，因而不会造成国内资金与资产外流。相比较而言，在上述三种避免国际重复征税的方法中，抵免法因同时兼顾居住国、来源国及跨国纳税人三方的利益，从而在国际税收实践中被视做最佳选择，尤其资本输出国更是舍此莫用。

此外，还有其他缓解国际重复征税的方法，如低税法。低税法又称减免法或减税法，指一国对本国居民的国外所得在标准税率的基础上减免一定比例，按较低的税率征税；对其国内所得则按正常的标准税率征税。这种方法对居民的国外所得尽管采用低税率，但仍要征税。因此，不能彻底免除国际重复征税，但可以使国际重复征税得到一定的缓解。而缓解的程度和作用如何，则要看所得税率的降低幅度。当实际征收的税率接近原税率时，即降低较少时，基本失去缓解国际重复征税的作用；当实际征收的税率接近于零税率时，即降低较多时，则可基本起到免除国际重复征税的作用。

各种避免国际重复征税方法的比较见表4-2。

表4-2　　　　　各种避免国际重复征税方法的比较

处理方法 \ 三者利益	居住国政府居民管辖权是否得到考虑	来源国政府收入来源地管辖权是否得到承认	跨国纳税人国际税负问题是否得到基本解决
免税法	否	是	是
扣除法	是	部分承认	部分免除
抵免法	是	是	是
低税法	是	部分承认	部分免除

五、外国税收抵免制度比较

抵免法是目前比较通行的避免重复征税的方法,它不仅是国际税收协定的条款,而且成为国内所得税法的普遍条款之一。许多法制健全的国家都在所得税法中订立系统的外国税收抵免制度,相对而言,美国的规定比较系统全面,可以在此基础上结合日本和我国的外国税收抵免制度的主要方面作对比研究。

(一)抵免主体资格和抵免对象

美国税法规定了三大类的纳税人具有获得抵免的资格:第一大类是美国公民和美国国内公司,其向任何国家缴纳的所得税均可获得抵免;第二大类是外籍美国居民,其向外国缴纳的所得税也可得到抵免;第三大类是非居民外籍个人和外国公司,他们如果在美国从事交易或营业活动,从国外获得所得,该所得与在美国的交易或营业活动有实际联系,也可获得税收抵免。美国税法规定能抵免的外国税收只能是所得性质的税收。

日本税法规定的抵免对象有外国所得税和外国法人税,即基于外国法律,由外国政府及其地方公共团体对个人和法人所征的以所得为课税标准的税收。

我国税法规定抵免对象为"来源于中国境外的所得已在境外缴纳的所得税税款",可抵免的所得税是在境外实际缴纳的所得税税款,不包括减免税或纳税后又得到补偿以及由他人代为承担的税款。

(二)抵免限额和超限额结转

美国目前实行综合限额法,但此法是在区分不同所得类别的基础上使用的。美国税法规定了九个所得类别,分别是被动所得、高预提税利息、金融服务所得、船运所得、非受控第902节公司股息、国内的国际销售公司来源于美国境外的股息、对外贸易的应税所得、出口融资利息、其他所有的所得类别。纳税人获得境外所得都要按这些类别进行归类,每一类别分别计算抵免限额。由于抵免限额的作用,就有可能产生在境外已纳所得税的数额高于抵免限额(超限额),在当期得不到抵免的情况。美国规定已纳外国所得税超过当年抵免限额的部分,可以用前第二年的抵免余额给予抵免,抵免不完的继续用前第一年的抵免限额余额给予抵免,再抵免不完的可后延5年。

日本采用综合限额法,但对亏损国除外,实际上增加了抵免限额,有利于纳税人。且规定当年缴纳的外国税款超过限额的部分和当年没有用完的抵免限额可在以前5年内结转。

我国采用分国不分项方法计算抵免限额,一国亏损并不影响他国抵免限额的计算,同时规定已纳外国所得税超过当年抵免限额的部分可用以后年度抵免限额超过该年度实际抵免额的部分补抵,期限最长不得超过 5 年。在我国,由于境外税收抵免限额按照分国不分项方法计算,因此超限额结转也只能限于分国进行,不能以一国的抵免限额余额去抵补另一国超限额部分。

(三) 间接抵免条件

美国税法规定美国国内公司要获得对来源于境外所得已纳所得税的间接抵免,其条件为美国公司必须持有外国公司 10% 以上有表决权的股票。

日本规定国内母公司要获得对来源于境外子公司所得的间接抵免,必须符合下列两项条件:其一是国内母公司持有支付股息的外国子公司全部已发行股票总额的 25% 以上,并且连续持有 6 个月以上;其二是该子公司必须是自身从事业务活动而不是以减轻税负为目的设立的公司。

我国税法没有规定间接抵免的条件,但对外签订的双边税收协定规定的间接抵免条件是纳税人持有下属外国公司 10% 以上的股份。

第三节 直接抵免与间接抵免

一、直接抵免法(Method of Direct Credit)

(一) 直接抵免的概念与适用范围

直接抵免法是指一国政府对本国居民直接缴纳或应由其直接缴纳的外国各种所得税给予抵免的方法。之所以称其为直接抵免,是指本国政府抵免的是本国居民直接缴纳或实际负担的国外税收。

直接抵免法的适用对象为同一个经济实体,包括同一跨国自然人和同一跨国法人的总分支机构。对于自然人或法人的国外分支机构在国外已纳的所得税,就视同总公司直接缴纳,居住国政府允许总公司将其分公司在国外缴纳的所得税款冲抵总公司应向本国缴纳的所得税。除总分公司形式以外的其他形式,比如母子公司,因为它们并不属于同一个经济实体,所以任何一方所缴纳的所得税都不能在另一方国内给予直接抵免。母子公司之间的税收抵免被称为间接抵免,这将在本节第二部分讲述。

直接抵免法主要适用于所得税和预提税。预提税在形式上虽然是由向本国支付所得的国外单位代缴,但实际上是由居住国的跨国法人居民负担的,因此,可以视为跨国纳税人直接缴纳给收入来源国政府的所得税,可从本国的所纳税款中直接抵免。

(二) 直接抵免的分类

1. 全额抵免(Full Credit)。全额抵免是指居住国政府对跨国纳税人征税时,允许纳税人将其在收入来源国缴纳的所得税从向本国缴纳的税额中全额扣除。其计算公式如下:

居住国应征所得税额 = 居民的国内外总所得 × 居住国税率 − 国外已征全部税额

2. 限额抵免法(Ordinary Credit)。限额抵免也叫普通抵免,是指居住国政府对跨国纳税人在来源国缴纳的税收给予抵免时,不能超过最高抵免限额的直接抵免法。这个最高的抵免限额简称抵免限额,是国外所得按本国税率计算的应纳税额。限额抵免的计算公式如下:

居住国应征所得税额 = 居民的国内外总所得 × 居住国税率 − 允许抵免的国外已征税额

通过比较全额抵免与限额抵免两个公式,可发现二者减号后面的部分不同。限额抵免是当居民向国内政府纳税时获得的抵免额不能超过最高抵免限额。

"抵免限额"与"允许抵免的国外已征税额"是不同的两个概念。在"国外实际已纳税额"与"抵免限额"的计算上,税基相同而税率不同,所以当国外税率高于国内税率,即纳税人在国外实际已纳税额高于抵免限额时,"允许抵免的国外已征税额"就是"抵免限额";如果国外税率低于或等于国内税率,即纳税人在国外实际已纳税额少于或等于抵免限额时,那么,"允许抵免的国外已征税额"就是实际在国外已纳的税款,此时居民法人在国外所缴的全部税款将被全部抵免。

因为政府意识到全额抵免法的实施会引起国内资金外流,直接影响本国的经济发展,所以,在国际税收实践中,除塞浦路斯、马耳他等少数国家外,其他国家普遍不采用这种方法。因此,限额抵免法是抵免法的主流,无论是直接抵免还是间接抵免,都有限额规定,因为它对于居住国政府而言具有合理性。它不仅体现为国家的税收主权,而且使纳税人国外投资的税收负担不低于在国内投资,更避免了把国内应征税收转移到国外去。对低于限额的部分在国内要补征,使其从税收负担的角度看国内与国外投资是一致的,以免影响国内的投资水平。

3. 抵免限额(Limitation on Credit)。在此,我们对抵免限额作进一步介绍。当实行全额抵免法时,尤其是当外国税率高于本国税率时,居住国国内的税收来源遭到侵蚀,本国的财权利益受到损失,抵免限额的出现就是为了避免这种情况的发生。抵免限额是指居住国政府允许跨国纳税人从本国应纳税额中扣除的来源国所纳税款的最高限额,是对跨国纳税人在国外已纳税款进行抵免的限度。当跨国纳税人的国外纳税额高于这个限度时,不予抵免;当不及这个限度时,将在国内补征。所以,实际允许抵免的税额是实纳税额与抵免限额相比的较小者。可见,实行限额抵免法的国家虽然承认来源国优先行使地域税收管辖权,但并不完全放弃对本国居民的征税权利。进行税收限额抵免的目的是为了避免纳税人的跨国所得承受双倍的税收压力,并不能把跨国纳税人的税负从高税率来源国转嫁给低税率居住国。

抵免限额的公式为:

$$\text{抵免限额} = \left(\frac{\text{居民法人国内外}}{\text{所有应税所得}} \times \text{居住国税率} \right) \times \text{所有来自国外的应税所得} \div \text{来自国内外的所有应税所得}$$

这一公式适用于居住国采用累进税和比例税的情况,当居住国实行比例税时,公式可简化为:

$$\text{抵免限额} = \text{收入来源国所得} \times \text{居住国税率}$$

下面以累进税为例演示抵免限额的计算。

甲国 A 公司某年度有总收入 100 万元,来自国外分公司 B 的有 30 万,其余的都是国内的,国内实行超额累进税率(如表 4-3 所示),那么,有:

$$\text{抵免限额} = (50 \times 10\% + 10 \times 20\% + 10 \times 30\% + 10 \times 40\% + 20 \times 50\%) \times 30 \div 100$$
$$= 7.2(\text{万元})$$

表 4-3　　　　　　　　　　　累进税率表

应税所得(万元)	税　率
50 以下	10%
50~60	20%
60~70	30%
70~80	40%
80 以上	50%

(三)直接抵免的应用

在实际生活中,一个居民法人的总收入一般来自两个以上的国家,而且收入所得通常包括很多项目,如营业利润、利息、股息、特许权使用费等。不同国家的所得税率与居住国相比有高有低,而且各国政府对不同项目的所得规定的税率也有不同,这就使税收抵免的操作出现了以下四种具体的类型:分国限额法、综合限额法、分项限额法以及分国分项限额法。政府采用不同的政策会对本国的财政收入造成不同的影响。

1. 分国限额法(Method of Line-state Limit)。当某居住国居民拥有多国收入时,居住国政府按其收入的来源国分别进行抵免。其计算公式为:

$$\text{分国抵免限额} = \left(\text{来自居住国和来源国全部应税所得} \times \text{居住国税率}\right) \times \text{某一来源国应税所得} \div \text{居住国和来源国所有应税所得}$$

2. 综合限额法（Method of Comprehensive Limit）。某居住国居民尽管拥有多国收入，但居住国政府并不对其国外收入按国家区别对待，而是统一计算抵免限额，所纳的所有国外税额在此限额内抵免。计算公式为：

$$\text{综合抵免限额} = \left(\text{居民法人国内外所有应税所得} \times \text{居住国税率}\right) \times \text{所有来自国外的应税所得} \div \text{来自国内外的所有应税所得}$$

3. 分项限额法（Method of Line-item Limit）。某些国家出于自身利益的需要，对纳税人收入分类征税，如对股息、利息、资本利得等其他类似的所得征收较低的税率，对营业所得等收入则征收较高的税率。如果居住国政府按综合限额法进行抵免，就会有某些项目实际缴纳的税款不足抵免限额的部分抵消掉某些超过抵免限额的税款，使纳税人减少了税负，居住国政府的一部分应得税收被抵免掉了。出于本国财政收入的考虑，防止纳税人利用税率的高低减少纳税，而对国外的收入分项进行抵免，把一些专项从总收入中抽离出来，对其单独规定抵免限额，各项之间不能互相冲抵。分项抵免限额的计算公式为：

$$\text{分项抵免限额} = \left(\text{居民法人国内外所有应税所得} \times \text{居住国税率}\right) \times \text{国外的专项应税所得} \div \text{国内外的所有应税所得}$$

对专项收入按分项抵免法抵免时，其余部分的抵免限额按综合抵免限额法计算，公式为：

$$\text{其他项目的抵免限额} = \left(\text{居民法人国内外所有应税所得} \times \text{居住国税率}\right) \times \left(\text{国外全部应税所得} - \text{专项应税所得}\right) \div \text{国内外所有应税所得}$$

$$\text{居民国纳税人应向国内政府纳税额} = \left(\text{居民法人国内外所有应税所得} \times \text{居住国税率}\right) - \sum \text{专项抵免限额与国外实缴专项税相比的较小者} - \text{其他项目的抵免限额与实缴税款相比的较小者}$$

4. 分国分项抵免法（Method of Line-state & Item Limit）。分国抵免法是按收入来源国分别抵免，不考虑收入的类别。分项抵免法是把所有国外收入按类别分别抵免，而不考虑国别。这样，就有某些跨国纳税人利用不同国家的不同专项税率的相互抵补，增加在居住国的实际抵免额，所以某些国家通过实行分国分项抵免法来避免这种情况的发生，减少抵免额，扩大财政收入。其计算公式为：

$$\text{分国分项抵免额} = \left(\text{居民法人国内外所有应税所得} \times \text{居住国税率}\right) \times \text{纳税人在某国的某项应税所得} \div \text{国内外所有应税所得}$$

由于分国分项抵免的计算复杂，在国际税收实践中除个别国家使用此法外，多数国家采用的是分国抵免法或分项抵免法。

美国对居民的境外利息、外国销售公司的收入等低税率项目，和海外石油、矿产开采等高税率项目实行分项抵免。我国对外商投资在国外所缴的税收，只按来源国的不同进行分国抵免，忽略其收入的项目差异，把它们按国别汇总计算。

下面举例说明这几种抵免法的不同：

例：甲国总公司 A 来源于国内的总收入为 500 万元，国内实行超额累进税制，税表如表 4-4 所示。来自乙国分公司 B 的收入为 200 万元，其中 30 万元是股息，70 万元是特许权使用费，在乙国所得税率为 35%，股息税率为 40%，特许权使用费税率为 45%。来自丙国分公司 C 的收入为 300 万元，其中 50 万元是资本利得，100 万元是特许权使用费，在丙国所得税率为 20%，资本利得税率为 45%，特许权使用费税率为 40%。请用不同的抵免方法考虑 A 公司应向甲国政府缴纳的税额和 A 公司可获得的税收抵免额。

表 4-4　　　　　　　　　　累进税率表

应税收入（万元）	税率
100 以下	10%
100~200	20%
200~400	30%
400~700	40%
700 以上	50%

先计算抵免前 A 公司应向甲国政府纳税税额，不论用何种方法抵免，这部分的计算结果都是一样的。

抵免前居住国法人应向居住国纳税税额 = （来自居住国收入 + 来自非居住国收入）× 居住国税率

$= 100 \times 10\% + 100 \times 20\% + 200 \times 30\% + 300 \times 40\% + 300 \times 50\%$

$= 360$（万元）

第一，按分国抵免法计算如下：

① 对乙国已纳税额的抵免限额 = 抵免前 A 公司应向甲国纳税税额 × 来自乙国的收入 ÷ 国内外总收入

$= 360 \times 200 \div 1\,000 = 72$（万元）

乙国 B 公司实纳税额 $= 30 \times 40\% + 70 \times 45\% + 100 \times 35\% = 78.5$（万元）

因为抵免税额 < 实纳税额，所以允许抵免的 B 公司对乙国所纳税额为抵免限额 72 万元。

② 对丙国已纳税额的抵免限额 = 抵免前 A 公司应向甲国纳税税额 × 来自丙国的收入 ÷ 国内外总收入

$$= 360 \times 300 \div 1\,000 = 108(万元)$$

丙国 C 公司实纳税额 $= 50 \times 45\% + 100 \times 40\% + 150 \times 20\% = 92.5(万元)$

因为抵免税额 > 实纳税额，所以允许抵免的 C 公司对丙国所纳税额为实纳税额 92.5 万元。

③ A 公司应向甲国缴纳税额 = 抵免前 A 公司应向甲国纳税额 − ∑各收入来源国允许抵免的已纳税额

$$= 360 - (72 + 92.5) = 195.5(万元)$$

甲国允许 A 公司抵免的税额 $= 72 + 92.5 = 164.5(万元)$

第二，按综合抵免法计算如下：

① 对所有国外已纳税额的抵免限额 = 抵免前 A 公司应向甲国纳税额 × 所有来自国外的收入 ÷ 国内外总收入

$$= 360 \times 500 \div 1\,000 = 180(万元)$$

② 国外所有的实纳税额 = ∑各来源国实纳税额 $= 78.5 + 92.5 = 171(万元)$

因为抵免限额 > 实纳税额，所以在这种方法下允许抵免的所有国外税额就是国外的所有实纳税额，即所有的国外税收都被抵免了。

③ A 公司应向甲国缴纳税额 = 抵免前 A 公司应向甲国纳税额 − 允许抵免的所有国外税额

$$= 360 - 171 = 189(万元)$$

甲国允许 A 公司抵免的税额 $= 171(万元)$

按综合抵免法计算与按分国抵免法计算相比，要少纳税 6.5 万元（195.5 − 189 = 6.5），这是因为在综合抵免法下，某些国家实纳税额不足限额的部分可以冲抵某些国家超过限额的部分，充分利用各国的抵免限额。

第三，按分项抵免法计算如下：

① 对国外股息所纳税额的抵免限额 = 抵免前 A 公司应向甲国纳税额 × 国外所有的股息收入 ÷ 国内外总收入

$$= 360 \times 30 \div 1\,000 = 10.8(万元)$$

国外股息的实纳税额 = ∑各来源国股息收入 × 各来源国适用税率

$$= 30 \times 40\% = 12(万元)$$

因为股息税的抵免限额 < 实纳税额，所以允许抵免的国外股息所纳税额为抵免限额 10.8 万元。

② 对国外资本利得所纳税额的抵免限额 = 抵免前 A 公司应向甲国纳税额 × 国外所有的资本利得收入 ÷ 国内外总收入

$$= 360 \times 50 \div 1\,000 = 18(万元)$$

国外资本利得实纳税额 = ∑各来源国资本利得额 × 各来源国适用税率

$$= 50 \times 45\% = 22.5(万元)$$

因为资本利得税的抵免限额 < 实纳税额，所以允许抵免的国外资本利得所纳税额

为抵免限额 18 万元。

③ 对国外特许权使用费已纳税额的抵免限额 = 抵免前 A 公司应向甲国纳税税额 × 国外所有的特许权使用费 ÷ 国内外总收入

$$= 360 \times (70 + 100) \div 1\,000 = 61.2(万元)$$

国外特许权使用费实纳税额 = Σ 各国特许权使用费 × 各来源国适用税率

$$= 70 \times 45\% + 100 \times 40\% = 71.5(万元)$$

因为特许权使用费的抵免限额 < 实纳税额，所以允许抵免的国外特许权使用费所纳税额为抵免限额 61.2 万元。

④ 对国外非专项所得纳税的抵免限额 = 抵免前 A 公司应向甲国纳税税额 × 国外非专项中总收入 ÷ 国内外总收入

$$= 360 \times [500 - (30 + 70 + 50 + 100)] \div 1\,000$$
$$= 90(万元)$$

国外非专项收入的实纳税额 = Σ 各来源国非专项收入 × 各来源国适用税率

$$= 100 \times 35\% + 150 \times 20\% = 65(万元)$$

因为非专项收入税的抵免限额 > 实纳税额，所以允许抵免的国外非专项收入所纳税额为实纳税额 65 万元。

⑤ A 公司应向甲国缴纳税额 = 抵免前 A 公司应向甲国纳税税额 − Σ 允许抵免的各专项收入税额 − 允许抵免的非专项收入已纳税额

$$= 360 - (10.8 + 18 + 61.2) - 65 = 205(万元)$$

甲国允许 A 公司抵免的税额 = $10.8 + 18 + 61.2 + 65 = 155(万元)$

按分项抵免法计算得 A 公司应向甲国政府缴纳的税额比综合抵免法多缴 16 万元（205 − 189 = 16），比分国抵免法多缴 9.5 万元（205 − 195.5 = 9.5）。可以看出，此时分项抵免法比分国抵免法可为居住国带来更多的财政收入。

第四，按分国分项抵免法计算如下：

① 对乙国股息所纳税的抵免限额 = 抵免前 A 公司应向甲国纳税税额 × 乙国股息收入 ÷ 国内外总收入

$$= 360 \times 30 \div 1\,000 = 10.8(万元)$$

乙国股息实纳税额 = 乙国股息收入 × 乙国适用税率

$$= 30 \times 40\% = 12(万元)$$

因为抵免限额 < 实纳税额，所以允许抵免的乙国股息税额为抵免限额 10.8 万元。

② 对乙国特许权使用费所纳税的抵免限额 = 抵免前 A 公司应向甲国纳税税额 × 乙国特许权使用费 ÷ 国内外总收入

$$= 360 \times 70 \div 1\,000 = 25.2(万元)$$

乙国特许权使用费实纳税额 = 乙国特许权使用费 × 乙国适用税率

$$= 70 \times 45\% = 31.5(万元)$$

因为抵免限额 < 实纳税额，所以允许抵免的乙国特许权使用费税额为抵免限额

25.2万元。

③ 对丙国资本利得所纳税的抵免限额 = 抵免前A公司应向甲国纳税税额 × 丙国资本利得额 ÷ 国内外总收入
= 360 × 50 ÷ 1 000 = 18(万元)

丙国资本利得实纳税额 = 丙国资本利得额 × 丙国适用税率
= 50 × 45% = 22.5(万元)

因为抵免限额 < 实纳税额,所以允许抵免的丙国资本利得税额为抵免限额18万元。

④ 对丙国特许权使用费所纳税的抵免限额 = 抵免前A公司应向甲国纳税税额 × 丙国特许权使用费 ÷ 国内外总收入
= 360 × 100 ÷ 1 000 = 36(万元)

丙国特许权使用费实纳税额 = 丙国特许权使用费 × 丙国适用税率
= 100 × 40% = 40(万元)

因为抵免限额 < 实纳税额,所以允许抵免的丙国特许权使用费税额为抵免限额36万元。

⑤ 对非专项收入纳税的抵免限额仍然按综合抵免法计算:

对国外非专项所得纳税的抵免限额 = 抵免前A公司应向甲国纳税税额 × 国外非专项总收入 ÷ 国内外总收入
= 360 × [500 − (30 + 70 + 50 + 100)] ÷ 1 000 = 90(万元)

国外非专项收入的实纳税额 = Σ各来源国非专项收入 × 各来源国适用税率
= 100 × 35% + 150 × 20% = 65(万元)

因为非专项收入税的抵免限额 > 实纳税额,所以允许抵免的国外非专项收入所纳税额为实纳税额65万元。

⑥ A公司应向甲国缴纳税额 = 抵免前A公司应向甲国纳税税额 − Σ允许抵免的各国各专项收入税额 − 允许抵免的非专项收入已纳税额
= 360 − (10.8 + 25.2 + 18 + 36) − 65 = 205(万元)

甲国允许A公司抵免的税额 = 10.8 + 25.2 + 18 + 36 + 65 = 155(万元)

在此例中,按分国分项抵免法计算的结果与分项抵免法一样,是因为按两种方法计算的允许抵免的税额都是抵免限额,在此例中仅是个巧合,不具一般性,通常情况下按分国分项抵免法计算允许抵免的税额要小于分项抵免法,它使各国各专项抵免限额之间的超额或不足不能相互冲抵,从而进一步扩大了税收,但计算过程太复杂。

通过计算可以看出,分国限额法与综合限额法相比,所发挥的作用不同。

第一,当跨国纳税人在国外几个国家的分支机构都有赢利时,采取综合限额法对纳税人比较有利。因为这种方法是把来源于几个非居住国的所得全部相加后抵免,可以用高税率非居住国已缴的超过抵免限额的部分去抵补在低税率非居住国缴纳的不足限额部分,从而可以使抵免限额全部得到利用,使超限额的外国所得税也能得到抵免。而实行分国限额法,由于各国的抵免限额不能相互调剂使用,这样,在非居住国税率高于居住国时,境外分公司的已纳税款就不能得到全部抵免,纳税人就要承担较重的税负。

第二,当跨国纳税人在国外的几个分公司有盈有亏时,采用分国限额法对纳税人有利。这是因为亏损的分公司无须向所在国缴纳所得税,因而不存在抵免的问题。此时,采用分国限额法进行抵免,由于盈亏不能相抵,赢利分公司的抵免限额不会降低,从而对纳税人有利。而采用综合限额法,各分公司的盈亏相抵,会减少抵免限额,对跨国纳税人不利。

第三,当跨国纳税人境外分公司所在国的税率都高于居住国时,由于其在各国缴纳的税额抵免时全部超过抵免限额,不存在超限额和抵免余额冲突的问题,因此,分国限额法和综合限额法的结果相同。

第四,当跨国纳税人境外分公司所在国都是低税率时,各分公司在各国缴纳的税款在抵免时全部不足抵免限额,出现的多余余额没有超限额需要充抵,所以分国限额与综合限额两种方法没有区别。

(四)抵免限额的年度结转

在同一纳税年度里,使用综合抵免法是把分国抵免法中国与国之间或者分项抵免法中专项之间的超额和不足的部分进行冲抵。抵免限额的年度结转是指在不同的纳税年度里,不同年度之间的超出抵免限额和不足抵免限额的部分互相冲抵。

跨国纳税人在使用综合抵免法时经常会出现这样的情况,即某些年度的抵免限额无法将缴纳的税额全部抵免掉,而某些年度的抵免限额又绰绰有余,所以在税收实践中,纳税人要求在一定期限内超出限额的部分与不足的部分互相冲抵,以达到减轻税负的目的。

抵免限额的年度结转是指,对跨国纳税人某些年度超出抵免限额而未被抵免的国外已缴税额,在一定的年限以内,居民国政府允许与其他年度的不足限额相互结转冲抵的办法。

各国对超限额结转的政策不同,有的国家不允许超限额结转,比如中国、德国,而有的国家为鼓励国内资本向外投资而实行超限额结转,比如美国、日本。美国规定超额结转的年限可以向前追溯2年,向后推迟5年。日本则规定年限为5年。现以一例说明:某美国跨国公司,在1998年超限额部分为50万,但该公司在1996年限额余额为5万,1997年限额余额为8万,1999年限额余额为7万,2000年限额余额为10万,2001年限额余额为9万,2002年限额余额为3万,2003年限额余额为6万,这样,1998年超出限额的50万,在前后7年里被冲抵了48万,实际只需缴纳2万税款,这大大减轻了跨国纳税人的税负。

如果一国既实行综合抵免法,又允许抵免限额的年度结转,那么,实际上是为居民提供了横向和纵向的节税渠道,给了纳税人很多的税收优惠,政府能得的财政税收就非常有限了。所以,若一国政府的财政并不是非常宽松,或者国内的资本并不十分富余,一般不采取如此"仁慈"的政策。

(五)来源国亏损的跨年度结转

当国外的分公司或分支机构出现亏损时,某些来源国政府对这部分亏损允许在一些年限内抵免,而某些国家政府则不允许。对居住国政府来说,国外的分公司出现亏损时,在国内的应税收入会减少,税收也相应减少。来年国外分公司出现赢利,而来源国政府又不允许实行亏损的年度结转,只就该赢利额课税,那么该年内总公司向居住国政府纳税时,国外的已纳税款可以在抵免限额内得到抵免,这就使纳税人获得双重利益,即国外亏损时,国内的应税收入可被冲抵,有赢利时国外的已缴税款又获得抵免。显然这对居住国政府是不合理的,因为对亏损不允许年度结转是来源国政府与国外分公司的税收征纳关系,纳税人由此承担的税负不能转嫁给居住国政府。所以,很多国家对此采取来源国亏损的跨年度结转措施,避免跨国纳税人双重受益。所谓来源国亏损的跨年度结转,是指在跨年度的经济活动中,来源国政府对该国的亏损不予亏损结转时,居住国政府按亏损结转计算其抵免限额的办法。下面以例说明。

例如:有母子公司两年的赢利情况如表4-5所示。

表4-5

年度 \ 公司	甲国A公司	乙国B公司
2002年	5 000万	-1 000万
2003年	8 000万	3 000万

说明:甲国为居住国,乙国为来源国,甲乙两国实行标准税率,甲国税率30%,乙国税率为40%。

第一,乙国不实行亏损的年度结转,甲国也不实行来源国亏损的跨年度结转时:
2002年:B公司因发生亏损所以对乙国政府纳税额为0。

A公司应向甲国政府纳税额为1 200万元[(5 000 – 1 000)×30% = 1 200]。

2003年:B公司向乙国政府纳税额为1 200万元[3 000×40% = 1 200]。

甲国对B公司已纳税款抵免限额为900万元[3 000×30% = 900]。

因为抵免限额 < 实纳税额,所以允许抵免的税额为900万元。

A公司应向甲国纳税税额为2 400万元[(8 000 + 3 000)×30% – 900 = 2 400]。

两年内A公司向甲国纳税总额为3 600万元[1 200 + 2 400 = 3 600]。

两年内A公司本身应向甲国纳税税额为3 900万元[(5 000 + 8 000)×30% = 3 900]。

A公司向甲国政府少纳税300万元(3 900 – 3 600 = 300),此值正好为乙国2001年亏损的1 000万元乘以甲国税率30%,即是因乙国不实行亏损的跨年度结转而在甲国纳税时被抵免掉的税额。由此看出,甲国政府承担了乙国不跨年结转的税收损失,这对甲国政府是不公平的。

第二,乙国不实行亏损的年度结转,甲国实行来源国亏损的跨年度结转时:

2002年:B公司因发生亏损所以对乙国政府纳税额为0。

A公司应向甲国政府纳税额为1 200万元[(5 000 – 1 000)×30% = 1 200]。

2003年:B公司向乙国政府纳税额为1 200万元[3 000×40% = 1 200]。

甲国对B公司已纳税款抵免限额为600万元[(3 000 – 1 000)×30% = 600]。

因为抵免限额 < 实纳税额,所以允许抵免的税额为600万元。

A公司应向甲国纳税税额为2 700万元[(8 000 + 3 000)×30% – 600 = 2 700]。

所以,两年内A公司向甲国纳税总额 = 1 200 + 2 700 = 3 900 = 两年内A公司本身应向甲国纳税税额。

甲国对B公司已纳税款抵免限额进行计算时,按乙国实行年度结转计算,这样抵免限额减少,甲国征收的税款比不实行来源国亏损跨年度结转的情况多300万,保证了甲国政府的税收利益,这也是税收公平原则的要求。

二、间接抵免法(Method of Indirect Credit)

(一)间接抵免法的概念和适用范围

间接抵免法是指一国政府对本国居民间接缴纳的外国所得税给予抵免的方法。

间接抵免法是区别于直接抵免法而言的。直接抵免法适用于总分公司形式的跨国公司,由于分公司不是法人实体,它是总公司的组成部分,其所有利润完全属于总公司,所以分公司在国外缴纳的所得税可视做国内总公司缴纳的,可以在总公司向居住国政府缴纳的税收中直接抵免。间接抵免法适用于母子公司形式的跨国公司,国外的子公司是独立的经济实体,在法律上与母公司是两个不同的经济组织,因而税收上构成两个不同的纳税主体。母公司与子公司之间是控股关系,所以子公司的收入并不完全属于母公司,而是把税后利润按股权比重分配给母公司。因此,母公司得到的来自子公司的股息收入已经负担了子公司所在国的税款,但这部分税款并不是母公司直接缴纳的,而是间接承担的,所以在母公司所在国缴纳税款时应获得间接抵免,即抵免该股息收入承担的子公司已缴纳的所得税额。所以说间接抵免来源于直接抵免,允许抵免的国外税收是跨国纳税人间接缴纳的税收。它包括以下两层含义。

其一,间接抵免法是由两个居住国对两个纳税人征税产生的国际重复征税。

其二,母公司所在的居住国政府允许母公司抵免的税额,并不是子公司向其所在国缴纳的全部税款,而是母公司所分股息应承担的那部分税额。这个税额只能通过母公司收到的股息、红利间接地计算出来。

在国际税收中,当子公司向母公司支付股息时,还要代母公司向子公司所在国缴纳预提税,若不缴预提税,股息就不得汇出,可见预提税的实际纳税人是股息收取者母公司。母公司所在国对这笔预提税要用直接抵免法来减少国际重复征税,所以通常间接抵免法是伴随着直接抵免法一同进行的。

允许实行间接抵免的国家,一般都规定有限制条件。这些限制条件通常包括:

1. 间接抵免法只适用于具有母、子公司关系的跨国公司,自然人纳税人不能享受间接抵免。

2. 母、子公司的领导层公司,必须是直接参加其外国下层公司业务经营的积极投资者,而不是那种只是购买股票和其他有价证券,并不参与被投资公司业务经营的消极投资者。

3. 拥有其下属公司具有表决权的股票必须达到规定的最低限额。美国税法规定,允许给予间接抵免的母、子公司,必须拥有其下属公司有表决权的股票不少于10%。

(二) 间接抵免法的分类及应用

间接抵免法是目前避免国际重复征税最基本的方法,也是股东居住国为避免对来源于境外股息重复征税所采取的措施。境外子公司所缴纳的所得税不能完全由母公司承担,母公司所承担的部分只是收到的这部分股息所承担的已纳所得税。间接抵免法的基本计算公式如下:

母公司应纳居住国税额 = (母公司本国所得 + 母公司来自子公司的还原所得)
× 母公司所在国税率 − 间接抵免额

间接抵免法按照控股层数的多少分为一层间接抵免法和多层间接抵免法。我们先介绍只存在母子公司控股关系的一层间接抵免法。

1. 一层间接抵免法。我们已经知道母公司得到的股息是子公司税后收入的一部分,所以在计算母公司应承担的已由子公司缴纳的所得税额时,要看这部分股息占子公司税后利润的比例的大小。在计算母公司国内外的总应税收入时,为了与母公司国内的税前收入保持统一的计算口径,必须把从子公司得到的股息收入还原为税前利润,其计算方法有二:一是直接由税后股息收入加上该股息已缴纳的税额;二是用"税后股息收入÷(1-子公司所在国税率)"来还原。下面是间接抵免法的主要公式。

(1)母公司应承担的来源于子公司股息的已纳所得税可根据以下公式计算:

$$\text{母公司应承担的来源于子公司股息的已缴所得税额} = \text{国外子公司已纳所得税额} \times \text{母公司来源于子公司的股息收入} \div \text{子公司税后总利润}$$

子公司所在国若实行比例税,则有:

$$\text{母公司应承担的来源于子公司股息的已缴所得税额} = \text{母公司来源于子公司的股息收入} \div (1 - \text{子公司所在国所得税税率}) \times \text{子公司所在国所得税税率}$$

(2)为与母公司国内的应税所得保持统一的计算口径,把子公司的股息收入还原为税前利润额的公式为:

$$\text{母公司来源于子公司的应税收入} = \text{来源于子公司的股息收入} \div (1 - \text{子公司所在国的所得税税率})$$

$$= \text{来源于子公司的股息收入} + \text{该股息收入已纳所得税税额}$$

(3)母公司国内外全部收入应纳税额可根据以下公式计算:

$$\text{母公司国内外全部收入应纳税额} = (\text{母公司国内应税收入} + \text{来自子公司的应税收入}) \times \text{适用税率}$$

(4)间接抵免限额法下的抵免限额公式为:

$$\text{母公司对来自子公司股息收入已纳税款的抵免限额} = \text{母公司国内外全部收入应纳税额} \times \text{母公司来自子公司的应税收入} \div \text{母公司国内外全部应税收入}$$

在子公司所在国对股息收入征收预提税的情况下,应同时使用直接抵免法。母公司间接承担的股息已纳税额与直接缴纳的预提税之和为实际缴纳的税额。比较抵免限额与实纳税额的大小,以较小者作为母公司纳税时允许抵免的来源于子公司股息收入的已纳税额。

(5)母公司实际应纳所得税额可根据以下公式计算:

$$\text{母公司实际应纳所得税税额} = (\text{母公司国内应税收入} + \text{来自子公司的应税收入}) \times \text{适用税率} - \text{允许抵免的来自子公司股息收入的已纳税额}$$

下面以一例来具体演示间接抵免法的使用。

甲国母公司 A 拥有乙国子公司 B 40% 的股份,某年母公司 A 在甲国赢利 200 万元,子公司 B 在乙国同样赢利 200 万元,甲国实行比例税 40%,乙国也实行比例税 30%,乙国的预提税税率为 10%,在甲国同时实行直接抵免法和间接抵免法的情况下,母公司 A 应向甲国缴纳多少税款,获得多少税收抵免?

$$B 公司已纳税额 = 200 \times 30\% = 60(万元)$$

$$A 公司来自 B 公司的股息收入 = 200 \times (1 - 30\%) \times 40\% = 56(万元)$$

$$\begin{matrix} A 公司承担的来自 B 公司的 \\ 股息收入的已纳税额 \end{matrix} = 60 \times 56 \div [200 \times (1 - 30\%)] = 24(万元)$$

把来自 B 公司的股息收入还原为税前利润的形式:

$$A 公司来自 B 公司的应税收入 = 56 \div (1 - 30\%)$$
$$= 56 + 24 = 80(万元)$$

$$A 公司甲乙两国全部应税收入 = 200 + 80 = 280(万元)$$

$$A 公司甲乙两国全部收入应纳税额 = 280 \times 40\% = 112(万元)$$

$$\begin{matrix} A 公司对来自 B 公司股息 \\ 收入已纳税款的抵免限额 \end{matrix} = \begin{matrix} A 公司甲乙两国全部 \\ 收入应纳税额 \end{matrix} \times \begin{matrix} A 公司来自 B 公司 \\ 的应税收入 \end{matrix} \div \begin{matrix} A 公司甲乙两国 \\ 全部应税收入 \end{matrix}$$
$$= 112 \times 80 \div 280 = 32(万元)$$

$$乙国对股息征收预提税额 = 56 \times 10\% = 5.6(万元)$$

A 公司间接缴纳税额 24 万元,直接缴纳税额 5.6 万元,实际总纳税 29.6 万元(24 + 5.6 = 29.6),小于抵免限额 32 万元,所以允许抵免的股息收入已纳税额为实际纳税额 29.6 万元,其中间接抵免额为 24 万元,直接抵免额为 5.6 万元。

$$A 公司实际向甲国纳税税额 = 112 - 29.6 = 82.4(万元)$$

2. 多层间接抵免法。一层间接抵免法适用于只存在母子公司控股关系的重复征税问题,实际上很多跨国公司不仅母公司控股子公司,而且子公司还控制孙公司,甚至还会出现孙公司再控股重孙公司的多层控股现象。那么重孙公司的税后利润按一定比例作为股息汇给孙公司,孙公司将该股息还原后并入自己的收入中纳税,税后的利润再按一定的比例作为股息汇入子公司,以此一层层向上,最终到达领导层母公司。也就是说,母公司来自子公司的股息不仅负有子公司所在国税负,而且负有从子公司到最底层公司各层的税负。多层间接抵免法就是为了解决这种多层控股关系的重复征税问题。

由于层数越多,计算的抵免限额就越大,对母公司所在国政府来讲损失就越大,所以母公司所在国政府要求领导层公司必须拥有其下层公司一定数量的有表决权的股票。美国《国内收入法典》规定,母公司间接获得的已由下层公司缴纳所得税的股息获得抵免的条件是:每一层拥有下一层公司有表决权的股票不少于10%,而且母公司间接拥有表决权股票的比例不少于5%。比如,一个美国的母公司拥有子公司有表决权的股票50%,子公司拥有孙公司有表决权的股票40%,孙公司拥有重孙公司有表决权的股票30%,那么母公司间接拥有重孙公司 50% × 40% × 30% = 6% 的有表决权的股票,大于 5%,即可以使用间接抵免法。

下面以两层控股关系的间接抵免法为例来介绍多层间接抵免法,多于两层的间接抵免依此类推。

从最底层往上推进,先看子公司与孙公司之间:

$$\begin{matrix}\text{子公司承担的来自}\\\text{孙公司股息的已纳税额}\end{matrix} = \begin{matrix}\text{孙公司缴纳}\\\text{所得税额}\end{matrix} \times \begin{matrix}\text{来自孙公司的}\\\text{股息收入}\end{matrix} \div \begin{matrix}\text{孙公司}\\\text{税后总利润}\end{matrix}$$

子公司把来自孙公司的股息还原为税前利润形式后,加上子公司本身所得,作为子公司应税收入,税后的利润按一定比例作为股息再汇给母公司,母公司来自子公司的股息承担的已纳税额应包括子公司与孙公司两部分。

$$\begin{matrix}\text{母公司承担的来自}\\\text{子公司股息的已纳税额}\end{matrix} = \begin{matrix}\text{子公司}\\\text{已纳税额}\end{matrix} \times \begin{matrix}\text{母公司来自}\\\text{子公司股息}\end{matrix} \div \begin{matrix}\text{子公司}\\\text{税后利润}\end{matrix} +$$

$$\left(\begin{matrix}\text{子公司承担的来自}\\\text{孙公司股息的已纳税额}\end{matrix} + \begin{matrix}\text{孙公司}\\\text{所纳预提税}\end{matrix}\right) \times \begin{matrix}\text{母公司来自}\\\text{子公司股息}\end{matrix} \div \begin{matrix}\text{子公司}\\\text{税后利润}\end{matrix}$$

$$= \left(\begin{matrix}\text{子公司}\\\text{已纳税额}\end{matrix} + \begin{matrix}\text{子公司承担的来自}\\\text{孙公司股息的已纳税额}\end{matrix} + \begin{matrix}\text{孙公司}\\\text{所纳预提税}\end{matrix}\right) \times \begin{matrix}\text{母公司来自}\\\text{子公司股息}\end{matrix} \div \begin{matrix}\text{子公司}\\\text{税后利润}\end{matrix}$$

计算母公司来自子公司股息的税前利润形式的公式为:

$$\begin{matrix}\text{母公司来自}\\\text{子公司的应税收入}\end{matrix} = \begin{matrix}\text{母公司来自}\\\text{子公司的股息收入}\end{matrix} + \begin{matrix}\text{母公司承担的来自}\\\text{子公司股息的已纳税额}\end{matrix}$$

$$= \begin{matrix}\text{母公司来自}\\\text{子公司的股息收入}\end{matrix} + \left(\begin{matrix}\text{子公司}\\\text{已纳税额}\end{matrix} + \begin{matrix}\text{子公司承担的来自}\\\text{孙公司股息的已纳税额}\end{matrix} + \begin{matrix}\text{孙公司所纳}\\\text{预提税}\end{matrix}\right)$$

$$\times \begin{matrix}\text{母公司来自}\\\text{子公司股息}\end{matrix} \div \begin{matrix}\text{子公司}\\\text{税后利润}\end{matrix}$$

下面举一实例来具体说明两层间接抵免法的使用。

有母、子、孙公司的控股关系如表4-6所示。

表4-6

公司	收入(万)	税率	拥有下层公司股份	预提税率
甲国母公司A	1 000	50%	50%	
乙国子公司B	500	40%	50%	15%
丙国孙公司C	200	30%		20%

(1)子公司与孙公司之间,具体又分为下述三个步骤。

①把子公司来自孙公司的股息还原为税前利润的形式:

$$\begin{matrix}\text{B公司承担的来自}\\\text{C公司的股息的已纳税额}\end{matrix} = \begin{matrix}\text{C公司的}\\\text{已纳税额}\end{matrix} \times \begin{matrix}\text{B公司来自}\\\text{C公司的股息收入}\end{matrix} \div \begin{matrix}\text{C公司的}\\\text{税后利润}\end{matrix}$$

$$= 200 \times 30\% \times 200 \times (1-30\%) \times 50\% \div [200 \times (1-30\%)]$$

$$= 30(\text{万元})$$

$$\begin{aligned}\text{B公司来自}\\ \text{C公司的应税所得}\end{aligned} = \begin{aligned}\text{B公司来自C公司}\\ \text{的股息收入}\end{aligned} + \begin{aligned}\text{B公司承担的}\\ \text{来自C公司的股息的已纳税额}\end{aligned}$$

$$= 200 \times (1-30\%) \times 50\% + 30 = 100(万元)$$

②计算子公司允许抵免的来自孙公司股息的已纳税额：

$$\begin{aligned}\text{B公司对来自C公司的}\\ \text{股息收入已纳税额的抵免限额}\end{aligned} = (500+100) \times 40\% \times 100 \div (500+100)$$

$$= 40(万元)$$

$$\text{C公司所纳股息预提税} = 200 \times (1-30\%) \times 50\% \times 20\% = 14(万元)$$

B公司实际缴纳的税额为44万（30+14=44），大于抵免限额40万，所以B公司允许抵免的C公司股息已纳税额为40万元。

③计算子公司实际纳税额及税后利润：

$$\text{B公司实际应纳税额} = (500+100) \times 40\% - 40 = 200(万元)$$

$$\text{B公司税后利润额} = \text{B公司税前总收入} - \text{B公司实际应纳税额}$$

$$= 500+100-200 = 400(万元)$$

(2) 母公司与子公司之间，也可分为以下三步。

①把母公司来自子公司的股息还原为税前利润的形式：

$$\begin{aligned}\text{A公司承}\\ \text{担的来自}\\ \text{B公司股息}\\ \text{的已纳税额}\end{aligned} = \left(\begin{aligned}\text{B公司}\\ \text{已纳税额}\end{aligned} + \begin{aligned}\text{B公司承}\\ \text{担的来自}\\ \text{C公司股息}\\ \text{的已纳税额}\end{aligned} + \begin{aligned}\text{C公司所}\\ \text{纳预提税}\end{aligned}\right) \times \begin{aligned}\text{A公司来自}\\ \text{B公司股息}\end{aligned} \div \begin{aligned}\text{B公司}\\ \text{税后利润}\end{aligned}$$

$$= (200+30+14) \times 400 \times 50\% \div 400 = 122(万元)$$

$$\begin{aligned}\text{A公司对来自}\\ \text{B公司的应税收入}\end{aligned} = \begin{aligned}\text{A公司来自}\\ \text{B公司的股息收入}\end{aligned} + \begin{aligned}\text{A公司承担的来自}\\ \text{B公司股息的已纳税额}\end{aligned}$$

$$= 400 \times 50\% + 122 = 322(万元)$$

②计算母公司允许抵免的来自子公司股息的已纳税额：

$$\begin{aligned}\text{A公司对来自B公司股息}\\ \text{已纳税款的抵免限额}\end{aligned} = (1\,000+322) \times 50\% \times 322 \div (1\,000+322)$$

$$= 161(万元)$$

$$\text{B公司所纳股息预提税} = \text{B公司给A公司股息收入} \times \text{预提税率}$$

$$= 400 \times 50\% \times 15\% = 30(万元)$$

A公司来自B公司的股息实际纳税税额为152万元（122+30=152），小于抵免限额161万元，所以A公司所在甲国允许抵免的B公司股息已纳税额为152万元。

③计算母公司实际应纳税额：

$$\text{A公司实际应纳税额} = (1\,000+322) \times 50\% - 152 = 509(万元)$$

A公司来自B公司所有已纳税款被抵免，还补征了不足限额的部分9万元（161-152），母公司所在国政府的财政收入增加了。

第四节 税收饶让

一、税收饶让概述

(一) 税收饶让的含义

税收饶让(Tax Sparing),也称税收饶让抵免,是指一国政府(居住国政府,一般为发达国家)对本国纳税人在国外投资且得到投资所在国(收入来源国或称东道国,一般为发展中国家)减免的那一部分税收,视同已经缴纳,同样给予抵免待遇。税收饶让虽不属于国际重复征税的减除办法,但与之相关,并配合税收抵免使用,所以本书把它作为税收抵免的特殊方式来介绍。

(二) 税收饶让的产生

税收饶让多发生在发展中国家与发达国家之间,发展中国家政府为了吸引外国资本,鼓励发达国家居民来本国投资,以有利于发展本国经济,除实行低税率政策外,往往还给予外国投资者以一定的所得税减免优惠,有的还给予再投资退税优惠等。然而,若投资者居住国只实行税收抵免方法,仅根据该投资者在国外实际缴纳的所得税款给予限额抵免,而并不将外国政府对该投资者的减税、免税部分视为国外已征税款给予抵免的话,那么这些发展中国家的优惠政策就失去意义了。也就是说,这是发展中国家牺牲本国税收利益来增加发达国家的财政收入。从跨国纳税人(投资者)的角度而言,在发展中国家因减免税等优惠政策而节约的税负,回国后又丧失了,因而发展中国家的税收优惠政策实际上已起不到鼓励投资的积极作用,这不仅抵消了发展中国家对投资者实行税收优惠的意义,而且也妨碍了发展中国家进一步引进外资和先进技术。

为保证税收优惠措施不被抵消,真正有惠于跨国纳税人,实行税收优惠的发展中国家以及跨国纳税人(投资者)纷纷向投资者居住国政府提出税收饶让问题,要求居住国政府对其居民在国外所获减免的税款,视同已经缴纳而准予抵冲居住国纳税税额。现实中,经过有关国家政府的协商、谈判,大多可以促成税收饶让的实现,发达国家与发展中国家签订的许多税收协定中,基本上都有税收饶让的规定。例如,英国是率先采用税收饶让抵免的发达国家之一,日本、法国、加拿大等国对税收饶让采取了积极灵活的态度,在与有关国家签订的双边税收协定中,不同程度地列入了税收饶让条款。由此可见,一个国家为了鼓励外国投资,吸引外资和先进技术,给予外国投资税收减免优惠,就必须要求投资者居住国政府给予税收饶让抵免,通常需要用协定的方式予以确定,且只有在居住国采用税收抵免方法时才有必要考虑。

发达国家对税收饶让的态度不同。有的国家(如美国)从来不同意建立税收饶让条款;英国、澳大利亚等国采用分别对待的方法,在与发展中国家签订的一些协定中包含税收饶让条款;加拿大对营业利润同意税收饶让,而对投资所得则一般不同意建立税收饶让条款;法国、荷兰等国除对来源于境外的营业利润给予免税外,还同意对投资所得给予税收饶让。

(三)税收饶让抵免的适用范围

1. 纳税人范围。国外税收饶让抵免一般适用于可以享受已纳国外税收直接抵免或间接抵免的居民或国民纳税人。

2. 饶让抵免的税收适用范围。各国出于各自利益的考虑,在签订双边税收协定时,对税收饶让的范围作出了不同的规定。从我国对外签订的双边税收协定看,这种差别主要表现在如下三个方面。

(1)对预提税的减免税优惠予以税收饶让抵免。例如,中、法税收协定中,对我国给予合资企业中法方合营者的股息和特许权使用费所得减免征收的预提税,法国政府予以饶让抵免。实践中,据以计算饶让的预提税税率主要有以下三种:①以非居住国税法规定的预提税税率为准。我国与新加坡签订的税收协定规定,新加坡对其居民来源于我国的利息应按我国税法规定的20%的预提税税率予以抵免。②以同一税收协定中规定的非居住国征收预提税的限制税率为准。在与我国签有税收协定的国家中,法国、日本、挪威、加拿大、芬兰、瑞典等国对其居民来源于我国的利息和日本、新加坡、法国对我国中外合资企业支付的股息均以10%的协定税率计算抵免。③以缔约国双方商定的税率为准。例如,在中、德税收协定中,德国对其居民来源于我国的利息、特许权使用费按收入总额的15%计算抵免。

(2)对营业利润所得税的减免给予税收饶让抵免。例如,在中、日和中、英税收协定中,日、英两国对我国政府按照合营企业和从事农林牧的外国企业的营业利润所享受的减免税优惠,予以饶让抵免。

(3)对双边税收协定签订后,非居住国政府所作出的新的减免税优惠措施,若经缔约国各方一致同意,可给予税收饶让抵免。例如,中、日和中、英税收协定中,都曾有过这方面的规定。

(四)税收饶让的目的

税收饶让的目的是在运用抵免法消除国际重复征税的条件下,保证资金输入国(多为发展中国家)为吸收外国投资所作出的种种税收减让得到真正落实,税收优惠得到充分发挥。发展中国家和发达国家签订税收协定时,税收饶让常常成为税收协定的一个中心问题,一些发展中国家甚至把税收饶让提供与否视为签订协定的首要意义。

二、税收饶让的类型

不同国家因具体情况的不同而采用不同的税收饶让方式,一般分为差额与定率两类。

(一)差额税收饶让

差额税收饶让是指所得来源国给予居住国纳税人减税或退税等优惠政策时,按没有这些优惠政策时来源国应征的税款抵免,把纳税人应该缴纳给来源国与实际缴纳的税额之间的差额也抵免掉。

例如:甲国总公司获得来自乙国分公司100万的营业收入,乙国的所得税率为30%,因为对外资实行税收减半的政策,税率降为15%。甲国所得税率为35%。用差额税收饶让法计算分公司实纳税额、总公司向甲国纳税税额以及获得的抵免额。

$$乙国分公司实纳税额 = 100 \times 15\% = 15(万元)$$

$$甲国总公司可获得的饶让差额 = 100 \times 30\% - 100 \times 15\% = 15(万元)$$

$$\begin{aligned}甲国总公司\\实纳税额\end{aligned} = \begin{aligned}甲国总公司\\应纳税额\end{aligned} - \left(\begin{aligned}乙国分公司\\实纳税额\end{aligned} + \begin{aligned}甲国总公司\\获得的饶让差额\end{aligned}\right)$$

$$= 100 \times 35\% - (15 + 15) = 5(万元)$$

$$甲国总公司获得的抵免额 = 100 \times 30\% = 15 + 15 = 30(万元)$$

(二)定率饶让抵免

定率饶让抵免是指不论居住国纳税人的收入在来源国有无得到税收优惠,或者是否按照税收协定规定的限制税率征税,居住国政府对本国纳税人都要按协定规定的比例给予税收抵免。

例如:甲国母公司获得乙国子公司50万股息收入,乙国规定股息预提税25%,甲国所得税税率为30%,甲、乙两国的税收协定规定股息固定税率为20%,用定率饶让抵免法计算母子公司分别纳税的情况。

$$乙国子公司实纳税额 = 50 \times 25\% = 12.5(万元)$$

$$协定规定抵免的固定税额 = 50 \times 20\% = 10(万元)$$

$$母公司实纳税额 = 50 \times 30\% - 10 = 5(万元)$$

由此例可以看出,乙国子公司已纳税额中的2.5万(12.5-10)并未被抵免。当来源国税率高于规定税率时,定率饶让抵免法不能将纳税人在来源国所纳的税额完全抵免掉。只有当来源国税率低于规定税率时,来源国的税收优惠政策才能发挥作用。在国家间签订的税收协定中,对投资所得的饶让抵免多数为定率饶让抵免法,日本与我国签订的税收协定中就规定,日本政府对日本居民来自中国的特许权使用费按已经缴纳20%的税率予以抵免。

三、税收饶让的应用

税收饶让的应用关键在于确定居住国政府,允许抵免的跨国纳税人已向来源国缴纳的税款中,应包括"实际已纳税额"和"视同已纳税额"(即来源国政府"优惠减免税额")两部分。下面我们通过举例来说明税收饶让在直接抵免法和间接抵免法中的应用。

(一)直接抵免下的税收饶让

直接抵免法的国外税收饶让抵免,适用于允许税收饶让抵免国家的可以享受已纳国外税额直接抵免的纳税人。

例如:法国总公司2003年国内获利500万元,法国所得税税率为35%,总公司在中国有一分支机构同年赢利200万元,中国所得税税率为30%,但为吸引外资,中国实行税收减半的优惠政策。中、法两国签有允许税收饶让的协定,请问法国总公司的纳税税额为多少?总公司获得的税收抵免额为多少?

$$中国分支机构实际纳税额 = 200 \times 30\% \times 1/2 = 30(万元)$$

$$法国对来自中国收入的抵免限额 = (500+200) \times 35\% \times 200 \div (500+200)$$
$$= 70(万元)$$

$$法国视在中国已纳税额 = 200 \times 15\% + 200 \times (30\% - 15\%)$$
$$= 200 \times 30\% = 60(万元)$$

因为抵免限额高于在中国已纳税额,所以法国允许抵免的中国已纳税额为分支机构实际缴纳的与视同已缴纳的税收之和60万元。

$$总公司向法国纳税税额 = (500+200) \times 35\% - 60 = 185(万元)$$

若法国不实行税收饶让抵免,那么能抵免的已纳税额只有30万元,中国作为税收优惠对法国分支机构少征的另外30万元税款在法国被补征,中国吸引外资而作出的财政牺牲没有任何意义。所以,居住国使用税收饶让抵免保障了收入来源国实行税收优惠的效果。

(二)间接抵免下的税收饶让

间接抵免法的国外税收饶让抵免,适用于允许税收饶让抵免国家的可以享受已纳国外税额间接抵免的纳税人。

例如:一日本母公司在某纳税年度内国内获利500万,日本的税率为40%,它控制着一菲律宾子公司50%的股份,子公司在菲律宾同年赢利300万,菲国为吸引外资在菲投资把原来30%的所得税税率减半。在日菲的税收协定中日本允诺实行税收饶让抵免,那么日本对母公司征税多少?母公司获得税收抵免额为多少?

$$\text{母公司承担的来自子公司股息的已纳税额} = \left(\text{实纳税额} + \text{视同已纳税额}\right) \times \text{母公司实获股息} \div \text{母公司视子公司税后利润}$$

$$= (300 \times 15\% + 300 \times 15\%) \times 300 \times (1-15\%) \times 50\% \div [300 \times (1-30\%)]$$

$$= 54.64(万元)$$

$$\text{母公司来自子公司的应税收入} = \text{母公司来自子公司的实得股息} \div (1-\text{非优惠税率})$$

$$= 300 \times (1-15\%) \times 50\% \div (1-30\%)$$

$$= 182.14(万元)$$

$$\text{日本对来自菲律宾股息已纳税款的抵免限额} = (500+182.14) \times 40\% \times 182.14 \div (500+182.14)$$

$$= 72.86(万元)$$

因为实纳税额54.64万元低于抵免限额72.86万元,所以日本允许间接抵免母公司的已纳税额54.64万元。

$$\text{母公司向日本实纳税额} = (500+182.14) \times 40\% - 54.64 = 218.22(万元)$$

母公司获得饶让抵免额54.64万元。

四、对税收饶让公平性与有效性的争议

税收饶让需要通过发达国家与发展中国家以税收协定的方式确定下来。而大多数发达国家出于种种原因,比如支持发展中国家经济发展、作为对外援助政策的一部分、促进资本输出、占领国际市场、作为协定谈判的筹码等,也同意通过签订双边税收协定给予本国的跨国纳税人税收饶让抵免。英国是最早倡导饶让抵免的国家,日本、法国、德国、瑞典、丹麦、加拿大等国也同样比较积极和合作,但美国与其他国家签订的税收协定中就从来没有饶让抵免的条款。各国对此的分歧主要集中在公平性和有效性上。

在公平性方面,美国认为税收饶让有违资本输出中性原则。资本输出中性原则要求税收制度不能改变国际资本在各个国家之间的流入或流出,也不应影响投资者在国内、国外或各国之家的投资选择。在多数发展中国家实行税收优惠,并要求居住国给予税收饶让的情况下,投资国内和投资国外的纳税人之间就会出现税负不均,他们就更偏向于国外投资或者在与本国签有税收饶让协定的国家投资。

而发展中国家则认为经济全球化的现状是各国经济发展极不平衡,发展中国家技术落后、资金人才缺乏、国民收入和人民生活水平不高,造成这一现状的原因之一就是长期以来全球性资源配置和财富分配不均,所以发展中国家才以税收优惠的形式吸引

外资流入,发展本国经济。从这一点出发,税收饶让是对资源的优化配置,调节财富的分配,从更深层上体现了公平原则。

另外,对外国减免税实行饶让抵免不会损害居住国的税收利益,而对其进行补征则是侵占他国税收利益的一种表现。税收饶让并不涉及居住国政府承担什么损失来补助来源国经济。因为需要饶让的本来就是来源国政府应征收的税款,只是出于经济发展的需要,才优惠减免给投资者,而不是优惠给其居住国政府。居住国政府给予税收饶让,实质上不会在税收利益上受到损失。如果居住国的资本过剩,实行税收饶让还能鼓励资本和技术输出。

在有效性方面,部分发展中国家也认为税收饶让条款可能会导致利润的过分回流本国,而不是将这些利润再投入当地来巩固原来的投资或扩大再生产,从而影响发展中国家的经济持续发展。

五、我国的税收饶让态度和 OECD 关于税收饶让的争议

我国重视和坚持税收饶让原则,税收饶让对吸引外国投资是有效的。在我国目前发展经济的过程中,为吸引外国资本和引进先进技术,我国对外资提供了税收优惠政策,为了达到授惠于纳税人的目的,我国常常要求外资所在国,特别是发达国家作出税收饶让的允诺。

我国认识到涉外税收优惠是引进外资和先进技术的重要手段,但不是唯一的决定因素。影响国际资本流动的因素是多种多样的,投资环境的优劣是其主要的决定因素,投资环境包括政治环境和法律环境,市场大小,交通、通信等基础设施,银行保险等因素。在引入外资的过程中,既要重视税收优惠作用的发挥,又要从改善投资环境入手来吸引外国资本。

随着全球经济环境的变化,在各国重新审视其税制结构和税制设置的政策过程中,税收饶让引起了人们的普遍关注,许多国家越来越不愿在税收条约中给予税收饶让,提出了重新评价税收饶让的要求。特别是 OECD 于 1997 年着手对税收饶让条款的运用及有效性进行研究,并于 1998 年 3 月发布了《OECD 关于税收饶让的报告》(以下简称《报告》),以促使各国重新思考税收饶让条款,并协助 OECD 国家和非 OECD 国家设计一种更加一致的办法。

《报告》阐述了 OECD 国家主张限制税收饶让的主要原因,包括如下几个:

第一,新的全球经济格局对税收饶让的作用提出质疑。给予税收饶让的初衷是要促进发展中国家经济的发展。然而,一些 20 世纪六七十年代还处于发展中国家行列的国家,目前经济水平已经达到甚至超过一些 OECD 国家。这就使得许多 OECD 国家不愿在新的税收谈判时给予税收饶让。另外,经济全球化降低或消除了跨国贸易和投资

的壁垒,使跨国贸易和投资迅速增加,但对于某些传统的发达国家,税收饶让条款的负效应却越来越明显。

第二,税收饶让条款容易被滥用。税收饶让条款本身为税收筹划和避税提供了更多机会。不仅本国居民可能适当地利用税收饶让条款,而且第三国居民也可能利用居民国进行逃、避税,这将给居住国带来巨大的损失,而非居住国也会发现本国的税基无意中被侵蚀了。《报告》提出了四种典型的避税方式:滥用转让定价、导管方式、路线、潜在的政府滥用税收协定。这种对条款的滥用不仅对居住国造成巨大损失,而且也会侵蚀东道国的税基。

第三,税收饶让可能鼓励超额的利润回流。税收饶让在吸引外国直接投资方面可能具有负面效应。因为它鼓励外国投资者把获取的利润以较大比例流回本国,而不是将这部分利润再投资于来源国,以巩固或扩大其初始投资,并进一步促进该国经济发展。事实上,当国外公司通过在当地设立子公司这种对外直接投资最常见的形式进行投资时,实行税收抵免的居住国往往对子公司的利润延迟纳税,直到这些利润再分配时。当这些被分配的利润享受税收饶让时,饶让的效果将是负面的,因为它鼓励利润汇回居住国,而不是将这部分利润再投资于经营国。因而非居住国,尤其是那些希望获得再投资的国家应慎重考虑,在吸引新的投资与鼓励现有投资者将利润再投资之间求得适当的平衡。

一些发达国家对税收饶让的滥用十分关注,而且将其作为反对税收饶让的一个杀手锏。我国不会同意取消税收饶让,但针对滥用税收饶让条款的情况,我国要加强国际的协调与合作。

第五节 国际税收中性理论

19世纪末20世纪初,主要资本主义国家由自由竞争阶段向垄断阶段过渡,资本输出规模不断扩大,国外投资经营所得成为资本输出国的一项重要收入来源,由此不可避免地产生了国际重复征税问题。一方面,纳税人的母国要对其全部所得征税,因为母国是他们的主要活动地,纳税人在这里享受公共服务、通信基础设施和社会保障等;另一方面,收入来源国对非居民在其地域范围内取得的所得也要征税,如果从事跨国经营的企业和个人不承认有关国家的地域权,不向非居住国纳税,则不可能取得在该国从事经济活动的权力。如何消除或减轻对跨国纳税人国外所得的重复征税,是国际税收要解决的首要问题。为了保证资金的跨国有序流动,税收中性思想被引入国际税收领域。严格说来,国际税收中性主要强调国民的国外所得应由所在地政府课税,而母国政府对其不课征任何税收。

不同学派对国际税收中性的理解差异较大,大体有三派观点:资本出口中性、国家中性和资本进口中性。在国际资本流动方面,税收中性体现为税收不影响资本的跨国流动，以使资本能够配置到使用效率较高的国家。抵免法、免税法和扣除法分别对应着资本出口中性、资本进口中性和国家中性。资本出口中性是指税收不影响纳税人对投资地点的选择，从而使资本在全球范围内得到最优配置。抵免法对纳税人的国外与国内所得一视同仁，不会鼓励也不会阻止纳税人到国外投资。资本进口中性是指不同国籍的纳税人在同一国家从事投资活动应享受相同的税收待遇。免税法下投资者只负担被投资国的税收，投资者在资本输入国与当地竞争者处于平等的纳税地位。国家中性是指纳税人无论投资在境内还是投资在境外，纳税人与国库间分享的全部资本投资报酬的比例是相同的。扣除法下纳税人的全部计税所得中扣除国外税收后仍按本国税率纳税，国库与纳税人之间的比例不变。因此，外国税收扣除机制不会干扰国际资本配置的区位选择或国别选择，税收能保证国家中性。据此，各国税收政策的制定者对国际重复征税相应采取了三种不同做法：从总应纳税额中减除已纳税、对外国征税后的所得再征税、对外国所得不征税。

一、资本出口中性：抵免法

资本出口中性（Capital Export Neutrality，CEN）原则的要旨是：一国对居民来自国外所得的征税，既不能鼓励，也不能阻止其在国外的投资。即税收不能影响跨国纳税人对投资地点的选择，使资本能够在世界范围内得到有效配置。据此，一些国家对纳税人的国外所得与国内所得均采用相同的税率。即居民纳税人取得外国来源所得时，必须就来自外国的所得在母国纳税，但他可以用该外国来源所得在来源国已经缴纳的税款抵免母国对他的外国所得的征税。假定母国的所得税率是35%，来源国所得税率是20%。按照资本出口中性原则，对跨国纳税人的国内外所得要一视同仁，在母国都按35%的税率纳税。由于采用了税收抵免，母国对居民纳税人的国外所得，只按母国与来源国税率的差额（15%）对国外所得征税，使纳税人投资国内外所承担的税收负担相同。

如果母国坚持资本出口中性原则，真正做到对国内国外所得都按母国税率征税，则当来源国税率（假定为40%）高于母国时，会出现母国给跨国纳税人退税的现象，这势必减少母国的税收收入。为此，采用抵免法的国家都规定有抵免限额。抵免限额为国外来源的所得按照母国税率（35%）计算的税额。当居民纳税人在来源国缴纳的税款低于抵免限额时，抵免额为国外已纳税；当来源国税率较高（40%），在来源国缴纳的税款超过抵免限额时，抵免额只能是抵免限额，超过的（5%）外国税收不能抵免。此时，完全的资本出口中性难以实现，跨国投资者会选择在国内投资经营。需要指出的是，此时影响投资者抉择的不是母国的税收政策，而是来源国的税收政策。

实行抵免制的国家必须同时考虑到，对来源国给予的税收优惠是否允许抵免，即是否允许税收饶让。如果母国没有税收饶让规定，则来源国给予外国投资者的税收优惠将不能落到纳税人身上,而是由母国政府受益。只有母国实行税收饶让,将来源国给予外国投资者的税收优惠视同在来源国已纳税,由母国给予抵免,税收优惠的受益者才能是投资者。目前,大部分实行税收抵免制度的国家同时实行税收饶让抵免。因为大部分非居住国都在不同程度上运用税收优惠来吸引外国资金和技术,居住国也鼓励本国居民扩大对外投资和国际经济合作交流。税收饶让对资金技术引进国与资金技术输出国都有益。不过,不同国家从中受益并不一致,资本技术输出国实行税收饶让抵免的,与不实行税收饶让抵免相比,会减少部分财政收入,但这种财政收入的减少并不是居住国税收优惠的结果,而是将非居住国给予的优惠真正落实到跨国纳税人身上。目前,发展中国家都对税收饶让持积极态度,欧盟成员国间也都实行了税收饶让。但美国对此则较为消极,其理由是,如果实行税收饶让,就会造成资金和人员在美国境内外的不正常流动,使资源得不到最佳配置。

二、国家中性:扣除法

国家利益是国家中性(National Neutrality,NN)学派的首要目标。其关心的重点不是资源在国际范围的合理分配,而是获得最高的税前利润,使母国的世界经济利益最大化。国家中性的要点是资本不论分配于国内或国外,母国收回的资本总额都相等,资本总额不仅包括母国投资者的报酬,而且包括母国政府的税收。

国家中性的实质是纳税人无论投资在境内还是境外,纳税人与国库间分享的全部本国资本投资报酬的比例是相同的。坚持国家中性原则的国家,一般都采用扣除法。具体实施时,是将纳税人在境外已纳税款作为纳税扣除项目,从计税所得中扣除,而不是从应纳税额中扣除。

依照国家中性原则,跨国投资者在国外缴纳的所得税只能像费用一样从国外所得中扣除,而不能抵免母国的税收。国家中性原则认为,即使国外投资与国内投资的税前利润率相同,亦应选择国内投资。因为尽管从投资者角度看,国内国外投资的收益相同,但是考虑到政府因素,在国内投资是由本国政府征税,而在国外投资则由外国政府征税,因此,在国内投资的总收益超过在国外投资。

尽管国家中性原则将国家利益放在首位,但是,国家中性考虑的国家利益仅是眼前利益,是一种短视行为,不可能真正使国家繁荣。如果某国采用国家中性政策,希望以此吸引本国资本在国内的投资,外国政府就会采取报复措施,可能用同样的国家中性政策对该国的公司和银行征税,以该国为基础的跨国公司出售外国资产再投资国内的好处,很快就会被撤走的外国公司和银行所抵消,经过资产重置,处于该国的总资产可能不是净增加,而是净减少。同时,以该国为基础的跨国公司还将遭到其竞争对手的强烈冲击。因此,国家中性带来的后果是包括该国在内的所有国家由于多边投资的崩溃而均有所失。多边投资的收缩,世界范围内公司的竞争,必将导致效益的牺牲,这不符合经济全球化的趋势。因此,国家中性原则遭到了经济学家的批评和政治家的否定,在20世纪70年代早期就被弃而不用。

三、资本进口中性:免税法

资本进口中性(Capital Import Neutrality,CIN)的含义是,不同国籍的投资经营者在同一个国家从事投资经营时,应享受相同的税收待遇。例如,一国对外国企业的股息、利息、特许权使用费征预提税,则对本国企业的上述项目亦应征预提税。该原则的目的是,被投资国对所有国内企业与国外企业,都实行无差别待遇,使所有企业在公平竞争的基础上,从事商业经营活动,促使该国资源的有效利用。按照这一原则,居住国(母国)承认来源国对国外投资的征税有效,对其居民来自国外的所得免税,由来源国按来源国的税率征税。坚持资本进口中性的国家采用免税法消除国际重复征税,即将居民纳税人来源于国外的所得不包括在应纳税税基中,此时母国完全放弃了居民税收管辖权。目前除少数避税港采用免税法外,只有签订了税收协定的国家间和欧盟部分成员国间才采用免税法,因为免税法会造成母国部分税收权力的丧失,需要以对方国家同等的牺牲为前提。

资本进口中性的实质是同等对待国内外投资。在资本进口中性原则下,被投资国对在本国境内从事相同经营的国内外所有纳税人采用的是相同的税制,给予的是平等的税收待遇,来自不同国家的资本和企业在公平的税收基础上开展竞争。不过,与资本出口中性不同的是,资本进口中性能否实现不由资本进口国单方面决定,而有赖于资本出口国与资本进口国的配合。从资本出口国的角度看,为保证在资本进口国实现资本输入中性,资本出口国主要是采用免税法来减除国际重复征税。免税法就是资本输出国对本国居民的国外所得免予征税,而由资本输入国征收。从资本进口国的角度看,为实现本国税收的资本进口中性,资本进口国对在本国从事相同经营的纳税人给予同等的税收待遇。应该说,在资本进口国不实行税收歧视的情况下,资本出口国采用免税法有助于在资本进口国实现真正的资本进口中性。但是,如果资本出口国采取不配合政策,资本进口国的资本进口中性则不能实现。

在母国采用免税法时,来源国给予外国投资者的所有税收优惠都会自动落到投资者身上,使纳税人受益,而不是使母国受益。因为原则上,不管外国税收水平如何,母国都允许外国来源所得免税。显然,在这种情况下,不必考虑在外国缴纳的税收是否超过限额的问题,不必担心来源国给予的税收优惠会被母国补征税款。因此,也不需要实行税收饶让抵免。

免税法的主要缺陷是,它可能鼓励居民纳税人投资国外,而不是投资于母国,这种情况在母国税率较高而别国税率较低时往往会发生。免税法还会引起居民纳税人将原该是国内的应税所得转移到外国避税地去,引起国际避税。

四、资本出口中性与资本进口中性的比较

目前国家中性已被放弃,但资本出口中性与资本进口中性的争论一直没有停息。资本出口中性(抵免法)的出发点是,对投资于国内的居民纳税人与投资于国外的居民纳税人实行同等待遇。资本进口中性(免税法)的出发点正好相反,它要求在相同的市场上同等对待本国投资者与外国投资者。居住在实行抵免法国家的纳税人,在母国减少的纳税额,等于外国来源所得由来源国所征的税收;而居住在实行免税法国家的纳税人,获得母国税收的减少,则等于外国来源所得由母国所征的税收。因此,居住在抵免法国家的纳税人按母国的条件进行竞争,而居住在免税法国家的纳税人在国际市场上按当地的条件进行竞争。

尽管资本进口中性(免税法)国家考虑到收入来源国的税收主权,认为来源国税收是决定性的,而资本出口中性(抵免法)国家不考虑来源国的税收权力,纳税人在来源国缴纳的税收要被母国补征,直至达到母国的水平,但这并不意味着免税法国家更慷慨。其免税的出发点不是针对外国税收管辖权,而是为了使国内跨国公司在国外市场上的税收负担不超过相同市场上的外国跨国公司或当地企业,从而保证本国跨国公司在国际竞争中的有利地位。

五、各国对国际税收中性的灵活选择和运用

三种税收中性原则中的国家中性虽说充分考虑了本国利益,但由于其不能减除国际重复征税,因而是三种原则中最不可取的。目前,坚持国家中性原则的国家和地区很少。税收实践中运用较多的是资本出口中性和资本进口中性,不过,两者之间也存在着矛盾,这主要是由于实现资本出口中性所必需的措施妨碍了资本进口中性的实现。因此,现实中有必要考虑如何在资本出口中性和资本进口中性之间作出选择,或者是选择最接近实现两者的某些中间立场。由于资本出口中性和资本进口中性的主要目标都是促进不受税收因素扭曲的资本的自由流动,所以,国际税收实践中,各国通常在侧重运用某一原则的同时兼顾另一原则,或者尽可能地寻求二者之间的一种适度平衡。与之相对应,各国在确定减除国际重复征税的方法时,也并非固定选择某一种,而往往是根据实际情况,分别采用不同的方法。

由于各国国情和具体的经济政策不同,经济发展水平不一致,国与国之间的资金、技术流向不均衡,尤其是发达国家与发展中国家间的差异更大,因此,发达国家和发展中国家对资本出口中性和资本进口中性的偏好是不同的。一般说来,发达国家往往是典型的资本出口国和技术出口国,大量开展的国外业务产生出巨大的境外收益,它们更

偏重选择资本出口中性,同时兼顾资本进口中性。例如,美国在减除国际重复征税方面积极推行抵免法,其税收抵免制规定,本国居民来源于外国的所得在向美国缴税时,其境外已纳税款按不超出本国抵免限额规定的数额,从其应向美国缴纳的全部税收中扣除。同时,美国对在本国从事经营活动的外国人,给予与在本国从事经营活动的美国人一样的税收待遇,这说明美国税制又具有资本进口中性的特征。与此相似,美国通常对其外国子公司给予延期纳税的待遇,这进一步体现了资本进口中性原则。相反,发展中国家为吸引先进技术和资金,促进本国经济的发展,在对国外投资者采取与本国纳税人相同的税收待遇的同时,还对国外投资实施一定的税收优惠。可见,发展中国家的税制更多地偏向资本进口中性。

  传统的、国内市场较大的国家,如美国、英国、日本、德国等,从资本出口中性原则出发,对居民国外投资所得都采用抵免法消除重复征税;国内市场较小、不足以使国内企业得到充分发展的国家,如卢森堡、丹麦、荷兰等国则从资本进口中性原则出发,对居民国外投资所得采用免税法来免除重复征税。许多国家根据所得的种类以及与外国签订的税收协定的规定,或根据纳税人的身份(法人或自然人),同时采用上述两种方法。希腊、芬兰在与别国没有税收协定时,采用抵免法,但在与别国有税收协定时,则规定采用免税法。采用免税法的国家并非对所有外国所得都给予免税,而是限于对积极收入(如商业利润、来自子公司的利润、雇佣或自营收入等)免税,对消极收入(如债券红利、利息、特许权使用费等)也只是允许抵免,以防止跨国纳税人在国外的消极投资过度,防止跨国纳税人利用国际重复征税免除上的漏洞达到国际避税的目的。

  尽管发达国家大多采用抵免法,但其中有许多国家对外国来源所得的一个重要项目——居民母公司从外国子公司分得的利润——采用免税法,来消除外国子公司分配利润所产生的经济性重复征税。如德国规定,若子公司设在与德国有税收协定的国家,则它分配给母公司的股息通常在德国免税,若子公司设在与德国没有税收协定的国家,它给予母公司的股息,德国政府按抵免法消除经济性重复征税。实际上,如果子公司利润不汇往母公司,居住国对母公司是采用抵免法或是采用免税法免除重复征税的区别不大。因为只要子公司的税后利润不分配给居民母公司,母公司所在国对其就没有税收管辖权,母公司可以通过控制子公司的利润来避免母国对子公司利润的额外征税。

  在实践中,抵免法比免税法复杂,特别是涉及母子公司利润重复征税的间接抵免时,若采用分国抵免就更为复杂。因此,欧盟内一些国家采用部分抵免法。如果纳税人国外所得在国外的税负与在母国应承担的相似,则这些国家就不再采用复杂的抵免法,而是规定对来自税率与税基合理的别国的所得采用免税法,这种免税法一般在签订税收协定的国家间运用。

  我国现行所得税法有抵免的规定,居民纳税人从国外取得的收入,准予其在应纳税额中扣除已在境外缴纳的所得税,但抵免额不能超过抵免限额。抵免法在目前我国居民纳税人跨国投资经营比较少的情况下还不算复杂,但随着我国经济实力的加强,国内资本的跨国投资将不断增加,对国外所得如何消除重复征税的问题也将随之复杂。税收政策制定者面临的课题是:一方面,要免除我国居民纳税人的重复征税,促进我国资本在国内外投资市场的最优配置;另一方面,在保证国家财政收入的前提下,简化消除重复征税的方法。我们可以借鉴国外的经验,分不同所得类型、不同国家,同时采用抵免法和免税法。如对积极收入采用免税法,对消极收入采用抵免法;对有税收协定,且税率、税基规定与我国相似的国家采用免税法,对没有税收协定的国家采用抵免法。

案例应用

1. 某中德合资企业在德国的总公司2010年应税所得为5 000万美元,所得税率33%;设在中国的分公司当年应税所得1 000万美元。如果中国所得税税率为30%,而且中国政府为吸引外资实行税收减半的优惠政策,且中德两国已签协议允许税收饶让。试问:

(1) 实际已缴中国政府所得税额多少?
$$1\,000 \times 30\% \times 50\% = 150(万美元)$$

(2) 抵免限额为多少?
$$1\,000 \times 33\% = 330(万美元)$$

(3) 德国视在中国缴纳税款多少?
$$1\,000 \times 30\% = 300(万美元)$$

(4) 德国允许直接抵免的在中国已缴的所得税额为多少?

因为实际缴纳额与抵免限额相比要小,所以德国政府允许直接抵免的所得税额为300万元。由于承认税收饶让,所以抵免的税额按未实行税收优惠的政策抵免,使中国的税收优惠政策达到效果。

(5) 德国政府最终应征税的税额为多少?
$$(5\,000 + 1\,000) \times 33\% - 300 = 1\,680(万美元)$$

2. 美国某母公司有一子公司在加拿大,另有一孙公司在墨西哥。某一税收年度内美国母公司国内应税所得为2 000万美元,收到加拿大子公司支付的股息收入50万美元,同年加拿大子公司国内应税所得500万美元,并收到墨西哥孙公司股息30万美元,孙公司国内应税所得200万美元,加、墨两国的所得税率均为30%,美国适用税率35%。试问:

(1) 应由母公司承担的子公司已缴所得税额是多少？

$$\text{子公司承担的来自}\atop\text{孙公司股息的已纳税额} = \text{孙公司的已纳税额} \times \text{子公司来自孙公司的股息收入} \div \text{孙公司的税后利润}$$

$$= 200 \times 30\% \times 30\text{ 万} \div [200 \times (1-30\%)]$$

$$= 12.86(\text{万美元})$$

$$\text{母公司承担的来自}\atop\text{子公司股息的已纳税额} = \left(\text{子公司已纳税额} + \text{子公司承担的来自孙公司股息的已纳税额}\right) \times \text{母公司来自子公司的股息} \div \text{子公司税后利润}$$

$$= [(500 \times 30\%) + 12.86] \times 50 \div [500\text{ 万} \times (1-30\%)]$$

$$= 23.27(\text{万美元})$$

(2) 应并入母公司的子公司的所得是多少？

$$\text{母公司来自子公司的应税收入} = \text{母公司来自子公司的股息收入} + \text{母公司承担的来自子公司股息的已纳税额}$$

$$= 50 + 23.27 = 73.27(\text{万美元})$$

(3) 应由母公司承担的下层公司已缴税额间接抵免限额是多少？

$$\text{母公司对来自子公司股息}\atop\text{已纳税款的抵免限额} = (2\,000 + 73.27) \times 35\% \times 73.27 \div (2\,000 + 73.27)$$

$$= 25.64(\text{万美元})$$

(4) 美国允许母公司多层间接抵免的已缴加、墨两国的所得税税额是多少？

美国母公司承担的来自加拿大子公司的已纳税额为 23.27 万美元，低于抵免限额 25.64 万美元，所以允许间接抵免 23.27 万美元。

(5) 美国政府在多层间接抵免下应征母公司所得税税额多少？

$$\text{母公司实际应纳税额} = (2\,000 + 73.27) \times 35\% - 23.27 = 702.37(\text{万美元})$$

美国母公司来自子公司所有已纳税款被抵免，还补征了不足限额的部分 2.37 万美元 (25.64 - 23.27 = 2.37)，美国政府的财政收入得到加强。

思考与练习

1. 减除国际重复征税的思路与原则是什么？
2. 试比较主要的三种减除国际重复征税的办法。
3. 试比较直接抵免法与间接抵免法在使用范围和计算公式上的异同。
4. 试比较税收饶让在直接抵免法下与间接抵免法下的异同。
5. 试比较资本出口中性与资本进口中性的异同。
6. 试比较分析分国限额与综合限额对纳税人和国家经济利益的影响。

第五章 国际避税

International Tax Avoidance

随着国际经济交往的扩大和跨国活动的增加,尤其是与跨国公司的产生和发展密切联系,国际避税已经成为国际税收领域一个普遍的现象。一方面,跨国公司追求利润最大化,尽一切可能避免税收负担;另一方面,各国间的税收制度存在着差异,客观上为跨国纳税人进行国际避税创造了条件。本章将介绍国际避税的概念,以及国际避税的基本方式和特殊方式。通过本章的学习,应该掌握国际避税的定义、成因、特点以及跨国纳税人主要通过哪些方式进行国际避税。

学习要点

International tax avoidance has become a common phenomenon in international taxation field, due to close economical connection among countries, especially the worldwide transactions of multi-national enterprises. On one hand, multi-national enterprises avoid tax to maximize their profits; on the other hand, different countries apply different taxation arrangement, which gives chance to international tax avoidance. In this chapter, we will learn the conception of international tax avoidance, and basic and special methods of international tax avoidance and evasion. By learning this chapter, you are expected to master the definition, causes, characteristics and main methods of international tax avoidance.

第一节 国际避税概述

一、国际避税的概念

(一)避税的概念

1. 避税与逃税。避税与逃税是两个不同的概念,它们在法律上有着明显的区别。
(1)避税与逃税的定义。避税和逃税是两个既有联系又有区别的概念。

逃税(Tax Evasion),一般指纳税人故意或有意识不按照国家法律规定,减轻或消除税负的行为。逃税行为是一种违法行为。国际逃税是跨国纳税人利用有关国家在国际税收征管方面的疏漏,违反税法规定,用欺骗等手段不缴或少缴税款的非法行为。如少报所得或瞒报所得,虚报费用和成本,伪造账册,涂改、销毁账册或票据,隐藏财产,采用不正当手段骗回已经缴纳的税款等。

避税(Tax Avoidance),一般是指纳税人利用各国税法上的疏漏或税法规定的优惠政策,在各国税收法规和有关税收协定条款许可的范围内,作出财务安排或税收谋划,运用变更经营地点或经营方式等合法手段,达到规避和减轻国际纳税义务的目的。国际财政文献局(IBFD)的《国际税收辞典》中对避税的定义为:"避税指以合法手段减少应纳税额,通常含有贬义。"例如,此词常用以描述个人或企业,通过精心安排,利用税法的漏洞、特例或其他不足之处来钻空取巧,以达避税目的。《新编避税与反避税实务全书》中的避税定义为:"避税一般指纳税人利用税法上的漏洞或税法允许的办法作适当的财务安排或税收筹划,在不违反税法的前提下,以达到减轻或解除税负的目的。"《中国税务百科全书》对避税的解释为:"避税是指负有纳税义务的单位和个人在纳税前采取各种合乎法律规定的方法,有意减轻税收负担的行为。"国际避税是跨国纳税人利用各国税收法律和法规的差别和漏洞,通过人和资金、财产在国家间的转移,尽量减轻其税收负担的行为。

从上述多种对避税的解释可以看到:避税概念的核心是义务纳税人作为避税的主体在不违法的前提下的行为,其目的是为了使税收负担最小化。总体说来,避税行为是一种合法的行为,具有以下法律特征:

第一,避税的行为主体是自然纳税人或企业法人。为减轻或解除税收负担,纳税人或企业法人事先经过周密安排和筹划,利用税法的空缺和漏洞或者利用税法的不健全和不完善来达到少缴税款的目的。

第二,避税以不违反税法为前提。避税行为合法与否,关键是看国家是否承认纳税人有权进行减轻纳税义务的选择,或者是否从法律上对减轻纳税义务选择明令禁止。

第三,避税的目的是为了获取最大的利润,使税收负担最小化。从纳税人的角度看,避税实际上是对经济利润追求的体现,但从国家角度来看,纳税人避税影响了国家的财政收入,国家必须立即采取措施,对税法缺陷进行补救,但是不能追究纳税人的法律责任。

(2)避税与逃税的联系与区别。逃税与避税的动机都是纳税人追求额外利润、减轻税负的行为。其结果对一国的经济和收入影响都是一样的,都减少了有关国家的财政收入,但两者在本质、手段以及防范措施上有所区别,主要体现在以下几方面:

第一,是否明显违反法律。避税有一个中性的定义,指通过合法手段减轻纳税义务的行为。在理论上,许多学者认为是否违反法律是避税和逃税本质的区别,也是区分避税和逃税的最根本原则。但后来避税的合法性为越来越多的国家政府所否定,认为它是错用或滥用税法的行为。很多国家制定有反避税条例或条款,我国的税法也制定了反避税条款。因此,新定义下的避税已经成了需要制止的活动。所以,看避税究竟是合法还是不合法,主要取决于有关国家的法律规定。各国税法规定不完全一致,有的国家规定的比较健全,对各种跨国经营活动的纳税行为作了较为具体详细的规定,有的国家税收法规不够严密,因而是否合法或是否违法,各国都有不同的标准,国际上很难统一作出解释。一种行为在一个国家是合法的,但在另外一个国家也许就是非法的。

相比而言,逃税是非常明显的、故意违反法律的行为,而避税是符合法律的,只不过是利用各国税法制度的差别和漏洞,钻法律的空子。但是,由于各国税法存在着差别,在国际税收实践中,避税和逃税在很多情况下难以准确区分。比如某项费用,A国税法规定允许在其所得中列支扣除,而B国的税法规定却不允许在所得中列支,那么与这项费用扣除有关的纳税行为在A国可能构成避税行为,在B国就是逃税行为。

第二,采取的手段不同。逃税是违法的,所以手段隐蔽而多种多样,例如,拒绝申报所得,少报或瞒报所得,虚报或多报费用和成本,伪造、涂改、销毁账册或票据,隐藏财产,骗取不合理的扣除额,采用不正当的手段骗回已经缴纳的税款,等等。总之,逃税都是违反税法规定,采用欺骗手段不缴或少缴税款的行为。避税是合法的,所以是公开的,而其手段多样,涉及范围极其广泛,主要是利用各国税法上的疏漏或税法规定的优惠政策,运用变更经营地点或经营方式等合法手段来实现规避税负的目的。

第三,对待态度和处理方式不同。由于避税与逃税的性质不同,对它们的处理方式也不同。逃税是国家法律明令禁止的,对待逃税行为,有关国家的税务当局根据税收协定和国内税法及有关法律的规定,采取严厉措施,根据逃税的违法性质,依法采取追缴税款,或是加处罚金、查封财产等经济处罚,严重的还要追究刑事责任。对于避税,一方面是有关国家通过调整纳税人的收入或费用,要求纳税人进行补税;另一方面,为了避免避税的重复发生,一般需要有关国家健全税收法制和相应的国际税收协定,以堵塞税收漏洞。

2. 避税与节税。另一个与避税有联系的概念是税收筹划或称节税(Tax Planning)。

荷兰国际财政文献局《国际税收辞典》将节税定义为:"税收筹划是指通过纳税人经营活动或个人事务活动的安排,达到缴纳最低的税收。"美国梅洛斯《会计学》的定义为:"在纳税发生以前,有系统地对企业经营或投资行为作出事先安排,以达到尽量地少缴税,此过程即为税收筹划。"这些定义虽然表述各异,但实质均很接近。综合起来,我们可以概括为:税收筹划是指在国家法律许可的范围内,通过对企业设立、筹资、经营、投资、利润分配等行为的事先筹划和安排,进行纳税方案的优化选择以达到税后利润最大化目的的一系列活动。

避税与节税很难区分,因为二者都不违反法律,但是它们也有差别:

避税虽然从表面上看并没有违法,不会受到处罚,但避税是通过利用税法中的漏洞与缺陷来减少纳税的,它违背了最初的立法意图,因而是政府始料不及并将在未来的立法中加以克服的。避税使国家的财政收入蒙受损失,但是在法律上对此类行为又缺少明确的依据,税务机关不可能像对待逃税那样依法加以惩治,只能通过不断完善税收法律、法规来减少这种行为的发生。因而,随着税制的不断完善,避税的空间将日趋狭窄。

相比之下,节税是纳税人在全面了解掌握税收政策法规的基础上,在多种纳税方案中进行科学合理的事先选择和规划,从而实现自身税后利润最大化的一种行为。节税充分体现了法律政策的导向,是顺应立法意图的完全合法的行为,理应得到政府的鼓励和纳税人的重视。

当然,对是否出于立法意图难以进行客观的描述,因为在实践中两者并不像避税和逃税那样泾渭分明,这也在一定程度上增加了反避税的难度。

(二) 国际避税的概念

随着经济的发展,经济活动必然会突破一个国家的界限。在跨国的经济活动中,经营者面对的是更加复杂的外部环境,在税收领域,经济活动的主体会同时受到母国和东道国税务管理部门的管理。

国际避税是指跨国纳税人利用两个或两个以上国家的税法和国际税收协定的差别、漏洞、特例或缺陷,规避或减轻其总纳税义务的行为。其中,差别是指各国的税法和税收协定对税种、税制要素等规定的差别;漏洞是指大多数国家或大多数双边税收协定应有或一般都有,而某国税法或某个双边税收协定里遗漏的或不完善的规定;特例是指某国规范的税法或某个规范的双边税收协定中针对某种极为特殊情况的不规范规定;缺陷是指某国税法或某个双边税收协定中规定的错误之处。在理解国际避税的概念时,需要注意以下两点。

1. 国际避税不同于国内避税。国内避税是指纳税人在本国范围内通过各种合法手段进行的避税行为。其特点是纳税人借助本国所提供的条件,利用本国税法中的漏洞,从事各种避税活动。国内避税不需要纳税人跨越国境的活动,其所规避的纳税义务仅为居住国的纳税义务。

国际避税从本质上讲是避税行为在国际范围内的延伸和发展,从使用的手段和要达到的目的来看,二者基本一致。但是,国际避税绝不是避税行为跨越国界的简单延伸。与国内避税相比较,国际避税产生的客观原因是国家间的税收差别(如果各国的税收制度完全相同,那么国际避税的行为就只会白白地增加交易成本)。从事国际避税的纳税人跨越了国境或税境,涉及两个以上的国家,其所得来源、渠道、种类、数目等都比较复杂。跨国纳税人必须面对比国内复杂得多的税务环境,纳税人的着眼点不在于在一个征税国家内税负最小,而是追求全球范围内总体税负最小,因而国际避税毫无疑问比国内避税更复杂、更普遍。

2. 国际避税与国际逃税、国际节税。对国际避税、国际逃税与国际节税的比较与前面对避税、逃税与节税的比较分析基本一致,只不过是要把纳税人的活动放大到全球范围。国际逃税是纳税人在跨国活动中利用非法手段逃避其在有关国家已负有的纳税义务,它与国内逃税活动一样,是一种违法行为。而国际避税并不违反有关国家的税法,所以它与国际逃税的性质完全不同,但从动机和结果来看,二者并无明显的不同,所以世界各国都会采取措施予以节制。国际节税又称国际税收筹划,它是一种完全合法的行为,它的动机合理,结果对纳税人有利,对国家无害。

二、国际避税的成因

(一)追求利润最大化是其内在的、主观的原因

从主观上说,利润最大化是所有从事生产、经营、投资活动的纳税人追求的共同目标,跨国纳税人更是如此。通常情况下,在所得一定时,纳税越少,获利越多。所以,在经济利益的驱动下,处于竞争激烈的国际市场中的跨国纳税人就会具有强烈的愿望,企图通过减轻纳税义务来尽可能地增加其税后利润。减轻纳税义务的方式有很多,包括逃税和避税等。然而,由于逃税在各国都是非法行为,受到各国政府的严厉打击,且随着各国税收法制建设的不断完善,逃税的风险越来越大,越来越多的跨国纳税人意识到逃税行为一旦败露,对自身信誉造成的损害会远大于逃税带来的经济利益。因此,许多跨国纳税人都不愿以这种风险太大的方式来减轻税负,而乐于以避税的方式来实现目标,因为避税既不会违反税法规定,不会遭到法律的严厉打击,又可获得额外的经济收

益。可见,减轻税负最有效且风险不大的方式莫过于避税了。跨国纳税人要取得尽可能多的税后利润,就得运用精心策划的各种方法和手段进行国际避税。所以说,国际避税产生的内在的、主观的原因,就在于从事生产、经营、投资活动的跨国纳税人对利润最大化的追求。

(二) 各国税收制度的差别和缺陷是其外部的、客观的原因

1. 各国税收管辖权的差别。目前,世界各国行使的税收管辖权主要有三种,即地域税收管辖权、居民税收管辖权和公民税收管辖权。但是,各个国家在税收管辖权的选择上存在着很大差别。有的国家实施地域管辖权,有的国家实施居民管辖权或是公民管辖权,而大多数国家则同时实行居民管辖权和地域管辖权,其形式一般是以一种管辖权为主,以另一种管辖权为补充。除了在税收管辖权的选择上各国各有不同外,各国采用的判定居民和收入来源地的标准也不尽相同。这就使得跨国纳税人能够作出有利于减轻税负的选择,利用这种国与国之间的差异产生的漏洞来规避纳税义务。

2. 各国税种选择和征收范围的差别。各国税法中规定的税种和各种税的征收范围存在着明显的差别,这种差别不仅表现在税种名称及形式上,而且表现在征税范围的确定上。各国在税制结构上存在较大差别,例如,有的国家征收法人所得税、个人所得税、资本利得税、财产税等,有的国家不征收资本利得税,有的国家则不征收所得税或财产税,或是虽征收所得税、财产税,但规定来源于某些地方或位于某些地方的所得、财产价值不属于征税范围,或是某类所得、财产项目价值不属于征税范围。譬如,百慕大群岛仅对本地区资产净值征收5%的税,对各种所得及其他财产均不征税;列支敦士登公国对持股公司除经营商业外,都不征收所得税。

3. 各国税率和税基的差异。税率和税基共同决定了税负的大小。税率是税法的核心,它反映了税收负担的基本状况。税率上的差异具体表现在税率高低的差异和税率结构的差异两方面。各国税率高低差异很大,比如,所得税率高的可达70%,低的则不超过35%。此外,在各国的所得税制度中,税率结构也不尽相同,大致可划分为比例税率和超额累进税率两种,其中税率高低的幅度、应税所得级距的大小,各国的规定又相差很大。这种税率高低和结构上的差异客观上也为纳税人对纳税避重就轻的选择创造了前提条件。

税基是指某一税种的课税依据。在所得税中,税基即为应税所得。计算应税所得要对各项成本费用进行扣除,各国税法对应税所得计算的规定差异很大,一般来说,税收优惠越多,税基就越小、越窄。许多发展中国家为了吸引外商前来投资,在涉外税法中作了一些优惠规定。反之,税收优惠越少,则税基越大、越宽。在税率确定的条件下,税基的大小宽窄决定着税负的轻重。因此,各国税法对税基的不同规定就意味着某一

纳税人的某次所得在一国不能扣除,而在另一国却可能获得扣除的待遇,于是为纳税人避税创造了机会。

4. 各国避免重复征税方法的差异。由于各国税收管辖权的重叠和冲突所引起的国际重复征税会阻碍人和资本的跨国流动,妨碍国际经济和文化交流,破坏税收的公平,所以,各国政府都积极采取一些措施来避免国际重复征税,但是,各国的具体方法却不尽相同。从单边避免国际重复征税的方法来看,目前各国采用较多的是抵免法,但也有一部分国家采用免税法和扣除法。当采用免税法特别是全额免税法时,就很容易为国际避税创造机会。在采用抵免法时,如采用综合抵免额的方法,也可能导致跨国纳税人的国际避税。

而各国间避免国际重复征税的单边和多边措施是通过有关国家签订国际税收协定,对各自的税收管辖权的实施范围加以规范来实现的。这些协定之间的差别就更大了。因为目前的国际税收协定绝大多数都是在两个国家之间协商签订的,而每个协定所涉及的国家,在政治、经济发展水平和法律制度等方面都不相同,因此,税收协定中的有关规定很容易被跨国纳税人利用来进行国际避税,这也就是我们将在下一节中谈到的国际避税的一个重要方法——"滥用国际税收协定"。

5. 各国采用税收优惠措施的差异。在当今的国际经济领域中,许多国家,特别是发展中国家,出于各种经济目的,或是为了吸引外国投资,或是为了鼓励技术进步,往往会在税收上实行某些优惠措施,如允许加速折旧、亏损结转、投资抵免、再投资退税、规定减免税期限和优惠税率等。随着税收饶让方法的广泛采用,各国为了争夺资本和技术,在税收方面的优惠也日趋增加,新的优惠方式层出不穷。这些税收优惠措施的存在,使得有关国家的实际税率大大低于名义税率,甚至在高税率国家出现了避税机会。税收优惠相当于对从事国际经济活动的企业和个人提供了"税收庇护",纳税人利用有关国家的税收优惠,可以有效地减轻税负。

6. 各国税收征收管理水平的差别。有些发达国家虽然在税法上规定的纳税义务较重,在实际操作过程中却有差别。有些国家税收征收管理比较科学严密,征管人员素质也较高,国际避税比较困难,但还有一大部分国家(发展中国家更是如此)征收管理水平低下,工作中漏洞百出,税负名高实低。对国际避税的过程来说,这些差异是十分重要的,例如,对于在执行税收条约或协定中的情报交换条款时各税务当局管理效率上的差别,如果某一缔约国的税收管理水平不佳,将会导致该项条款成为一纸空文,从而在该国造成更好的国际避税条件。

7. 涉外税收法规中的漏洞。一国涉外税收法规中存在漏洞,也可以为纳税人进行国际避税创造有利条件。这方面的突出例子是一些发达国家实行的推迟课税规定。推迟课税又称延期纳税,是指一国政府对本国居民从国外分得的股息在汇回本国以前不征税,这笔股息汇回时再对其征税。本来发达国家制定推迟课税的规定是为了鼓励本国居民公司在海外子公司的发展,强化其与当地公司的竞争能力,但这一规定后来被许多跨国公司利用来从事国际避税。它们在低税国或国际避税地建立自己的子公司,通过种种手段把利润转移到这些子公司,并将分得的利润长期滞留在海外子公司,由于可以享受推迟课税待遇,因此这些跨国公司凭借这种手段成功避开了居住国较高的税负。

上述种种差别,客观上都为跨国纳税人进行国际避税创造了前提条件。也就是说,在现代国际社会中,国家之间很难在税法和税收制度上实行完全一致的内容和标准,从而使跨国纳税人拥有选择纳税的机会和条件。当国内税负高于有关国家的税负标准时,跨国纳税人就会利用这些差异来设法回避国内纳税义务;而当有关国家税负标准高于本国税负标准时,跨国纳税人又会设法回避在有关国家的纳税义务。总之,跨国纳税人一旦拥有选择纳税的机会和条件,就会作出避重就轻的纳税选择。

除了税制上的差别外,跨国避税活动的形成,客观上还有一些非税原因。例如,外汇管制方面的宽严程度以及公司法、移民法、银行保密条例、通货膨胀等方面的差异,也都会对跨国纳税人的国际避税行为产生重要影响。

三、国际避税的特点

(一)国际避税与国内避税相互交织和促进,使得国际避税更加复杂

避税作为商品经济社会的特有现象,是随着商品经济的发展而发展起来的。在商品经济发展初期,人们的经济活动多限于一定的地域范围内,企业间的跨国联系很少,因而企业的避税活动也多限于一国范围内,即此时的避税基本上是国内避税。只是到了商品经济发达时期,国际经济贸易不断发展,企业不断到国外投资、经营,跨国企业大量兴起和迅猛发展,人们的经济活动和避税活动才大量超越一国范围而进入国际领域,避税活动也才在多数企业中普及,而此时的避税既有国内避税,也有国际避税。20世纪70年代以后,西方国家以及一些发展中国家的企业已不再仅仅局限于规避本国的关税和销售税了,而是在跨国经营和跨国所得等方面也极力避免缴纳国内、国外的税收,成为国际避税的极度追求者和受益者。而且,避税活动也已不再仅仅是少数纳税人偶然的经济行为,而成为许多纳税人,特别是跨国纳税人的一项普遍的社会经济活动。很明显,国际避税虽然是国内避税在国际范围内的延伸和发展,但它与国际避税又是相互交织、相互促进的,并使得国际避税问题更加复杂化。

（二）国际避税地的存在与发展使避税具有国际普遍性

当今世界,各国的经济发展很不平衡。为更多地吸引外国资金和技术以发展本国经济,许多国家特别是一些发展中国家,制定了各种税收优惠以及鼓励政策,甚至不惜开辟自由港、免税区来吸引外国投资者。据统计,20世纪80年代初期,国际上共有自由港350多个,遍及75个国家和地区;低税区则多达几千个,几乎遍及世界各地。这些自由港、低税区为避税的国家化和普遍化创造了条件,到这些地方来投资经营的企业家、商人不仅获得了额外的收益,促进了当地经济的发展,更重要的是,其示范效应致使更多的国家和地区效仿,从而使避税活动得以普遍化。

（三）会计师、律师、税务师事务所的出现使国际避税更具有专业性

现今国际避税活动的普及,已使避税由原来的偶然的、自发的经营行为逐步演变成为经常、自觉、有意识的专业化经济活动。国际避税已不再仅由某个企业或个人来自我完成,而是要借助社会专业力量和依靠专门从业者的知识、智慧。在许多国家,避税已成为一种职业。例如,20世纪90年代初期,美国专门为企业避税服务的会计师、律师和税务专家多达1万人,在欧洲、南美洲和亚洲,已有越来越多的律师和会计师加入这一行列,成为避税专家。会计师事务所、律师事务所、税务师事务所的出现已成为企业避税的主要依靠力量,借助这些力量,企业可以轻而易举地逃避可纳可不纳的税收,而无须自我研究、分析税法中的不完善方面及缺陷。

（四）运用财务和非财务手段实现避税已成为国际避税的又一重要特点

纳税人最初的避税活动,往往是通过财务手段,利用税法不及的方面实现少纳税或不纳税。随着避税条件的不断变化和税法、税收政策、税收征管等方面避税机会的日益暴露及广泛利用,原有单一的财务手段已被财务和非财务手段的并用所替代,并成为名副其实的企业经营行为。在纳税人的避税活动中,非财务手段的运用已接近甚至超过财务手段的运用,并有继续发展的趋势。

四、国际避税的危害

在国际经济交往中,各种税收的、非税收的国际避税的客观条件使得跨国纳税人谋求利益最大化的欲望成为可能。国际避税活动愈演愈烈,也给世界经济合作和发展带来了严重的危害。

（一）严重损害有关国家的财权利益

国际避税的一个直接后果,就是严重损害有关国家的税收利益。由于跨国纳税人的避税行为具有隐蔽性和复杂性,其对各国财政收入造成的实际损失额无法得到全面准确的统计。据美国财政部 1976 年 4 月发布的《关于国内对外销售公司的经营与效果的年度报告》,1972 年美国跨国公司在国外的子公司的税前利润为 145.16 亿美元,向美国政府缴纳的所得税款只有 0.53 亿美元,税款仅是利润的 0.37%。不仅美国如此,其他国家亦然。国际避税不仅损害了资本输出国的税收利益,也损害了吸引外国资金与技术的发展中国家预期取得的经济利益。跨国纳税人利用发展中国家涉外税收征管制度不完善和税务人员缺乏国际税收经验的弱点,在享受税收优惠的同时进行避税,这已经引起有关国际组织和许多发展中国家的严重关注。

（二）妨碍国际经济交流与合作的正常发展

跨国纳税人出于避税目的,会利用转让定价等手段来跨国转移利润,造成国际资本的不正常流动及流通秩序混乱,导致有关国家的国际收支出现巨额逆差。为此,有关国家可能实行外汇管制,限制资金外流,从而对正常的国际资金流动造成不利影响。

（三）导致税负不公,扰乱正常税收秩序

在利润相同的情况下,进行国际避税的纳税人其实际纳税可能远低于一般正常税的标准,从而使那些未进行避税安排的纳税人处于不利的竞争地位。当一部分跨国纳税人设计了有效的避税方案,而相关国家的税务机关难以依法制止时,避税方法和行为就会迅速在全世界范围内蔓延。

（四）增大企业和国家的成本费用,导致社会资源的严重浪费

企业为保证国际避税行为的成功,需要高薪聘请经验丰富的职业会计师和律师来设计一套万无一失的避税方案,而国家为反国际避税也要花费大量的人力、物力和财力,设计出更加严密、全面的税收制度以及加强税收的征收和管理。随着国际避税和反避税斗争的逐步升级,越来越多的资源被浪费在这场不创造社会财富的博弈中,从而导致社会整体福利水平的下降。

（五）损害国家税法的尊严,影响跨国纳税人对税务当局的信赖

税法是主权国家依据政治权力,经过立法程序制定的法律规范,具有绝对的威严。税务部门是税收法规的执法机关,对所有纳税人奉行公正原则,以此博得纳税人的信

赖。但当跨国纳税人的避税得逞,而有关国家政府又束手无策时,税收的不公正会使那些一般的诚实的纳税人对国家税法及税务机关的信赖产生动摇。如果有关国家受避税与逃税的危害,而单纯采取增加税收负担的办法以弥补受损的财政收入,则无疑将激发诚实的纳税人放弃守法而另择避税路径。

第二节 国际避税的主要方式

对于跨国纳税人来说,国际避税相对于国际逃税来说,是一种更为隐蔽、安全的逃避税负的手段,在各国税法越来越趋于完善的情况下,跨国纳税人更为倾向于采用避税的方式减轻税负。随着国际经济交往越来越密切,纳税人跨国活动增加,尤其是跨国公司的子母公司遍布许多国家,活动的范围遍布全球,国际避税形式也变得多种多样。这一节我们主要介绍国际避税的基本方式与特殊方式。

一、国际避税的基本方式

各国政府征税是在其税收管辖权范围内,依据征税对象数额的大小对跨国纳税人进行征税的。不同的国家政府,对于纳税行为主体(跨国纳税人)和纳税行为客体(跨国纳税人的所得以及财产等)所采用的税收管辖权原则不尽相同,这就导致了各国对纳税主体和纳税客体的定义不同。国际避税的基本方式就是跨国纳税人通过借用或滥用有关国家税法、国际税收协定,利用它们的差别、漏洞、特例和缺陷,规避纳税主体和纳税客体的纳税义务,不纳税或少纳税。下面分别从纳税主体和客体的流动与非流动,以及利用国际避税地和税收优惠政策等方面来介绍国际避税的基本方式。

(一)纳税主体的流动

纳税主体的流动是指一个国家税收管辖权下的纳税主体迁出该国,成为另一个国家(较低税负国家或避税地)税收管辖权下的纳税主体,或没有成为任何一个国家的纳税主体,从而规避或减轻其总纳税义务的国际避税方式。它具体包括以下几种方法:

1. 纳税人居所的避免。世界上多数国家都同时行使来源地税收管辖权和居民税收管辖权。其一般做法是将纳税人分为居民和非居民,对本国居民的全球范围所得行使征税权,被称为"无限纳税义务"。而对非居民仅就其来源于本国的所得征税,被称为"有限纳税义务"。各国税负水平高低不等,跨国纳税人通过从高税国向低税国迁移,改变自己的居民身份,从而有效地减轻税负,即利用居所的迁移来逃避纳税义务。另外,各国行使不同的税收管辖权,以及行使居民税收管辖权的不同国家对居民身份的确定标准又是不一样的,主要是住所标准和时间标准不一样。在这些不同居民身份标准的确定中,往往存在一些漏洞,使得一些跨国纳税人游离于各国之间,确保自己不成为任何一个国家的居民。

(1)跨国自然人居住国的避免。一般来说,实行居民管辖权的国家在确定一个自然人的居民身份时,一般是基于当事人是否在本国境内存在住所、居所或居住达到一定天数的法律事实,而在本国有无居所是决定性的因素。由于各国在居所的认定上多以停留时间为标准,不同国家规定的停留时间长短是不同的,跨国纳税人即在不同的国家选择居住期,使自己避免成为任何一个国家的居民,达到规避居民纳税义务的目的。

例如,甲、乙两国的税法都规定,凡在本国连续或累计居住时间满一年者,就成为本国税收上的居民。某跨国纳税人可以在甲国居住不到一年,再移居到乙国,居住也不满一年,这样此跨国自然人既不是甲国的居民,也不是乙国的居民,从而合法地避免承担甲、乙两国的居民纳税义务。

采取这种方式的跨国纳税人往往在各国间旅行,甚至住在船上或游船上,在任何一国停留都不超过规定的居民停留标准,任何国家都无法将其视为居民,从而逃避几乎所有的纳税义务。这种为躲避居民税收管辖权而东奔西走的人,在国际上常被称为"税收难民"。

(2)跨国法人居所的虚假迁出和转移。跨国法人也可以通过选择或改变税收居所的方式来逃避税收管辖。因为在实行居民税收管辖权的国家,判定一个公司法人是否为本国居民纳税人的主要标准是注册地、总机构以及实际管理中心或控股权股东所在地。因此,公司可以通过消除注册地、总机构以及实际管理和控制中心的法律象征来转移或隐藏公司住所,以达到避税的目的。

例如,若某国是以登记注册地为法人居民身份的判断标准,该国某公司就可以通过选择在低税或免税的避税港注册登记的办法,达到逃避高税国行使税收管辖权的目的。

例如:美国政府采用登记注册地标准,凡在美国登记注册即是美国法人居民公司,其要就来自世界范围的所得纳税。假设某法人在美国登记注册,每年从他国子公司处取得一笔股息,这笔股息应依法向美国政府纳税。然而,该法人居民公司通过变更登记注册地点而成为非美国法人居民公司,则该法人从他国子公司处取得的股息,美国税务当局也就无法凭借居民(公民)税收管辖权对其征收任何税收。

若该国以公司的总机构、实际管理和控制中心为法人居民的判断标准,则法人可以把其董事会的开会地点移到低税国或避税地,或通过精心安排消除实际管理机构概念而使其居所"虚无化",从而避免成为该国的法人居民,有效地逃避无限纳税义务。

例如:英国采用的法人居民判定标准是实际管理中心所在地标准。如果一个英国的居民公司想要通过虚假迁出变成一个英国的非居民公司,以达到避税的目的,它可以通过下列做法来实现:①所有公司的英国股东不再参与公司的管理,他们不再运用他们股份所代表的表决权,而只保留自己在财务利益上的权利;②改由一个是英国非居民的人担任常务董事;③不再在英国召开理事会议或股东会议,会议记录也不再在英国整理;④电话或其他指示不再来自英国;⑤如果遇到紧急的或机不可失的交易,需要立即开会并作出决定,那就建立一家独立的英国"服务公司",按一定的利润率纳税,这样,最多只有少量的利润在英国被征税;⑥"外国的"会议记录,包括详尽的和大约的能够表明"确实"是在国外作出经营决策的一些情况。事实表明,上述做法十分奏效。设在英国的法国费尔钢铁公司实施上述方案,在从1973年到1985年的12年间,共规避了英国应纳税款8 137万美元。

2. 纳税人居所的国际迁移。纳税人居所的国际迁移可分以下3种情况。

(1) 跨国自然人住所的真正迁移。高税国的跨国自然人可以通过把居所迁往低税国或无税国,以成为低税国或无税国居民的方式来彻底终止在原居住国的无限纳税义务,从而有效地规避税收。对于这种纯粹为了规避高税而移居他国的现象,在国际上称之为"税收流亡"。采用居所的移动来进行国际避税的纳税人一般包括已退休的纳税居民和居住地与工作地分离的纳税居民。其中,已退休的纳税居民移动居所的目的有两个。一是减轻税收负担,即规避原居住国较沉重的退休金税收和一般财产税;二是移居到气候宜人、风景秀丽、自然地理条件优越的旅游胜地(其中多是避税地)以享受较好的生活环境,颐养天年。而居住地与工作地分离的纳税居民移居的主要目的在于设法成为高税率工作所在地的非居民,以规避沉重的税收负担。

例如:在20世纪90年代,西班牙著名女子网球运动员桑切斯,把其居所从个人所得税最高边际税率可达56%的西班牙迁移到了一个避税地——安道尔;德国网球名将贝克尔,把其居所从个人所得税最高边际税率可达54.5%的德国迁移到了景色优美、生活国际化、不要缴纳个人所得税的摩纳哥(法国人除外)。这都是典型的永久迁移法国际避税。

(2) 跨国自然人住所的短期迁移。住所的短期迁移是指高税国的跨国自然人把其住所临时迁往低税国,时间一般不超过一年,其目的是在此期间获得某一外国的税收优惠。如某自然人欲出售股票、债券和不动产等,他可以在出售前移居到一个没有资本利得税或是税负较轻的国家,在移居后实现的资本利得就可以避免原居住国的资本利得税。避税意图实现后,再迁回原居住国,这种迁移又称假移居。

例如:加拿大在1971年12月税制改革前,对资本利得不征税。一个荷兰人要出售他在某家荷兰公司所拥有的一部分股份,为了逃避荷兰20%的资本利得税,他可以暂时移居加拿大,取得加拿大的居民身份,在加拿大出售他的股份。这样,他就可以完全逃避荷兰的资本利得税。这种以迁移居住地的方式躲避所得税不会涉及太多的法律问题,只要纳税居民办理准迁手续,支付已查定的税款即可。

(3) 跨国法人居所的真正迁移。对于跨国法人来说,其居所的真正迁移意味着将整个公司真正地从高税国迁往低税国,这也是跨国纳税人摆脱某一高税国居民税收管辖权的最彻底的方法。但是,通过居所的国际迁移达到避税目的在现实中却不宜采取。虽然居住在高税国的跨国公司面临的个人所得税、公司所得税、赠予税、财产税等要比居住在低税国的跨国公司高出很多,但在实际中,一家公司将其居所由高税国转向低税国是有许多困难的:许多固定资产(如厂房、其他建筑物、土地及大型设备等)不便带走,或无法带走;有些设备虽然可以拆卸运输,但要支付高额的运输成本,经济上不合算;公司带走资产需要承担的拆装和运输成本很高,无法带走的资产变卖后必须就其资本利得上缴大量税款。因此,跨国法人不会轻易采取这种办法避税。

3. 居所或住所的部分迁出。所谓"部分迁出"是指高税国的跨国纳税人为了减轻税负,依据有关国家税法的规定,利用法律的漏洞,只把法律规定的构成居所或住所的部分迁往低税国或无税国,而高税国纳税人在原居住国还保留着一些构成居所的因素,并未完全消除或摆脱在原居住国构成其居民身份的某些因素(包括在原居住国仍保留住所、保留银行账号、参与某些社会经济活动等),有一种藕断丝连的关系。

例如:纳税人移居国外,将构成居所的部分财产迁出,但是并没有完全放弃或摆脱在原居住国的某些经济联系和社会联系,比如亲属关系、银行账户、临时性居所等,甚至仍然拥有偶然工作,经常回国从事劳务活动等。由于各国税制对居民和非居民的划分方法不完全相同,税务机关间的配合和情报交流不够,纳税人就会利用有关国家居民和非居民存在模糊性之处这个漏洞,获得高税国非居民的地位进行避税。尽管一些高税国对这类移居者坚持行使居民税收管辖权,但由于各国税制上的差异,仍有可能使这些纳税人在原高税国获得非居民或临时居民地位,达到避税的目的。

4. 成为临时纳税人。纳税人可以临时迁到他国去,从而在该国具有临时居住权,这样的纳税人通常被称为"临时移民"。根据国际惯例,临时移民可以享受居住国税收方面的特别优惠。临时被派往其他国家工作的跨国自然人,就属于临时移民,他们往往能够得到临时工作所在国减免所得税的特殊优惠,或者享受该国只有临时住所或第二住所的税收待遇。这种临时住所或第二住所的税收待遇,在国际上被称为"暂时移民"税收待遇。第二居所与主要居所是不同的,但都可以享受一定的税收优惠。

提供税收优惠的国家,往往根据被派出人员具有的临时性和非居住性来决定优惠内容。有些国家对临时性和非居住性的确定,以这些人员在本国逗留的时间长短为标准;有些国家则以是否有固定的居所为标准。各国对临时入境者和非居民提供的税收优惠很多,免税项目亦占很大比重,纳税人利用有关国家这种临时纳税人的规定,就可避免或减除一部分税负。如美国政府规定,凡外来者在美国居住期不超过三个月的,对其所获得的收入免征所得税。

此外,还有一些国家对未有本国正式居民或公民身份的人,一概称为"临时入境者",这些人在被确认为"完全"的公民或居民之前一概不负纳税义务。还有一些国家为吸引更多的外国专家来本国工作,采取向其提供税收优惠的办法,以补偿其出国工作的额外费用,这些税收优惠很容易被利用来进行国际避税。

例如:一个人在法国仅仅拥有一幢房子或居住在其他地方,每年在法国住上一段时间,不超过5年或是超过5年但每年的累计时间不足半年,则此人只是法国的临时居民,只承担有限的纳税责任。由此可知,个人可以利用某些国家税法中对临时纳税人税收优惠的规定来达到减轻税负的目的。

(二)纳税主体的非流动

所谓纳税主体的非流动是指纳税人本身并不离开原居住国或改变其居民身份,而是通过别人在他国为自己建立一个相应的机构或媒介,通过使其所得或财产形式上与本人分离,来达到本人在居住国避免就这部分所得或财产纳税的目的。一般地,通过他国相应的机构或媒介,主要是采用信托和订立信托合同的方式,来达到回避税收管辖权、减轻税负的目的。

1. 利用信托形式进行避税。信托是指一个自然人或公司法人把资产或权力(信托财产)移交给另一个人或公司等法人实体(受托人),让受托人成为财产的独立所有者,并负责用受托人自己的名义管理和使用这笔财产,以有利于受益人。受益人可以是委托人指定的第三方(这种信托称为他益信托),也可以是委托人本人(这种信托称为自益信托)。

信托起源于罗马,在英美法系国家十分发达,而在大陆法系国家不流行,大陆法系国家甚至没有完整的信托法律,这是因为不同法系对信托的认识和规定不尽相同。英美法系的国家将信托看成是一种法律关系,委托人和受托人的信托关系一旦成立,财产的所有权就从委托人转移到受托人,这样就切断了委托人与其财产之间的所有权联系,委托人就其委托的财产也不必承担纳税义务,信托的受益人(包括受益人是委托人的情况)只需就从信托机构得到分配的利益部分进行纳税;而大陆法系的国家不承认信托财产独立的法律地位,把信托看成一种合同关系,信托关系的成立并不影响委托人对委托财产的所有权,从而委托人的纳税义务也没有发生转移,对财产所有人的信托财产及其收益要征税。英美法系和大陆法系对信托财产税收处理办法的差异为跨国纳税人提供了避税的机会:所得税率高的国家的居民可以将财产转移至境外,以全权委托的形式将这笔财产交给低税率的国家或避税地的信托机构代为管理,信托收益也留在国外,这样财产所有人和信托受益人就可以减少甚至完全免除向本国政府的纳税义务。

由于英美法系的上述特点,许多跨国纳税人选择采取信托方式避税。在信托业刚兴起的时候,利用信托进行国际避税的主要是自然人,因为可以通过信托资产的分割,将其财产转移到继承人或受赠人名下,借此来规避在有关国家的继承税、遗产税或赠予税。如今,随着跨国公司全球化经营的蓬勃发展,利用信托进行国际避税已越来越受到跨国集团公司的青睐,成为跨国公司避税和低税融资的重要手段。跨国公司往往在避税地国家成立信托公司,然后把在高税国的财产信托给该公司经营。例如,德国某公司为躲避本国所得税,将其年度利润的80%转移到巴哈马群岛的某一信托公司,由于巴哈马群岛是世界上著名的避税港,则该德国公司就可以有效避税。

由于信托本身所具有的隐蔽性,以及各国对信托具体制度的规定总是存在这样或那样的差异,所以跨国纳税人利用信托进行避税的具体对策相应就更加多样化。而且,随着信托避税越来越引起有关国家税务当局的注意,通常也被列为反国际避税的打击目标,从而也迫使跨国纳税人不得不尽量采取信托关系复杂化的办法来摆脱居住国对信托的控制。

2. 订立信托合同进行避税。在实际避税活动中,除了信托形式之外,纳税人还可以运用订立各种形式的信托合同来进行国际避税。

订立信托合同进行避税是指跨国纳税人与银行之间通过签订信托协议,建立契约性关系,委托银行代理业务的一种避税方式。例如,跨国纳税人与银行签订信托合约,委托银行代纳税人收取利息。如果受托银行所在国是个避税地,而且与支付利息者所在国缔结包括减征预提税条款在内的双边协定,那么,尽管跨国纳税人所在国与利息支付国之间没有签订这种税收协定,跨国纳税人仍可借助这种特殊的信托关系进行避税。

例如:A国和B国签有互惠双边税收协定——A国银行从B国居民获得的利息收入可减征50%的预提所得税。假定B国规定利息税率为20%,而支付给A国的利息根据双边税收协定可减按10%扣缴。当C国某一公司与B国某公司发生借贷关系时,假定C国政府与B国政府之间没有双边税收协定,C国公司作为债权人可以委托A国某一银行代向B国公司收取贷款利息,从而同样可以少纳50%的预提税。

(三) 纳税客体的流动

纳税客体的流动,又称为物的流动,是指跨国纳税人将其在一个国家税收管辖权下的纳税客体转移出该国,在各国之间流动,使之成为另一个国家税收管辖权下的纳税客体,或没有成为任何国家的纳税客体,以规避或减轻纳税人总纳税义务的国际避税方式。这里的纳税客体指的是跨国纳税人的各类所得、财产以及资金、商品、劳务、费用等相关要素。

在国际避税活动中,跨国纳税人采用将课税对象从高税国转移到低税国来进行避税的方式更为常见,因为课税主体转移容易引起高税国的注意,容易成为高税国采取反避税措施的主要打击对象,而课税对象转移这种方式则更为隐蔽安全,难于发现,是一种有效的国际避税方式。利用纳税客体的流动进行避税的方式主要有以下几种。

1. 避免成为常设机构。各国在对非居民(或非公民)是否有来源于本国境内的经营所得而就营业利润课税的问题上,主要是以其是否在本国境内设有常设机构为依据。《联合国范本》和《OECD范本》规定:常设机构是指一个企业进行全部或部分经营活动的固定营业场所,特别包括管理机构、分支机构、办事处、工厂、车间、矿场、油井或气井、采石场以及任何其他开采自然资源的场所。避免了常设机构也就避免了对非居住国的优先纳税义务。此外,《联合国范本》还规定了常设机构的"实践标准":建筑工地,建筑、装配或安装工程或者与其有关的监督管理活动,但该工地、工程或活动连续为期6个月以上的为限;企业通过雇用的其他人员为上述目的提供的劳务,包括咨询劳务,但这种性质的活动以在该国内(为同一工程)在任何12个月中连续或累计为期6个月以上的为限。

世界上大多数国家都采用这两个范本规定的"常设机构"标准,但实际上有很多国家的双边税收协定规定了许多免税的常设机构活动,从事相应活动的经营形式也不在常设机构的标准之列,如货物储存、存货管理、货物购买、广告宣传、信息提供以及其他准备性或辅助性活动等。跨国纳税人利用这些国家的税收协定,建立一些不在常设机构标准之列的机构,如仓库、辅助性营业场所等,然后将货物、资金、劳务转移到该机构,从而规避非居住国的地域管辖权。

另外,跨国纳税人还可利用各国对常设机构认定的时间标准的规定,避免构成常设机构的标准。如建筑工地或工程连续为期6个月以上才构成常设机构,这样跨国纳税人可以缩短工期,避免使建筑工地成为常设机构,从而逃避纳税。例如,在中东和拉美国家规定非居民公司在半年内获得的收入可以免税的情况下,韩国一些海外建筑承包公司常常设法在半年以内完成其承包工程,以免缴这些国家的收入所得税。日本在20世纪70年代兴建了许多海上流动工厂车间,这些工厂车间全部设置在船上,可以流动作业。20世纪80年代,这些流动工厂曾先后在亚洲、非洲、南美洲等地进行流动作业。海上工厂每到一地,就地收购原材料、就地加工、就地出售,整个生产周期仅为一两个月。加工出售完毕之后,开船就走,无须缴纳税款。1981年,日本的一家公司到我国收购花生,该公司派出它的一个海上车间在我国港口停留27天,把收购的花生加工成花生米,把花生皮压碎后制成板又返销我国。结果,我国从日本获得的出售花生的收入,有64%又返还给日本,而且日本公司获得花生皮制板的收入还分文税款未缴。造成这一情况的原因就是我国和其他多数国家都对非居民公司的存留时间作了规定(如我国税法规定,非居民公司只在超过半年后才负有纳税义务),日本公司就是利用这种规定进行避税的。

2. 通过常设机构进行避税。除了避免成为常设结构,跨国纳税人也经常利用常设机构来转移其收入和费用,从而转移其应税所得,来实现其避税的目的。跨国纳税人利用常设机构的国际避税方式有很多种,常见的有以下几种。

(1) 利用常设机构转移营业财产。跨国经营企业往往在国外有许多常设机构,其中一些常设机构的所在国为低税国或避税地,或是专门从事免税营业活动。当跨国企业一些常设机构所在国的经营税税率较高时,跨国公司总是要考虑和权衡营业财产从高税国的常设机构转入免税国或低税国的常设机构后税负的变化,并考虑不同国家对财产不同的评估方法,利用常设机构之间营业财产的转移,减少企业的总体税负。跨国企业经营财产在总机构与常设机构之间转让,或在两个常设机构之间转让,需要权衡两个方面的问题。一方面,财产转出的常设机构是否由此而产生一笔资本利得,在账面上是否反映出就此负有的纳税义务,对这笔资本利得应如何进行估价;另一方面,财产转入的常设机构对财产价值如何计算,以便确定今后计提折旧的基础。因此,一个跨国法人通常可以利用转出方与转入方所在国对营业财产评估计算以及税率规定上的差异,通过常设机构之间营业财产的转移,尽量减轻总体税负。

(2) 利用常设机构转移劳务费用。跨国纳税人常设机构常常为其总机构提供某些辅助性服务,这一类服务可能是技术性或管理性的。常设机构可能为其总机构所生产的产品做广告,或是提供技术服务或推销活动等。当一个从事多种经营的跨国法人通过在另一国的常设机构进行一部分经营活动时,时常会发生这种情况。反过来,总机构也可能为常设机构提供类似服务,但常设机构本身并不生产和经营这些产品。对于这类服务该不该收费,是否在收费中包含佣金这类因素,各国有不同的看法和认识。如果常设机构有偿为总机构服务,则其为此而产生的费用开支,应视为常设机构的利润。由于常设机构与总机构是一个法律实体,通常无法确定在实际费用之外是否包含"佣金"及其百分比,也就难以分解出"佣金"这一构成因素,来重新记在常设机构的账上。所以,在《OECD 范本》的注释里,主张对这类服务的"佣金"不计入常设机构利润;相反,总机构为常设机构提供服务,常设机构为此付出的"佣金",在计算利润时也不予列支。利用这些关于劳务费用不予扣除和收入不计入所得的规定,跨国法人可以将一部分劳务活动从高税国转向低税国的常设机构,以增加低税国常设机构的这类劳务活动,就意味着一部分利润随之转入了低税国,从而减少了跨国法人对这部分利润承担的税收。

(3) 利用常设机构转移管理费用。尽管设在国外的常设机构,或多或少都有一些重要的决策自主权,但一个跨国法人的主要管理工作往往是集中在居住国的总机构进行的,这样就产生了一个有关总机构管理费用如何在总机构和常设机构之间分配的问题。在采用直接法确定常设机构利润的国家,税务当局就要了解总机构是否以及在多大程度上,对该常设机构进行了实际管理。如果常设机构的确受益于这种管理活动,则可以相应负担总机构的有关费用,并从它的利润中予以扣除。对此,可以用直接分配这些成本的方法,或采用假设常设机构向总机构支付报酬的方法来代替成本分配法。正是总机构在管理费用分配上有很大弹性,各国税制之间存在着差异,跨国法人才可以利用这一点来达到减轻税负的目的,比如,尽量对高税国中的常设机构多分配一些费用,相应就减少了常设机构的利润和税负。

(4) 利用常设机构转移利息、特许权使用费和其他类似的费用。这里所说的利息和特许权使用费的概念是清楚的,各国税法及两个税收协定范本中对此均有明确定义。至于其他类似的费用,则是指一些国家不包括在特许权使用费中的为使用非专利技术、商誉和商业秘密等而支付的费用。所有这些费用,既可能发生在企业与第三方之间,也可能发生在总机构与常设机构之间。许多国家的税法和税收协定是对此严加区分的:向第三方企业的支付,被认为是"真实"支付,可以在纳税时作为费用扣除;总机构与常设机构之间的这种支付,则被认为是"虚假"支付,对支付方不准作为纳税扣除,对收取方也不予计入利润。然而,这种规定对银行业和其他金融机构可能有某些例外,因为这些行业的主要业务是货币借贷,其收入与费用表现为收取利息和支付利息。此外,具有垫付性质的向第三方的"转手"支付也可以作为纳税扣除。

例如:A国总机构向银行借贷,然后转借给在B国的常设机构用于费用开支或投资,那么B国常设机构与使用这笔贷款有关的利息支出(从形式上直接支付给总机构)则可以扣除;同时这笔利息也不予计入A国总机构的利润。当总机构向第三方支付,其中有一部分与某常设机构活动有关时,该常设机构在计算利润时就可以按比例扣除。然而,这些原则性的规定在实际工作中有时很难准确把握,在不予扣除和允许扣除之间存在许多模糊点,跨国纳税人对此须加以巧妙利用,才可以达到减轻税负的目的。

(5) 利用常设机构的亏损进行避税。虽然跨国法人通常都要连其国外常设机构的当年收益一起汇总向居住国或国籍国计算纳税,但发生在高税国中的亏损和发生在低税国中的亏损,有时会产生大为不同的结果。由于各个国家对待企业亏损的税务规定相差甚大,所以设法在最有利的国家使某个常设机构在最有利的时间列明亏损,也可为跨国纳税人减轻税负提供很大的回旋余地。

(6) 利用常设机构所在国之间的汇率变化来避税。一个跨国法人的常设机构,可能分别设于不同国家。各常设机构之间可能是以不同的货币记账和结算,而各种货币的汇率波动又是变化莫测的。对某一常设机构盈亏的计算,由于相应汇率经常而剧烈地变动,有时可以得出营利和亏损两种截然不同的结果,这也可以被跨国纳税人用来进行有效的避税。

(7) 利用常设机构虚构财产租赁进行避税。一般的财产租赁,其费用计算是根据独立核算原则进行的,通常没有什么问题。但是跨国法人可能利用常设机构所在国的不同税负,通过财产的虚构租赁,人为地转移应税所得,达到国际避税的目的。例如,一个跨国企业设在低税国的常设机构可以通过虚构财产租赁，向设在高税国的常设机构收取一笔租金，这样就可能把高税国常设机构的部分应税所得转移到低税国，从而减轻税负。

3. 利用关联企业转让定价转移应税所得。在国际避税方面，转让定价是客体转移避税中一种采用广泛且最常见的手法。它是随着社会化大生产的发展、公司组织形式和结构的变化，应运而生的一种内部管理手段，反映了公司集团内部分工与合作的要求，受到各国税务当局及国际税收专家们的格外关注，成为国际税收中的一个热点。转让定价涉及面广，内容也比较复杂，我们将在第六章作详细阐述。

（四）纳税客体的非流动

1. 利用延期纳税的规定。所谓延期纳税，是指实行居民税收管辖权的国家，对本国居民公司建立在国外的子公司所取得的利润等收入，在没有以股息等形式汇回母公司之前，对本国母公司不就其外国子公司的利润征税。例如，日本政府规定，设立在国外的公司企业，如果50%以下的股权归日本的居民纳税人所有，其税后利润未汇回本国之前，可以不向日本政府缴纳所得税。

针对各国延期纳税的规定，跨国纳税人可以通过在低税国或国际避税地设立一个实体，进行所得和财产的长期积累而不在公司内部进行分配，或者有意识地降低应分配股息的比例，以延缓向居住国缴纳税收。延缓纳税实际上并不会减少纳税人的应纳税额，但是对于高税国的跨国纳税人来说，拖延一段时间而迟缴的税款，相当于纳税人获得了一笔无息贷款，可以增加公司集团的流动资金。

当然，利用延期纳税的规定避税，其前提条件是纳税人先在低税国建立子公司，并采用转让定价和开展中介业务等手段将利润向子公司转移。

2. 分支机构和子公司之间的选择。跨国公司在对外投资时，可以选择不同的组织形式，在国外建立子公司或分支机构。

建立子公司或分支机构对跨国公司的税负有着不同的影响，因为子公司是一个独立的法人实体，独立承担法律责任，它的收益作为股息分配给母公司时，应缴纳预提税，它的亏损不能计入母公司账户，冲减母公司收益。分支机构与总机构（包括总公司、总经营机构）是同一纳税主体，总公司统一计算盈亏，而分支机构作为非独立的经济实体，往往可以不公布或少公布财务资料，易于逃避有关国家税务当局的监管。一般来说，由于国外公司在经营活动初期往往亏损较大，所以跨国公司可以在国外先设立一个分支机构，使其亏损冲抵母公司收益，减少母公司的税收负担；当国外的经营过了起步阶段，转向正常营利阶段后，再把分支机构改为子公司，母公司、子公司分别纳税，可以避免汇总纳税而提高税级。另外，一些国家税法规定只有当子公司的收益汇回母公司时，才予以课税，利用此政策，跨国公司可以延期分配股息或少支付股息，从而递延纳税。表5-1和表5-2分别列举了分支机构与子公司的有利与不利之处。

表5-1　　　　　　　　海外分支机构的有利条件和不利条件

有利条件	不利条件
分支机构的登记注册较为简单、快捷、费用较低，承担的成本费用可能低于子公司，通常不用缴纳资本注册税和印花税	分支机构在所在国没有独立的法人资格，不能享受该国政府为该国法人企业提供的税收优惠政策
对分支机构的法律和行政管理规定相对宽松，可以不公布或少公布财务资料	总公司必须就分支机构取得利润在其利润取得当年缴纳所得税，无法获得延期纳税的好处
分支机构可以避免对支付利息、特许权使用费或股息所征收的预提所得税	分支机构与总公司间支付的利息、特许权使用费等一般不能作为费用扣除，使用转让定价手段受到一定限制
分支机构产生的亏损可以冲减总公司利润，减轻总公司的税负	总机构必须承担国外分支机构的所有义务

表5-2　　　　　　　　海外子公司的有利条件和不利条件

有利条件	不利条件
公司内部财务战略可以灵活实施，易于使用转让定价的方法将应税所得由高税国公司转移到低税国	子公司的登记注册手续较为复杂、费用较高、时间较长，子公司可能需要缴纳资本注册费、印花税等
子公司可以享受所在国给予其居民公司同等的税收优惠待遇，子公司面临的税率一般低于分支机构	行政和法律对法人公司的各项规定十分严格，子公司必须完整、真实地公开其财务资料
公司内部结构中的相互关系是建立在合同基础上的，母公司不承担海外子公司的全部债务和义务，在子公司所在国只负有限的债务责任	子公司向母公司支付利息、特许权使用费或股息时需要缴纳预提所得税
设立子公司可以使母公司享受延期纳税的好处	公司在清算时要承担很高的税收

当然，跨国公司在选择不同的组织形式时，也会受到一些限制。如一些国家禁止外国公司在本国设立分支机构，坚持外来投资者必须在本国设立子公司，同时要求本国其他公司在该公司中拥有一定比例的股权，以使该子公司成为名副其实的本国居民公司。还有一些国家在税法中规定，当外国分支机构转为外国子公司时，以前的亏损要从总公司账上去掉，重新计算总公司所得，补缴税款。类似的规定一定程度上降低了利用这种

方式进行避税的可能性。

3. 合伙企业与公司之间的选择。跨国公司在其他国家进行投资时,常常会面临在合伙企业与公司之间进行选择的问题。如果仅从减轻税负的角度考虑,合伙企业可以避免经济性重复征税。因为许多国家的税法规定,合伙企业的营业利润不缴纳公司所得税,而是按照比例直接计入各个合伙人的个人所得,缴纳个人所得税,从而可以避免在对公司所得征收公司所得税的同时又对股东分得股息征收个人所得税这种经济性重复征税。但是,合伙企业并不是一种最佳的经营方式,因为它与公司相比有许多不利条件。例如,合伙人要负无限责任,合伙份额不能自由转让,不能发行股票筹资,在许多国家享受不到对公司企业提供的各类税收优惠,等等。相比之下,公司就可以克服这些缺点。所以说,在投资经营决策中,税收虽然是一个重要因素,但不是唯一的决定性因素。

4. 利用资本弱化进行国际避税。所谓资本弱化(Thin Capitalization),是指公司的资本结构中债务融资的比重大大超过了股权融资的比例,即股权小于债权。通常情况下,跨国关联企业间进行跨国融资时,经常通过高举债、低投资来使其资本弱化,从而增加利息支出,转移应税所得。

公司企业经营所需资金主要来自于股东的股份投资和银行贷款。在为企业筹资时,选择股份投资形式还是贷款形式,其中股份和贷款各占多少比例,主要考虑的是经营和经济因素,如营利性和风险性,而在税收方面,资本结构一般来说并不是重要的因素。但是,在现代跨国投资环境中,由于各国对跨国股息所得和对银行借贷利息的征税处理有很大的差别,即对企业支付的利息,往往允许其作为营业费用扣除,而对企业分配的股息,则作为企业所得,不允许扣除,此外,对企业汇出的利息的预提税税率往往较低,而对企业汇出的股息的预提税税率则往往较高。这样,在同样多的投资和同样高的回报率的情况下,被投资国关联企业的资本弱化可能会减少跨国企业集团的纳税义务。因而,跨国投资者常常会利用这种税收差别,在税收客体不进行国际转移的情况下改变所得性质,即少投入股份资本,多利用借贷资本,以达到避税的目的。

资本弱化给跨国投资者带来的好处包括:①避免从国外关联企业取得经营利润而缴纳的公司所得税;②避免由国外关联企业支付给母公司的股息所缴纳的预提税;③避免外国对公司利润的重复征税(如对公司利润征收的所得税相对支付给母公司股息征收的预提税);④国外关联企业能获得跨国企业设在别国其他子公司的损失抵补;⑤可以在不同的税收管辖权之间转移纳税义务,以减少在全球的应纳税额,如使得归集股息抵免最大化、外国税收抵免最大化等;⑥在非税收方面的考虑,如在实行外汇管制的情况下,可以将利润汇回。

下面通过具体的例子来对如何利用资本弱化的方法进行国际避税加以说明(如表5-3所示)。

表5-3　　　　　　　　　　跨国公司关联企业融资方式

项　目	股权融资	债券融资
总所得	100	100
支付利息	—	100
应税所得	100	—
应纳公司税（30%）	30	—
分配的股息或利息	70	100
预提所得税（10%）	—	10
外国投资者得到的现金收入	70	90
有效税率	30%	10%

在表5-3中，关联企业的总利润为100万美元。在股权融资的情况下，由于关联企业不向国外母公司支付利息，所以其应税所得额为100万美元。假定关联企业所在国的公司所得税税率为30%，那么企业应缴纳的所得税即为30万美元。在母公司对其100%控股的情况下，该关联企业就要向母公司分配全部70万美元的税后利润。假定关联企业所在国对本国外商投资企业汇给国外投资者的税后利润不再征收预提所得税，那么母公司就可以得到这70万美元的税后利润，母公司在关联企业所在国实际负担的有效税率为30%。而在债务融资的情况下，关联企业的应税利润等于所得扣除向母公司支付利息后的余额，假定总所得为100万美元，应付给母公司的利息也为100万美元（等于股权融资时的分配利润），则关联企业的应税所得额为零，即不需要缴纳公司所得税。但关联企业在向国外母公司支付利息时要代扣代缴10%的预提所得税，这样母公司实际得到的利息额就是90万美元，母公司负担的关联企业所在国实际有效税率仅为10%，大大低于股权融资条件下有效税率30%的水平。

（五）利用国际避税地进行避税

国际避税地的存在是当今世界经济中一个引人注目的现象。避税地所实行的政策对国际资本的流动、投资分布状况、跨国公司收入与费用的分配格局以及有关国家的税收收入，都有着不容忽视的影响。对避税地的利用，几乎涉及主体转移避税和客体转移避税的各个方面。我们将在第七章对避税地作详细介绍。

避税地具有多种功能，如积累资金、对付外汇管制、提供营业和财产保密等，跨国纳税人（尤其是跨国公司）可以利用避税地来进行避税。例如，利用避税地虚构中转销售业务。纳税人利用避税地不征或少征税的特殊优惠条件,在避税地虚设各种基地公司,虚构营业,转移高税国的利润。此外,还可利用避税地转移收入和费用。纳税人利用设在避税地的基地公司,用各种形式把高税国公司或关联公司的收入和费用转移到避税地,达到避税的目的。这包括:以避税国公司的名义虚构管理高税国公司,向高税国公司收取管理费,人为地增加高税国公司的营业成本,把高税国公司的一部分利润转移到避税地;在避税地虚构对高税国公司的财产租赁业务,以租赁形式转移收入和费用;在避税地的基地公司虚构对高税国公司的咨询服务、技术服务,以收取咨询服务费、技术服务费形式转移收入和费用;以利息形式从高税国公司转出收入和转入费用。另外,高税国公司或总公司往往将提供劳务、转让技术、贷款等合同转移到避税地签订,使这些收入归入避税地基地公司账上,以逃避居住国的税收。

(六) 利用税收优惠政策进行避税

我国对经济特区和经济技术开发区等区域或某些行业实行税收优惠政策,客观上造成了国内不同地区的税收差距,为纳税人利用这种差距进行避税创造了条件,纳税人往往利用虚设常设机构营业、虚设中转销售公司、变换公司招牌等方式避税。

1. 虚设常设机构营业。常设机构是企业进行全部或部分经营活动的一个固定经营场所。某些投资经营企业利用特区的各种优惠政策,在名义上将企业设在特区,实际其业务活动则不在特区或不主要在特区进行。这样该企业在非特区获得的经营收入或业务收入,就可享受特区的税收减免照顾,特区境外的利润所得就可以通过向境内企业总部转移而减少纳税。

2. 虚设中转销售公司。与特区商业企业有关系的非特区企业,或者在特区设置分支机构的非特区企业,抬高从特区的进货价格,把更多的利润留在特区,以达到商品所得利润总税负减轻的目的。

3. 变换公司招牌来达到避税的目的。我国对在经济特区和经济技术开发区的新办企业实行税收减免,给予必要的税收扶持,但一些不法厂商钻税法的空子,不断地换牌设厂,谋得免税和减税,使国家税收大量流失。

上述所介绍的跨国纳税人避税的几种常见方式,在现实生活中往往是结合起来使用的,以实现最大限度的避税。

二、国际避税的特殊方式——滥用税收协定

(一) 税收协定与滥用税收协定

国际税收协定是主权国家为处理相互间的税收分配关系而达成的书面协议。第二

次世界大战以后,由于跨国的经济交往日益频繁,国家之间签订的税收协定,尤其是双边税收协定越来越多,内容也不断扩展。在双边税收协定中,缔约国通常相互为缔约他方的居民(包括自然人与法人)提供一些税收上的优惠,如对跨国投资所得征收的预提税降低税率、就对方国家居民来源于本国营业所得的征税程度予以限制等,并积极解决重复征税问题,其目的在于鼓励缔约国居民间的经济交往,促进彼此的经济发展。

这些优惠条款主要包括:

1. 跨国企业的营业利润只在其为居民的缔约国一方征税,收入来源的缔约国免于征税,除非该企业在收入来源国设有常设机构。在设有常设机构的情况下,收入来源国也只就归属于该常设机构的利润征税,而且所征的税款可在居住国得到抵免。

2. 缔约国一方的居民个人受雇于缔约国另一方而产生的劳务费所得,如果该人只在缔约国另一方短期停留,而且所得并非由缔约国另一方的居民雇主支付或代表雇主支付,也并非由雇主设立的常设机构支付,则该项所得只在其为居民的缔约国一方征税,即使在缔约国另一方可征税的情况下,所征的税款也可以得到抵免。

3. 股息、利息、特许权使用费等消极投资所得,在收入来源国可按照比该国常规税率为低的限制税率缴纳预提税甚至免税。

4. 个人独立从事专业性劳务而产生的劳务所得,只在其为居民的缔约国一方征税,收入来源的缔约国免于征税。

5. 船舶或飞机从事国际运输,或以船舶从事内河运输取得的利润,仅在企业实际管理机构所在的缔约国征税。

6. 缔约国一方居民在缔约国另一方学习、培训,或从事讲学、研究,取得的收入,收入来源的缔约国给予一定的免税优惠。

但是,税收协定的签订,在协调国家之间税收利益矛盾的同时,也为一些原本不应享受协定优惠待遇的跨国纳税人的避税活动开辟了一个新的领域,很多跨国投资者通过特殊的安排获得了这种待遇,并因此逃避了其本应承担的税负。这就是所谓的"滥用税收协定"。

滥用税收协定(the Abuse of Tax Treaty),一般指的是第三国居民(非协定受益人)利用其他两个国家之间签订的国际税收协定从事经济活动,从而享受协定的优惠待遇,获得其本不应该得到的税收利益。通过滥用税收协定这种行为,非协定受益人往往得以逃避原应承担税负的一部分乃至全部,从而达到避税的目的。

(二)滥用税收协定的方法

在实践中,滥用税收协定的通常做法是跨国纳税人通过在某个国家设立中介公司,然后以该公司名义到与该国有税收协定的国家从事经济活动,从而享受直接投资不能享受到的协定优惠。因此可以说,滥用税收协定进行避税的手法,是以设置中介体为主要特征的。其大体可归纳为以下 3 类。

1. 设立直接导管公司（Direct Conduct Companies）。直接导管公司是指为获取某一特定税收协定待遇的好处,而在某一缔约国中建立的一种具有居民身份的中介体公司。

例如:假设乙国和丙国签订了税收协定——乙、丙两国相互对对方缔约国居民来源于本国的投资所得以 5% 的低税率征税。又假设甲国居民公司 A 原计划在乙国组建子公司 B,并通过 B 在乙国开展营业活动。但甲、乙两国之间并未签订税收协定,因而 A 公司来自于乙国 B 公司的股息所得应依照乙国税法的规定缴纳 30% 的预提税。在这种情况下,A 公司会作出如下安排:不直接投资于乙国,而是通过其设立在丙国的子公司转而向乙国投资。这样一来,丙国子公司来源于乙国的股息所得便只需依照乙、丙两国税收协定规定的 5% 的税率缴纳预提税。如其在适当的情况下将取得的收益再转移给甲国居民公司 A,则 A 公司最终承担的乙国税负就大大减轻。即使甲、乙两国之间签有税收协定,但只要其对投资所得征税规定的限制税率高于 5%,则 A 公司也可能通过类似的安排来逃避税收。这里的甲国居民公司 A,原不应享受乙、丙两国间税收协定对投资所得规定的优惠待遇,即仅依 5% 的税率缴纳预提税,但其通过在丙国设立的子公司,即所谓的导管公司达到了享受此种优惠待遇的目的。

此外,跨国纳税人为从税收协定的滥用中获取逃避税收的更大利益,通常会考虑如下两个因素:一是导管公司所在国所得税税率较低或放弃对国外来源收入的征税权;二是导管公司所在国按照本国法律或依据与跨国纳税人居住国所签订的税收协定对源于本国的投资所得以较低的税率征税或免税。正因如此,避税地就成为跨国纳税人设立导管公司的最理想地点。美国学者认为,对美国所签订税收协定最明显的滥用就在于非协定受益人对美国与避税地所签订税收协定的利用。

2. 设置脚踏石导管公司（Stepping Stone Conduct Companies）。在设立直接导管公司不能直接奏效的情况下,采取设置脚踏石导管公司便是一种更间接、更迂回的避税方式了。设置脚踏石导管公司涉及在两个以上的国家设立子公司来利用有关国家所签订的两个税收协定,它实际上是一种直接导管公司与转让定价、避税港相结合的避税手段,属于一种高级避税形式。其结果使当事人不仅获得了本来其没有资格享有的税收协定待遇,而且还可能获得缔约国国内的税收优惠。现举例说明其运作:

例如:假设位于甲国的 A 公司打算在乙国进行投资,甲国与乙国、丙国之间均没有税收协定或协定条件不优惠,但甲国与丁国之间有优惠的税收协定或对来源于丁国的所得给予税收优惠。同时,乙国与丙国之间签订了条件优惠的税收协定,丙国公司从乙国获取的所得可以享受协定待遇。在这一系列条件下,甲国 A 公司可以在丁国建立一个 100% 持股的控股公司 D,D 公司在丁国的绝大多数收入来源于向其 100% 控股的丙国 C 公司提供的各种服务;C 公司则通过向乙国 B 公司的投资获取股息、利息和特许权使用费等投资所得,此项所得按协定只需负担很低的预提税或根本就不负税。这样一来,来源于乙国的所得在无税负或低税负的情况下,就可以经丙国 C 公司与丁国 D 公司手中转移到甲国 A 公司的手中。在 A 公司从乙国获取所得的过程中,丁国 D 公司和丙国 C 公司如同两块供过渡用的脚踏石,故称它们为踏脚石导管公司。

以上两类做法,位于甲国的 A 公司均以减少其非居住国乙国的预提税为目的,因此,从乙国角度看,甲国的 A 公司滥用了乙国与丙国之间的税收协定。而 A 公司在这一过程中,还借助了它有资格享受的甲、丙或甲、丁两国之间的税收协定。如果缺少这两个税收协定,A 公司即无法达到避税目的。

3. 直接利用双边关系。直接利用双边关系有以下两种做法。

(1) 设置同一国控股公司。有的国家的税收协定规定对那些持有少数参与股权的股东给予税收协定优惠,同时缔约国国内税法亦明确,如果股息是由同一国家中的另一公司收到的,则对股息课以较低的税。这样一来,甲国投资者 A 公司便可在乙国先组建一个完全控股公司 B,由公司 B 向乙国国内其他公司(如 C 公司)进行少量的投资参股(如 10%),这样甲国投资者便可获得本不应该获得的对少数参股的税收优惠。

(2) 设置外国低股权的控股公司。许多国家对外缔结双边税收协定时都明确规定,只对控股权不超过一定比例的缔约国对方居民提供税收协定优惠。这样,非缔约国的公民便可通过在外国组建低股权的控股公司来实现避税的目的。

例如:德国对外签订税收协定有一惯例,即如果股息的受益者是一个外国公司,而该公司至少持有分配股息的德国公司 25% 以上的股份,那么,德国的税收协定通常对这一德国公司分配的股息不给予税收协定优惠。针对这一规定,一个拥有德国 B 公司 100% 股份的甲国(与德国签订有税收协定)的 A 公司,为了获取税收协定的优惠,可以依本国法律在本国境内先组建 5 个子公司,然后由这 5 个子公司分别持有德国 B 公司的股份,使每个子公司持有的德国 B 公司的股份均低于 25%,从而受惠于甲国与德国之间的税收协定。

(三) 滥用税收协定的影响

许多国家为了减轻国际重复征税而签订双边税收协定,以约束缔约国双方相互限制向对方居民行使地域税收管辖权。它们通常都采取大幅度降低对消极所得(即股息、利息和特许权使用费等)的预提税税率的方式,有的对其中的某些所得项目还实行免税。这种税收优惠只限于缔约国居民。而滥用税收协定,则违背了缔约国双方的意图,会造成下列一些不良影响。

1. 造成有关国家的税收损失。滥用税收协定属于一种特殊形式的国际避税活动。

那些本无资格享受税收协定优惠的跨国纳税人,通过精心安排,充分利用各国的税收协定,享受了不应享受的税收优惠,减轻了税负。这意味着作为来源国的有关缔约国,遭受了不应有的税收损失。

2. 违背了税收协定的互惠原则。签订税收协定限制缔约国居民管辖权的行使,是缔约国双方共同作出的一种利益牺牲,因此,协定所提供的优惠待遇,应仅惠及缔约国的居民。如果第三国居民通过在缔约国任何一方插入中介公司来获得协定优惠,那么,第三国也会从中受益却并不作任何牺牲。这样,税收协定中所假定的双方利益牺牲的平衡状态将被打破,其中一方将发生无谓的牺牲,这显然违背了税收协定中的互惠原则。

3. 破坏了缔约国给予税收协定优惠的初衷。由于缔约国一方对缔约国另一方的居民给予税收协定优惠是基于这样一个前提条件:该居民在缔约国另一方按其正常税制缴纳了税款,因而,如果税收协定优惠为居住在第三国的人所获得,这一前提条件就得不到充分的保证。

4. 不利于签订更多的税收协定。大量滥用税收协定现象的出现会引起缔约国的关注和忧虑,从而延缓签订新协定的进程。此外,如果非缔约国居民有可能利用其他国家之间已签订的税收协定,设法从中受益,达到避税和消除重复征税的双重目的,那么,就不会促使该非缔约国为解决国际重复征税问题而积极与其他有关国家签订税收协定。

案例应用

1. 利用跨国自然人住所的真正迁移进行避税。假设甲、乙两国均行使居民税收管辖权,以抵免法消除国际重复课税,甲、乙两国的个人所得税平均税率分别为40%和20%。跨国纳税人A先生某纳税年度在甲、乙两国取得的所得分别为200万美元和100万美元。

A先生的居住国原为甲国,其应纳所得税情况为:

$$在乙国应纳税额 = 100 \times 20\% = 20(万美元)$$
$$在甲国应纳税额 = (200+100) \times 40\% - 100 \times 20\% = 100(万美元)①$$
$$总税负 = 在甲国应纳税额 + 在乙国应纳税额 = 100 + 20 = 120(万美元)$$

为了避税,A先生迁移到乙国居住,则其应纳所得税情况为:

$$在甲国应纳税额 = 200 \times 40\% = 80(万美元)$$

---

① 这里判断可抵免税额的过程从略,具体过程可见第四章相关内容。

在乙国应纳税额 = (200 + 100) × 20% − 200 × 20% = 20(万美元)

总税负 = 在甲国应纳税额 + 在乙国应纳税额 = 80 + 20 = 100(万美元)

由此可见，在甲国是高税国，乙国是低税国，且两国均行使居民税收管辖权，并都采用抵免法消除国际重复征税的情况下，当 A 先生为甲国居民时，其所有收入均须按 40% 的高税率进行纳税；而当 A 先生为乙国居民时，只有来源于甲国的收入才按 40% 的高税率纳税，其余收入只按 20% 的低税率纳税。通过从甲国移居到乙国，A 先生的总体税收负担由之前的 120 万美元减轻至 100 万美元，减少了 20 万美元，从而有效地达到了避税的目的。

2. 利用常设机构的亏损进行避税。假设高税国甲国的 A 公司在某纳税年度原应纳税所得额 5 000 万美元，所得税率 60%。低税国乙国的 B 公司亏损 1 000 万美元，A 公司支付 500 万美元将 B 公司购进，作为 A 公司的子公司。

计算如下：

A 公司原应缴所得税 = 5 000 × 60% = 3 000(万美元)

A 公司购进 B 公司后应缴所得税 = (5 000 − 1 000) × 60% = 2 400(万美元)

两公司所得汇总计算后少缴所得税 = 3 000 − 2 400 = 600(万美元)

避税收益 = 1 000 × 60% = 600(万美元)

A 公司净收入 = (600 − 500) = 100(万美元)

可见，A 公司在购进 B 公司后，经过两公司所得汇总计算，其所得税可以少缴 600 万美元，减去购进支付的 500 万美元，A 公司还可获得净收入 100 万美元。通过上述选择，纳税人 A 公司少缴了税款。

3. 利用信托形式进行避税。假设甲国个人所得税平均税率为 40%，一般财产税的税率为 3%，甲国居民 A 先生拥有一笔价值 100 万美元的财产，该笔财产每年可产生收益 10 万美元。为了避税，A 先生将这笔财产委托给设在乙国的一个信托公司进行保管和经营，乙国不征收一般财产税，对信托所得征收 20% 的所得税。这样，A 先生建立信托每年可以减轻的税负为：

一般财产税 = 100 × 3% = 3(万美元)

所得税 = 10 × (40% − 20%) = 2(万美元)

合计减少税额 = 3 + 2 = 5(万美元)

4. 利用滥用税收协定方法设置脚踏石公司进行避税。假设甲国与乙、丙两国均无税收协定关系——对于来源于乙国和丙国的所得都按 30% 的税率征收预提税，但甲国与丁国之间有税收协定关系——对来源于丁国的所得按照 5% 的税率征收预提税。同时乙国和丙国、丙国与丁国之间都签订了互相免征股息预提税的税收协定。甲国 A 公司原打算在乙国建立一家子公司 B，预计 B 公司每年可以向 A 公司支付 1 000 万美元的股息。

如果 B 公司直接把股息汇往 A 公司，则该笔股息将要承担预提税：

$$1\,000 \times 30\% = 300(万美元)$$

如果 A 公司先在丁国建立一家 100% 持股的 D 公司,再由 D 公司在丙国建立 100% 持股的 C 公司,最后由 C 公司在乙国建立 100% 持股的 B 公司,则这笔 1 000 万美元的股息将会经过丙国 C 公司和丁国 D 公司,最后转移到甲国 A 公司,而此时该笔股息将承担的预提税为:

$$1\,000 \times 5\% = 50(万美元)$$

由此可以看出,利用滥用税收协定方法使得总税负减轻:

$$300 - 50 = 250(万美元)$$

思考与练习

一、问答题

1. 什么是国际避税?
2. 简述国际避税与国际逃税的区别。
3. 国际避税产生的主要原因有哪些?
4. 国际避税的特点是什么?
5. 简述国际避税的危害。
6. 国际避税的基本方式有哪些?
7. 国际纳税人如何滥用国际税收协定避税?

二、计算题

1. 假设某跨国纳税人 A 生活在甲国,属于甲国的居民。某纳税年度 A 在乙国工作,在该纳税年度内 A 在甲国和乙国取得的所得分别为 30 万美元和 20 万美元,甲国、乙国均行使居民税收管辖权,并以抵免法消除国际重复课税,甲国、乙国的所得税平均税率分别为 40% 和 30%。

要求:通过计算说明在此种情况下该跨国自然人应该采用何种方法实现有效的避税。

2. 假设甲、乙两国都对汇出本国的股息征收 30% 的预提税,而两国间没有签订任何税收协定,但是乙国与丙国间签订了税收协定——对汇往彼此的股息征收 5% 的预提税。现甲国居民公司 A 打算向乙国进行投资,预计每年可取得股息收入 1 000 万美元。

要求:请通过计算说明在此种情况下,该跨国法人应采用何种方法实现有效的避税。

第六章 转让定价与国际避税

Transfer Pricing and International Tax Avoidance

转让定价是进行国际避税活动的一种最常见的手段。随着跨国公司的兴起和日益发展，跨国公司应用转让定价，可以转移和再分配各关联企业的利润，以达到避税目的。本章将介绍关联企业与转让定价的概念，转让定价的动机与表现形式，以及制定转让价格的策略与方法。此外，本章还要介绍转让定价避税在我国的发展状况。

学习要点

Transfer pricing is one of the common methods for inter national tax avoidance. While the multinational enterprises established and developed, they could transfer and redistribute the profits in associated enterprises by transfer pricing to avoid the taxation. In this chapter, we will introduce the conceptions of associated enterprises and transfer pricing, the motivation and expressive form of transfer pricing, and the strategy and methods for setting transfer prices. Besides, we could also learn the developing state of tax avoidance by transfer pricing in our country.

第一节 跨国关联企业

一、关联企业的定义和性质

关联企业是现代社会经济生活中一种日趋重要的经济现象,一般是指存在着共同经济利益关系的企业群。不同的国家对关联企业的定义是不同的。《OECD 范本》和《联合国范本》对国际关联企业作了如下界定:缔约国一方企业直接参与缔约国另一方企业的管理、控制或资本;同一人直接或间接参与缔约国一方企业和缔约国另一方企业的管理、控制或资本。在上述任何一种情况下,两个企业之间的商业或财务关系不同于独立企业之间的关系。

《中华人民共和国税收征收管理法实施细则》第 51 条对关联企业的定义是:关联企业是指在资金、经营、购销等方面,存在直接或间接的拥有或者控制关系,直接或间接地同为第三者所拥有或控制,或者其他在利益上相关联关系的企业。而 2007 年 7 月 1 日起实行的新的《企业会计准则第 36 号——关联方披露》中是用关联方对关联交易进行规定的。根据其规定,关系人或关联方是指在企业财务和经营决策中,一方有能力直接或间接、共同控制另一方或对另一方施加重大影响,或两方或多方同受另一方控制。

通过法律透视,可将关联企业这一法律概念的特质概括为:一种具有独立法律人格的企业之间的联合体,是由多种联系纽带联结而成的企业群体,其形成必定是为了特定的经济目的。关联企业中的成员企业必须具有独立的法律人格,这是构成关联企业的一个不可或缺的前提条件。关联企业是一种由单体企业联合起来的企业群体,在法律上关联企业的成员公司保持着各自独立的法人地位,各自享有独立的法律人格。这就是说,关联企业是由法律上各自独立的成员企业所构成的。它们之间的关系是平等的企业法人之间的联合关系。同样,关联企业的财产也不表现为企业集团作为一个整体所享有的财产,而是表现为各成员企业各自的独立财产,尽管这种所谓的独立财产存在着事实上的关联性和被支配性。关联企业也没有一个统一的管理机构。虽然有些企业集团设立有"总管理处"之类的机构,但是,这类机构充其量也只能发挥协调功能,但在关联企业法上仍然要由法律明确其法律地位和责任关系。关联企业中各成员企业各自虽然在法律上保持着其独立性,但其经济地位已经发生了倾斜。关联企业内部各成员公司之间在事实上形成了不平等的支配与从属的关系。

二、关联企业的确认

在实践中,对于一个总公司与其分支机构以及分支机构之间的连属关系一般是比较明确的,但是,对于母公司以及与其子公司之间的连属关系的确认就比较复杂。在世界各国的公司法、证券法、会计法、海关法、反垄断法以及税法等许多法律中都能看到关联企业这一法律现象的相关条款,各国在以上法规中均对如何判断企业之间是否存在关联关系作出了规定。

美国税法对关联关系规定的含义是最广泛的,而对纳税人来说则是最严格的。美国《国内收入法典》第482节综合规定为:"任何……两个或两个以上的组织,贸易主体或经营主体,共同隶属于同一利益主体,或者直接、间接地受控于此同一利益主体,即被视为具有关联关系。"这样的纳税人,就必须受有关转让定价税法条款的约束,以防止国际避税。上述规定的关键在于后面的"受控于"一词,该词与前面的"隶属于"一词并列。"隶属于"是明显的组织或财产关系,有一定的客观标准和法定依据,而"受控于"则含义非常广泛、模糊。对此,上述综合规定条款还附有若干具体规定加以解释、指明:"受控于"包括任何类型的控制,不论直接的或间接的、法律规定的或非法律规定的,也无论是已经实施的或尚未实施的,都属于"受控"范围。特别是,如果纳税人的所得额或扣除额已按照有关利益主体的意图转移,就可"推定"为控制行为已经产生。这就是说,如果国内企业按照某国外企业意图,以转让定价方式改变了所得额,转移了利润,这两个企业就被认定为生产控制行为而具有关联关系,就会受到税法制裁。在1968年颁布的《财政条例》中,美国相关政府部门又对上述内容作了较为详细的解释和规定。在条例中解释,所谓"组织",是指"无论是私人企业、合伙、信托、遗产、社会团体或是公司,无论在何地组建,在何地进行经营管理决策,在何地开展事业活动,并且无论其是国内企业或国外企业,是否免税团体,是否关联者,是否合并申报的当事者,这包含了任何种类的任何组织";所谓"贸易或经营",是指"无论是否设立组织或者在何地设立组织,无论是否个人所有,无论在何地开展活动,它包括了任何种类的任何经营或贸易"。

英国的规定与美国明显不同。英国在《1988年所得税与公司税法案》第770~773节中规定了关联关系的定义为:"买方系一法人或个人实体,卖方对其具有控制权,或卖方系一法人或个人实体,买方对其有控制权,或买卖双方均为法人或个人实体,双方有关法人或个人互有控制权。"英国法律也使用了"控制权"一词,并在第773节对此解释为:这类控制权体现在占有的股份或选举权中,或体现在关联企业组织章程赋予的权限中,或体现在任何规定处理权限的正式文件中。总之,必然有一定的客观凭证据以表明这类控制权。

加拿大税法中,对"连属自然人或法人"这一概念则另有解释。首先,所有被血缘、婚姻或养育关系联结起来的个人均被认定有关联关系。其次,个人与公司或公司与公司之间的关系则取决于"控制权"。这里也用了"控制"这个词,但加拿大法律对此并无明确解释,只能以判例法为依据,以股权占多数为判断标准,即以"法定控制权"为依据。这一点与英国近似,而有别于美国。

法国在《租税通法》第 57 节中对有关转让定价税制问题作出如下规定:"在对与外国企业存在控制与受控制问题的法国企业进行征税时,若该法国企业通过人为地提高或降低交易价格及其他任何手段将所得转移给该外国公司,税务当局可以将该部分所得划归该法国企业。无论法国企业控制或受控制于外国企业均适用本规定。在缺乏准确资料的情况下,可以比照在正常状态下营运的类似企业的所得来确定该控制与受控制关系企业的所得。"判定所谓"控制与受控制关系"的要素有二:一是股权上的从属关系,即某公司拥有另一公司 50% 以上的股权,尽管某公司拥有另一公司的股权不足半数,但它仍可作为大股东来行使支配权;二是事实上的从属关系,这是指通过某些非股权安排而产生的控制与受控制关系。

上述各国都从"控制"的角度来解释"关联企业",并将是否存在控制作为判定"关联企业"的基本标准。同时,它们不仅注重股权控制,还十分注重非股权控制,不仅涉及直接控制,也涉及间接控制,这是一个共同点。归纳各发达国家对国内外企业的关联关系的认定,具体标准大致有两条。

(一) 股权测定法

股权测定法是以企业间相互控股的比例来判定关联企业。目前,大多数国家对关联企业的界定是以有表决权的股份占受控企业总资本的比例为标准,但各国制定的控股比例标准却不尽相同。如瑞士、新西兰规定控股达到 50%,这两家企业便为关联企业。日本规定,一个企业 50% 以上的股权被另一个企业 3 个以下的股东个人所拥有,或者有两家公司被同一个公司控制 50% 以上的股权,这两家公司也间接地被认定为关联企业。挪威则规定控股达 30%。德国、西班牙、美国、奥地利等国规定控股达到 25% 便认定为关联企业。

(二) 实际控制管理判定法

实质重于形式是各国制定反避税规则的重要原则,因此,更多的国家从企业之间相互控制管理的实际情况来进行判定。比如,日本对于企业之间控股虽然达不到规定的比例,但只要符合以下四种情况之一者,便同样被认定为关联企业:①公司一半以上的职员是由另一公司委派的;②公司的执行董事,现在或曾经是另一公司的雇员或职员;③占相当比重的公司经营交易是与其下属公司之间进行的;④公司的贷款相当大的部分是从其下属公司借入或由其担保的。类似的规定在英国、美国、加拿大及澳大利亚等国也同样被采用。

我国在制定关联企业的标准方面与国际上的通行做法基本上是相同的。国家税务总局在1998年4月23日印发的《关联企业间业务往来税务管理规程》中,对关联企业的认定,作出了明确的规定:企业与另一公司、企业和其他经济组织(以下统称为另一企业)有下列关系之一的,即为关联企业:

1. 相互间直接或间接持有其中一方的股份总和达到25%或以上的。
2. 直接或间接同为第三者所拥有或控制股份达到25%或以上的。
3. 企业与另一个企业之间借贷资金占企业自有资金50%以上,或企业借贷资金总额的10%是由另一企业担保的。
4. 企业的董事或经理等高级管理人员一半以上或有一名常务董事是由另一企业所委派的。
5. 企业的生产经营活动必须由另一企业提供特许权利(包括工业产权、专有技术等)才能正常进行的。
6. 企业生产经营购进的原材料、零配件等(包括价格及交易条件等)是由另一企业所控制或供应的。
7. 企业生产的产品或商品的销售(包括价格及交易条件等)是由另一企业所控制的。
8. 对企业生产经营、交易具有实际控制的其他利益上相关联的关系,包括家族、亲属关系等。

三、关联企业的表现形式

关联企业是一种企业之间的联合体,是一种具有多元化和多层次结构的企业联合。我国财政部发布的《企业会计准则——关联方关系及其交易的披露》列举了关联企业或关联关系的主要形式,它包括:①直接或间接地控制其他企业或受其他企业控制,以及同受某一企业控制的两个或多个企业;②合营企业;③联营企业;④主要投资者个人、关键管理人员或与其关系密切的家庭成员;⑤受主要投资者个人、关键管理人员或与其关系密切的家庭成员直接控制的其他企业。

(一)直接或间接的资本控制关系

直接或间接的资本控制关系又包括:

1. 某一企业直接控制一个或多个企业。例如,母公司控制一个或若干个子公司,则母公司与子公司之间即为关联关系。
2. 某一企业通过一个或若干中间企业间接控制一个或多个企业。例如,母公司通过其子公司,间接控制子公司的子公司,表明母公司与其子公司的子公司存在关联关系。
3. 一个企业直接地和通过一个或若干中间企业间接地控制一个或多个企业。例如,母公司对某一企业的投资虽然没有达到控股的程度,但由于其子公司也拥有该企业的股份或权益,如果母公司与其子公司对该企业的投资之和达到拥有该企业一半以上表决权资本的控制权,则母公司直接和间接地控制该企业,表明母公司与该企业之间存在关联关系。

4. 同受某一企业控制的两个或多个企业。例如,受同一母公司控制的各个子公司之间存在关联关系。

(二) 合营企业

合营企业,是指按合同规定经营活动由投资双方或若干方共同控制的企业。合营企业的实质是两个或多个企业直接共同控制某一企业,使共同控制方与被共同控制企业之间构成关联关系。例如,A、B、C 三个企业共同控制 D 企业,从而 A 和 D、B 和 D,以及 C 和 D 构成关联关系。

(三) 联营企业

联营企业,是指投资对其具有重大影响,但不是投资者的子公司或合营企业的企业。当某一企业或个人拥有另一企业 20% 或以上至 50% 表决权资本时,通常认为投资者对被投资企业具有重大影响,则该被投资企业被视为投资者的联营企业。这种情况下,虽然投资者拥有被投资企业一定比例的表决权资本,但没有达到控制该企业的表决权资本比例,同时,由于投资者拥有被投资企业一定比例的表决权资本,可以通过一定的方式(如在董事会中派有代表等),有能力对被投资企业施加重大影响,从而使投资者与被投资企业存在关联关系。例如,A 企业拥有 B 企业 25% 的表决权资本,通常表明 A 企业对 B 企业具有重大影响,则 A 和 B 构成关联关系。

(四) 主要投资者个人、关键管理人员或与其关系密切的家庭成员与被投资或被管理企业之间的关联关系

主要投资者个人,指直接或间接地控制一个企业 10% 或以上表决权资本的个人投资者。关键管理人员,指有权力并负责进行计划、指挥和控制企业活动的人员,例如,董事、总经理、总会计师、财务总监、主管各项事务的副总经理,以及行使类似政策职能的人员,他们对企业的财务和经营政策起决定性的作用。关系密切的家庭成员,指在处理与企业的交易时有可能影响某人或受其影响的家庭成员。这里所指的关系密切的家庭成员是针对主要投资者个人和关键管理人员而言的,家庭成员指上述人员的父母、配偶、兄弟、姐妹和子女。判断与上述人员关系密切的家庭成员是否为一个企业的关联方,应该视他们在处理与企业交易时的互相影响程度而定。

这一类的关联关系包括如下几种具体形式：

1. 某一企业与其主要投资者个人之间的关系。例如，李林是 A 企业的主要投资者，拥有 A 企业 15% 的表决权资本，则 A 企业与李林构成关联关系。

2. 某一企业与其关键管理人员之间的关系。例如，A 企业的董事长与 A 企业构成关联关系。

3. 某一企业和与其主要投资者个人关系密切的家庭成员之间的关系。例如，A 企业的主要投资者刘明的儿子刘成与 A 企业构成关联关系。

4. 某一企业和与其关键管理人员关系密切的家庭成员之间的关系。例如，A 企业董事长王明的儿子王成与 A 企业构成关联关系。

（五）某一企业与受主要投资者个人、关键管理人员或与其关系密切的家庭成员直接控制的其他企业之间的关联关系

某企业与受主要投资者个人、关键管理人员或与其关系密切的家庭成员直接控制的其他企业之间的关联关系包括：

1. 某一企业与受该企业主要投资者个人直接控制的其他企业之间的关系。例如，A 企业的主要投资者 H 拥有 B 企业 60% 的表决权资本，则 A 和 B 存在关联关系。

2. 某一企业与受该企业关键管理人员直接控制的其他企业之间的关系。例如，A 企业的关键管理人员 Y 同时也是 B 企业的关键管理人员，则 A 和 B 存在关联关系。

3. 某一企业与受该企业主要投资者个人关系密切的成员直接控制的其他企业之间的关系。例如，A 企业的主要投资者 Y 的儿子拥有 B 企业 60% 的表决权资本，则 A 和 B 存在关联关系。

4. 某一企业与受该企业关键管理人员关系密切的家庭成员直接控制的其他企业之间的关系。例如，A 企业的财务总监 Y 的母亲是 B 企业的总经理，则 A 和 B 存在关联关系。

第二节 转让定价的基本概念与成因

一、转让定价的定义

关联企业的转让定价是跨国纳税人（尤其是跨国公司法人）避税的重要手段。转让定价（Transfer Pricing），也称转移定价，是指跨国纳税法人管理当局从总体经营战略目标出发，为谋求公司利润的最大化，在母公司与子公司、子公司与子公司之间购销产品和提供劳务时所确定的内部交易定价。

随着跨国公司规模和业务范围的不断扩大,特别是科学技术的不断向前发展,跨国公司的内部交易不断出现新的内容,而且这些交易内容往往都带有一定的隐蔽性。所以,转让定价又定义为:跨国关联企业之间通过各种方式转移资源或义务的关联交易价格。转让定价不会发生在两个独立企业之间,它只会发生在关联企业之间;转让定价并非根据国际市场上的供求情况制定,而是根据跨国公司的全球战略和整体利益人为制定的,它反映了跨国公司内部贸易在价格上的全部特征,是一种"非正常交易价格"。

利用转让定价进行避税,是国内、国际避税中最通用、最普遍的方式之一。其基本做法是:在商品交易活动中,卖方处于高税负而买方处于低税负的情况下,其交易价格就以低于市场价格的方式进行;反之,交易价格就会高于市场价格。这样就使收入从高税负方转移到低税负方,费用则作相反方向的转移,即可达到降低总体税负的目的。

尽管长期以来,人们在观念中始终把转让定价和避税等同起来,进而将实施转让定价调整和反避税也等同起来,然而,转让定价从其本质看是一个中性的概念,站在全球的角度、从世界经济的动态发展的趋势来看,转让定价并不完全等同于避税。

按照1979年经济合作与发展组织(OECD)关于转让定价的报告序言部分,转让定价是一个中性概念,它是指涉及跨国企业中各所属经济实体间商品、劳务和无形资产转让的一种内部定价机制。这类定价机制一般是从商务的角度出发,处心积虑地转移利润以求避税并不是目的。然而,在各国的税收实践中,"转让定价"这一名词往往偏离中性而带有贬义,用于说明跨国企业把一个连属成员企业的所得转移给另一个成员企业的价格决策。这种"贬义"被误用的原因是:转让定价行为会影响本国的税收。如果跨国企业集团各成员分别处于不同国家,则这些国家中某一国的税基会受到另一国的侵蚀,而后者则会因此而受益。这种"转让定价"的基本特征表现为:它受跨国企业集团利益的支配,脱离市场一般供求关系约束,对商品、劳务及无形资产内部交易往来采取了与独立企业之间正常交易不同的计价标准,这就可能造成收入和费用跨越国境的非正常分配,从而导致了连属成员企业各个利润中心账上反映的"会计所得"与按照各所在国税法计算出来的"计税所得"严重偏离,并由此引发出一系列矛盾,从而引发国家税收权益的移动。因此,为了纠正这种利润转移对本国税收产生的影响,各有关国都采取了"反避税"措施以抵制对商品、劳务或无形资产过分抬高或降低价格等避税行为。尽管跨国公司采取"转让定价"的动因是多种多样的,既有税收动因,也有非税收动因,但其中最为突出的是:世界各国所得税税制的差异,计税依据的不同,税率有高有低,再加上税收管理上普遍存在漏洞,这就使得跨国纳税人有可能在同一集团的支配下,特别在主要控股者的把持下,精心安排收支项目及其计税标准,把应税所得从高税的一国转移到低税的另一国,达到企业集团总利润即使不变而其全球性的税后利润也可以大大增加的目的。由此必然产生两种结果:一种是逃避税收,这反映在一国政府与其所管辖的跨国纳税人之间的税收征纳关系上；另一种是税收权益转移，这反映在各国政府之间的税收分配关系上。对转让定价的贬义的误用正是出于对前一种结果的考虑。

随着世界经济的迅猛发展和国际经济协作的日益增强，跨国公司在国际贸易中所占的地位越来越重要。由于跨国公司就其本身而言涉及的是两个以上的税收管辖权，并且允许其内部成员之间建立不同于独立企业的特殊关系，因此，对跨国企业的税收问题也就不能单纯从一个片面的、孤立的角度去考虑，而是应当从一个广义的国际性范畴去讨论。站在全球的角度考虑转让定价的中性定义时，应以 OECD 准则作为全球的转让定价准则的起点。OECD1984 年报告指出："完全漠视跨国企业的特殊处境是错误的，而这些方法在于关联各方中不能适用或很少适用的事实，也并不能由此得出结论说这些方法就必然会产生不符合公平独立标准的价格。"这是对各国税务当局的一个提示：避税并非永远是跨国公司价格策略的中心，在某些情况下，跨国企业会在某个国家维持一项无利或低利业务以保护商誉，或者为避免外汇管制、进行间接筹资而将利润从低税国转移到高税国从而造成整体税负增加。因此，要使转让定价成熟、顺利运行并融入全球经济轨道，首先必须确立其中性的特质。

综上所述，转让定价具有以下特征：

首先，具有转让定价行为的公司具有跨国性。如果母、子公司都设在同一国家或地区内，其外部条件也相同，就没有必要进行转让定价，只有设立在两个或两个以上国家和地区的外部条件差别较大，才可能利用这种差别，以高于或低于正常市场价格的交易转移其利润进行避税。

其次，通过转让定价转移利润的数额具有隐蔽性。因为定价是内部作出的决定，其中到底包含着多少利润额，关联企业之外的人是不可知的。

再次，转让定价操作具有连续性。因为转让定价利润额是隐蔽的，除非该国税法规定税务征管机关稽查时可以用局外正常交易价格的原则来判断公司的价格是否合法，否则没有别的办法可以认定其避税。

最后，转让定价的高低具有双向性。一段时间内甲公司价格定得高，但另一段时间内也可以定得低。也就是说，这种定价的高低完全在于是否有利于转移利润，因此，它是双向的。

二、转让定价的成因

转让定价是随着社会化大生产的发展、公司组织形式和结构发生变化，应运而生的一种经营管理手段，它反映了公司集团内部分工与合作的要求。其形成有它本身的理论基础和经济基础。

(一)转让定价形成的经济学解释——内部化理论

如前所述,内部化理论的思想由海默首创,英国学者巴克利和凯森在1976年出版的《跨国公司的未来》一书中正式提出,后来,加拿大学者拉格曼在1981年出版的《跨国公司内幕》一书中进一步发展了这一理论。根据内部化理论,跨国公司为了节约交易费用,通过扩大组织规模,把具有特定资源供需关系的外部产业组织纳入企业内部,取消某种市场交易,代之以组织内部的交易。这样,市场交易内部化将会促使组织内部交易费用的大大降低。由于内部交易单位仍需要进行独立核算,需要对内部交易各方之间发生的经济业务加以记录和反映,提供真实可靠的经营业绩,实现有效的管理,这样,转让定价便应运而生。

(二)转让定价形成的经济基础

转让定价的形成具有一定的经济基础,具体表现在以下三个方面。

1. 转让定价是跨国公司跨国经营的必然产物。

首先,跨国公司内部贸易是转让定价形成与发展的标志与前提。作为一个由母公司及众多海外子公司组成的统一经营实体,其内部母公司与子公司及各子公司之间都存在着经常性的大量资金、中间产品等的流动,由此形成了转让定价。

其次,转让定价又是跨国公司组织管理控制形式变化的产物。转让定价策略最初是跨国公司总部对下属子公司控制的一种手段。这种手段是20世纪50年代工业发达国家工商业组织权力下放所形成的必然结果。20世纪50年代以前,跨国公司多采取以母公司为中心的高度集权的管理体制,以保证母公司对子公司的控制。随着跨国公司的发展壮大,高度集权管理体制已不适应生产发展的需要,许多大公司将高度集权改变为高度集权下的分权管理体制。一些复杂的制造业和销售机构将它们高度集中的经营权下放到下属众多的利润中心,作为刺激生产发展的一种手段。在子公司自主权日益扩大的情况下,需要运用转让定价政策来保证其资源按理想的方式在公司体系内进行分配。这样,一方面可以促使子公司管理人员有效率地经营利润中心,另一方面也使跨国公司整体获得利益。此外,转让定价还可作为评价和监督子公司的一种手段。

最后,转让定价也是跨国公司实现全球战略、谋求最大利润的重要手段。跨国公司是以争夺全球的销售市场为目标的,这种目标促使跨国公司在全球范围内有效地使用资本、技术、人力和物力,进行资源的全球化配置。由于转让定价具有灵活性,即在一定程度上不受制于国际市场一般供求关系的影响,从而可运用于跨国公司的全球化战略,利用各国税率、利率、外汇管制等经济环境及政治文化气候的差异,使公司获得最大利润。

2. 各国税负的差异。从跨国公司的主观战略意图上讲，它的税负策略就是要通过各种途径尽力减轻整个公司的总体税负。而客观存在的各国税负的差异恰恰是跨国公司形成转让定价的土壤。各国政治制度的不同，决定了各国税负政策、税收制度、税种的差异。具体来讲，它包括：①税率的差异。例如，在征收公司所得税时，有的国家按比例征收，税率最高可达 50%，低者可为 15%；有的国家则实行超额累进税率，高可达 70%，低可至 35%。②税收方式的差异。各国在征收进口税时，可采用各种方式计征，如从量税、从价税、选择税。③税基的差异。如各国税务当局对所得税税基即应税所得有不同的计算方法。在计算应税所得时，各种扣除项目不统一。在税率一定的条件下，税基的大小直接影响到所得税税负的高低。④各国在税法有效实施与管理水平上也有一定的差异。

3. 多个独立的价格市场的存在。当跨国公司所面对的不是单一的价格市场而是几个或数十个相互间具有独立性且价格需求弹性不同的价格市场时，转让定价就应运而生。从理论上讲，跨国公司可以利用相互分割的价格市场，利用需求弹性的差异，借助于不同国家实施差别定价，以增加跨国公司的整体利润。

三、关联企业制定转让定价的动机

通过操纵和运用转让价格来实现其国际经营战略和全球利润最大化是跨国公司关联企业制定转让价格的主要动机。跨国公司从总体经营战略的角度出发，不仅考虑所承担的税负最少，还要考虑跨国公司在全球范围内的整体发展，所以，转让定价也是跨国公司实施战略发展目标的一个重要手段，其战略动机具体体现在以下 4 个主要方面。

（一）避税动机

最大限度地减少全球税负是跨国公司对外投资考虑的几个最重要的条件之一。税负包括关税和所得税。世界上大多数国家对公司的营业利润要征收公司所得税，对进出口商品要征收关税，跨国公司集团从整体利益出发，对国际收入和费用要全盘考虑，利用各关联企业所在国的所得税和关税税率的差异，通过内部转让价格使全球范围的关联企业在整体上税收负担最轻，包括尽量压低高税率国家关联企业对低税率国家关联企业的销货、服务、租赁和无形资产转让业务收入和费用分配标准，从而将收入尽可能地转移到低税率国家的关联企业，费用尽可能地分配到高税率国家的关联企业。此外，在一般情况下，跨国公司对设在高关税国家的子公司，以低的转让价格出售商品，降低子公司的进口额，以降低从价关税。

下面我们举一个简单的例子来说明跨国公司集团内部如何利用转让定价进行避税。

假定公司 A 和 B 是某跨国公司分别在两个国家的分公司,A 公司所在国的公司所得税税率为 30%,B 公司所在国的公司所得税税率为 40%。现 A 公司对 B 公司销售一批手机零配件,由 B 公司进行组装加工后出售。A 公司的成本为 100 万美元,B 公司的成本在 A 公司售价的基础上加 50 万美元,A 公司对 B 公司按正常交易价格的销售收入为 200 万美元。但 A 公司以 250 万美元的价格将零件卖给 B 公司,B 公司在加工以后仍以 400 万美元出售最终产品。这样,A 公司的利润增加 50 万美元,而 B 公司的利润相应减少 50 万美元。由于 A 位于低税国,而 B 位于高税国,所以 A 公司提高对 B 公司的转让价格,由此将利润从 B 国转移至 A 国,使两个公司的整体税负降低 5 万美元,由此跨国公司减轻了整体税负。

本例中转让定价策略的税收效果见表 6-1。

表 6-1 转让定价(TP)的税收效果 单位:万美元

项 目	公司 A		公司 B		公司 A+B	
	未制定 TP	制定 TP	未制定 TP	制定 TP	未制定 TP	制定 TP
销售收入	200	250	400	400	600	650
销售产品成本	100	100	250	300	350	400
销售总利润(应税所得)	100	150	150	100	250	250
所得税	30	45	60	40	90	85
税后利润	70	105	90	60	160	165

通过上述比较可以发现,在不同价格条件下跨国纳税人的纳税情况是不同的。由于跨国公司采取转让定价使跨国公司的总体税负减少了 5 万美元,由此跨国公司利用两国的税率差异达到了避税的目的。在实践当中,出于避税的考虑,跨国公司甚至可以让 B 公司出现亏损,而把利润全部转移至 A 公司的账面上。如果 A 所在国是不征所得税或是税率很低的避税地,则这种转让定价策略就可以给跨国公司带来更大的利益。通过转让定价手段转移利润减少纳税的策略不仅适用于关联企业之间的产品销售,也适用于关联企业之间的其他类型交易,如劳务提供、贷款、无形资产等。

利用转让定价避税还需要注意关税的问题。由于所得税和关税之间存在的矛盾,跨国公司在安排关联企业的交易价格时不仅要考虑有关国家的公司所得税税率,还要考虑进口企业所在国的关税情况。对进口方来说,较高的关税就会导致较低的所得税计税基础,较低的关税就会导致较高的计税基础,那么用较高的转让价格向该国的关联企业出售产品就不一定有利。这就需要跨国公司在所得税和关税之间作出权衡,最终使整体税负达到最少。

仍用上面的例子来说明。假设 B 公司所在国对手机零配件的进口关税为 10%,则 A 公司以较高的转让定价出售这批产品仍然比以真实价格出售更为有利。这是因为,虽然对 B 公司进口的零件征收的进口关税增多,但由此导致 B 公司利润下降,进而导致所得税下降的幅度比关税上升的幅度大,那么该跨国公司的整体税负还是下降。当关税税率较高时,关税增加的幅度可能超过所得税下降的幅度。在此例中,我们假设关税税率分别为 10% 和 20%,通过表 6-2 可以看出两种情况下的不同。

表 6-2 关税为 10% 与 20% 时转让定价的税收效果 单位:万美元

项目	公司 A 未制定 TP	公司 A 制定 TP	公司 B 未制定 TP	公司 B 制定 TP	公司 A+B 未制定 TP	公司 A+B 制定 TP
销售收入	200	250	400	400	600	650
销售产品成本	100	100	250	300	350	400
进口关税(10%)	—	—	20	25	20	25
销售总利润(应税所得)	100	150	130	75	230	225
所得税	30	45	52	30	82	75
税后利润	70	105	78	45	148	150
销售收入	200	250	400	400	600	650
销售产品成本	100	100	250	300	350	400
进口关税(20%)	—	—	40	50	40	50
销售总利润(应税所得)	100	150	110	50	210	200
所得税	30	45	44	20	74	65
税后利润	70	105	66	30	136	135

一般而言,两国所得税的差异与关税的差异之间的相差程度越大,跨国公司利用转让定价对进出口货物价格进行调整能够逃避的税收就越多。由于跨国公司集团面临的所得税通常要比进口关税税率高,所以在制定转让价格时,所得税是主要因素,一般优先考虑,即采取较高的转让价格转移到所得税率高的国家。在有些情况下,进口国根据国际定价来课征进口税,这时,该进口税因素对转移价格不会产生影响。

(二)获得竞争优势

1. 扶持国外新创建的子公司。跨国公司的子公司遍布在世界不同国家,当在一个国家新创立子公司时，跨国公司会通过转让定价来扶持在国外新创立的子公司。在子公司刚刚起步发展时，为了能使其在与同行业其他企业的竞争中迅速占领市场，获得有利形势，母公司除了从资金和技术方面提供有力的支持外，通常还会以尽可能低的价格向新创立的子公司供应所需产品、原料，提供劳务，并同时抬高它产出产品的转让价格，从而夸大报告的收益和财务状况，树立良好的财务形象，进而有利于该子公司获得在当地融资的机会，削弱竞争对手的地位，控制当地市场，提高自身的竞争力。在短期内，该跨国公司其他的子公司可能会因此降低利润，甚至会带来跨国公司整体利润水平的暂时下降，但从长远来看，新创立子公司的迅速发展会给企业整体带来更大的收益。

但同时需要考虑的是，东道国的反托拉斯行动和当地竞争对手采取的其他报复行为将会给公司带来损失；而从子公司的内部来看，如果长期受到母公司的扶持，就会缺少竞争压力，会使管理者产生依赖的思想，不利于公司的长期发展。

2. 支持研发项目，拓展新产品市场。跨国公司通过转让定价，还可以促进某一产品或某一个环节的发展。跨国公司在刚开始研发某一种新产品或是经营的某种产品需要扩大市场时，通常会遇到激烈的竞争，该产品的生产企业往往需要资金、设备、原材料、零部件等方面的扶持，跨国公司可以通过制定关联企业转让定价来支持这种产品的发展。

（三）避免风险

跨国经营使企业的风险大大增加，而通过内部转让定价可在一定程度上避免风险，保持稳定的经营环境。跨国公司面临的风险有许多，而外汇、政治方面的风险则是其独具的。

1. 逃避外汇风险。为避免汇率波动的风险，跨国公司通过转让定价，在公司内部支付时间上作变动和调整，采用提前支付款项或推迟支付款项，以避免或减少外汇风险。

2. 逃避政治风险。如果跨国公司某子公司所在国存在着政治动荡的风险，那么它应尽可能快地将资本转移出去，转让定价则有助于转移资本。

（四）绕过东道国的各种管制措施

东道国通常会对国内的外国企业施加种种管制措施，而作为跨国公司，则可以利用转让定价来有效地绕过这些限制。

1. 绕过东道国的外汇管制。多数发展中国家为了保持国际收支平衡，都对外汇的自由流动加以严格限制，但是对国际贸易中外汇支付的限制措施则相对较松。于是，跨国公司可以利用转移价格，以贸易支付的形式绕过外汇管制，调出红利。

2. 绕过东道国的资金管制。为了避免跨国公司把大量资金抽回,许多东道国都对外国资本及利润汇回母国有时间、金额或税收上的限制,但对贷款和利息的汇出则无限制。跨国公司即可以利用高转让定价向东道国子公司发货,将资本由子公司调回母公司。跨国公司还可以利用高利贷款的方式,由子公司支付高额利息的途径将资金抽回。

3. 绕过东道国的价格管制。东道国政府为限制跨国公司在当地的经济活动,保护本国市场、维护本国居民的合法权益,大多会实行市场价格控制政策,并制定了反倾销法和反垄断法。跨国公司即可以利用低转移价格,降低当地子公司的成本来占领东道国市场。除了上面所述的目的外,跨国公司为了达到从合资企业中得到更多的利益,或避免子公司利润过高而招致东道国政府要求重新谈判或工会要求提高工资、福利待遇,或是向子公司分摊管理费或研究与开发费用等目的,均可通过转移价格来实现。

第三节 转让定价的表现形式及影响因素

一、转让定价的表现形式

关联企业转让定价在形式上不仅包括有形产品的转让定价,还包括无形产品的转让定价。具体来说,跨国公司常用的转让定价方式有以下几种:

(一)通过货物价格转移收入和费用的转让定价

货物价格,包括生产过程中的原材料、零部件、中间产品、制成品和机器设备等。在跨国公司的转让定价中,货物价格占了很大比重。如前所述,关联企业之间的原材料供应与产品销售一般实行"低进高出"或"高进低出",即通过控制原材料和零部件或产品的输入及输出价格来影响产品成本,把收入转移到税率低的关联企业,把费用转移到税率高的关联企业,从而实现利润的转移,使企业的整体税负最小。

(二)劳务价格

通过劳务价格的转让定价即通过技术、管理、广告、咨询等劳务的费用来影响关联企业的成本和利润。在跨国公司体系中,除了产品之外,还有不合常规劳务报酬的转移收入方式。例如,某些企业在向其关联企业提供销售、管理或其他劳务时,不按照常规计算收入,而通过收取高额或低额服务费用来实现转让定价,哪一方有利时就将收入向那一方转移,从而达到避税的目的。

(三) 特许权使用费

通过对无形资产转让收取特许权使用费的高低,母子公司互相对成本和利润施加影响。由于特许权使用费具有很大的不可比性,使得该项费用更容易调整,跨国公司就可以在这方面灵活运用。

(四) 贷款利息

运用贷款利息的转让定价即通过提供贷款的利息高低来影响关联企业的利润水平。在对子公司的投资过程中,贷款较参股具有更大的灵活性,因为母公司可以根据公司情况确定利率的高低,并且子公司在支付利息的时候可将其作为费用扣除。有些资金比较宽裕或贷款来源多的企业,若其税负相对较重,往往采用低息贷款甚至无偿借款或支付预付款的方式将资金提供给其关联企业使用,这样,这部分资金需要支付的利息主要或全部由提供资金的企业负担,从而增加高税率企业的成本,减轻了关联企业的总体税负。

(五) 租赁费

租赁是一项相对较新的经济活动,租赁费作为转移价格的一种形式,近年来获得了迅速发展。利用有形资产租赁,通过调整收取租赁资产费用的高低,可以影响关联企业的利润水平。

(六) 管理费用

通过调整管理费用来转让定价即向子公司索取过多的管理费用或额外将母公司自身的管理费用分摊入子公司的管理费用内,以此减少子公司的利润。

此外,在母公司与子公司之间或子公司与子公司之间人为地制造坏(呆)账损失、赔偿等,以增大子公司的费用支出,或通过控制固定资产的出售价格和使用年限等方式,也可影响关联企业的成本水平。

二、转让定价的影响因素分析

跨国公司的跨国经营大大增加了转让定价的复杂性。转让定价不仅受到跨国公司内部因素的限制,而且受到国际范围内市场条件的影响。

(一) 影响转让定价的内部因素

运用什么样的转让定价与各国企业的诸内部因素有关。所谓内部因素,是指跨国公司本身在企业战略、组织结构和经营管理方面具有影响力的因素,如企业的各种目标、组织形式、业绩考评、经营规模等。其中,最主要的是经营战略和管理过程。

1. 经营战略。经营战略与转让定价间的关系,主要取决于以下两个方面:一是在各子公司的产品依存关系上,是否存在纵向一体化战略。如果存在纵向一体化战略,则其内部交易就须按跨国公司管理当局的统一部署进行,就需要实行内部转让定价,以确保跨国公司全球一体化战略的实现;如果不存在纵向一体化战略,则各子公司(即利润中心)可以自由选择购销对象,这样,只有各子公司自愿相互交易,才有可能发生相互间的转让定价问题。二是在跨国公司的内部和外部交易上,各子公司是否被视为一个独立的企业,也就是说,如果一个子公司仅仅在对企业集团外部销售时才被视为一个独立的企业,而在集团内部销售时却作为一个非独立单位或机构,那么需要采用转让定价,否则,该子公司在交易时不需要执行转让定价策略。

2. 组织战略。公司的集权或分权程度对转让定价系统的影响很大。集权化程度较高的公司往往要求集中确定内部交易的转让定价,一般情况下,采用以成本为基础的定价方法;分权化程度较高的公司则往往将转让定价权下放给各下属公司或部门,一般情况下采用市场价格定价法或协议定价法;还有一些公司对一部分产品的生产实行集权化管理而对其他的产品实行分权化管理,在这类企业中,往往同时运用多种转让定价方法。跨国公司在确定转让定价系统时,为保证公司组织管理体制的有效运行,需要考虑公司的集权、分权程度这一影响因素。

3. 业绩评价。跨国公司业绩评价体制的实施过程,对转让价格系统有着明显的影响。转让价格制定得如何决定着各利润中心业绩的好坏。无论采用哪一种转让定价方法,都应该能对公司下属的各子公司或分支机构及其主管人员在其控制范围内的经营业绩进行充分和科学的测量,同时应能激励下属公司取得更好的成绩。因此,公司的业绩评价体制成为转让定价系统的重要影响因素和决定因素。

4. 信息系统。在以电脑和通信网络为代表的信息技术飞速发展的信息时代,一个有着良好管理信息系统的跨国公司有可能将下属各个公司或部门的相关信息集中到公司总部,并将转让定价的决策权也集中到总部,由总部根据各下属公司适时反馈上来的相关信息统一制定,并根据实际情况及时修订,这样可以保证部门目标与公司整体目标的一致。相反,目前相当一部分的公司依赖于手工的管理信息系统,使得处于复杂运营环境的跨国公司和它们的下属公司难以形成完善的管理信息系统,也就谈不上在此基础之上的转让价格的统一制定和适时调整。因此,良好的管理信息系统和先进的信息技术手段是影响转让定价制定和管理的非常重要的因素。

5. 企业目标和管理者偏好。不同的跨国公司和跨国公司在不同时期,其主要目标有所不同。控制和占领市场、避免或减轻税负、防范和化解外汇风险等都制约着转让价格的制定。另外,不同国家的不同管理者,其文化背景和管理偏好也存在差异,例如,据国外有关人士的调查,美国、英国、日本、法国等国的财务主管都偏向于以成本为基础的定价,加拿大、意大利等国的财务主管则倾向于以市价为基础的定价,同时,美国、加拿大、法国和意大利的财务主管大多看重所得税,日本的财务主管则关注企业所在国的通货膨胀等因素。

(二)影响转让定价的外部因素

影响转让定价的外部因素很多,主要有以下五种。

1. 税负差异。由于大部分国家的税制差异较大,因而跨国公司管理当局有可能利用转让定价人为地调减企业的总体税负,以增加整体利润。但是,这种做法会影响到有关国家的纳税收入,从而有可能引起有关国家政府部门对此采取某些干预措施。例如,有的国家采用按"局外价格"的原则来检查、监督转让定价,有的国家则采取"比较定价"的原则对跨国公司的转让定价进行监督。无疑,这些都将迫使跨国公司对转让定价持慎重态度,这主要体现在以下两个方面。

一是要考虑所得税的影响。国家之间不同所得税政策的存在影响着跨国公司转让定价的确定。跨国公司内部交易的价值主要是由跨国公司所确定的转让价格来决定的。如果跨国公司内部交易的转让价格确定得好,就会使公司的收入集中到低所得税的国家,公司的成本则集中到高所得税的国家,从而降低企业的整体所得税负;反之,则会增加企业的整体所得税负。故跨国公司在确定其转让定价时一般要考虑各公司所在国之间不同所得税税率的影响,力图使公司的整体所得税税负最低。

二是要考虑关税的影响。关税可分为从量关税和从价关税,对跨国公司内部转让定价形成影响的主要是从价关税。由于关税计算时所依据的关税完税价格主要是由交易的价格所决定的,所以跨国公司在确定转让定价时要充分考虑各国关税税率以及关税政策之间的差异,力争减少公司整体支付的关税,从而降低跨国公司的经营成本,使其整体利润最大。一般情况下,跨国公司对进入低关税国家的货物制定较高的转让定价,而对进入高关税国家的货物制定较低的转让定价。但如果跨国公司下属的两个位于不同国家的子公司之间进行内部交易,除了买方公司要向其所在国缴纳进口关税外,卖方公司也要就这批货物向其所在国缴纳出口关税。这就存在着一个权衡的问题,因为跨国公司制定的内部转让定价不能同时既减少这宗交易的出口关税,又减少其进口关税。不过,由于大部分国家都鼓励出口,出口税率一般较低,有的甚至是零税率政策,故跨国公司在制定内部转让定价时主要考虑买方公司所在国的进口关税因素。

2. 竞争因素。跨国公司在运用转让定价以增强其整体竞争能力时,有可能会导致子公司所在国政府采取反托拉斯和反倾销行动,同时也可能会遭到所在国其他竞争对手的报复,其结果会对公司更为不利。另外,出于竞争的考虑而对子公司所采取的转让定价,实际上是给予该子公司的一种价格补贴,这有可能使子公司形成懒惰情绪和依赖思想,最终与跨国公司的初衷相背离。与此同时,由于各利润中心都有着各自独立的利益,而内部转让定价是一种非公平交易价格,由此会使某些子公司滋生各种不满情绪,从而对公司业绩形成短期和长期的消极影响。再有,当国外子公司采取合资经营时,母公司往往有通过转让定价将利润转入母公司的动机,这就会影响到国外合资子公司的利益,而招致东道国一方投资者的限制。实际上,合资子公司已跨越了跨国公司的内部经营范围。综上所述,竞争因素在一定程度上也制约着跨国公司的转让定价决策。

3. 通货膨胀。跨国公司在转让定价中往往人为地进行调整,使设在高通货膨胀率国家子公司的货币性资产保持最低限度,以使其货币购买力不因通货膨胀而发生损失。但这种做法所引起的资产或资金的转移可能会受到子公司所在国家的限制。因此,对这种转让定价可能形成的后果,跨国公司应予以充分考虑。

4. 外汇交易风险。跨国公司外汇交易风险,是指国际金融市场的汇率和利率的变化对公司以外币计量的资产和负债带来损失的可能性。在浮动汇率制下如何避免外汇交易风险是每一个跨国公司都必须慎重考虑的问题。由于跨国公司在外国设立的子公司的资产和负债一般都是用外币来计价的,而在浮动汇率制下,外币与母公司所在国的货币的汇率并不总是稳定的,这就使得跨国公司面临着较大的外汇交易风险。而跨国公司通过控制内部交易的转让定价,可以将软货币国家里的资金转移到硬货币国家中去,从而降低外汇交易风险。

5. 政府政策。跨国公司母公司及其下属公司所在国的政府,出于对本国利益的考虑,往往对跨国公司在本国的经营行为作出种种限制。这主要体现在以下两个方面。

一是限制跨国公司所属子公司的"利润返还"。从子公司所在国的立场来看,它希望跨国公司在本国设立更多的子公司,但不希望子公司将所赚取的利润都汇往国外,因为大量的利润返还会造成本国外汇的严重流失,影响本国经济的发展。所以,许多国家会制定相应的措施来限制子公司的利润返还,鼓励它们将利润用于再投资。显然,跨国公司如果想硬性将利润返还是有一定困难的,但是,跨国公司可以通过控制内部交易的价格等方式来将子公司的利润转移出来。

二是限制跨国公司内部转让价格的制定。目前,大部分国家都采取了相应的措施来限制跨国公司内部转让价格的制定,特别是与本国利益相关的跨国公司的内部交易的转让定价。绝大部分国家的税收机关都要求紧密相连的实体之间发生的交易所运用的转让定价应该以公平市场价格为基础。

总之，转让定价要受到诸多因素的影响，以上讨论的这些内外部影响因素之间是相互影响和相互作用的，其影响程度也各不相同，且这些因素还处于不断变化之中。

第四节 跨国公司制定转让定价的策略

一、转让定价的基本原则与决策机制

跨国公司制定转让价格从某种意义上说虽有较大的随意性，但也必须遵守一定的原则：

一是内部贸易的双方都是经济实体，要强调经营绩效，转让定价水平必须能够使交易双方有合理的利润收入。

二是从长期角度看，总利润在不同经营单元之间的分配要合理，内部交易赢利与外部交易赢利不能长期存在较大差额。

三是重视综合盈亏对总体的影响，利润安排要以公司整体利益最大化原则为准。

转让定价的决策机制通常有三种类型：一是以母公司为中心，实行高度集权的"本国中心"机制，即由母公司经理人员综合考虑各方面因素，统一制定对整个公司最有利的转移价格；二是以海外子公司为中心，实行分散管理的"多元中心"机制，由各子公司经理人员根据所面临的实际情况，确定适当的转移价格；三是集中与分散相结合的"全球中心"机制，即由公司内部利益相关各方共同决定最佳的转移价格。在实践中，大多数跨国公司都实行高度集权的"本国中心"机制，以便在较高层次上充分发挥转移价格的作用。

二、转让定价的基本方法

一般来说，转让定价制定的基本方法有以下几种。

（一）以市价为基础的转让定价

以市价为基础的转让定价方法，就是以转移产品时的外部市场价格作为企业内部转让定价的基础的一种方法。采用这种定价方法在跨国公司内部转移产品时，将所属各子公司都视为独立经营的企业，所确定的转让定价基本上接近正常的市场交易价格。这种方法又可以分为完全市场价格定价法和市场价格扣减法两种。完全市场价格定价法所确定的价格和出售给公司外部的购买者所采用的市场价格一样，是完全的市场价格；市场价格扣减法是在市价的基础上减去一定百分比的扣减额后作为转让价格的定价方法，理论上说，在这种定价方法下，转让定价并不决定交易是在企业内部还是在其

外部进行。

以市价为基础的转让定价需具备三个条件:①存在一个竞争的中间产品市场;②各公司在生产经营方面有较大的独立性和自主权,有权对外销售其产品和从外部采购其所需的原材料等物资和各种劳务;③有市场价格可供参考。只有满足上述条件,运用市场价格定价法确定的转让定价才具有真正意义。

1. 以市价为基础的转让定价方法的优点是:

(1)有利于发挥子公司的自主权,达到企业分权经营的目的。

(2)由于市场价格较好地代表着产品的真实价值,该方法有利于有效地利用其有限的资源,取得正常的收益。

(3)有利于子公司管理人员充分利用市场,增强其适应市场的能力。

(4)在采用市场价格的情况下,业绩报告上的营业利润反映的是实际经营情况的,其确定的子公司收益较为真实,从而有利于业绩的考评。

(5)在很大程度上排除了人为因素的影响,较为客观公平。

(6)由于市场价格往往是一种公允价格,会被有关国家政府认为是"正常交易"价格,这样,采用市场价格法确定转让价格可以避免有内部交易的公司与本国政府有关法规之间发生冲突,因此,这种转让定价易为所在国政府接受。目前,许多国家都倾向于这种定价方法。

2. 以市价为基础的转让定价方法的缺点在于:

(1)采用以市价为基础的定价方法,跨国公司管理当局在利用转让定价人为调整收益时会受到一定的限制。

(2)许多内部交易的中间产品往往很难找到中间市场和公允的市价,即使存在这样的市场,也很少是完全竞争性的,因而也难以选定一个公正的市场价格作为其定价的基础。

(3)采用这种定价方法,也有可能导致对成本数据搜集工作的忽视。

(4)由于市场瞬息万变,所处的时间、地点不同,市场价格也就不同,所以较难形成一个稳定的市场价格为基础的转让定价系统。

(二)以成本为基础的转让定价

以成本为基础的转让定价方法,其转让定价是以供货企业的实际成本、标准成本或预算成本为基础,加上一个固定比率的毛利来确定的,具体有四种方法。

第一,全额生产成本法。跨国公司将供应方公司所提供的中间产品或服务的全额成本作为内部交易的转让价格的定价方法。

第二,变动生产成本法。跨国公司将供应方公司所提供的中间产品或服务的变动成本作为内部交易的转让价格的一种定价方法。

第三,成本加成定价法。跨国公司将供应方公司所提供的中间产品或服务的实际或标准的生产成本再加成一定利润来作为内部交易的转让价格的一种定价方法。

第四,边际成本定价法。从生产过程来讲,变动成本一般是产品转移到其他子公司的时点之前的费用成本。但是从经济学(尤其是新古典经济学)的角度来讲,增值成本(也称边际成本)比变动成本的含义更广泛一些,可用以对转让定价系统的成本定价基础进行理论分析。

1. 以成本为基础制定转让定价有以下优点:

(1)使用简单,能克服以市场价格为基础制定转让价格的各种限制。

(2)数据易得,有现有成本资料作为基础,有据可依,经得起税务当局的审查,跨国公司也有正当理由申辩。

(3)容易形成日常惯例,可以避免在定价上的随意性造成的各部门之间的不融洽。

2. 成本基础定价法也存在着以下缺陷:

(1)以产品的实际成本作为基础制定国际转让定价,会使供货方公司的低效率和经营管理不善所造成的高成本的经营责任转嫁给购买方公司,这样,就不能正确反映购买方公司的经营成果,难以促进供应方公司重视和加强成本管理。

(2)以成本为基础制定转让价格,可能会导致跨国公司难以实现整体利益最大化的目标。当以成本为基础制定的转让价格大于外部市场上类似产品或服务的价格时,购买方公司将不愿选择供货方公司的产品或服务,而转向外部市场。

(3)成本的各种概念并不统一,成本的分配方法多种多样,加上各国所确定的成本在内容和范围上存在差别,所以,即使同样的产品,其成本也缺乏可比性。

(三)协商法

以协商为基础的定价方法,是将每个利润中心都视为一个独立经营的企业,它们可以自主交易定价。这种方法操作较为简单,转让定价决定了购买利润中心是否愿意内购,也决定了销售利润中心是否愿意内销,总公司基本不予干涉。此定价方法有利于企业的分权化经营,使各子公司经理人员的权责相结合,也有利于企业管理当局对各子公司进行业绩考评和奖惩。但是,由于交易是自愿的,对子公司有利的价格可能对跨国公司整体不利,因此,不利于实现企业的全球化战略目标和整体利益最大化。而且,以协商为基础的转让定价,仅以跨国公司内部买卖双方子公司的谈判为基础而确定,相对市价法和成本法而言,协商法缺乏严格的参照对象,随意性较强,定量性和科学性较差。

(四)双重法

双重定价方法,是指跨国公司对购买利润中心采取以完全成本为基础的定价方法,而对销售利润中心则采取以市场价格为基础的定价方法。它不会产生完全成本定价法下销售利润中心既作为成本中心，又作为利润中心的矛盾，也不存在以市价为基础的定价方法下购买利润中心不愿意内购的可能。这种定价方法不以任何方式改变各利润中心的职权，却减少了它们的责任。双重定价方法既有利于企业集团纵向一体化战略的实施，也对各利润中心比较有利。

当然，双重定价方法也有其缺点。在这种定价方法下，跨国公司的整体收益小于各利润中心的收益之和，甚至当公司整体表现为亏损时，某些利润中心仍然显示为营利。而且，双重定价方法还可能出现责任不明的问题。因此，双重定价方法必须根据公司的实际情况选用，并与其他方法结合。

（五）方法的选择

跨国公司选择转让定价方法是一个综合考虑的过程，应结合自身情况和外部环境，在对各种相互联系又相互制约的因素进行权衡后，确定最适合自身发展需要的定价方法，并随具体情况的变化作相应的调整。以上跨国公司内部交易所采用的转让定价方法在实际运用中也有变化。一般来说，在生产、销售一条龙的综合性纵向管理的跨国公司中，当产品由生产的上一个部门转移到下一个部门时，如果提供产品的部门或子公司是一个成本中心，则通常按实际成本或边际成本制定其转让价格；如果提供产品的部门或子公司是一个利润中心，则通常采用一定的成本加成法或市价基础法来制定转让价格。

如前所述，各个跨国公司所采用的转让定价方法繁多，但主要包含两种类型：一是以成本为基础的定价方法，二是以市场价格为基础的定价方法。前者是以供应公司的实际成本、标准成本或预算成本为基础，再加上一个固定比率的毛利来确定的；后者是在已有的市场价格的基础上，减去一个固定比率的折让而形成的。这两种定价方法各有其优劣，可从以下四个方面进行比较。

1. 公平性方面。从各国政府和竞争者们对市价基础定价表现出的明显偏爱看，似乎市价基础定价的人为性较小，从而公平性更高些。然而事实上，两种定价方法都可能具有较高的人为性。就成本基础定价法而言，真实的成本应该是生产和销售某种产品的完全社会成本，但这是很难确定的，因为几乎所有成本都具有人为的因素，如把一定比率的管理费用分配给某种产品，分配的方法、分配的比率，甚至连分配的决定也是人为的。市价基础定价从理论上讲，在公平性方面高于成本基础定价，因为以市场价格为基础的转让定价较容易被说成是"正常交易"价格，即在同样或类似的条件下，非关联企业之间对相同或类似商品的交易所采用的价格，因此，它易为各国政府所接受，作为计算应税利润额的依据。但这并不能证明它不具有人为性，因为只有在完全竞争的市场条件下，市场价格才反映产品的真实价值，而这种完全竞争的市场只能是理想的，因此，选定一个公正市场价格作为定价基础也是很难的。

上述分析表明，成本基础定价与市价基础定价都具有人为性，关键问题在于人为的程度如何，即与真实价值背离的程度。在这一点上，一般认为市价基础定价会更公平些，因为在确定子公司的收益及考评经营业绩方面，市价基础定价较为有效。

2. 灵活性方面。灵活性是成本基础定价的一个独特优势。因为成本基础定价不仅要加成，而且参加成本基础价格计算的任何成本要素都可随意变动，改变一个以成本为基础的转让定价比改变一个以市价为基础的转让定价要容易得多。例如，某公司企图减少它国外子公司的利润从而减轻其所得税，则可以通过把该年的成本超支差异重新分配到已售给子公司的产品价格上去，即母公司可以调整成本差异而向子公司收取一笔费用，从而增加子公司的成本，减少其利润和所得税。

3. 实现公司分权化管理方面。采用市价基础定价在公司内部转移产品时，视所属各子公司为独立经营的企业，转让定价并不决定交易是在公司集团内部还是在其外部进行。这不仅能达到企业分权化经营的目的，且有利于发挥子公司的经营自主权，有效地利用其有限资源，取得正常收益。而采用成本基础定价却难以达到这一目标。

4. 实现公司纵向一体化方面。为了实现以降低中间产品成本为目的的纵向一体化战略，采用成本基础定价比较理想。为实现纵向一体化战略，集团公司管理当局要求各销售利润中心必须拒绝对外销售多实现利润的诱惑，遵从集团公司管理当局的统一安排，按内部成本转让定价进行内部销售，这显然有利于公司整体而不利于各子公司。如果内部交易是按市价基础定价进行，则可能使集团公司纵向一体化的战略意图落空。

三、转让价格制定的基本程序

转让价格制定的基本程序包括如下 6 步。

（一）确定转让定价目标

转让定价的目标包括减轻或逃避税负、规避风险、绕开各种管制、转移资金、获得竞争优势等。目标一致是转让定价的最重要的基本目的，也是对转让定价的一项基本要求。它是指制定转让价格应使子公司的目标与总公司的全球目标达成一致，在制定转让定价政策时，上层管理人员鼓励子公司在对公司总体利益作出贡献的同时，实现子公司各自的目标，当然，要子公司与公司总体达成完全的目标一致是很难的，当两者目标有冲突时，应以公司总体利益为重，慎重选择转让定价政策。在子公司的目标与跨国公司全球目标不冲突或冲突不大的情况下，转让定价的制定应尽可能多地给予子公司自主性，以增强其经营过程中的积极性和灵活性，增强子公司实现与公司总体目标一致的自觉性和主动性。

形成激励机制是制定转让价格的基本目标之一。子公司经理需要得到激励，以合适的转让定价在跨国公司内转移他们的产品和劳务，使他们分部的利润最大或有所增加，同时也激励着子公司尽可能地与公司总体达到目标一致。如果跨国公司想给子公司强有力的激励以达到目标一致，那么对转让定价对子公司绩效的影响就必须加以考虑。

在选择制定转让价格的方法之前，首先应明确使用转让定价的具体目标，有时使用同一转让定价的目标可能不止一个，例如，在实现避税目标的同时，可能还想达到避免风险的目标。有时不同的目标可以使用相同的转让定价方法来实现，有时不同的目标则要求使用不同的转让定价方法。

这里，还应注意的一个问题是，具体目标要力求不与基本目标相冲突，否则就必须作出取舍。因为转让定价的目标大多是从公司总部角度提出的，所以与"目标一致"冲突较少，然而具体目标与"绩效评估"的冲突则较多，因为转让定价的制定有时会使子公司的利润发生偏离，这时要想既达到"目标一致"，又要保持对子公司绩效的恰当评估，就要做两本账，即一本公开对外，以应付税务当局，另一本对内，以进行公司内部控制和绩效评估。

(二) 选择适宜的转让定价方法

转让定价的方法包括市场基础法、成本基础法、双重定价法、协商法等。在选择定价方法时，应根据公司的组织形式、经营规模、定价目标以及总体战略并结合内外环境因素来决定。

(三) 提出转让定价体系的初步设计方案

当利用转让定价的目的确定了以后，就要根据这个目的来确定转让定价体系，这是一项复杂的价格系统工程。一开始应先局部试行初始价格，经过多次实践，以证明这种价格不会由于制定不适当而给公司带来损失。转让价格体系的初步方案的内容包括在公司内部确定什么样的价格水平、哪些子公司参与等。

(四) 草拟与审定转让定价体系

公司的计划制定人员，通过对公司全面情况的了解与研究，提出转让定价体系。这个体系的内容一般应包括：①价格体系的目标；②经营商品；③定价的标准；④定价依据；⑤外购政策；⑥解决部门之间矛盾与纠纷的部门与方法；⑦仲裁委员会及其职责；⑧计划管理价格体系的原则与程序。

(五) 实施仲裁

跨国公司内部设立仲裁委员会,解决由于价格不一致而形成的争端,检查价格来源变化,在适当的时候改变转让定价,使公司内部各部门之间的冲突降至最低限度。

(六) 定期检查并修改转让定价体系

由于国际经济环境的频繁变化,国际市场竞争条件和各国的经济政策也在不断发生变化,因而原有的转让定价体系与外在环境可能不相适应,与公司内在经营也会不相适应。这样,就需要对原有的转让定价体系作一些修改与补充,使其更加完善,更能适应变化了的政治、经济环境的需要,更能适应公司内部经营与管理的需要。通常应参考的变动因素有:国际市场竞争条件的变化,各国税法的调整和变化,汇率的大幅波动,各国政治结构的变化等。

案例应用

1. 跨国公司关联企业利用特许权使用费转让定价进行跨国避税。A 国甲公司拥有一项专利权,研制费用为 12.8 万美元,有效年限为 20 年。甲公司欲将此项专利转让给 B 国的子公司乙,因为 A 国、B 国市场上无同类专利可比价格,双方将转让价格定为 6 万美元,转让期为 10 年。B 国乙公司又在本国市场上以 10 万美元的价格将此项专利转让出去。已知 A 国所得税税率为 15%,B 国所得税税率为 30%,毛利率为 20%,成本分摊率为 60%。我们来分析这项专利权转让是否符合正常交易情况。

因为此项专利权无市场可比价格,可按组成市场价格来确定其价格。其公式为:

组成市场价格 = 成本 × 分摊率/(1 − 毛利率) × 转让年限/有效年限
= 12.8 × 60%/(1 − 20%) × 10/20
= 4.8(万美元)

A 国甲公司应纳所得税 = 4.8 × 15% = 0.72(万美元)
B 国乙公司应纳所得税 = (10 − 4.8) × 30% = 1.56(万美元)
共应纳税 = 0.72 万 + 1.56 万 = 2.28(万美元)

而实际上 A 国甲公司收取了 6 万美元的转让费,其税负变为:

甲公司应纳所得税 = 6 × 15% = 0.9(万美元)
乙公司应纳所得税 = (10 − 6) × 30% = 1.2(万美元)
甲、乙公司共纳税额 = 0.9 + 1.2 = 2.1(万美元)

这样,母子公司就利用 A,B 两国税负不同,专利权转让又无市场可比价格的条件,通过关联企业交易而少纳税 1 800 美元。

2. 多环节生产企业的转让定价筹划。甲企业生产 A 产品,该产品生产过程有三道工序,第一道工序完成后单位生产成本为 200 元,第二道工序完成后单位生产成本为 450 元,第三道工序结束后完工产品单位生产成本为 500 元。A 产品售价为 800 元/件,该年销售 25 万件。适用所得税税率为 33%。各项财务数据计算如下:

$$销售收入 = 25 \times 800 = 20\ 000(万元)$$

$$销售成本 = 25 \times 500 = 12\ 500(万元)$$

$$产品销售税金及附加 = 200(万元)$$

$$管理、财务、销售费用合计 = 2\ 300(万元)$$

$$利润总额 = 2\ 000 - 12\ 500 - 200 - 2\ 300 = 5\ 000(万元)$$

$$应纳所得税额 = 5\ 000 \times 33\% = 1\ 650(万元)$$

甲企业经过筹划分析,决定改变经营策略,在低税区投资设立全资子公司乙,适用所得税税率为 15%,新建乙公司增加管理成本 100 万元。甲企业将 A 产品的第二道工序作为产成品,按单位成本 450 元加价 20% 后,以 540 元的价格销售给乙公司,由乙负责完成 A 产品的第三道工序。假设甲企业将管理费用、财务费用、销售费用、税金及附加中的 10% 转移给乙公司。

甲企业的财务数据为:

$$销售收入 = 25 \times 540 = 13\ 500(万元)$$

$$销售成本 = 25 \times 450 = 11\ 250(万元)$$

$$产品销售税金及附加 = 180(万元)$$

$$管理、财务、销售费用合计 = 2\ 300 \times 90\% = 2\ 070(万元)$$

$$利润总额 = 13\ 500 - 11\ 250 - 180 - 2\ 070 = 0$$

$$应纳所得税额 = 0$$

乙企业的财务数据为:

$$销售收入 = 25 \times 800 = 20\ 000(万元)$$

$$销售成本 = 25 \times (540 + 50) = 14\ 750\ 万元(第三道工序比第二道单位成本增加 50 元)$$

$$产品销售税金及附加 = 20(万元)$$

$$管理、财务、销售费用合计:2\ 300 \times 10\% + 100 = 330(万元)$$

$$利润总额 = 20\ 000 - 14\ 750 - 20 - 330 = 4\ 900(万元)$$

$$应纳所得税额 = 4\ 900 \times 15\% = 735(万元)$$

由于乙是甲的全资子公司,因此,若乙保留盈余不分配,甲也就无须按税率之差补缴所得税。甲企业通过在低税区设立子公司,节省所得税额为 $1\ 650 - 735 = 915$(万元)。

另外,虽然甲、乙存在关联关系,但税务机关不会对甲的转让定价进行调整,因为甲的产成品属中间产品,甲取得的只是工业加工环节的利润,将其加成确定在20%,已超过税法规定的成本利润率10%,因而该定价为合法行为。

思考与练习

1. 如何确定关联企业?关联企业的表现形式有哪些?
2. 什么叫转让定价?试述跨国纳税人常通过哪几种形式的转让定价来避税。
3. 关联企业制定转让定价的动机有哪些?
4. 简述制定转让定价的程序与方法。

第七章 国际避税地

International Tax Heavens

国际避税地是跨国纳税人进行国际避税活动的重要舞台。国际避税地实施免税或低税政策，为国际避税活动提供了很多机会，从而吸引了大量国际资本进入。国际避税地对国际间资本流动、投资分布、跨国公司收入和费用以及各国财政收入都有着重要影响。本章将介绍国际避税地的概念、利用避税地避税的方法，以及世界主要的避税地。

学习要点

International tax heavens are very important places for international tax avoidance activities of international investors. International tax heavens apply tax policies that exempt many taxes or impose low tax rate, which provides a lot of opportunities for international tax avoidance activities, thus attracting vast international investment. International tax heavens have significant influence on the worldwide capital flow, the distribution of international investment, income and cost of multinational enterprises and the governmental revenue of each country. In this chapter, we will learn the conception of international tax heavens and the methods that international investors use to avoid their taxation, as well as some famous tax heavens in the world.

第一节 国际避税地概述

一、国际避税地的概念

国际避税地(International Tax Heavens)又称避税港、避税天堂和避税绿洲,通常是指不课征某些所得税和一般财产税,或课征的所得税和一般财产税的税率远比国际一般负担水平低,或向非居民提供一些特殊的税收优惠,在那里能够进行国际避税和逃税活动的国家和地区。

但是到目前为止,国际避税地并没有一个严格的定义,不同的人从不同的角度会得出不同的国际避税地概念。按照跨国纳税人的观点,凡是没有所得税和一般财产税或税负很轻、能够为投资者在纳税义务方面提供特别好处,从而在财务上能带来特别利益的国家和地区,就是国际避税地;按照各国政府当局的观点,国际避税地指那些能被本国纳税人利用,将征税对象或税源从本国税收管辖权范围内转移出去,从而给本国带来税收损失的国家和地区;从国际税收研究的角度看,国际避税地是指为跨国投资者提供一种特殊的、优越的税收环境,以诱使国际资金、技术和人才从高税国流出的国家和地区。所以,对国际避税地究竟包括哪些国家和地区,人们有不同的看法。根据对国际避税地定义的严格程度不同,人们可以列出不同的避税地名单。只要该国家或地区能够被国际纳税人利用来从事避税活动,该地区在某种意义上就可以算做国际避税地。

国际逃税与国际避税在很多情况下与避税地有关,国际避税地的存在是跨国纳税人得以进行国际避税活动的重要前提条件,经济实体要实现避税目的往往要通过在避税地建立各种基地公司,没有国际避税地,跨国纳税人经常性的国际避税活动就很难开展。

二、国际避税地的类型

目前世界上的避税地各有自己不同的特点,但归纳起来,仍可将它们作以下分类。

(一)完全不征收所得税、财产税、资本税、赠予税和遗产税的国家和地区

国际公认的、最有名的此类避税地包括:巴哈马、百慕大、开曼群岛、瓦努阿图、瑙鲁、特克斯和凯科斯群岛、汤加、格陵兰等。由于这些国家或地区几乎完全不征收任何所得税和一般财产税,所以国际上称这类避税地为"纯国际避税地"。

（二）课征税负较轻的所得税、财产税等直接税种，同时实行涉外税特别优惠的国家和地区

属于这类的国际避税地主要包括：列支敦士登、安圭拉岛、安提瓜、巴林、英属维尔京群岛、塞浦路斯、直布罗陀、根西岛、牙买加、中国澳门、新加坡、瑞士等。另外，还有一些国家和地区只实行来源地税收管辖权，只对来源于其境内的所得课税，此类避税地有：哥斯达黎加、中国香港、马来西亚、利比里亚、巴拿马等。

（三）总体上实行正常税制，只是提供较为灵活的税收优惠的国家和地区

这一类的国际避税地主要有：希腊、爱尔兰、加拿大、荷兰、卢森堡、菲律宾、荷属安第列斯等。不过，值得注意的是，它们并不属于典型意义上的避税地，因为这些国家和地区一般都有健全的税收制度，对于个人所得、资本利得、净财富、遗产和商品流转等都毫不含糊地统统征税，税种之完善和税率之高也与许多发达国家不相上下，而且也与其他国家签订了有关的国际税收协定，只不过它们同时又会对跨国纳税人提供相当多的税收优惠。

第二节　国际避税地的产生及判定条件

一、国际避税地的产生原因

国际避税地有着悠久的历史。据历史记载，国际避税地的产生可以追溯到中世纪以前。早在12世纪，伦敦城就曾给居住在伦敦的汉萨同盟商人免除所有的税收，汉萨同盟的其他国家也给予同盟内从事商业活动的纳税人类似的税收优惠，以促进当地经济的繁荣。15世纪，弗兰德斯（现为比利时的一部分）也规定免除大部分贸易税，而且几乎不实行外汇管制，从而使弗兰德斯成为一个特别引人注目的繁荣的国际商业中心。荷兰在16～18世纪也实行过低税政策。而瑞士则是最早出现的现代避税地，它最初是作为资本的避难地而不是作为税收的避税地发展起来的。在第一次世界大战爆发前夕，由于瑞士独特的政治、自然条件，瑞士银行吸收了从俄国、德国、法国等许多欧洲国家以及一些南美国家因政治和社会动荡而逃离出来的大量资本。第二次世界大战期间，交战各国给瑞士带来了更多的逃离资本，当时的瑞士成为资本和财产的政治避难所。第二次世界大战后，英、美、日等发达国家为了恢复战后经济，都大幅度地提高税负，而瑞士仍然保持低税政策，从而对避税者产生了强大的吸引力。继瑞士之后，众多

的国际避税地迅速发展起来。

可以说,国际避税地是一些国家实行高税负的"伴生物",高边际税率导致了纳税人税负的沉重,必然会对纳税人避税产生强烈的刺激。在发达国家有大量的剩余资本需要对外寻求投资场所的情况下,跨国投资者视税收为经营成本的一部分,税负的高低直接影响其投资收益的多少,减轻税负就意味着利润的增加。跨国投资者对低税负的渴望和追求,是国际避税地产生的真正动力和根本原因。

除了跨国投资者对低税负的追逐,一些国家和地区成为国际避税地还存在历史、制度和经济上的原因。

(一) 历史原因

随着资本主义经济的不断发展,发达国家把缺乏资金、技术的殖民地、半殖民地及落后的国家和地区作为其大量过剩资本的输出目的地。同时,通过资本输出,控制了输入地重要的国民经济部门,使其在政治和经济上不同程度地丧失了独立性,在税收上也不同程度地丧失了自主权,被迫制定有利于资本输出国的低税制度。第二次世界大战后,这些国家有的虽已先后独立,但它们在殖民地、半殖民地时期形成的有利于资本输出国的税收制度和税法规定还不能一下子得到改变;另一方面,由于经济基础较差而尚未形成现代化的工业体系,要求政治独立和稳定,引进外资、发展经济的任务就比较迫切,再加上独立前宗主国对这些国家税收自主权的管理比较松散,因而容易形成避税地。

(二) 制度原因

有些国家和地区在税收制度设计上,盲目推崇或照搬西方发达国家的税制,没有从自身国家的内在特点出发,从而造成其税制存在很大缺陷,或者是严格奉行某一原则或理论,缺乏灵活性地制定了低税负税制,也有的国家或地区在税收征管上存在许多漏洞和缺陷,这些都可能使其成为国际避税地。如一些国家限于征税人员的素质约束和当地人民的收入水平,只能实行以关税和间接税为主体的税制结构,所得税的比重过小,因此容易被利用作为国际避税地。又如,一些国家在课税权力上一贯奉行或过分强调属地原则,对于所得或收益的课税仅限于发生在本国领土范围内的所得,对属于本国居民但所得是在国外取得的不进行征税,这样也会被跨国投资者充分利用而成为国际避税地。此外,一些国家税收制度不规范、不健全,颁布的税法、税法实施细则和其他条例规则相互矛盾,规定的税收管理人员工作程序和工作方法等规章制度比较混乱,这些国家有时也会被跨国纳税人利用,作为其进行国际避税活动的场所。

(三) 经济原因

第二次世界大战以后，一些刚刚独立的国家由于本国的经济文化和科学技术水平很低，同时也受到资源短缺的约束，为了加快自己国家的经济发展速度和发展水平，往往在税收上制定了许多特别优惠的措施以弥补国内投资环境的某些不足，吸引外国资金和先进技术的输入。一些发达的国家由于国内经济发展的需要，如国内投资不足、经济不振，也往往制定某些税收优惠措施以吸引本国资本的回流和外国资本的流入。而一旦这些国家的税收优惠措施现实地吸引了一批国际投资者，它们在客观上也就形成了国际避税地。

除了上述原因外，还有一些国家凭借得天独厚的地理位置、自然资源和充裕的财政资金，不需要提高税负，一直保持低税率，也成为国际避税地。

二、判定国际避税地的标准与成为国际避税地的条件

(一) 不同国家判定国际避税地的标准

一个国家或地区要想成为避税地，仅仅有开放政策是不够的，而是有一定的客观条件限制，即具备独特的低税或无税环境，尤其是那些具有低税结构、便利可达、政局稳定、政策宽松、基础设施良好等优越条件的国家和地区，会成为国际避税地中的佼佼者。在发达国家中，有许多国家没有避税地的定义，也没有列举避税地的国家名单。也有一些国家出于反避税斗争和税务管理的需要，在本国税法中规定出了判定国际避税地的具体标准，其中有的国家还根据自己制定的标准列出了国际避税地国家(地区)的名单。

例如，美国国内收入署(相当于政府收入局)发行的《国内收入手册》指出，美国没有避税地的定义，但避税地一词是用于具有以下某个或多个特征的国家和地区：①不课征所得税或税率比美国的所得税率低；②银行高度保守商业秘密，甚至不惜违反国际条约的有关规定；③银行或与银行活动类似的金融活动在经济中占有重要地位；④有充分的现代通信设施；⑤对外币存款没有管制；⑥大力宣传自己是离岸金融中心。根据上述标准，美国国内收入署列举了约 30 个具有代表性的国际避税地。

日本对国际避税地的界定是：公司的全部所得或特定类型的所得所适用的实际税率低于日本国内公司所得税实际税率 50% 的国家和地区。根据这一定义，日本的税务当局列出了 33 个属于避税地的国家和地区。

法国则规定，无所得税或税率低于法国同类所得适用税率 2/3 的国家和地区属于避税地，并列出了 38 个避税地国家和地区的名单。

在挪威，避税地一般是指低税或不征税以及不与其他国家在税收情报交换方面进

行合作的国家和地区。如果一个国家愿意进行税收情报交换,那么即使该国存在税收优惠或免税,也可以不被视为国际避税地。

2000年6月26日,经合组织发布了一份题为《认定和消除有害税收行为的进程》的报告,在这份报告中列出了35个国际避税地。列入避税地的国家和地区必须符合以下标准:

第一,有效税率为零或只有名义的有效税率。

第二,缺乏有效的信息交换。

第三,缺乏透明度。

第四,没有实质性经营活动的要求。

这份报告将以下国家或地区列入了避税地黑名单:安道尔、安圭拉岛、安提瓜和巴布达、阿鲁巴、巴哈马、巴林、巴巴多斯、伯利兹、英属维尔京群岛、库克群岛、多米尼加、直布罗陀、格林纳达、根西岛、萨克岛、可尔德尼岛、曼岛、泽西岛、利比里亚、列支敦士登、马尔代夫、马绍尔群岛、摩纳哥、蒙特塞拉特岛、瑙鲁、荷属安第列斯群岛、巴拿马、萨摩亚群岛、塞舌尔、圣卢西亚、圣克里斯托夫和尼维斯、圣文森特和格林纳丁斯、汤加、特克斯群岛和凯科斯群岛、美属维尔京群岛、瓦努阿图等。

另外,百慕大群岛、开曼群岛、塞浦路斯、马耳他、毛里求斯、圣马力诺6国也符合列入标准,但这6个国家事先向经合组织承诺愿意消除有害的税收竞争,所以没有被列入避税地的黑名单。但如果上述6国没有采取实际行动消除有害的税收竞争,则随时有可能被列入黑名单。

(二)成为国际避税地的条件

虽然各个国家对国际避税的判定标准不尽相同,但是总的来说,作为一个国际避税地,应具备以下几个条件:

1. 独特的低税或无税环境。边际税率而引致的税负加重,必然会对纳税人产生强烈的心理冲击。在发达国家有大量剩余资本需要对外寻求投资场所的情况下,跨国纳税人视税收为经营成本的一部分,税收高低将直接影响其投资收益,减轻税负就意味着增加利润。跨国纳税人对低税负的渴望和追求,成为产生避税地的外部动因。为了适应这种需求,一个成功的避税地就必须具有低税甚至无税的基本特征,这是一个首先应具备的根本条件,否则避税就无从谈起。不但决定整体财政收入的税收负担轻,更重要的是直接税的负担轻,就是说,避税地必须在至少某一项重要的所得类型上,仅课以低税或根本不课税,这是高税国的跨国公司在选择避税地避税时要考虑的一个重要因素。因为对流转额征收的间接税易于转嫁,间接税负担的轻重最多能够影响的只是产品的竞争条件,而直接税的课税对象是财产、资本、利润和所得,税收负担一般不容易转嫁,负担的轻重直接关系到切身利益或直接得失问题。

典型的避税地多是很小的岛国或"飞地",政府职能轻简,没有沉重的财政预算需求,也无须与高税国之间签订包括所得税在内的国际税收协定。这就无异于为外国投资者的避税拓开了一道税法上的坚冰河道。另外,避税地的低税特征还应包括税制结构的单一性,尽量少征或不征流通消费环节的产品税、消费税、营业税等,对商品的进出口税也予以宽减。当然,重要的是无论哪一种税,税率水平都极低,有的甚至只具有象征意义,所以,对跨国纳税人这里就是具有巨大吸引力的"低税磁石"。

2. 理想的投资条件。一个有吸引力的、成功的避税地,应该具备地理位置理想,外部交通便利,邮电通信发达,内部基础设施和机场码头、供水供电、道路桥梁等完善的投资条件和经营环境,能充分满足现代化生产、经营、管理的要求。另外,邻近重要发达国家,方便外国公司或个人的往来和经营活动也是重要的。两者间有着必然的联系。比如大西洋中部的百慕大群岛,距离美国纽约只有 775 英里,从百慕大到纽约每两小时就有一个航班,飞行时间不到 2 个小时;有 10 余条国际空中航线,每周约有 150 次往返航班,可以直飞美国东部的主要城市和加拿大的哈利法克斯、蒙特利尔、多伦多,也有直飞伦敦和西印度群岛的航班,空运服务效率很高;它同时还是汇集许多国际海运航线的港口。

3. 稳定的政治局势。影响资本营利的各种因素构成投资环境,投资环境从整体上决定着资本的生存、营利与发展。在投资环境中,政治环境通常是比基础设施、交通通信更重要的因素,它不仅是决定能否投资的前提,而且还关系到资本能否生存。政局的动荡会使外国投资者抽走资金,转移经济资源。政治和经济上的稳定最能确保投资的安全,使一种有利的经营气候得以稳定地延续下去。所以,作为一个理想的避税地,政治和社会稳定是前提条件。目前世界上一些著名的避税地多是一些狭小岛国或半自治地区,它们的政局都较稳定,其中许多国家和地区没有军队或其他保卫力量,政局变动或内战的可能性极小,这些无疑会吸引跨国投资者的目光。

4. 宽松的政策法规。宽松简约的政策法规是吸引外资流入的"软环境"。对避税地的使用者来说,避税地应该是便利可达、易于进入的,这不光表现在地理分布、通信交通上,而且也体现在法律法规、政策制度上。曾有一些国家或地区的区域条件极佳,但在法律上却难以接近,也就是说,想进入避税地进行经营或居住,会受到这些避税地的立法限制,因而冲淡了投资者的热情。同时,政策要持续有效。外国投资者最忌政策多变,朝令夕改,缺乏稳定性,所以有一些避税地公开承诺,在一定时期内,保持对投资者有利的税收等政策不变。另外,各种吸引投资的法规也要健全。对于身在异国他乡的外国投资者来说,其资金安全和合法权益全靠当地法律来保护。法律法规如不健全,谁能放心在异域撒下血汗钱?很多成功的避税地都公布有税收法令、公司成立注册和控股的法令、银行及外汇法令、保密法令等。

5. 严格的银行和财产保密制度。为了吸引跨国公司转移资金,避税地国家和地区一般都遵循对企业交易活动、财产存款等提供保密承诺的惯例。因为那些跨国公司利用避税地避税意在人为地将公司利润从高税国转移到避税地的基地公司账上,这当然会损害高税国的税收利益,引致高税国采取反避税措施。在这种情况下,如果避税地没有对外来投资者的有关营业或财产保密的法律或制度,跨国公司向避税地转移利润的行为就会暴露,就会受到税收处罚。从另一个角度看,对从事生产经营活动的跨国公司来说,避税地能否保守商业或财产秘密,对经营的成功和避税的奏效常常是至关重要的,甚至有些跨国公司不是对在避税地得到的好处感兴趣,而是对能否为他们守口如瓶感兴趣。为迎合这种需要,避税地国家或地区大多重视保密问题。一些避税地制定了专门的银行保密法,以保护账户持有者不受财务信息揭示的影响。一些国家的保密法相当严格,对银行职员的泄密行为要给予严惩。例如,开曼群岛1966年就颁布了《银行和信托公司管理法》,规定了为客户保密的原则。1976年又制定了《保密关系法》,规定对泄密者罚款6 100美元,并处2年徒刑。由于有严格的保密法规,外国政府很难从开曼银行得到本国投资者的存款信息,这等于为客户的商业秘密撑起了一张严密的保护网。

6. 放松的外汇管制。某些避税地国家和地区区别于一般国家的一个特征是实行自由的外汇市场机制,对跨国公司的资金调出调入不加限制,这无疑是吸引外国投资者纷至沓来进行投资经营的一个有利条件。目前世界上主要避税地都能满足跨国公司外汇自由出入的要求。这里主要存在两种情况:一是完全取消外汇管制,大多数避税地,如开曼群岛、巴拿马、列支敦士登、瓦努阿图等均属于这种情况。其中一些避税地并没有本地的货币,而是使用发达国家货币作为自己的流通货币,这更增加了外汇自由出入的程度。二是虽然实行外汇管制,但这种外汇管制不适用于非本地居民组建的公司,例如,百慕大群岛、荷属安第列斯、巴哈马等就属于这类避税地。

此外,要成为避税地,还必须配套实行有利于发展自由贸易的宽松海关条例、银行管理条例、保险条例等,还要有可利用的原料来源、劳动力资源和自然资源,甚至还应有适宜的气候,因此,人们把避税地形容为风和日丽、气候宜人的"避税乐园"。由此可见,避税地的形成并不是开放政策人为使然,而是要有一定客观条件限制的。

第三节 国际避税地的作用与评价

一、国际避税地的作用

(一)对跨国纳税人的作用

对于跨国纳税人来说,国际避税地为他们的经营活动提供了许多良好的条件,主要包括以下几点：

1. 为跨国纳税人减轻税收负担。对跨国纳税人来说，国际避税地最重要的作用体现在减轻其税收负担上。从事经济活动的纳税人，利用避税地减轻税负，一般是通过在国外隐瞒所得或财产的行为进行的。因为对他们的一切国外所得和财产，其居住国或国籍国要依据居民（公民）税收管辖权课税，只有当跨国纳税人在避税地建立一个法人实体，通过该法人实体代表居住在高税国的跨国纳税人处理其境外的所得和财产时，才能合法地利用避税地来减轻自己的税负。

而国际避税地也为跨国纳税人提供了形式多样的避税条件。每个避税地国家和地区，都根据国际经济形势和本地的特点，制定既有吸引力又富有特色的税收优惠政策，以满足纳税人的不同需要。例如，在众多的国际避税地中，有的特别适合建立控股公司，有的则适合发展金融保险业，有的适合进行转口贸易和加工工业，还有的适合个人用来转移和积累所得和财产。

2. 为跨国纳税人保守经营秘密。在竞争日益激烈的国际市场中，能否保守住商业秘密对于跨国纳税人的经营能否成功、避税活动能否达到最佳效果，具有至关重要的作用。因而跨国纳税人都希望所在国政府对其经营活动和财产状况不多加过问，并对外严格保密。而国际避税地通常会以不同方式为跨国纳税人提供这类便利。由于国际避税地的公司法等有关法规较为宽松，高税国跨国纳税人不必亲自到避税地抛头露面，可以委托法律事务所、税务咨询公司、信托和管理机构的成员，以股东、受益人、常务董事的身份出现在注册公司中，而身居高税国的真正投资者则是"幕后主使者"。如列支敦士登、卢森堡、荷属安第列斯、巴哈马等，一般不要求公布股票的持有人，因此投资者也可直接持有股票，而不必委托被指定人。正因避税地提供了这类保密制度，使得有关国家的税务当局往往无法辨认避税地法律实体的真正所有人和受益人，从而难以对在避税地进行经营活动的纳税人进行有效的税收征管。

另外，保守银行秘密是国际避税地保密机制中的另一个重要因素。许多避税地，如巴哈马、百慕大、开曼群岛、列支敦士登、卢森堡、瑞士等，都实施了严格的银行保密制度。这些国家和地区不允许包括自身在内的任何国家和地区的税务当局审查银行的账目。例如，巴哈马的银行规定，除了为法庭刑事诉讼调查提供情报外，对于任何泄露银行机密的个人，处以罚款并监禁六个月；法官对银行有关案件提供的情报，必须严加保密。

3. 保证跨国纳税人的财产和资本的安全。任何一个投资者首先都要对自身的资本和财产的安全性加以考虑。国际避税地在这一点上吸引跨国投资者主要体现在两个方面。

（1）国际避税地的政局相对稳定，各种经济、税收、金融政策也基本稳定。一些避税地为了迎合投资者的这种安全心理,制定了特别的法律来保证投资者资本和财产的安全。例如,荷属安第列斯的公司法规定,在出现紧急情况时,公司可以自动转移法人的地点;可以在别处建立实体来自动转移资产;可以自动或按某人指示转换信托受托人或公司管理者;可以同时设立两套办公机构和账目,等等。这样可以使投资者的资本和财产免受可能发生的政治动乱或国有化的侵害。还有一些避税地以立法的形式作出对税收政策不予改变的保证。例如,百慕大保证在2006年以前对公司免征直接税;开曼群岛保证对公司自成立之日起免征20年直接税,对信托的保证是,免税期放宽到50年。

(2)国际避税地的经济自由开放,市场进入容易,货币兑换自由。在避税地,由于没有太多政策、法律限制以及不必承担较高的费用,跨国投资者能够轻松地进入或退出一个市场。同时,外汇兑换非常自由,这保证了跨国投资者在避税地对资本和财产的灵活运用,并且能够随时规避风险。

(二)对国际避税地的作用

国际避税地可以为跨国投资者提供少纳税以获得更多利润的好处。在利益驱动下,国际避税地会导致资金和人才从发达高税国家流向国际避税地,资金的流动还会带动技术和设备的流动,所有这些流动都会对避税地当地产生影响。

1. 对国际避税地的积极作用。对避税地自身而言,它可得到的好处主要有:

(1)增加避税地的财政收入和外汇收入。从财政金融方面看,虽然这些国家或地区对直接税实行了免税或低税政策,但注册公司及各种法律实体众多,使得当地政府不但可以获得大量的间接税,而且可以取得可观的注册登记费等相关费用,从而会直接弥补和增加财政收入。同时,外国企业和机构的房租、电讯、水电、交通等费用也会间接增加当地政府的财政收入。另外,为躲避高税国而来定居的外国人能给避税地带来为数不少的外汇收入。而随着外国资金的不断流入,这些国家和地区的外汇资金也会得到极大增长。

(2)促进避税地经济的迅速发展。从经济角度来看,低税政策能够吸引外国的先进技术和设备,以及管理和专业技术人员的流入,促进这些国家和地区的企业现代化。外国资金的流入,有两种方式:积极投资和消极投资。外国的积极投资,可以直接推动这些国家的技术发展和企业现代化;外国的消极投资,如运用得当,也可促进这些国家和地区技术的发展。外国的现代化企业的建立、先进技术的运用和科学管理的实施,也培养了一批熟练掌握先进技术和先进设备的专业人员、技术人员和管理人员,可缩短避税地与先进技术国家的差距。

低税政策还能改善避税地的产业结构和促使避税地国内和对外经济的发展。避税地的国家和地区,一般资本短缺,生产比较单一和落后,产业结构也不尽合理。外国工业化国家直接投资部门的增加,会逐步改变这些国家和地区的产业结构,带动这些国家和地区的金融保险、邮电通信、交通运输、旅游等行业的发展和国际化,加快这些国家和地区的资本集中和积聚,促进这些国家和地区生产规模的扩大和进一步社会化,从而推动其经济发展。即使是外国的消极投资,除了会直接刺激金融领域中的保险、证券投资等行业的发展外,也可以增加这些国家和地区的投资规模,间接影响其他产业的发展。

(3)有利于提高避税地的就业水平。避税地外籍人员聚集,外国工厂的兴建、公司商号的设立和外国移民的迁入,往往需要增加一批工人、店员和服务人员,这有助于提高这些国家和地区的就业水平。

以香港为例,它对来自本地区以外的所得,一律免征所得税,而对于来源于香港的所得,税率也很优惠,如公司所得税税率基本维持在16.5%,个人所得税的最高税率基本为15%。这些低税政策对吸引外国投资流入香港,推动香港经济和社会发展起到了重要作用。

在经济方面,首先是制造业的发展。外国跨国公司纷纷到香港开办独资企业或合资企业,带来了一些先进的技术、设备和人才。外国跨国公司的子公司20世纪60年代在香港建立了大约100家合资企业,而到80年代末,在香港的外国公司已达2 000多家。外国投资的部门也不断多样化,推动了香港产业结构的多元化;大量的外国资金、设备和技术人员的流入,使香港工业从劳动密集型转向了资本技术密集型。其次是国际贸易的发展。外国跨国公司到香港开办企业带动了香港的出口贸易和转口贸易的发展,加上优越的地理位置、人气的聚集、优惠的税收制度等良好的投资环境因素,香港成为世界重要的出口和转口贸易中心。再次是金融、旅游、商业、通信、交通、运输等方面的发展。

在财政方面,尽管香港税负相对较低,但由于香港经济在低税环境下的高速增长,税源不断扩大,从而香港税收收入的绝对数不断地增加。

在社会方面,外国投资提高了香港的就业水平,香港外资企业雇佣的工人约占香港工人总数的10%,生产着香港17%的出口产品。香港经济的稳定发展,是香港社会稳定的重要因素之一。

2. 对国际避税地的消极作用。虽然作为国际避税地的国家和地区能从低税中获得一定好处,但跨国投资者在避税地的活动也会给这些国家和地区的社会和经济造成巨大的冲击和负面影响。

(1)避税地国家和地区的经济缺乏稳定性。跨国投资者在避税地进行投资活动首先要保证的是其资本和财产的安全,因此一旦避税地内部政治和经济发生哪怕是最轻微的动荡,甚至于议论或谣传,都会造成大量跨国投资者的离去。其次,外国企业在避税地开办的成千上万的各种公司或机构,其中有相当一部分是从事虚构营业活动的文件公司,其目的仅仅是为了避税。一旦发生意外,它们会马上转移。这不仅给避税地国家和地区的经济带来动荡,而且对避税地当地公司的业务造成极大的影响,从而造成避税地社会和经济的不稳定。

(2)避税地吸引的先进技术往往有限。避税地吸引的外国积极投资、有形资产方面的投资往往很少,许多仅是一些挂着一块招牌,从事虚构营业活动的避税公司,不会给避税地国家和地区带来具有实际意义的先进产业设备和技术。避税地吸引的外国消极投资,更不会直接给避税地国家和地区带来先进的技术设备和技术。因此,避税地吸引的大量外资,往往只是给避税地带来一种虚假的繁荣。

(3)避税地公司解决当地就业的作用往往不大。由于避税地大多数是发展中国家和地区,文化技术水平比较低,外国公司往往宁愿雇用本国人或来自其他发达国家的移民当职员。因此,尽管避税地就业人数增加,但往往不能很好地解决避税地国家当地人口的就业问题。

(4)避税地国家和地区往往要受资本输出国的制约。避税地用来吸引外资的税收优惠,往往因为资本输出国单方面所采取的反避税措施而被部分抵消,甚至完全不能发挥作用。例如,一个资本输出国原先不仅允许其纳税人对已向避税地实际缴纳的所得税额进行抵免,而且还允许纳税人对避税地为了鼓励投资而给予的减免税部分进行税收饶让。但是,当资本输出国取消了后一种抵免时,纳税人原来可以从避税地得到的好处就立即消失,避税地的吸引力也随之消失。因此,避税地往往处于被动的地位,资本输出国随时都可能制定出相应的反避税措施,这样,避税地的输入资本就可能大量逃走。资本输入越多,投资的部门越重要,资本逃走后的影响就越大。例如,1972 年以前,在大洋洲中诺福克岛注册的公司有 1 500 家,当 1972 年 7 月澳大利亚政府宣布禁止该国居民再使用诺福克岛时,澳大利亚的避税者便立即转向了瓦努阿图等其他避税地,诺福克岛遂即陷于萧条。

此外,由于国际避税地对银行账户和经营活动有着严密的保密措施,这不仅能使避税地成为国际避税活动的中心,而且也使得纳税人可以利用它从事非法偷漏税活动乃至各种非法经营活动,成为国际贩毒活动的"洗钱"中心和非法所得的"安乐窝"。

(三)对非避税地国家和地区的影响

1. 严重损害非避税地国家和地区的财权利益。由于国际避税地为投资者提供各种极具吸引力的避税条件,所以大量跨国投资者会选择在避税地建立中介公司,通过转移定价等方式把尽可能多的应税所得转移到避税地公司,从而有效地规避收入来源国和其居住国的税收负担。而这些跨国投资者基本上都来自高税的发达国家和地区,他们在避税地进行的避税活动会直接造成这些国家和地区政府财政收入的减少和资本外流,从而极大地影响这些国家和地区的财政收支平衡与国际收支平衡。为了维护本国的财权利益,抑制本国居民的避税地活动,这些非避税地国家和地区又会花费大量的人力、物力和财力去制定和实施一系列的反避税政策措施。所以,世界上大多数的高税发达国家对国际避税地的存在持着完全否定的态度。

2. 干扰国际资本的正常流动和各国资源的有效配置。正如前面分析到的,国际避税地的低税特点会使得跨国纳税人趋之若鹜,在避税地建立大量各式各样的法律实体,但其中有相当一部分是虚构的,其目的仅仅是为了避税。很多的避税地公司只是挂着一块招牌,在有形资产方面的投资却很少,这不会给避税地国家和地区带来具有实际意义的先进设备和先进技术,致使大量的资本在避税地国家和地区并未实现有效的配置。而资本不断流向避税地国家和地区,对非避税地国家和地区,尤其是急需资本发展本国经济的发展中国家,会造成灾难性的后果。

此外,各个避税地为了吸引更多的跨国公司和外来资金,都竞相提供更加优惠便利的税收政策,而非避税地国家和地区为了保障自己的税收权益,保护本国资金不外流,也会参与到这种争相增加税收优惠的竞争中来,从而形成国家间的恶性税收竞争。这种恶性税收竞争的一个严重后果,就是造成国际资本流动的游荡性,使得有限的跨国投资和营业活动过度分散,大量资本为了追逐更低的税收优惠而在各个国家和地区间频繁的流动。资本频繁的、大规模的转移使得资本在任何国家和地区都无法实现有效配置,这无论是对避税地还是非避税地国家和地区的经济长期稳定发展都是严重的损害,国际经济秩序的正常运行也会遭受严重干扰。

3. 使得非避税地国家和地区的税务当局无法准确、及时地获取情报。由于避税地国家和地区的税收制度缺乏透明度,缺乏实际情报交换,使得非避税地国家和地区经常无法从国际避税地的税务当局获得有效情报,这会造成以下问题:一是导致经济犯罪活动的增加。那些实行严格保密法的国际避税地普遍被用来从事经济犯罪活动,如"洗钱",因为公司保密这把保护伞会在很大程度上妨碍有关国家和地区的执法部门阻止和打击这类经济犯罪活动。二是使得非避税地国家和地区无法获取与商业交易有关的情报。缺乏足够的商业交易情报会妨碍税务当局实施有效的税务稽查并在必要的时候对公司内部商业交易进行调整。

二、对国际避税地的总体评价

目前,国际上对避税地的评价并不一致。由于不同国家的客观经济条件不同,崇尚的经济理论和奉行的方针、政策不同,对避税地也往往给予肯定和否定两种完全不同的评价。

（一）持肯定态度国家的观点

除了本身就是国际避税地的国家以外，还有一些国家（如墨西哥等）对国际避税地的存在持肯定态度。他们认为：一个国家和地区行使什么样的税收管辖权，完全可以由一个主权国家自行决定。一些国家采取低税政策，同一些国家采取高税政策一样，都是这些国家自己的选择，任何其他国家都无权干涉。避税地的出现，是世界经济发展的必然结果。从跨国投资者的资本投向看，无法回避自由竞争规律和价值规律的约束，必然是将资本投向能够产生最大利润的地方。在各国税收制度存在差异、税率高低不平、税负轻重不一的情况下，资本向低税负的地方流动完全是顺乎自然的。这样看来，跨国投资者从避税地获得税收利益也是无可非议的，这是一些国家和地区实行低税和无税政策带来的结果，但是不能把低税和无税政策看做是国际上逃税和避税的根本原因。因为在世界范围内，逃税和避税是一种普遍现象，只要国家与国家之间在税收制度与税收政策上存在差异，国际避税就是不可避免的。国际避税自产生以来，被国际投资者广泛利用，说明有其生存的环境和客观经济条件。它的出现可以说是国际经济发展到一定历史阶段的必然产物，不能靠禁止或反对就将其轻易地取缔，而只能根据跨国纳税人利用避税地从事国际经济活动的规律，采取相应的对策，进行有效的控制。

（二）持否定态度国家的观点

然而，正如前面所分析的，高税发达国家（如美国、德国等）对国际避税地的存在持完全否定的态度。他们认为：避税地的存在干扰了国际资本的正常流动，造成一些跨国投资者虽把资本投入避税地，却并不是为了从事真正的生产经营活动，而只是为了逃避有关国家的税收，这种行为妨碍了国际经济秩序的正常运行以及各国资源的有效与合理配置。与此同时，避税地的税收政策还影响了其他国家税收政策的有效实施，并大大地影响了这些国家的财政收入。一些国家为了对付本国纳税人的国际避税行为，需要花费很大精力来制定对策、采取措施，以减少本国利益的损失。正因为如此，美国等高税发达国家制定了一系列严密的反避税措施来抑制本国跨国纳税人利用国际避税地进行避税活动。

联合国和经济合作与发展组织也从维护税收公平原则的角度，反对避税地。例如，联合国为了解决国际避税问题，在1967年就成立了一个由一些发达国家和发展中国家的税务专家组成的专家小组，强调与国际避税进行斗争。专家小组还专门研究了避税地问题，把国际避税和逃税现象归咎于避税地的存在，认为只有当避税地不再存在时，国际上主要的避税和逃税问题才能得到解决。

第四节　利用国际避税地避税的主要模式

在前述章节中介绍了跨国纳税人国际避税的几种主要形式,本节结合避税地介绍一下跨国纳税人利用避税地逃避国际税收的具体手段。

跨国投资者利用国际避税地进行避税活动的形式多种多样,涉及课税主体转移避税和课税客体转移避税的各个方面,其采用的方法可以归纳为两种:一种是以避税地作为基地,建立象征性的外国基地公司,虚构避税地营业进行避税;另一种是虚构避税地信托财产进行避税。现分别对它们进行介绍。

一、虚构避税地营业避税

跨国纳税人利用避税地从事避税活动的一个常用方式就是虚构避税地营业。某些设在避税地境内的公司,其经营活动很少甚至完全没有真正在避税地内进行。虚构避税地营业的基本途径是通过总公司或母公司将销售和提供给其他国家和地区的商品、技术和各项劳务服务,虚构为设在避税地受控公司的转手交易,从而将所得的全部或一部分滞留在避税地,或者通过贷款和投资方式再重新回流,以躲避原应承担的高税率国家的税收负担。

在虚构避税地营业中起中介作用的,是以避税地为基地的各种性质的基地公司。

(一) 基地公司的概念和特征

所谓基地公司(Base Company),是指跨国公司出于避税的目的,在低税国或无税国建立的受其股东控制的子公司。这里的低税国或无税国也称为基地国,一般是对本国公司的境外所得和财产免税或课以低税的国家。

基地公司一般具有以下几个基本特征:第一,基地公司具有避税地的法人资格或居民公司地位,是一个独立的纳税实体,不受高税国无限纳税义务的制约;第二,基地公司是一个受控实体,由基地公司所在国或地区之外的某一居民公司或个人所控制;第三,绝大部分基地公司在基地国没有实质性的经营活动,实质性的经营活动通常发生在母公司居住国或者基地国和母公司居住国之外的第三国,基地公司只是被跨国公司利用来规避税收的工具。所以,大多数基地公司在避税地只是完成必要的登记注册手续,然后租用一间办公室或一张办公桌,甚至仅仅挂一张招牌就成立了,因此国际上通常也称基地公司为"信箱公司"或"纸面公司"。

(二)基地公司的避税功能

基地公司的基本职能是充当资金的积累中心和中转站,使母公司可能在承担较低税负的情况下在各国进行经营活动。

跨国公司在避税地设立基地公司开展避税活动,通常有两类做法:一是运用中介业务和转让定价等方式,将分布在全球范围内的子公司和分支机构获得的利润向基地公司转移,并利用避税地国家延缓课税的规定,将利润保留在基地公司,而不向高税国的股东和权益所有人分配,以达到避税的目的;二是基地公司利用积累起来的利润可向母公司或本集团内的其他公司进行贷款或再投资。

1. 通过基地公司开展中介业务。中介业务是指在所得或收益来源与最终获得者或受益者之间插入一个业务环节,在两者之间形成一个积累中心,从而在形式上造成所得或收益与其最终获得者或受益人之间的分离。通常,将通过避税地公司转手进行的业务,也称为中介业务。

开展中介业务的基本做法是:母公司将本应直接销售或提供给另一国子公司的原材料、产品、技术和劳务等,通过避税地中的受控基地公司转手进行,将本来涉及两方面的交易虚构为涉及三方的业务,从而将所得的一部分甚至全部转入并滞留在避税地,借以逃避在高税国应承担的税负。

跨国纳税人在中介业务中,若原原本本地按正常交易价格作价,就会使中介业务丧失意义。虽然避税地公司的介入会形成一些利润向避税地的转移,但在正常交易价格条件下,这种利润转移毕竟有限,而只有实行低进高出等的转让定价政策,才能充分发挥避税地的避税功能。

值得注意的是,在实践中,关联企业间许多商品买卖交易的中介业务,只是一种账面上的数字游戏,并不涉及货物的接受、保管、装配加工、仓储或发运等业务,不过是转手开一道发票,记录一下收支账,真正的业务活动实际上也许是在千里之外的其他国家进行的。

2. 通过基地公司进行贷款或再投资。通过种种途径流入基地公司的利润一般并不向母公司分配。因为一旦这些利润以股息的方式汇回母公司,母公司就必须向其居住国申报纳税,而在居住国采用抵免法(间接抵免)消除重复征税的情况下,这些利润的最终税负又会由母公司所在国的高税率所决定,已经采取的一系列避税措施的效果都会被抵消。因此,基地公司一般会把积累起来的资金直接向母公司或本集团内部的其他公司进行贷款或再投资,以继续在只需承担较低税负的情况下赚取利润。当母公司或本集团内部向基地公司支付利息时,还可以将其作为费用抵扣应税所得,减少应纳税额。

（三）基地公司的具体形式

由于跨国公司从事的跨国经营活动多种多样，从而产生了各种类型的所得，如股息、利息、特许权使用费、营业利润等。为了有效地规避各种不同类型所得的税收，需要建立相应的基地公司进行避税活动。基地公司的具体形式有以下几类：

1. 控股公司（Holding Company）。控股公司是指为了控制而不是为了投资的目的，拥有其他一个或若干个公司大部分股票的公司。在避税地建立控股公司是避税手段之一。这种公司在一个或多个子公司里控制着大量股份，并拥有举足轻重的表决权，它们参股可以拥有高达100%或低至50%以下的股本或表决权。控股公司的收入，主要是从子公司取得的股息和资本利得，也包括利息、特许权使用费等其他类似所得。由于在避税地对股息收入和资本利得等免税或只征收很轻微的税，因此，跨国公司可以将其控制的外国子公司所获得的利润，以股息形式向基地国控股公司账下转移，从而逃避母公司所在国对股息的征税。另外，如果股息支付国要对股息所得征收预提税，这种预提税也可能根据股息支付国和收入国之间的双边税收协定予以减少或退还。所以，控股公司所在国最好与其他国家签有国际税收协定，以便从其他国家取得股息时能够享受到股息来源国的预提税优惠。

例如：一家跨国公司的母公司设在美国，在日本有一子公司，该子公司要向美国母公司支付股息，根据日本税法的规定，美国母公司直接从日本子公司取得的股息要缴纳30%的预提税。现在美国母公司决定在荷兰设立一家控股公司，日本子公司改由荷兰控股公司所拥有，这样，日本子公司就不再向美国母公司支付股息，而是向荷兰控股公司支付。由于日本与荷兰之间有税收协定，日本子公司支付给荷兰控股公司的股息可以按5%的优惠税率缴纳预提税，而荷兰对控股公司收取的股息不征税，如此一来，美国跨国公司从日本子公司获得股息分配原应负担30%税率的预提税，通过荷兰控股公司就可享受到只按5%税率征税的好处。

2. 投资公司（Investment Company）。投资公司是指以从事有价证券投资为目的，主要持有其他公司优先股、公司债券或其他证券的公司。跨国纳税人将股票、债券等有价证券转移到避税港的投资公司，从而使这些有价证券的投资收益避免在居住国缴纳所得税，然后利用投资收益以该投资公司的名义再进行证券、不动产投资，取得利息、股息及其他投资收益。为避免汇回居住国所要承担的税负，这些收益一般累积在基地公司名义下。投资公司与控股公司的不同之处主要表现在：投资公司的证券通常是在证券交易所标价出售的，它们只构成某个公司很少或极少的股份，并不提供任何能引起重视的表决权。投资公司按投资性质可分为三种。

(1)公司集团建立的投资公司。这是跨国关联企业集团按照有关法律建立的投资公司实体。例如,一个高税国跨国法人在低税国建立一个投资公司,通过它向其他国家进行证券投资,就可以把投资所得转移到低税国。

(2)私人投资公司。这是私人按照有关法律建立的投资公司实体,如列支敦士登、荷属安第列斯群岛等国际避税地都是建立私人投资公司较多的地方。

(3)离岸基金。这是投资公司的一种类型,它集中许多投资者的资金,将其用于购买股票、债券或投向信托机构等实体,取得投资收益后向投资者分红,基金公司则以收取管理费等形式获得赢利。通常银行集团是离岸基金的母公司,当它们选择了一个适合建立离岸基金的国家并建立了离岸基金后,就会通过基金直接、或通过中介机构间接地把资金投向公司、信托或其他实体。例如,荷兰的劳伦多基金就是建立在荷属安第列斯群岛的库拉索,把纳税客体转移出荷兰,以规避荷兰对投资公司可能分配给其成员的投资利益征收的股息预提税。

3. 金融公司(Finance Company)。跨国公司可以在避税地建立金融公司,作为贷款者和借款者之间的中间机构,或是向第三者筹措款项的公司。跨国公司在进行证券投资或购置不动产时,暂时需要的大量资金往往是通过其设在避税地的金融公司,而不是通过投资公司解决。另外,组建金融公司也可以少纳税或不纳税。例如,使利息收入不纳税或少纳税,或取得高税国对公司集团支付利息进行税收扣除的许可,或根据有利的税收协定使利息支付国不征或少征预提税。

建立金融公司的理想地点要具备以下三个特征:首先,与借款人的居住国签订了税收协定,协定规定对利息按低税率征收预提税或免征预提税;其次,对金融公司支付给贷款人的利息不征收预提税;再次,对金融公司取得的净利息等所得提供免税或低税待遇,比如,德国公司通常在列支敦士登和卢森堡建立金融公司,荷兰企业则愿意在荷属安第列斯群岛建立金融公司。这就意味着跨国纳税人往往需要将其与滥用税收协定的避税方法相结合,才能实现最佳的避税效果。

例如:甲国 A 公司向乙国 B 公司提供贷款,而甲乙两国的税率都很高,且对汇出的利息均征收较高的预提税,那么如何能使甲国 A 公司获取的利息收入承担最少的税负呢?首先,为了减轻或消除对利息征收的所得税,提供贷款的甲国 A 公司在避税地设立一家基地金融公司,先将款项以较低的利息率贷给该金融公司,该金融公司再将款项以正常市场利息率贷给乙国 B 公司,这样就减轻甚至消除了甲国 A 公司的所得税负担。如果该避税地与借款公司所在国乙国签订了免征或减征预提所得税的税收协定,则此时甲国 A 公司获得的利息收入所承担的税负即能实现最小化。

但是,如果该避税地与乙国没有签订该类税收协定,那么位于乙国的利息付出公司 B 公司就要面临较高的预提税,从而使该项金融交易的税后效益降低。为既减轻对利息征收的公司所得税又避免预提税,就需要在与许多国家签订有税收协定且免征预提税的丙国建立中介金融公司,即"导管公司"。建立了这样的公司以后,其业务运行路线就转变为:甲国 A 公司以较低利率贷款给避税地基地金融公司,避税地金融公司再以较高的内部利率贷款给丙国中介金融公司,最后才由丙国中介金融公司按市场利率贷款给实际的服务对象即乙国 B 公司。由于丙国对利息不征预提税,且与他国签订的双边税收协定也规定免征预提税,避税地一般也不征利息预提税;再由于通过利息率的内部安排,使丙国中介金融公司账面利润降到最低水平甚至出现亏损,从而减少或逃避丙国的公司所得税,那么整个交易过程不仅减轻甚至消除了对利息征收的公司所得税,而且也逃避了预提税。由于荷兰对金融机构支付给非居民的利息免征预提税,且与许多国家签订的双边税收协定也规定双方不征利息预提税,因此荷兰成为跨国公司建立中介金融公司的首选地。

4. 贸易公司(Trading Company)。贸易公司是指从事商品和劳务交易的公司,其主要职能是为购买、销售和租赁等业务开具发票,通过虚构的贸易活动,把高税国公司的销售利润和其他来源的利润,利用转让定价手段转移到避税地。也就是说,贸易公司经营的往往是虚构的贸易活动,它在避税地除了拥有办公场所外,没有任何不动产所有权方面的利益,所有真正的贸易活动都是在避税地外进行。避税地贸易公司的主要职能仅仅是开发票。

例如:日本 F 汽车公司,在避税地设立了一家贸易公司(子公司),在甲国也有一家子公司。现在,F 汽车公司有一批汽车要向甲国子公司销售,成本 9 000 美元,售价应是 15 000 美元,由于 F 汽车公司和甲国子公司都处于高税国,为了规避所得税,F 汽车公司可以先利用转让定价以 9 000 美元将汽车虚假卖给避税地的贸易公司,然后再由贸易公司利用内部转让定价以 15 000 美元转卖给甲国子公司。在这种虚假的销售业务中,通过转让定价,日本 F 汽车公司的利润就转移到避税地贸易公司的账上。而这批汽车实际上是由日本 F 汽车公司直接运送给甲国子公司的,在避税地贸易公司的账上,这只是一笔虚假的购销业务。如果避税地对销售利润不征税或只征收轻微的税,日本 F 汽车公司就可以达到避税的目的。

5. 航运公司(Shipping Company)。跨国纳税人躲避税收的另一种手段,是在避税地建立国际航运公司,包括国际船舶运输公司和航空公司等。由于这类航运公司的所有权和经营权可以不在同一国内,总管理机构可以位于第三国(通常是避税地),与此同时其运输工具还可以在别处重新注册,使船舶或飞机逃出高税国的管辖权,从而可以躲避或减轻所得税和资本利得税。

从历史的角度看,影响航运公司向避税地转移的因素有两个:一为避免限制性法规的管制,二为减轻税收负担。第二次世界大战刚结束时,美国、英国、荷兰和瑞典都是世界上主要的造船大国;当时,工业企业面临着来自强有力的工会委员会的压力,有关工作方式和生活条件的规定限制了营利能力,于是航运公司开始转移到巴拿马和利比里亚,这就是所谓的"方便旗"的起因。这些国家不仅仅是避税地,而且还为公司躲避各自原居住国法律和贸易工会对经营活动的限制提供了条件。拿上面提到的利比里亚来说,该国是西非的一个小国,人口只有 170 万,生产橡胶。由于实行低税政策,吸引外国公司在那里办了许多种植园,目前橡胶产量居非洲首位。另外,该国还凭借西临大西洋的地理优势,对外国商船征税低微,国际商船悬挂利比里亚国旗的总吨位数居世界前列。

从减轻税负角度考虑,跨国纳税人往往还可以通过高税国船舶运输公司或飞机公司的大量亏损,或船舶、飞机等运输工具的租赁、出租和转租等,达到躲避所得税的目的。巴拿马、利比里亚、巴哈马、百慕大、开曼群岛、中国香港、荷属安第列斯群岛等避税地,都有许多国际船舶运输公司或航空公司;希腊、塞浦路斯等避税地也是国际避税者乐于前往建立航运公司的好地方。

6. 内部保险公司(Captive Insurance Company)。内部保险公司,也叫自保险公司,是一个由工业、商业和金融集团成立的,用于规避该集团成员企业风险的保险企业。这样的保险公司跟一般保险公司的不同之处在于,这类保险公司一般在国际避税地设立,其主要营业活动是向集团内部关联企业提供保险,很少经营集团以外第三者的业务。由于其专业化程度不高,没有更深的专业技术,因而无法和专门的保险公司竞争。跨国公司在避税地建立内部保险公司,由于企业付给自己的保险费可以作为费用扣除,这样就可以通过转让定价的方法,人为地提高保险费,使被保险的关联企业的利润转移到避税地所在的关联企业,而避税地通常对专门从事离岸业务的保险公司给予特别的税收优惠。因此,跨国纳税法人在避税地建立内部保险公司,并配以采用转让定价的手段,就可以达到减轻企业所有者实际居住国的税收负担的目的。同时,企业可以节省保险费,使保险费不落入别人的口袋。

对保险公司来说,可在避税地设立专门从事离岸再保险业务的内部保险公司,通过再保险,将保险公司在高税国经营的保险业务所得转移至避税地。一般情况下,保险公司会将超过自身承保能力的业务或是营业业绩比较差的业务和风险较大的业务进行再保险。但如果保险公司在避税地建立了内部保险公司或关联保险企业,那么保险公司就可能违背营业常规,将一般业务甚至有意选择经营效益好的业务通过设在避税地的内部保险公司进行再保险。如果这种保险业务再通过转让定价,以高于市场正常交易标准的价格向内部保险公司支付保险费,加大集团公司账面费用,将利润转移到避税港,就可以达到避税的目的。

7. 专利持有公司(Patent Holding Company)。专利持有公司是指专门从事专利、商标、版权、牌号或其他工业产权的取得、利用、发放使用许可、转发使用许可等项活动的公司。由于一些国际避税地与其他一些国家签订了税收协定,对特许权使用费的支付免征或少征预提税,这样,跨国纳税人为了实现特许权使用费的避税(预提税和所得税),就可以在具备上述特征的避税地建立专利持有公司,从事专利等的取得、利用或使用特许等项活动。

例如:甲国 A 公司拥有一项价值高昂的专利技术,并准备授权乙国 B 公司使用该项技术,但是甲国和乙国之间没有签订任何税收协定,使得甲国 A 公司从乙国 B 公司取得的特许权使用费要负担较高的预提税。在这种情况下,甲国 A 公司为了降低税负,可以选择在一个与乙国签订了免征或少征预提税的税收协定的国际避税地建立一家专利持有公司,由其授权其他公司使用这项专利技术,从而,A 公司可以获得以下税收利益:一是享受国际避税地对外来特许权使用费免税或低税的优惠;二是利用该国际避税地与乙国签订的税收协定,享受乙国对特许权使用费的预提税优惠。

8. 服务公司(Service Company)。服务公司是指从事部分管理、卡特尔协定组织、离岸基金管理或其他类似劳务的公司,这种公司的作用相当于一个企业的总机构,有时也相当于一个持股公司。跨国公司往往通过在避税地建立服务公司,进行费用分配,即通过向避税地服务公司支付劳务费用等,把高税国公司的利润转移到避税地服务公司中去,从而可以逃避高税国的公司所得税。而高级管理人员还可以通过在避税港服务公司工作逃避个人所得税。

二、虚构避税地信托财产

信托是跨国纳税人利用避税地进行避税的另一种形式,其目的主要在于规避高税国对财产及财产所得的课税。我们在前文中已经详细介绍了信托的概念、起源,以下我们进一步举例说明跨国纳税人如何在国际避税地利用信托进行避税活动。

在大部分国家,信托都不具备独立的法人地位,并且对信托的法律关系(委托人、受托人和受益人)的存在也有一定的时间限制。但是在许多国际避税地,信托却可以作为法人存在,避税地对信托的法律关系也没有时间限制,允许一项信托长时间存在,而且避税地还在不同程度上为受托人提供法律保护。在国际避税地设立受托公司通常只需向当地政府缴纳一定的注册费用,无须公布委托人的财产情况,同时受托公司的财务状况也受到法律的严密保护。因此,高税国的跨国纳税人可以把其拥有的财产委托给国际避税地的信托公司或银行,由其代为管理财产和处理收益,这样不但可以避免或减轻财产所得和转让财产收益的税收负担,而且由于信托财产的保密性,还可以通过信托财产的分割,将其财产转移到受赠人或继承人的名下,借此规避有关国家的赠予税和遗产税。虚构避税地信托财产而规避税收负担的常用方法主要有以下三种。

(一) 建立个人持股信托公司

一个高税国的跨国自然人,可以在某个免征所得税和遗产税的国际避税地建立一个个人持股信托公司。所谓个人持股信托公司,是指消极投资收入占总收入60%以上,50%以上的股份被5个以下的个人所持有的公司。由于这种公司被5个以下的个人所控制,所以很容易被某个跨国自然人利用其亲属的化名来顶替,而实际上公司却是他一个人所控制的。在这种情况下,该跨国自然人就可以利用避税地不征所得税和遗产税的特殊条件进行避税活动。

例如:一个高税国的跨国自然人,通过一个国际避税地建立了一个个人持股的信托公司,把其在高税居住国的财产虚设为避税地的信托财产,委托给这家个人公司经营管理。然后,这个跨国纳税人逐步将其在高税国的财产及其经营所得转移到避税地。这样,首先可以有效地规避这部分财产的经营所得原应承担的所得税税负。接下来,该委托公司运用这部分转移来的信托资本在当地进行股票买卖等消极性投资活动来谋取投资收益,而这部分投资收益是可以免缴资本利得税的。此外,这个高税国跨国自然人去世后,该信托公司可以按照死者生前事先确定好的办法,把这笔信托财产分配给他指定的受益人,这样,还可以规避掉原应承担的巨额遗产税的全部或大部分。

(二) 订立信托合同

除了运用上述信托财产方式外,跨国纳税人还可以不迁出高税国,而运用订立各种其他形式的信托合同来逃避税收。例如,跨国纳税人可通过合同与银行建立起类似信托的关系,银行作为受托人,可以代信托人收取利息。如果银行所在国是个国际避税地,而且它和利息支付国还有减征预提所得税的双边税收协定,但是跨国纳税人所在国和利息支付国之间却没有这种税收协定,那么,跨国纳税人就可以利用这种信托关系来逃避一部分税收。像这种利用各种信托形式来逃避税收的现象,在现实生活中是大量存在的。

(三) 设立受控信托公司

建立信托财产不但可以被利用来从事消极的逃避所得税和遗产税的活动,也可以被利用来掩盖股东在公司的股权,从事积极投资的逃避税收活动。例如,高税国的跨国纳税人,可以在国际避税地建立一个银行或信托公司和一个持股公司,通过持股公司进行投资活动,然后通过将持股公司信托给那个银行或信托公司来逃避税收。这时,持股公司的股权即合法地归银行或信托公司所有,并由银行或信托公司管理持股公司。但是,这些公司财务利益的真正所有者却是信托人兼受益人的高税国跨国纳税人。这就是一种典型的虚构避税地信托财产的方法。

案例应用

1. 利用避税地控股公司避税。假设甲国 A 公司在乙国设立了一家子公司 B，B 公司每年需要向 A 公司支付股息 1 000（万美元），而该股息需在乙国缴纳税率为 30% 的预提税。

如果 B 公司直接把股息汇往 A 公司，则该笔股息将要承担预提税 300 万美元（1 000×30% =300），汇回甲国的股息实际上只有 700 万美元（1 000 -300 =700）。

如果 A 公司在某一国际避税地建立一家 100% 持有的控股公司去 100% 控制乙国 B 公司，而该避税地与乙国签订了税收协定——从乙国汇往该避税地的股息只征收 5% 的预提税，同时从该避税地汇往甲国的股息依照双方签订的税收协定不征收预提税，则该笔股息需承担预提税为 50 万美元（1 000×5% =50）。于是实际汇往甲国的股息为 950 万美元（1 000 -50 =950）。由此可以看出，在国际避税地成立控股公司然后再由控股公司在乙国设立子公司，比直接在乙国设立子公司节约税款 250 万美元（300 -50 =250）。

2. 利用避税地金融公司进行避税。假设甲、乙两国的所得税率都为 40%，且都对汇出的利息征收 30% 的预提税。甲国 A 公司向乙国 B 公司提供贷款，而 B 公司每年须向 A 公司支付 100 万美元的利息。

如果 B 公司直接向 A 公司支付这笔利息，则 A 公司将承担预提税 30 万美元（100×30% =30），所得税 40 万美元（100×40% =40），则总税负为 70 万美元（30 +40 =70）。

如果 A 公司在某一免征所得税且与乙国签订了税收协议——对乙国汇往避税地的所得以 5% 的税率征预提税——的国际避税地设立一家 100% 持股的基地金融公司，A 公司先将款项免利息贷给该金融公司，该金融公司再将款项以正常市场利息率贷给乙国 B 公司，此时，A 公司将承担的预提税为 5 万美元（100×5% =5），所得税为 0，则总税负为 5 万美元（5 +0 =5）。由此可以看出，通过在避税地建立金融公司可以使利息所得承担的税负减少 65 万美元（70 -5 =65）。

3. 利用避税地贸易公司进行避税。假设甲国 A 公司在乙国设立了销售子公司 B，A 公司每年需要向 B 公司销售一批成本为 1 000 万美元、售价为 1 500 万美元的商品，再由 B 公司以 1 700 万美元的价格向乙国市场出售。甲国和乙国的公司所得税税率都为 40%，

如果由 A 公司直接销售给 B 公司，则：

A 公司承担的税负 = (1 500 – 1 000) × 40% = 200(万美元)
B 公司承担的税负 = (1 700 – 1 500) × 40% = 80(万美元)
总税负 = 200 + 80 = 280(万美元)

如果 A 公司在某一低所得税率(公司所得税率为 10%)的国际避税地设立一个贸易子公司,采用转让定价的方法,先以 1 000 万美元的低价把商品销售给该贸易公司(这个过程往往是虚构的,实际上商品仍然是直接由甲国运往乙国),再由该贸易公司以 1 700 万美元的价格销售给 B 公司,最后由 B 公司以 1 700 万美元的价格在乙国市场出售,则:

A 公司承担的税负 = (1 000 – 1 000) × 40% = 0(万美元)
避税地贸易公司承担的税负 = (1 700 – 1 000) × 10% = 70(万美元)
B 公司承担的税负 = (1 700 – 1 700) × 40% = 0(万美元)
总税负 = 0 + 70 + 0 = 70(万美元)

由此可见,通过在避税地设立贸易子公司并利用转让定价的方法,可以使总税负减少:

280 – 70 = 210(万美元)

思考与练习

1. 简述国际避税地的定义及类型。
2. 简述国际避税地产生的原因。
3. 成为国际避税地应具备哪些条件?
4. 国际避税地有哪些具体作用?请对这些作用进行评价。
5. 跨国纳税人如何利用国际避税地进行避税?请举例说明。

第八章 国际反避税

International Anti-tax Avoidance

国际避税不仅减少了有关国家的财政收入，而且破坏了公平原则，造成纳税人之间的税收负担不合理。为此，研究反避税对策具有重要的现实意义。各国政府和国际社会应该采取相应措施，防止和杜绝跨国纳税人的避税和逃税行为。本章介绍国际反避税措施的具体规定及方法。通过本章的学习，应了解反避税的一般方法，重点掌握针对避税地的措施以及反对资本弱化的法规构建。

学习要点

International tax avoidance not only decreases tax revenue of related countries, but also impedes international economic trans actions. It goes against the principle of taxation fairness, causing unfair tax burden for different tax payers. Therefore, the study of anti-tax avoidance is of great significance. All governments should take measures to prevent it. In this chapter, several measures of anti-tax avoidance will be introduced. Through the study of this chapter, we should understand the general methods of anti-tax avoidance. We focus on ways to deal with the international tax heavens, and the construction of regulation on preventing thin capitalization.

第一节 反避税的一般方法

国际避税的存在,不仅会严重损害有关国家的税收利益,破坏税收公平,扰乱经济生活秩序,而且还会引起国际资本的不正常流动。因此,各国政府对反避税工作大都给予了充分的重视,有关国家针对跨国纳税人进行国际避税所采用的各种方法,采取相应的措施加以限制,通过反避税斗争,以及整顿国家预算政策来强行收回损失的税收收入。下面结合各国政府反避税的措施,来介绍反避税的一般方法。

一、加强税务行政管理,防止税收转移

(一)防止通过纳税主体国际转移进行国际避税的一般措施

各国政府通过加强税务行政管理,防止通过纳税主体国际转移进行国际避税的一般措施包括:

1. 对自然人利用移居国外的形式规避税收负担的限制。有的国家规定,必须属于"真正的"和"全部的"移居才予以承认,方可脱离与本国的税收征纳关系,而对"部分的"和"虚假的"移居则不予承认。

例如,加拿大税法规定,当居住于加拿大的个人移居另一国时,他所处置的财产不只是加拿大的应税财产,而是全部财产,这就涉及资本利得的实现和纳税义务的产生,为了防止个人移居他国可能导致的偷避税,税法规定,该纳税人必须在移居他国之际,办理好税收清缴手续,国家收入署享有严格的评定税额和扣留个人财产等广泛的权力。

又如,美国实行公民和居民税收管辖权。1986年以前,美国公民要缴纳的边际税率最高达到70%,而非居民外国人在美国的投资所得要缴纳的比例税仅为30%。这种税率的巨大差距促使很多美国人放弃美国国籍,成为非居民外国人进行避税。为了对付此种避税行为,美国通过了一项专门法案,其基本内容是:因避税目的而放弃美国国籍者,从其放弃美国国籍起的10年内,在税收上,美国政府依然将其视为美国公民,对其来源于美国的所得按对美国公民的征税规则征税,而不是按对非居民外国人的征税原则征税。

再如,德国规定,纳税自然人虽已失去本国居民身份,但仍有经济联系的,应连续对其征收有关的所得税,视其为特殊的"非居民"。荷兰政府也规定,本国居民到国外定居不满1年就迁回,尚未取得外国居民身份者,应连续视为荷兰居民征税。有的国家还规定,自然人只有到了退休年龄才准许移民国外。

2. 对法人利用变更居民或公民身份的形式规避税收负担的限制。有的国家对法

人的国际转移给予有条件的允许。荷兰曾规定,准许本国企业在战时或其他类似灾害发生时迁移到荷属领地,而不作避税处理,但对于其他理由的迁移,一般认为是以避税为目的,而不予承认,仍连续负有纳税义务。法人居民身份的改变目前多数国家已按照"主要管理机构所在地"的原则掌握,有的国家并对"主要管理机构"的具体标准作了较详细的规定,但由于没有统一的口径,仍有一些漏洞存在。

英国税法曾经规定,如果一家英国居民公司迁往国外变为非居民公司,或者将企业的全部或一部分转让给非居民,必须经财政部同意,否则视为非法,将受到两种惩罚:一是公司将继续负有在英国的纳税义务,如同根本未迁移出境一样;二是将可能受到刑法中附加条款的制裁。英国国会感到此项规定导致财政部的权力过大,也违反欧盟条约中关于企业可以在成员国之间自由迁移的规定,因此在1988年的财政法案中决定从1988年3月15日起停止执行此规定。但财政法案并没有放弃对公司或企业迁移的限制,而是用税收办法代替行政办法,规定对准备转变为非居民公司的英国居民公司征收未实现资本利得税以示限制。

(二) 防止通过纳税客体的国际转移进行国际避税的一般措施

通过征税对象国际转移进行避税主要发生在国际关联企业之间。这些企业之间的财务收支活动、利润分配形式体现着"集团利益"的特征,因此,对这种避税活动给予限制,关键是应坚持"独立竞争"标准,即按照有关联的公司任何一方与无关联的第三方公司,各自以独立经济利益和相互竞争的身份出现,在相同或类似的情况下,从事相同或类似的活动所应承担或归属的成本、费用或利润来考察、衡量某个公司的利润是否正常,是否在公司之间发生了不合理的安排。凡是符合"独立竞争"标准的,在征税时就可以承认,否则,要按照这一标准进行调整,这样就可以达到防止避税的目的。然而,公司之间的各种交易往来内容十分繁杂,各国情况差异较大,目前尚无统一和公认的具体"独立竞争"标准,事实上也很难找到各国均适用的正常交易候选人和收费标准,有关国家都只是参照本国或其他国家一般独立公司的情况,作出了原则上的规定。

二、建立严密的税收管理制度

有效地防止或限制国际避税需要从税收立法到征收管理全过程的协调,仅靠行政管理的方法是不够的。近几十年来,随着各国税法的不断完善,跨国纳税人为进行国际避税采取了更加迂回、变通的方法,使国际避税行为更加复杂,这反过来又增加了国际反避税工作的难度。对此,许多国家从以下几个方面加强了税收征管,制定了比较严密的税收管理制度。

(一)纳税申报制度

所谓纳税申报(俗称"报税"),是指纳税人在发生纳税义务后,按照税法规定的期限和内容向所在地税务机关提交有关纳税的书面报告的法律行为。它是纳税人履行纳税义务的法定手续,也是依法治税的核心环节,对于税务机关加强税务管理,及时掌握分析税源情况,培养纳税人主动申报纳税的意识具有重要意义。

严格要求一切从事跨国经济活动的纳税人及时、准确、真实地向国家税务机关申报自己的所有经营收入、利润、成本或费用列支等情况,这是国际反避税的重要环节。许多国家在其立法中都特别规定纳税人对与纳税义务有关的事项,负有向税务机关报告和举证的义务,如果纳税人对税务机关的处理提不出相反的证据,就应按照税务机关的决定执行。

大多数西方国家都建立了全国性的税务登记号码,即纳税人鉴别号码(美国采用全国性的社会保险号码)。登记号码的建立不仅方便了税务机关进行登记管理,也为纳税人信息资料的计算机管理和进行税务审计奠定了基础。在纳税申报制度中,几乎所有西方国家在税法上都明确规定了纳税人必须按期向税务机关提交纳税申报表及有关的财务报表。这些申报表不仅按税种制定,在某些税种中还要按不同的纳税人和不同纳税事项制定。以所得税的申报为例,美国税法规定的涉及所得税的申报表多达25种;法国规定,公司企业在年度终了后的3个月内,必须向税务机关申报7种报表;德国规定,每年的5月31日前,公司企业必须报出上年度的所得税申报表,逾期不报的,最高可处以税款12%的罚金。这些西方国家对税收申报的法律规定都是既详细又严厉。

有些国家在税收申报上根据国情的需要,采取一些独特的申报方法。如日本在所得税申报上针对纳税人的会计制度情况,分别实行"白色申报"和"蓝色申报"。所谓"蓝色申报",是指那些具有健全账簿文书,几年来被税务部门肯定为能正确进行申报的纳税人,经税务署长许可后,可使用蓝色申报表进行申报,而对会计制度不够健全的纳税人则使用白色申报表。蓝色申报者可享受一系列优惠待遇,如可扣除坏账、价格波动的损失,厂房和设备允许特殊折旧,净亏损可结转、冲减后3到5年的所得等,以鼓励建立健全会计制度和进行正确申报。

(二)税务检查——会计审计制度

税务检查是税务机关依据国家税法和财务会计制度的规定,审查和监督纳税人履行纳税义务和扣缴义务人履行代扣代缴、代收代缴税款义务情况的一项管理制度。它是税收征收管理制度的一个重要组成部分,也是税收征收管理的一个重要环节。

税务检查主要通过会计审计来进行。会计审计制度与纳税申报制度密切相关,是对跨国纳税人的会计核算过程及结果进行必要的审核,以检查其业务或账目有无不实、不妥以及多摊成本费用和虚列支出等问题。目前,许多国家都严格了对涉及外国公司会计业务的审计制度,一般都要求外国公司,特别是股份公司所申报的各类报表一律要经过公证会计师的审核,否则不予承认。

税务审计的形式通常有一般审计和特别审计。一般审计主要是对一般税收违章行为进行审计,基本采用抽查形式。例如,德国对中型企业每3~5年抽查一次,大企业一般1年一次,小企业30~40年抽查一次,各类企业平均12年被抽查一次。特别审计主要是对比较严重的税收违法行为进行审计,通常由计算机对申报表进行评分,以选出被审计对象。税务审计的方法有室内审计和现场审计。室内审计是在税务机关内部对纳税申报表进行审核,一般适用于小税种。现场审计是由税务审计人员到纳税人的经营场所进行实地查账,对其账簿、凭证、合同、营业函件等进行检查,现场审计一般适用于大公司或大税种。多数西方国家对现场审计都极为重视。

我国自2002年10月15日起施行的《中华人民共和国税收征收管理法实施细则》明确了税务检查的职责范围。税务机关有权进行下列税务检查:

1. 检查纳税人的账簿、记账凭证、报表和有关资料,检查扣缴义务人代扣代缴、代收代缴税款账簿、记账凭证和有关资料。

2. 到纳税人的生产、经营场所和货物存放地检查纳税人应纳税商品、货物或者其他财产,检查扣缴义务人与代扣代缴、代收代缴税款有关的经营情况。

3. 责成纳税人、扣缴义务人提供与纳税或者代扣代缴、代收代缴税款有关的文件、证明材料和有关资料。

4. 询问纳税人、扣缴义务人与纳税或者代扣代缴、代收代缴税款有关的问题和情况。

5. 到车站、码头、机场、邮政企业及其分支机构检查纳税人托运、邮寄应税商品、货物或者其他财产的有关单据和有关资料。

6. 经县以上税务局(分局)局长批准,凭全国统一格式的检查存款账户许可证明,查询从事生产、经营的纳税人、扣缴义务人在银行或者其他金融机构的存款账户,税务机关在调查税收违法案件时,经设区的市、自治州以上税务局(分局)局长批准,可以查询案件涉嫌人员的储蓄存款。税务机关查询所获得的资料,不得用于税收以外的用途。

(三) 所得核定制度

许多国家采用假设或估计的方法确定国际税纳人的应税所得。征税可以基于一种假设或估计之上,这不是对税法的背弃,而是在一些特殊情况下采取的有效办法。如在纳税人不能提供准确的成本或费用凭证、不能正确计算应税所得额时,可以由税务机关参照一定标准,估计或核定一个相应的所得额,然后据以征税。此举的目的多是为了避免跨国纳税人利用不准确的成本或费用避税,同时也可以简化征收手续。

三、反避税的渠道

谋求最大的经济利益是跨国纳税人避税的根本原因,但国际避税之所以成为可能,主要还是各国在税收上存在着差异,跨国纳税人就是利用各国间的税收差异来减轻或消除其纳税义务的。这些差异表现为在各国税制中纳税义务的概念不一致,各国间课税的程度和方式存在差异,各国的税率高低不同、税基各异,不同国家避免国际重复征税的方法不同。此外,各国税法实施的有效程度及运用的反避税方法也存在着很大差异。

面对跨国公司的全球性避税,国际反避税活动单靠一国政府及其税务当局单方面努力很难取得成效,只有通过各国政府与国际社会的广泛合作才可能有效遏止国际避税行为。经济合作与发展组织、联合国经社理事会分别制定的避免重复征税协定范本,以及我国与有关国家签订的税收协定中,都有关于情报交换的专门条款,目的是密切有关政府之间的配合与合作,防止和堵塞国际避税活动。合作的方式可分为单边、双边和多边几种,目前通用的有包括税收立法和加强税务行政管理等在内的单边措施,以及签订税收协定,加强各国政府之间合作的双边或多边措施。

(一) 单边反避税法措施

单边反避税法措施,是指一国政府单方面采取措施,以立法形式限制与其他国家有税收联系的非居民纳税人利用本国的税收优惠和本国与其他国家签订的税收协定中的有关条款进行避税。

如在美国,税法规定对国外子公司的收益,实行递延纳税原则,即只有当母公司实际收到子公司汇来的股利时才申报纳税。但是,为了防止美国公司通过在避税地的子公司避税,美国税法又规定,递延纳税原则不适用于受控制的国外公司(Controlled Foreign Corporation)的附则 F 收益(Subpart F Income)。受控制的国外公司是指由美国股东持有 50% 以上拥有表决权股票的国外公司,美国股东是指至少拥有 10% 以上有表决权股份的个人或企业。受控制的国外公司的附则 F 收益是指除从事贸易或商业经营活动获得的积极收益以外的被动收益,共分为八类:①美国风险的保险收入;②国外基地公司私人控股公司收益;③国外基地公司的销售收益;④国外基地公司的劳务收益;⑤国外基地公司的运输收益;⑥国外基地公司的有关石油收益;⑦与联合抵制有关的收益;⑧国外贿赂。当然,对附则 F 收益的征税方法也有一种例外,即如果受控制国外公司的国外基地公司的收益低于总收益的 5% 或 100 万美元,则不作为附则 F 收益处理;

而当国外基地公司的收益超过总收益的 70% 时,公司的全部收益均作为附则 F 收益处理。

除修订专门法律条款堵塞税法漏洞外,许多国家特别是发达国家在国内税法中都制定了一系列反避税的法令,如德国、英国、法国的税法中都有限制居民身份转移、限制延期付款、限制转让定价等类似的规定。同时,各国政府为使避税法令得以实施,也都加强了税收的征收和管理。

反避税法主要涵盖以下几方面内容:

1. 规定跨国纳税人负有延伸提供税收情报的义务。各税务国的税务当局一般不能直接得到跨国纳税人在国外活动的资料,也不能进行实地调查,因为这超出了它的管辖范围,因此各居住国当局规定跨国纳税人有向居住国政府延伸提供税收情报的义务。

各国规定反避税报告义务一般有两种做法:一种是在每一个税种的税法中分别规定具体的报告义务;另一种是作为一个国家整个税收制度的一部分,制定一个专门的报告义务总规定。提供移居纳税人情况的义务人,既可以是移居纳税人本人,也可以是其关联人或原扣缴义务人。非居民跨国纳税人,只要其资产或财产在一国境内,尽管可能不居住在国内,也必须承担提供情报的义务。此外,为了得到原居民纳税人移居国的帮助,有的国家还通过主动"通融咨询"以换取其所需要的外国税收情报。例如,原联邦德国 1972 年的《对外关系税法》第 3 节第 117 条单方面规定,允许法国、英国和美国单方面从联邦德国取得有关情报,以换取对方的必要帮助。再如,加拿大税法规定,居住于加拿大的个人应就其全球范围的所得缴税。因此,如果来自国外的股东居住于加拿大,那么他也应就其来源于全世界的所得按正常税率缴税,不过,这受制于国际税收协定。不在加拿大居住的个人也应向加拿大缴税,应税所得包括来自加拿大的经营所得、本年度或上年度就业于加拿大而获取的所得,以及处置加拿大应税财产而获取的所得和某些特定来源所得。

2. 制定反避税条款。各国制定的反避税条款通常包括四大类。

(1)一般反避税条款。这种条款规定避税或不属于避税行为的形式。这种对避税行为和不属于避税行为的规定带有一定的概括性,优点是可以把某些方面已经发生和可能发生的逃避税收问题大体概括进去,缺点是不够具体,执行中难免存在不确定性。

(2)具体的反避税条款。它具体规定了避税或不属于避税行为的形式,这是最为常见的反避税形式,它对各种征税对象、征税方法作出了极为明确的规定。其优点是用词具体、清晰、确定、执行便利,缺点是只能对过去和现在的税法漏洞加以弥补,而对将来可能出现的漏洞没有作用,所以,随着新避税方法的不断出现,需要不断地补充新条款。

(3)一般结合具体的反避税条款。这类条款是指在税法的某一条款里,对某一种交易行为加以具体描述,并同时附上一般性条款。

(4)全面的反避税税法。这种税法对所有主要的国际避税活动制定了全面而系统的反避税措施。

3. 规定跨国纳税人对某些交易活动必须申报。在某些国家的反避税规定中,跨国纳税人的某些交易和行为必须事先取得税务当局的同意,否则,一律视此种行为为避税。例如,英国曾经有一居民公司在没有事先征得英国当局同意的情况下迁往开曼群岛,英国就将这种行为判定为避税,责令其仍然要向英国就其全球利润缴纳公司税,还对此公司进行了相应的惩罚。这类法律规定是国际反避税活动中最极端和最严厉的立法方式。即凡是与有关条款规定的范围相符的活动,如某类交易或某种移居,纳税人必须经税务当局的同意,否则就是违法。加拿大也有类似的规定:当非居民出售加拿大应税财产时,财产出售者应进行申报,并获得税收清缴凭证,以表明他已缴税或准备缴税。为保证这一规定的实施,如果财产出售者在获得税收清缴凭证前就出售财产,那么财产的购买者将受处罚。

4. 规定对纳税人避税的处罚。这是一种对避税行为采取的一般措施,目前有越来越多的国家开始对避税进行处罚。比如,在加拿大,如果避税部认定纳税人的计划属于不正当避税,那么该部将为纳税人重新确定纳税义务,在某些情况下,纳税人将被处以罚款,其数额相当于不正当避税的25%,并加付利息。如果纳税人以公开的方式进行交易,且没有隐瞒事实,那么在通常情况下,他可免于这一财政处罚。美国税法明确规定了"报告公司"制度,即凡美国直接或间接控股25%以上的公司,或与美国公司有其他特殊关系的公司均为报告公司,报告公司有义务向美国税务机关报告经营情况、与其关联公司的往来情况及税务机关指定的其他材料,否则,税务机关就要对其在美国的关联企业罚款1万美元,并限期30天内提供上述情况,如在限期内仍不提供再加罚1万美元,如此连续加罚,直至提供材料为止。

5. 规定跨国纳税人对国际逃避税案件有事后提供证据的义务。当国际避税案发生时,对有关国家来说,要证明当事人逃避税款无疑是一种并不轻松的任务。一些国家就通过税法规定,纳税人负有事后向当局举证其没有避税的义务。

比如,原联邦德国《对外关系税法》中就有这样的规定:当局对于纳税人的某些国际交易,规定其有向当局举证的义务。法国《税收基本法》的第238条也有类似的规定:除非纳税人能够提供相应的证据,否则,对它的某些支付,特别是对避税地的支付,将被认为是虚构的而不能从其应税利润中扣除。

我国也有类似的规定,我国《关联企业间业务往来税务管理规程》的第6章第24条规定:在主管税务机关对企业转让定价进行调查审计的过程中,企业必须对涉及关联企业之间业务往来转让定价的正常性、合理性提出详细的举证材料。

又如,加拿大《所得税法》规定:尽管收入署对税额的评定可能会有错误、不足或疏漏,但这种评定仍为合法、有效。这一法律假定意味着如果没有反证,那么收入署在税收争议中所举证的全部事实均属实,如果要推翻这一税收评定,那么纳税人应负举证责任。美国税法规定:纳税人必须向税务当局证实某些交易不是以避税作为交易的主要或唯一目的,或是证实他们有足够的商业目的。

美国税法中规定,在税务诉讼中,纳税人通常负有举证责任。一般而言,国内收入署(美国的税收机构)不承担这一责任。

反避税法的制定,把反避税的措施用法律形式固定下来,具体实施还必须依靠税务行政管理的加强与合作。不少国家,特别是一些避税地国家的银行有严格的保密制度,所以要争取其银行的合作与支持以共同对付国际避税行为。

(二) 双边的反避税措施

双边合作方式是指有关国家通过谈判签订的国际税收协定或税收条款中包括有加强反国际避税和偷漏税合作的条款,由两国税务当局执行。这方面的合作内容主要是相互交换国际税务情报,包括交换防止居民和非居民逃避税收的情报,交换防止利用转让定价逃税避税的资料,相互为对方税务当局提供在本国进行税务调查的帮助。

1. 税务情报交换的起源。通过交换情报在国家之间相互提供援助的历史,可以追溯到1843年比利时与法国、1845年比利时与荷兰缔结的条约。第二次世界大战后,世界政治和经济形势发生了很大变化。1963年发表的《OECD范本》第26条"情报交换"中规定:缔约国双方主管当局应交换为实施协定的规定所需要的情报。此后,关于该问题的条款普遍出现在关于重复征税问题的条约或约定中。1977年,《OECD范本》经修改后,进一步完善了有关条款,并扩大了注释。该范本规定:缔约国有交换情报的义务;情报的范围可不受协定规定的缔约国免除国际重复征税的税种范围的限制,也不受居民纳税人的限定,可包括非居民纳税人的情况;情报交换的承诺具有约束力。

此外,条款还规定,对从另一国家获得的情报应当与从国内获取的情报一样给予保密。换句话说,国内的保密规定适用于从国外取得的情报。但这一保密义务对涉及征税过程的人不适用,例如税务人员、法官、纳税人及其顾问,在一个纳税欺骗案件中的证人和检察官。情报只能用于协定包括的税种所涉及的问题,不能用于其他任何目的。条款进一步规定,可以在公共法院诉讼或法院裁决中透露情报。注释补充道,不希望这一情况发生的缔约国必须在其签订的协定中说明这一点。

该范本条款设想的情报交换,不仅起到促进正确运用协定的作用,而且为缔约国就协定所涉及的税种进一步完善和补充国内立法奠定了基础。它是当今世界各国之间制定双边或多边反避税措施的重要蓝本之一。

2. 国际税务情报交换的种类。国际税务情报交换分两种：一种是日常交换，指缔约国各方对从事国际经济活动的对方纳税人的收入和经济往来资料进行定期交换，通过这种信息交换，税务当局可以了解本国居民纳税人在对方国家的收入和经济往来方面的变化，正确核定应税所得，确保各方税收无遗漏。另一种是专门交换，指缔约国一方提出需要调整核实的内容，由另一方帮助调查。信息交换的内容主要有三个方面：交换为实施税收协定所需的信息；交换与税收有关的国内法律；交换防止税收欺诈和偷逃税的信息。

3. 税务情报交换的方法。在1977年的《OECD范本》的注释中，对情报交换提出了三种可供选择的方法。

（1）函索即寄。这是就一个特殊案例的询问。

（2）自动交换。这是就某些类型的所得（如股息和利息）达成协议时，系统地为有关国家传送有关情报。

（3）主动交换。当缔约国一方获得它认为缔约国另一方将会感兴趣的情报时，不需对方要求就将这一情报传递给对方。

此外，注释中还要求缔约国各方必须以处理本国税收问题的同一方式去搜集对方所需要的税收情报，使用的方法可包括特别调查和对纳税人或其他人保存的营业账进行特别审查等。

目前，反避税及反偷漏税合作主要采取双边方式。多数税收协定，特别是经济合作与发展组织（OECD）、联合国经社理事会分别制定的避免重复征税协定范本，以及我国与有关国家签订的税收协定中，都有情报交换的专门条款，目的是加强有关政府之间的配合与合作，防止和堵塞国际避税活动，从而为国际反避税提供便利。

（三）多边反避税措施

多边合作是指两个以上国家通过多边税收协定或条约中的税务合作条款，或者通过国际性组织进行的反国际避税和偷漏税方面的合作。由于跨国纳税人的经营活动涉及两个或两个以上的国家，因此各国政府为了联手打击国际逃税行为，互相签订多边反避税条款，使各国的反避税工作更具有针对性。目前，国际上主要有以下几种多边税务合作形式。

1. 欧洲联盟。欧洲联盟的前身——欧洲共同体（简称欧共体）对国际避税进行了多年的研究。1976年，欧共体理事会通过了一项决议。该决议明确了偷漏税和避税的国际范围，强调需要加强成员国税务部门之间的密切合作。这些想法在1977年12月19日欧共体公布的关于《成员国主管当局在直接税领域中提供相互援助》的指示中得以实现。这一指令是继1977年重新修订的《OECD范本》第26条之后产生的，是旨在加强与跨越国境的偷漏税或避税或其他财政性欺骗行为作斗争的重要文件。指令尤其强调跨国公司的转让定价问题,认为这是最行之有效的国际避税手段之一,要特别予以防范。指令要求成员国到 1979 年 1 月 1 日使其国内立法根据本指令的规定在某些方面趋于一致,为在双方基础上实现成员国之间的情报交换奠定法律基础。当时,并非所有的欧共体国家都签订了双边税收条约或协定,例如卢森堡与丹麦、卢森堡与意大利,而意大利与荷兰之间虽有税收协定却不包含情报交换条款。

在这种情况下,指令为成员国实行现代化的新型合作提供了必要的法律基础。指令对成员国规定了某些义务,对大部分成员国来说,这是一些新义务。第一,在任何有助于对所得税作正确查定的事项上,需要主动交换情报,尤其在处于不同国家的企业之间可能存在一项人为的利润转移或为取得财政性收益而通过第三国的中介进行这类转移,或出于某些原因税务当局怀疑有避税或偷税行为存在的情况下,更应这样做。第二,对某些事项,如股息或利息的支付,需要自动交换情报。

指令也为成员国之间的合作提供了某些机会。例如,其第 6 条规定,每一成员国允许另一成员国的税务官员到本国领土上进行调查和交流经验,如在处理转让定价问题方面,但是调查的范围以及外来调查人员的权利等问题要在每一个事件中具体协商。

这一指令的适用范围包括直接税、农业税、关税等,1979 年底欧共体通过发布的补充指令将 1977 年 12 月 19 日指令的适用范围扩大到了增值税。由于各成员国在法律、税制、惯例及传统文化方面的差异,使欧共体内部真正有效的合作遇到了不少障碍。因此,各成员国在税收事务上相互援助的形式,实际仍然停留在双边合作的水平上,而维护国家主权和经济利益的强烈愿望,使多边合作谈判中的讨价还价更为激烈。

欧盟自成立以来,采取了各种反避税措施。2000 年,欧盟各国达成协议,决定从 2003 年起经过 7 年过渡期,到 2010 年,欧盟各成员国都要引入自动的银行信息交换系统,以使存款人母国政府了解本国居民在海外的存款利息收入,并对此征税,从而打击通过把钱存到国外银行而逃避本国税收的行为。但卢森堡、比利时和奥地利等国提出,如果让他们放弃目前实行的银行保密法,实行自动的信息交换,那么欧盟必须使非欧盟国家,尤其是瑞士和美国,也采取同样的做法。2001 年 10 月 23 日,欧盟税收委员会发布名为《走向没有税收障碍的内部市场》的意见书,提出一项新战略,要求欧盟范围内的所有业务统一计算共同的所得税税基。这标志着直接税协调的进一步深化。

2002 年 1 月 21 日,欧盟通过了新的储蓄税收法,目的是消除银行保密制度,保证欧洲各国政府能从自己公民的存款利息及投资收入中获得相应的税收。欧盟最初的设计是想促使瑞士放弃存款保密原则。然而由于瑞士掌握着 1/3 的全球私人储蓄,这些存款又主要是受瑞士的中立国地位与存款保密原则所吸引,放弃保密原则,必然对瑞士的银行业造成沉重打击,因此,双方的分歧一直未能得到解决。欧盟的另一"招数"便是主要国家对回流资金采取宽大处理的态度。2003年2月3日,欧盟就通过了制止资金外流的草案。该草案规定,从2004年起,除卢森堡、比利时和奥地利之外的欧盟成员国都必须采用银行信息交换机制,以使存款人居住国政府了解本国居民在海外的存款利息收入,并对此征税。作为回应,2003年2月19日,德国部长会议通过了一项新的税收赦免草案,规定从7月1日开始,将资金转移到国外的德国逃税者只要补缴25%的利息税,就可以在一定期限内将"黑钱"转回德国境内而不受任何惩罚。奥地利、意大利和西班牙也都推行了税收赦免措施。

2004年10月底,欧盟成员国签署了《欧洲宪法条约》,条约虽然规定在税收、国防、外交、司法和社会事务等方面的立法实行有效多数原则,但是该条约要25个成员国一致批准后才能生效,这一过程不会一帆风顺。由于世界各国政治经济发展的差异,在全球范围内的广泛性税制协调的时机还不成熟。但是由于以某个经济、政治或地域原因组合起来的区域共同市场的数量和规模将得到发展,毋庸讳言,在21世纪,区域共同市场的税收一体化趋势将成为税收国际协调的重要特征。

2. 北欧税收公约。北欧税收公约是瑞典、丹麦、芬兰、冰岛和挪威五个国家于1972年签署的税务行政协助的有关公约,同年12月获准通过,1973年1月1日起生效,1976年作了部分修订。公约内容包括24条,适用于5个签字国的领土范围。北欧税收公约是目前唯一的对签字国具有约束力的多边文件,而不单单是一种范本或对利益的陈述。它比迄今为止的基于《OECD范本》的一般双边协定更详细,而且走得更远。它包括了在税款查定和征收方面给予援助,也提供以文件发送形式的合作。合作的应用范围不仅包括各种税,像直接税和间接税、遗产税和赠予税,而且包括了社会保险税。在国际税务合作方面,合作范围大大超出了双边税收和其他多边援助方式的传统界限。如在第1条中,根据北欧税收公约提供的援助可以是:①文件的交换;②税收问题调查,像获得纳税申报或其他报表,没有其他特殊要求的情报或在特定案例中的应要求进行的情报交换;③对纳税申报表和其他表格的规定;④税收实施和税款的征收。第2条详细说明了公约包括的税种:①缔约国之间为避免对所得、财产、遗产或遗赠的重复征税而签订的协定范围内的税种;②赠予税;③机动车税,这是就缔约国之间根据第20条达成协议而言的;④增值税,情况与③同;⑤社会保险和其他公共收费,情况与③相同。

由此可见,北欧税收公约包括的税种范围格外广泛。根据《OECD范本》,大多数双边协定包括对所得和资本征收的税。欧共体成员之间1967年的多边协定,是针对在关税方面提供相互援助的,然而,对于多边协定甚至双边协定而言,将机动车税、增值税、社会保险税纳入规定,这是前所未见的。

又如,1976年生效的对北欧税收公约的修正案规定,每个缔约国都有权派遣官员去另一缔约国参加对那一国家的纳税人的调查,在程序上,请求国的财政部长将就获取其他国家的原始文件向有关国家提出请求。

总之,由于北欧税收公约为那些具有相似的语言、相似的法律制度的国家,展示了一种在某些领域中适用的最广泛的合作形式,因而引起了许多国家的关注。

3. 非区域性多边合作。非区域性多边合作是在由数个国家组成的国家集团之间进行的,其本质上是非地区性的和松散性的。目前,由美、英、德、法组成的"四国集团"之间的合作就属此类。这个合作最初是美国国内收入局与英国国内收入局之间达成的一项工作协定,后来逐渐规范化,形成了一个较正式的合作协议。协议规定,两国税务当局对涉及的跨国纳税人进行同步审查,并要求相互提供税务情报。后来协议扩大到德国和法国,而这两个新成员国也同意在朝着达到"国际财政平等"的目标上与美国和英国加强合作。这种国际税务合作方式虽然更为灵活有效,且合作范围不受限制,但是如果各合作方国家的政治制度及经济发展水平差距较大就难以普遍推行。

以上这些法律措施尽管未能完全消除国际避税行为,但对遏制国际避税行为的肆意蔓延起到了重要作用。相信随着各国税法及国与国之间税收协定的进一步完善,国际避税行为将受到进一步的限制。

第二节　防止滥用国际税收协定

国际税收协定滥用作为一种国际避税的常用方式,使得协定缔约国,特别是收入来源地国家的税收权益严重受损。因为对那些不在境内居住的外国自然人和未在境内设立机构、场所的外国法人从境内获取的各项投资所得,来源地国一般采用从源预提的征税方式。这种预提征税方式使得收入来源地国对投资所得的征税权处于优先地位,有时甚至具有独占性。为了缓解来源地国和居住国之间的利害冲突,来源地国与居住国双方通过缔结双边税收协定来对来源地国的优先征税权加以适当的限制,而这种限制又是以居住国作出某种让步和互惠原则为前提条件的,所以,第三国纳税人滥用税收协定优惠,使得来源地国的优惠限制不能从第三国取得补偿,这必然有悖税收互惠原则,造成来源地国税收利益的损失。

鉴于跨国纳税人不正当地使用或滥用国际税收协定所造成的不良后果,世界各国都十分注重采取相应措施来防止滥用国际税收协定现象的发生,以保护正当税收利益。

美国是最早制定防止滥用国际税收协定的国家。早在1945年美国就开始对滥用国际税收协定采取了对策。当年,美国和英国签订了一份《对所得税避免重复征税和反对偷、漏税的协定》。该协定第16条规定,缔约国一方居民公司支付利息给缔约国另一方居民公司,如上述公司关系的存在是以安排或提供低税待遇为目的,则所支付的股息不能按税收协定限定的优惠税率课征预提税。这里所说的"安排或提供低税待遇"

的测定，便是对滥用税收协定的一种辨认。

防止滥用国际税收协定的措施，主要包括两种：一是防止非缔约国的纳税人，假借缔约国纳税人的名义，在缔约国购置资产、控制股权，以谋取税收协定提供的税收利益；二是防止缔约国的居民纳税人，在非缔约国投资，建立有"中介"性质的所谓居民公司，谋取税收协定给予的税收优惠。

就目前情况来看，在国际税收实践中，各国主要采取下列方法来判定外国公司的身份以制止第三国居民纳税人滥用税收协定。

一、禁止法（the Abstinence Approach）

禁止法是指一国政府禁止同国际避税地或那些实行低税制的国家或地区缔结双边或多边税收协定，以防止非缔约国的跨国纳税人利用这些国家和地区建立导管公司，通过税收协定来谋取各种原本不应享受的税收优惠待遇。因为，协定滥用现象的产生常常与在这些国家或地区设立导管公司的情况有关。正因为如此，大多数国家都不愿同巴拿马、摩纳哥、列支敦士登等国签订税收协定。目前有澳大利亚、奥地利、比利时、英国、美国、新加坡等15个国家采用这种方法。

二、排除法（the Exclusion Approach）

根据排除法，在一国和另一国缔结的双边税收协定中规定，对在另一国享受特别低税的居民公司（一般为控股公司）不赋予税收协定优惠。目前已有加拿大、法国、德国、西班牙等14个国家采取这一做法。如1985年原联邦德国与卢森堡订立的税收协定中明文规定该协定不适用于卢森堡的持股公司。

免税公司的大量运用可能会产生导管公司现象，因此，拒绝将税收协定优惠赋予上述公司可以防止税收协定的不当使用。其主要方法就是针对享受税收优惠的特定类型的公司，居住国给予其类似于非居民公司的法律地位，尽管本身这些优惠大多已规定在一国的商法或税法之中。因此，最有效的方法是将这类公司排除在协定的适用范围之外。例如，美国1962年与卢森堡签订的税收协定中就规定，在卢森堡注册成立的控股公司不属于该协定适用的纳税人，这样第三国居民就不能借助在卢森堡成立的中介控股公司来享受美国的预提税优惠。

另一个方法是税收协定中订立一项保障条款，诸如：本协定所赋予的减免税优惠规定不应适用于根据××法第××节规定或根据在本公约签字生效后为××制定的任何其他类似规定的公司所收取或支付的所得。所以，就公司支付的所得而言，这项规定的适用范围通过仅涉及某种特定类别的所得，诸如股息、利息、资本利得、董事费等得到了限制。根据这些规定，这类特定公司依然有权得到协定中非歧视条款的保护以及相互协商程序的好处,而且这类公司也受到情报交换条款的调整。排除法比较明确,简便易行,尽管在某些情况下它需要各国税务当局行政资助。排除法是一项比较重要的法律规定,当有关国家所缔结的税收协定遭到不当使用时,尽管一国的国内税法中规定有减免税优惠,该国仍可以拒绝将这些优惠赋予某些特别类型的公司。

三、透视法(the Look-through Approach)

根据透视法,仅对公司组建国的居民所拥有的公司给予税收协定优惠,也就是说,不是看名义股权者而是看实际股权者是否真正为缔约国一方的居民。因此,一家公司是否享受税收协定优惠,不仅取决于公司的居住国,还要视公司股东的居所地。采用这一方法的有丹麦、英国、美国、荷兰等九个国家。解决导管公司问题的方法是不允许将协定优惠给予该公司,只要该公司不为公司居住国的居民所直接或间接拥有。透视法一般可采用下列用语:缔约国一方的居民公司就根据本协定而取得的任何所得、利得或利润无权享受协定优惠,除非该公司不为最先提及的国家的居民直接或通过一个或一个以上的公司(不论是何国居民)所拥有或控制。采用这一方法的缔约国可以通过双边谈判以确定在什么情况下一公司可视为非居民纳税人所拥有或控制的标准。透视法对于同那些不征税或征很低税的国家以及同通常没有大量商业活动的国家所缔结的税收协定来说,具有合理的基础。即便如此,也需要进一步完善这类条款规定以保障真实的商业活动。

各国在税收协定中针对股息、利息、特许权使用费都引入了"受益所有人"(Beneficiary Owner)的概念。例如,美国《所得税条约范本》第16条指出,公司享受协定税收收益的条件是,该公司75%以上的股权为缔约国任何一方的居民或美国的公民所拥有,或者是缔约国任何一方证券交易所认可的股票公开上市的股份公司。荷兰同英国、澳大利亚、马耳他、新西兰、巴基斯坦、波兰、斯里兰卡等国签订或修订的税收协定中都包含有收款人最终应是受益所有人的限制性条款。再如,中国与新加坡的税收协定第10条第2款规定:"如果收款人是股息受益所有人,则所征税收不应超过股息总额的12%。然而,如果收款人是直接拥有支付股息公司至少25%股份的公司或合伙企业,则所征税收不应超过股息总额的7%。"同样,为了防止中美税收协定中有关注册所在地等条款被滥用,倘若发现有第三国的公司为享受中美税收协定优惠而成为美国居民公司,应由中美双方主管当局进行协商,不给予协定优惠。根据中美两国1986年5月10日达成的税收协定议定书的规定,能够享受协定优惠的人必须符合下述条件:

第一,该人受益权益的50%以上是直接或间接由下列一个或几个人拥有:①缔约国一方的居民个人;②美国公民;③缔约国一方居民公司,并且其主要种类股票实质上和经常性地在公认的证券交易所交易;④缔约国一方、其行政机构或地方当局。

第二,在取得股息、利息、特许权使用费等项投资所得的情况下,其收入作为利息支付给上述①~④各项所述以外的人,不超过其全部收入50%的。

上述规定旨在防止第三国居民以美国居民的身份达到骗取协定优惠利益的目的。但透视方法的实际操作性不强,因为很难获取审核所必需的税收资料和情报。

四、征税法(the Subject to Tax Approach)

根据征税法,对来源于缔约国一方的所得在缔约国另一方应课以最低的税收。它旨在防止缔约国双方对公司的同一笔所得不征税情况的产生。除非在公司设立国征税,否则公司不能享受协定的税收优惠。该方法最能体现税收优惠原则,为一些经济发展水平高、有健全完善的税收制度的国家普遍采用。目前有英国、瑞士、意大利、德国等13个国家实行这一方法。在国际税收协定中,征税法一般可采用下列表述方法:"在缔约国一方发生的所得为缔约国另一方的居民公司收取和一个或一个以上的非该缔约国另一方的人直接或间接、或通过一个或一个以上的公司(不论是何国居民公司),在该公司中以股权参与或其他方式拥有重大利益(Substantial Interest),和直接或间接、单独或共同行使经营管理或控制权的情况下,本协定有关的减免税优惠规定仅应适用于根据最后提及国家的国内税法的一般原则应依法纳税的所得。"

五、渠道法(the Channel Approach)

渠道法主要是针对脚踏石导管公司所采取的反滥用措施,即如果一家公司的一定比例的毛利润被用来支付不是缔约国任何一方的个人或公司的费用,则该公司所付的利息、股息、特许权使用费等不享受协定的税收优惠。这是旨在防止中介公司的所得,被以费用形式支付给关联公司。目前实行此法的有比利时、丹麦、美国、德国等9个国家。在税收协定中,渠道法往往可采用下述用语来加以表述:"在缔约国一方发生的所得为缔约国另一方的居民公司收取和一个或一个以上的非该缔约国另一方的人直接或间接、或通过一个或一个以上的公司,不论是何国居民,以参股或其他方式拥有该公司的重大利益,和直接或间接、单独或共同行使经营管理或控制权的情况下,如果该笔所得的50%以上为上述人员用来满足其主张(包括利息、特许权使用费、开发费、广告费、初期费用和差旅费、各种企业资产的折旧费等),则本协定所涉及的减免税规定不应予以适用"。这类规定可见诸瑞士与美国所缔结的双边税收协定中。瑞士大多采用这一规定以防止某些类型的瑞士公司从事税收协定的不当使用活动。

六、真实交易规定(the Bona Fide Provision)

上述防止国际税收协定滥用的方法仅具有一般性,仍有必要在税收协定中规定特别条款用以保证某些真实交易不被排除在税收协定优惠之外。是否给予税收协定优惠应视某些基本条件而定,诸如公司设立的动机,公司在居住国的经营额、纳税额,公司股份是否在证券交易所登记备案等。在双边税收协定中,真实交易规定可采用下述用语表述。

第一,一般真实交易条款规定(General Bona Fide Provision):前述规定不应适用于当公司的设立,其主要目的、业务活动和产生所得的股份或其他财产的取得或保有由良好的商业理由所激发,而不是以获取本协定的优惠为主要目的的情况。

第二,活动条款规定(Activity Provision):前述规定不应适用于当公司在其居民所属的缔约国从事大量的业务活动,而从另一缔约国所申请的减免税涉及与这些业务活动有关的所得。

第三,纳税额条款规定(Amount of Tax Provision):前述规定不应适用于所要求的减税额不超过该公司的居民所属国实际征收的税额的情况。

第四,证券交易条款规定(Stock Exchange Provision):前述规定不应适用于缔约国一方的居民公司,如果该公司的主要股份在一缔约国的证券交易所当局备案或如果该公司(直接或通过一个或一个以上最先提及的国家的居民公司)为最先提及的国家的公司所完全拥有,且公司的大部分股份已在证券交易所登记备案。

第五,选择性救济条款规定(Alternative Relief Provision)。在反避税条款涉及缔约国一方的非居民的情况下,可以采用下述表述方法,即本规定不应被认为包括第三国的居民,而该第三国与申请减免税的缔约国缔结有所得税协定,而这些协定提供的减免税优惠不低于依据本协定所要求的减免税优惠。

例如,英国与瑞士缔结的税收协定中规定,如果拥有股权只是为了取得本协定中提供的税收利益而没有真实的商业原因,则凭借该股权得到的股息不能享受税收优惠。除英国外,澳大利亚、丹麦、荷兰、瑞典、瑞士和美国等国也采用真实交易规定。

第三节 针对避税地的措施

经济全球化的发展引起了"主体和客体"的流动,即货币、劳务、货物、人员跨越国家和地区边界的流动,对全球利益的关注使生产地点变得无关紧要,企业几乎可以在世界任何地方从事经营活动。正是世界经济的不断增长和国际贸易及投资的日益自由化赋予了企业地点决策的自由,从而使企业和投资者对避税地的依赖性急剧增长。互联网的快速应用和高级金融工具的扩散则更加速了这一趋势。跨国纳税人运用避税地进行国际避税,不仅使国家的税收权益不断遭到损害,税收收入受到影响,而且税收公平原则也相应遭到破坏。因此,许多国家,尤其是发达国家特别注意如何防止跨国投资经营者运用避税地从事避税活动。本节主要介绍有效防范避税地活动的方式与措施。

一、避税地对策税制

避税地(Tax Heaven)，又叫避税港，通常是指实行低税或无税的国家或地区。许多西方国家的居民公司往往利用居住国的延期纳税规定(即对国外子公司取得的利润等收入，在未以股息等形式汇回母公司之前，对母公司不就其国外子公司的利润征税的规定)，在避税地设立受控外国子公司，将其实现的利润既不分配也不汇回，而是以此为基地累积利润，达到摆脱母公司所在居住国税法控制的目的。有鉴于此，1962年美国率先制定、颁布了避税地对策税制——《国内收入法典》F分部立法，规定凡是受控外国公司利润，不论是否以股息分配形式汇回美国母公司，都应计入美国母公司的应纳税所得中征税，不准延期纳税。接着，德国于1972年，新西兰于1976年，日本于1978年，加拿大、法国于1980年，英国于1984年，澳大利亚于1990年，西班牙于1994年，相继建立起了避税地对策税制，由于这些国家多是以美国的《国内收入法典》F分部为范本制定本国的避税港对策税制的，因而其框架基本相同。

(一)避税地的确定

西方各国对避税地的确定大多采用限定税率的方法，即凡是外国受控公司被课征低于一定百分比税收的国家、地区便被视为避税地。如日本规定为25%，英国规定为24.5%，法国规定为22%，西班牙规定为26.5%。但也有一些国家采用列举法，如美国1994年公布的《关于482节修订规则的暂行规定》列举的避税港有39个，而澳大利亚在其外汇管制法中也列举了一些避税港，其中包括巴拿马、利比坦克亚、百慕大、列支敦士登、英属维尔京群岛、卢森堡、开曼群岛、直布罗陀、巴哈马、格林纳达、瑞士、中国香港、马恩岛和瓦努阿图。

值得一提的是，多数国家的反避税地立法是自动生效的，不需要税务当局的特别指导。但英国例外，其法律规定税务当局必须对特定外国公司的所得加以指导，拥有外国公司股权的英国居民公司才产生纳税义务。

(二)税法适用的纳税人

立法适用的纳税人是立法所要打击的对象。正是这些纳税人利用推迟课税的规定，逃避就外国公司的所得向本国纳税。而根据对付避税地的立法，这些纳税人从受控外国公司应分得的股息即使未分回也要就其向本国申报纳税。从各国的情况看，对付避税地立法所适用的纳税人一般既包括法人，也包括自然人，只有少数国家(如法国)对付避税地的立法只适用于法人。另外，立法适用的纳税人一般要在受控外国公司中拥有一定的股权比重。由于避税地对策税制主要是针对本国居民公司的受控外国公司所制定的,因而各国税法的适用范围都强调有控制因素的存在,而控制因素又是以国内纳税人在国外子公司的参股比例体现出来的。因此,各国税法普遍规定,本国居民必须直接或间接拥有国外子公司的选举权或所有权的50%以上,而且每个国内股东须直接或间接地拥有外国子公司10%以上的选举权或所有权,符合上述条件者便为该税法所适用的纳税人。

(三) 税法所适用的课税对象

一般来说,各国的避税地对策税制中所规定的课税所得,基本上是指受控外国公司的消极投资所得,如股息、利息和特许权使用费,而来自生产经营、商业活动的积极投资所得通常都不包括在内。美国的税法对此规定得比较详细,包括:受控外国公司来自所有国家的风险所得,外国基地公司所得,外国公司与国际合作经营被抵制项目的参与所得,通过不合法手段(如非法贿赂、回扣等)取得的所得,来源于未得到美国外交承认国家的所得。

(四) 税法规定的制约措施

各国的避税地对策税制一致规定,凡符合该税法适用范围的,应按母公司在受控外国子公司中所占股份的比例将该子公司的有关所得并入母公司当年所得,一并征税,而不管这部分所得是否已作股息、红利分配给股东,在课税时该部分所得相应的外国税收可以抵免。

二、防止避税地活动的方式

(一) 单边方式

1. 对流往国际避税地的税源采取事前控制。所谓避税事前控制,是指在避税行为还未发生时,对他进行管制和干预,以防某一后果的产生。避税事前控制的通常做法可以是:以许多繁琐复杂的规定,使跨国投资者在被允许进入避税地之前就付出许多费用,使其利用避税地获得的好处难以弥补这些费用的开支,从而阻止其避税行为。

2. 对流往国际避税地的税源,采取事后控制,即实施避税港税制。许多跨国公司和纳税人通过少分配股息或不分配股息,将所得留在避税地。针对这种情况,国家可以制定如下税法:本国总公司或投资人在避税地设立子公司或持有避税地企业一定比例以上的股份的,其在向本国税务当局申报年度所得时,必须将避税地企业保留利润中属于自己的那部分未分配的股息收入一起并入国内的应税所得中,申报计算应纳所得税。

美国于1962年,日本于1978年就相继采取了上述措施,并在20世纪90年代的改革中进一步完善。

3. 加强海关对跨国公司内部进出口货物的监管。通关时,海关一旦发现这些货物的进出口价格偏高或偏低,海关有权对货物进行重估和补征关税。对发票开低价进口的做法,海关应根据市场价格而不是发票数额来确定关税。

(二) 多边或双边方式

1. 建立共同体,对某些税种实行一体化政策。1946年,国际联盟《所得税、财产税、遗产税和继承税的查定和征收中建立相互关系的双边协定范本——伦敦草案》中体现了各国要交换一切有关所得税和财产税情报的精神。瑞典、丹麦、爱尔兰、芬兰、挪威5国于1972年签订的北欧税收公约,更加具体、广泛地讨论了这一精神。基于这一点,所得税、遗产税、财产税等直接税税负相同或相似的国家,可以建立共同体,统一确定避税港税制,这相对单边反避税方式中一国单独确定的避税港税制具有更大的可靠性,因为它在很大程度上减少了单边所带来的国际纠纷。

2. 加强国际税收合作,建立国家反避税信息系统。一些国家把拒绝提供税收信息或为提供信息设置障碍作为吸引外商投资的方式之一。通过"保护"投资者,不让其他国家的税务当局对投资者进行可能的调查,增加了投资者投资于该国的安全感。特别是对那些惯于采用欺诈和偷税方法的投资者来说,这种政策简直就是为他们步入"税收天堂"敞开了大门。如果各国竞相设立避税港或拒绝税收信息交换方面的合作,便会引发恶性的税收竞争。这种情况在20世纪90年代就初现端倪,并引起国际税收界的广泛重视。

加强各国税务机关情报资料的交换,主要交换的内容有外商投资企业的母公司及其所在地、开闭业日期、业务范围、金融活动、年度财务报表、资金来源与调拨、利润分配等,尤其是减免税的财务报表、涉外业务的开闭业情况,由各国税务机关统一管理、分析、预测,以便及时防止转让定价、逃避税收的情况。

三、防范避税地活动的措施

面对避税地对国际税收所可能造成的不良影响,有关国家并不是一味的消极观望,而是从几个方面作出了回应。

(一) 避税地立法

解决避税地侵蚀税基的对策是,采取立法的办法规定一国的母公司或控股股东居民从避税地公司取得的所得份额应该纳税。这样需引入两条基本的国际税收规则。

1. 有关"受控外国公司"制度。其立法的基本要点就是，要使避税地公司的母公司或其控股股东把该避税地公司赚得的特定"避税地所得"按一定比例计入其应纳税所得中纳税，而不论其是否实际收到这笔所得。这类特定所得包括从相关公司或个人手里收到的股息、利息和特许权使用费以及因向坐落在其他辖区的相关实体销售货物或提供服务而赚得的所得。

2. 关于"境外投资公司"（即主要赚取消极证券所得的公司）的规定。其要求境外投资公司的居民股东必须就其取得的该类所得份额在当期纳税，或者递延纳税但应对迟付款部分缴纳一定利息作为补偿。如果上述规定得以执行，就使得企业利用避税地隐匿所得的目的落空。

需要指出的是，目前发达国家中还有一些国家没有颁布对付避税地的立法，但其中有一些国家有严格的外汇管制，限制本国居民在避税地投资，或规定投资利润必须汇回本国，这实际上也起到了限制那些跨国公司以避税地公司为基地进行国际避税的作用。目前的趋势是，取消外汇管制（如英国、澳大利亚、新西兰等过去都有外汇管制），同时强化对付避税地的立法。

（二）转让定价管理

防范避税地问题的第二个措施就是监控与避税地关联实体之间的交易，并在必要时按公平交易原则来调整这些交易的条件。对转让定价的监管已成为几乎所有国家税务当局关注的重点，而避税地交易则是税务当局监控的重中之重。

为增强美国国内收入署对"转让定价"交易的监控能力，美国要求一切股份在25%以上为美国人所有的美国公司详细报告其与外国所有者或任何有关人员参与的全部交易活动。此外，还要求美国公司保存完整记载其与外国所有者和有关实体之间的关系，以及他们所参与的全部交易的性质和条件的账簿和记录。这些文件不仅必须揭示美国公司参与交易的财务结果的有关信息，还必须提示外国参与者的交易财务结果的有关信息。因此，美国国内收入署被赋予了较大的权力，从而有利于其对转让定价的交易的监督和管理。

（三）避税地交易情报的获取

针对避税地实施的银行保密法，非避税地国家税务当局可采取以下手段获取其所需的资料情报。

1. 利用税收协定。在"选择性"避税地情形中，税务当局在多数情况下应能够根据所得税协定关于情报交换的条款规定获取情报。例如，比利时、爱尔兰和荷兰都以《OECD范本》为蓝本对外签订了许多双边所得税协定，其中就有这样的规定：为使缔约国对方能够执行本国的税法,在必要时缔约国一方的税务当局有义务同缔约国对方的税务当局交换有关情报。

2. 同避税地国家签订提供情报的协议。尽管同避税地国家签订一个全面的税收协定是不大现实的,但仅就情报交换问题达成一个互惠的协议还是有可能的。美国在这方面的经验值得借鉴:首先,其给予避税地以某种形式的激励以促成其与避税地情报交换协议的签订,如美国规定,若位于加勒比海地区的国家未与美国缔结情报交换协议,美国纳税人在这些国家参加任何会议的费用都不允许扣除;其次,对于旅游业在本国经济中所占比重较小的避税地而言,仍有可能签订一个与可能的犯罪行为有关的有限情报交换协议,如开曼群岛的税务当局已同意向美国提供有关刑事诉讼包括税务诉讼在内的情报。

3. 与其他非避税地国家合作。如果两个或更多的非避税地国家税务当局同时对一个或有关的纳税人实施纳税检查和交换行业范围内的有关情报,则可很容易地确定避税地利润额。同时,这种方法不仅适用于销售货物的情况,而且也适用于全部转让的特许权使用费或保险协议及其向连属公司第三方提供劳务服务的情况。

4. 自行收集信息情报。这一方式实行的成功与否在一定程度上将取决于各国的国情,包括税种的性质、税收管理能力和总体法律制度。但是,美国已采取的措施仍有其显著的代表性。具体看来,这些措施的涉及面相当广泛,主要涵盖了以下来源:

第一,向美国公司收集其拥有财产的所有文件或信息,包括在美国境外保存的记录,这就要求美国母公司向美国国内收入署提交其外国子公司保留的记录。

第二,可以要求纳税人的开户银行将其分支机构(分行)所掌握的客户账户信息提交给美国国内收入署。

第三,可能通过在美国境内设立子公司从事经营的外国母公司获得信息,美国就曾经成功地要求自身并不在美国从事经营的日本丰田公司提供其以转让定价交易方式转移给其美国子公司的有关汽车利润的信息资料。

第四节 资本弱化法规

除转让定价税制和避税港对策税制外,资本弱化税制是西方国家系列化反避税税制的又一重要组成部分。资本弱化税制把企业从股东特别是国外股东处借入的资本金中超过权益资本一定限额的部分,从税收角度视同权益(资本),并规定这部分资本的借款利息不得列入成本,这是西方国家针对跨国公司国际避税采取的又一重要举措。

在跨国投资活动中,跨国公司为了达到避税的目的,往往采用贷款方式代替投资来虚增利息支出,以此加大费用而减少应纳税所得额,这也是各国征纳双方避税与反避税斗争的一个焦点。近十几年来,许多西方国家对资本弱化避税已引起高度的重视,并采取了相应的措施。1987年OECD推出《资本弱化政策》,1992年在重新修订的《OECD范本》中,又对联属企业条款注释中的"资本弱化"作了详尽的补充,为缔约国在其国内法中规定债务/股本比例提供了依据。相应地,从20世纪80年代后期开始,美国、英国、德国、法国、加拿大、日本、澳大利亚和新西兰等国便相继建立起了资本弱化税制。

一、资本弱化对税收的影响

资本弱化(Thin Capitalization)又称资本隐藏、股份隐藏或收益抽取,是指跨国公司为了减少税额,采用贷款方式替代募股方式进行的投资或者融资。当跨国公司考虑跨国投资并需确定新建企业的资本结构时,它们往往会通过在贷款和发行股票之间的选择,来达到使税收负担最小的目的。

收入来源国对非居民征税时,一般依据收入类型的不同而采取不同的政策,非居民取得的利息收入与商业经营利润相比,往往按较低的税率纳税。这促使跨国企业将商业利润转变成支付给关联方的利息,以资本弱化的方式避税。资本弱化给跨国投资者带来的好处包括:①减少了子公司的经营利润,从而少缴纳税率较高的企业所得税;②避免由外国子公司支付给母公司的股息所缴纳的预提税;③避免外国对公司利润的重复征税,如对公司利润征收的所得税和对支付给母公司股息征收的预提税;④若子公司利息支出过高而造成亏损,还可以获得别国其他子公司的抵补;⑤在不同税收管辖权间转移纳税义务,以减少在全球的应纳税额,如使得归集股息抵免最大化、外国税收抵免最大化等。

下面以表8-1为例,说明如果不存在反资本弱化方面的法规,在公司资本结构中,以贷款替代募股方式进行融资在实际负担税率方面得到的好处。假设直接募股投资和直接贷款投资均为200万美元。

表8-1　　　　　　　　直接募股投资与直接贷款投资的比较

	直接募股投资(万美元)	直接贷款投资(万美元)
总收入	200	200
利息	0	100
应税所得	200	100
所得税(30%)	60	30

续表

	直接募股投资(万美元)	直接贷款投资(万美元)
净利润	140	70
预提税(20%)	0	20(100×20%)
外国投资者收益	140	150(70+100-20)
实际税率	30%	25%

从表8-1的例子可见,在没有特殊的相关法规时,子公司向母公司汇回的利润分别为140万和150万,可见子公司将会尽可能地以贷款方式组建资本结构,因为此时跨国公司直接贷款投资取得总收入的实际负担税率(25%)比直接募股投资所得的实际负担税率(30%)低。由于债务/股本比例高(贷款和募股的比率),利息可以取得税前扣除,子公司可能将经营利润的大部分以利息而不是以股息的方式进行分配,这将刺激纳税人在国外投资经营的增加,导致所涉及国家税收收入的减少,并扭曲了投资和融资方式。

二、资本弱化法规的运作

利用资本弱化进行避税的问题,已引起各国税务当局的密切关注,许多国家都采取了特殊的反避税规定。各国实行的资本弱化法规有以下几个共同特点:第一,只适用于本国的法人实体,不适用于外国居民公司在本国的分支机构以及具有本国居民身份的合伙企业。第二,受限制的利息扣除一般为支付给境外的、在本国企业中拥有一定比例(15%)以上股权的非居民贷款人。第三,本国公司支付给非居民贷款人的超限额贷款利息一般要依据股本金额的大小来确定,即所谓的"债务/股本比例",也就是说,只有超过该比例的贷款利息才不允许在税前扣除。但各国有关这方面的法规尚不统一,经合组织提倡采用两种方法对付资本弱化,即正常交易法与固定比率法。目前发达国家税务当局在实践中采用的方法与OECD提倡的这两种方法一致。澳大利亚、加拿大、新西兰、美国等大多数发达国家采用正常交易法,英国等少数发达国家采用固定比率法。本文以澳大利亚和英国为例,分析这两种方法的运作。

(一)正常交易方法

利用正常交易方法,则在确定贷款或募股资金的特征时,要看关联方的贷款条件是否与非关联方的贷款条件相同,如果不同,则关联方的贷款可能被视为隐蔽的募股,要按有关法规对利息征税。

澳大利亚在对付资本弱化问题方面的经验丰富,其法律基础是在1936年实行的所得税征收法第3部分的第16F部分。法规提出,不允许澳大利亚纳税人将支付给外国控制方的"超额利息"作为商业经营费用扣除。"外国控制方"是指在居民公司拥有15%以上的股权,或者有权直接或间接地获得15%以上股息或资本分配的非居民公司。

"超额利息"是指外国控制方提供的贷款超过了股份投资的一定系数时,居民公司向外国控制方支付的贷款利息。澳大利亚自1997年7月1日起,将金融机构以外的外方控制居民公司的系数定为2:1(1997年7月1日前为3:1),金融机构的系数为6:1。澳大利亚公司获得外国控制方的贷款,不能超过该外国控制方拥有该居民公司股份的2倍(金融机构为6倍)。如果在一年中居民公司日平均外国债务超过外国股份的2倍(金融机构为6倍),则该公司就外国债务支付的利息超过比例的部分不允许扣除。该规定可由下面的公式表示:

$$A = B \times (C - D)/E \times F/365$$

式中:A是不允许扣除的利息支出;B是就外国债务全年支付的总利息;C是在发生外国债务超额日期日的平均外国债务;D是居民公司的外国股份乘积,若是公司,该数额为外国股份的2倍(金融机构为6倍);E是全年的日平均外国债务;F是超比例债务存在的日期。

例如:某澳大利亚居民公司,该公司由外国控制方掌握80%的股权。

当年就外国债务支付的利息	40万美元
当年外国股份	70万美元
外国债务超过外国股份乘积的日期	91天
超过日期日平均外国债务	200万美元
全年日平均外国债务	180万美元

不允许扣除的利息支付计算如下:

$$40 \times (200 - 70 \times 2)/180 \times 91/365 = 3.32(万美元)$$

即不允许扣除的利息为3.32万美元。

(二) 固定比率方法

运用固定比率方法,则如果公司资本结构比率超过特定的债务/股本比例,则超过的利息不允许税前扣除,并将超过的利息视同股息进行征税。

与一些发达国家不同,英国有关应对资本弱化的规定以正常交易法为基础。英国公司向关联方贷款时,如果没有按照正常交易支付利息,英国有关法规则规定不允许扣除过量利息,并将不允许扣除的这部分利息视为股息,按照股息的规定征税。其核心是确定以下几点：

1. 借贷款的两公司是否为关联企业。英国法律规定了一个标准,如果超过该标准为关联企业,适用有关反资本弱化的法规。界定关联企业的标准是:①提供贷款的公司对英国公司的贷款占该公司贷款总额的75%;②英国公司被一非居民公司持股75%以上,或者双方被另一非居民公司持股75%以上,但后者情况中英国的借款公司其股权90%或以上直接由一个英国公司所持有的除外。英国有关的法规规定不区别对待居民和非居民关联方,即给英国公司提供贷款的企业无论是设在英国境内的居民公司,还是设在英国境外的非居民公司,只要符合上述标准,都要受有关法规的限制。这是英国与其他一些国家在法规方面的区别。

2. 利息支付是否遵循正常交易原则。税务当局必须逐一检查借贷双方是否存在以下问题,找到关联方之间的特殊联系:①英国公司全部债务的适当水平或程度;②该公司从关联贷款处获得债务的水平或程度;③如果没有特殊关系,是否能取得与预期相差无几的贷款;④贷款是否以与市场利率相同的条件取得。

3. 不允许扣除的利息为过量支付的利息。英国税务当局要确定,如果公司之间没有关联,那么在已经支付的利息中有多少是不该被支付的。因此,过量利息是指英国借款公司实际支付的利息与按照正常交易原则应该支付的利息之差。过量利息被确定为股息进行分配,要按照25%的税率缴纳预提税。

固定比率法由于是根据债务/股本比例来确定不允许税前扣除的利息,相对于正常交易方法而言,它具有刚性强、透明度高、操作容易等优点,对税务当局和打算向外国子公司提供贷款的跨国公司来说都有较强的确定性。

三、部分发达国家与资本弱化相关税收法规的比较

如前所述,主要发达国家大多采用固定比率法应对资本弱化,凡是居民公司债务/股本比例超过一定系数的,就不能扣除超额利息,因此,对债务/股本比例的确定很重要。

各国对债务/股本比例的规定各不相同。美国采用了最保守的1.5∶1的比率,加拿大则与之相反,采用了最宽松的3∶1的比率,澳大利亚在1997年7月1日以前采用的比率为3∶1,此后降低为2∶1。

为了保证有关法规的运作,各国对外国控制规定了最低标准,即居民公司的资产或股份被跨国公司控制的比例达到最低标准时,才适用反资本弱化法规,达不到此比例则不适用该法规,不必对跨国公司的股息和利息进行税务调整。表8-2显示了部分发达国家对跨国公司所要求的最低控制水平。

表 8-2　　　　　　　　　　部分国家最低控制水平

国家	最低控制水平	直接或间接控制
美国	50%	同时采用
澳大利亚	15%	同时采用
加拿大	25%	同时采用
英国	75%	同时采用

如表 8-2 所示,这些国家确定的最低控制水平各不相同,澳大利亚的要求最苛刻,其最低水平只有 15%,英国最高为 75%,其他国家如美国,确定跨国公司达到 50% 的控制后才对该公司施用有关的法规。此外,在提及的国家中,各国法规都将直接和间接(通过中间者)的股权考虑在内。

案例应用

福州某有限公司系中外合资经营企业,主要生产销售各种冷粘鞋,该企业的生产设备、原材料供应、产品销售均由香港外方关联公司控制,产品 80% 以上外销。开业以来,利润微薄,2010 年出口产品自报亏损 600 多万元,但内销产品的毛利率却高达 50% 左右,违背了正常交易原则。这家公司 2010 年利润表中的各项指标如表 8-3 所示。

表 8-3　　　　　　　某有限公司 2010 年利润指标表　　　　　　　单位:万元

产品销售收入	10 387
产品销售成本	9 388
产品销售税金	14
销售费用	236
管理费用	364
财务费用	210
产品销售利润	175
产品销售收入	10 387

续表

营业外收入	253
营业外支出	14
利润总额	414

首先,从公司内外销产品的销售情况分析:2010 年公司共生产销售冷粘鞋 280 万双,其中,出口 255 万双,销售收入 8 662 万元。外销比例 = $255 \div 280 \times 100\% = 91\%$;内销比例 = $25 \div 280 \times 100\% = 9\%$ 。在分配内外销产品的成本费用时,必须考虑以下一些因素:

(1)2010 年为生产内销产品缴纳海关进口税 25 万元,应由内销产品负担;

(2)产品销售税金 14 万元,也是内销产品负担;

(3)进项税额不得抵扣 193 万元,应计入出口产品成本;

(4)销售费用 236 万元是出口产品发生的费用。

据此:

$$出口产品销售成本 = (9\,388 - 193 - 25) \times 91\% + 193 = 8\,538(万元)$$
$$出口产品销售费用 = 236(万元)$$
$$出口产品管理费用 = 364 \times 91\% = 331(万元)$$
$$出口产品财务费用 = 210 \times 91\% = 191(万元)$$
$$出口产品销售利润 = 8\,662 - 8\,538 - 236 - 331 - 191 = -634(万元)$$

即出口产品亏损达 634 万元。

$$内销产品销售收入 = 10\,387 - 8\,662 = 1\,725(万元)$$
$$内销产品销售成本 = (9\,388 - 193 - 25) \times 9\% + 25 = 850(万元)$$
$$内销产品销售税金 = 14(万元)$$
$$内销产品管理费用 = 364 \times 9\% = 33(万元)$$
$$内销产品财务费用 = 210 \times 9\% = 19(万元)$$
$$内销产品销售利润 = 1\,725 - 850 - 14 - 33 - 19 = 809(万元)$$
$$内销产品销售利润率 = 809 \div 1\,725 \times 100\% = 47\%$$

从以上分析我们可以看出:公司内外销产品的销售利润率存在如此之大的差距是极不正常的,其中存在转让定价转移利润问题。

其次,从内外销产品平均单位售价与单位成本的角度分析:

$$外销产品单位销售成本 = 8\,538 \div 255 = 33.5(元/双)$$
$$内销产品单位销售成本 850 \div 25 = 34(元/双)$$
$$外销产品单位售价 = 8\,662 \div 255 = 40.0(元/双)$$
$$内销产品单位售价 = 1\,725 \div 25 = 69(元/双)$$

从以上分析我们可以看出:公司内外销产品销售成本基本相同但销售价格却相差较大,出口产品明显存在转让定价问题。根据当年市场同行业利润水平,确定该公司2010年度的成本费用利润率为5%。调整出口产品销售收入为:

出口产品销售收入 = (8 538 + 236 + 331 + 191) ÷ (1 − 5%) = 9 785(万元)

调增所得 = 9 785 − 8 662 = 1 123(万元)

2010年是该公司所得税减半期的最后一年,调整前应纳税所得额为414万元,应缴所得税50万元,调整后应纳税所得额为1 537万元,应缴所得税为184万元,追缴所得税134万元。

思考与练习

1. 国际反避税有哪些一般措施?
2. 如何确定关联企业?怎样防止关联企业利用转让定价进行避税?
3. 防止跨国纳税人滥用纳税协定有哪些方法?
4. 简述防范避税地活动的措施。
5. 简述资本弱化对税收的影响以及资本弱化法规的运作。

第九章 针对转让定价的调整措施

Adjustment Measures of Transfer Pricing

世界各国针对跨国关联企业利用转让定价避税的行为，制定了专门的转让定价税制。转让定价税制是指各国在实践中针对关联企业转让定价所采取的种种税收措施。本章介绍调整转让定价的立法与基本原则，转让定价的调整方法，及转移定价的检验、调整与附属调整。本章还对近年提出的调整转让定价的新方法——预约定价协议进行了概述。

学习要点

Since associated enterprises avoid taxation by transfer prices, many countries in the world establish their special tax systems for transfer pricing.Transfer pricing tax system includes all kinds of policies formulated in practice to control transfer pricing of associated enterprises.In this chapter, we introduce the law and basic principle of adjustment for transfer pricing, adjustment methodologies of transfer pricing, and examination, adjustment, corresponding adjustment of transfer pricing.This chapter also makes a description of the new adjustment method brought up in recent years—Advanced Pricing Agreement.

第一节　调整转让定价的立法与基本内容

跨国公司利用关联企业内部的转让定价,大量转移利润和减少其应纳税额,使有关国家的税源大量流失。为此,美国制定了转让定价税制,对转让定价避税采取了措施。经合组织对此也高度重视,自1972年以来曾多次开会研讨转让定价问题,发表了一系列专题报告,并对转让定价的基本问题,包括关联企业的认定、正常交易原则的建立、转让定价调整的基本方法、相关国家的初次调整与相应调整等都作了概括。在美国和经合组织的影响和带动下,20世纪70年代以后,许多OECD成员国和非成员国都先后引入了转让定价税制。在实践中,各国对该税制不断地进行了补充和修订,使之愈加完善和成熟。

一、转让定价法规的发展

转让定价税制创始于第一次世界大战期间,由于战争需要高额税收,转让定价税制便应运而生。英国于1915年率先颁布了有关转让定价税制的条例,美国尾随其后在1917年也颁布相关的法规。美国转让定价税制自1917年形成以来,获得了长足发展,成为世界各国中比较健全、操作方法比较具体并已取得一定成效的国家。

从1917年起,美国国会就注意到转让定价问题,并授权国内收入局局长决定关联企业和合伙公司间的资本投资,以及它们的应税项目是否合并申报。后来,美国在1921年的收入法案中就规定关联企业可以有选择地填写合并纳税报表,以"阻止子公司和外国贸易公司任意转移利润和关联经营业务",这种做法一直延续到1933年。此收入法案促使美国国内收入局正确计算国内或国外关联贸易或经营公司的应纳税义务。1928年收入法案对1921年法案进行了扩充,法典第45节授权国内收入局为了判定国内或国外关联企业的"实际纳税义务"可以重新确定收入。第45节的用语未有大的变动,成为现在的第482节。第482节是美国国内收入局掌握的用来重新推定关联企业交易的关键法律条款(1968年的"税制改革法案"加入了处理无形资产的"与所得相符"的标准)并于1935年正式颁布实行(一直到1968年前未作任何变动)。其中,对关联企业定价规定"各种交易都以独立企业间的正常交易为标准",如果关联企业的定价不符合标准,国内收入局有权重新分配其所得,但并未规定具体的调整分配方法。

美国国会、国内收入局从20世纪60年代起,把工作重点放在国际交易转让定价法规的简化和强制实行上。1962年收入法案中,国会众议院提议对第482节增加一个附节,要求美国母公司向国内收入局申报其向国外子公司销售无形资产的正常交易价格,否则将适用一个按其相应的经济活动确立的分配公式。众议院财税委员会最后放弃了这个提案,但要求财政部采取更加严厉的立法。1968年美国财政部颁布的关联企业间转移利润的规定,标志着其转让定价税制的正式形成。该规定首次对"集团内部交易"作出界定,强调检查和调整关联企业转让定价的标准是正常交易原则,并对集团内部劳务以及无形和有形资产这些特殊的交易规定了处理准则。这些准则包括:对于缺乏正常交易可比标准的无形资产的定价提出一些参考因素,对于有形资产的内部交易规定顺次采用三种定价法,即可比非受控价格法、转售价格法和成本加价法。这些内容,对后来美国《国内收入法典》第482节的形成具有重要意义。

美国转让定价税制在20世纪70年代没有太大的变化。20世纪80年代主要是对第482节曾作出补充修改。1984年实施改革法令规定,跨国公司的最终技术转让或许可给外国子公司取得的收入,要与美国公司发生的研制开发费用相称。1986年修改第482节,追加了所谓"超级特许权使用费条款",即要求"无形财产转让收入应与其形成的所得相匹配"的新思路。

20世纪90年代初,转让定价在美国成为一个热门话题。当时,许多著名的日本跨国公司在美子公司的利润都很低,而这些公司在美国的经营业务却十分成功,因此美国国税局(IRS)怀疑这些日本公司在利用转让定价来逃避税收。美国通过了国内税法,对转让定价作了详尽的规定。1990年颁布了《外国企业税收法令》,1991年5月1日正式修正公布的《税收程序法规》,提出预约定价协议(APA),以解决转让定价调整工作中的难题,1992年正式提出修订第482节的意见,在原先四种转让定价调整方法之外,引入"可比利润区间"概念,并提出了"最优法则"。1993年1月,正式公布关于修订第482节规则的暂行办法,取消了"可比利润区间"的提法,代之以"可比利润法"。1994年7月1日,国内收入局公布了关于转让定价的最终条例,该条例具有适用范围广、灵活性大的特点,条例中修改的内容主要包括:最优法则、非准确可比法规定、可比利润法规定、利润分配法规定和无形资产转让规定,1998年第482-8节全球交易规则明确使用最优法则。可使用的方法包括:可比非受控价格法、转售价格法、成本加成法及利润分割法,可比利润法禁止使用。1999年国内收入局宣布将公开预约定价协议,国会表示反对,因此,国内收入局采取妥协措施:对预约定价协议进行年度报告,相关个人信息则进行保密。2000年再次强调可比非受控价格法、转售价格法、成本加成法、估算利润法、利润分割法,不排列顺序,但可比非受控价格法优先使用。正常交易结果有范围界限,超出界限的价格要进行调整。如果转让定价超出标准范围的80%~120%,则对无形合同进行定期调整。法规的出台给美国国税局增添了新的动力,他们开展了一系列针对日本和其他外国公司的转让定价审计。审计对象中也包括一些在"避税港"(如英属维尔京群岛、百慕大等)设有子公司的美国公司,因为这些美国公司企图将利润(以及税收)转移到上述"避税港"中。

OECD 作为一个国际性组织至今已有 29 个成员国。这些国家大都以 OECD 转让定价准则为蓝本形成了自己的转让定价税制,而且各成员国在转让定价税制方面都有不同程度的发展,一些非 OECD 成员国也很多以其转让定价准则为蓝本,所以 OECD 在世界转让定价税制的形成和发展中起了不可磨灭的作用。

税收是 OECD 业务范围内的一个方面,其所设立的财政事务委员会主持国际税收中各项重要问题的研究,并公布官方研究报告。OECD 还曾拟订了《OECD 范本》,在 20 世纪 70 年代 OECD 对所谓的"经济活动的日益国际化"作出了反应,对转让定价问题进行了深入研究。

OECD 关于转让定价调整的最初表述,可以追溯到它于 1963 年公布的《OECD 范本》第 9 条,即"两个企业之间的商业或财务关系,不同于独立企业之间关系的情况。若任何利润本应由其中一个企业取得,由于这些情况而没有取得的,可以计入该企业利润,并据以征税"(OECD,1995 – 8)。这里简单提出了正常交易标准,可以把它看做 OECD 转让定价准则的雏形。

1973 年,OECD 财政事务委员会成立了多国企业和税收专家工作小组(第六工作小组),经过长达 6 年的工作,于 1979 年 5 月发布了《转让定价与跨国公司》的专题报告(简称 79 报告),报告重申了《OECD 范本》中规定的有关转让定价税务处理的基本观点。然后,专家小组于 1984 年发表了一份补充性专题报告——《转让定价与跨国公司相关的三个论题》(简称 84 报告)。84 报告所列的三个相关论题,内容涉及信贷、税务相应调整和管理费分摊等方面。这以后,专家小组把工作重点放在了解各国转让定价税制的运作上,对一些成员国转让定价调整的立法、惯例和操作进行了同业核查。

1992 年 12 月,OECD 财政事务委员会发表了《关于跨国企业内部转让定价的税收问题——美国修订规则》的报告。报告针对美国提出的可比利润法,强调指出正常交易原则是转让定价税制的唯一正确原则,可比利润法不能滥用。并于 1993 年 7 月再次提出报告,劝说美国尽量限制可比利润法的使用。1994 年 7 月 8 日,OECD 以秘书长的名义发表了《跨国企业转让定价的指导原则和税务处理》的长篇报告(简称 94 报告)。94 报告与 79 报告、84 报告相比,除了坚持正常交易原则外,在具体内容方面有三个特点:①对转让定价税制的正常交易原则从理论上作了系统阐述;②对国际长期通行的,用于调整转让定价的可比非受控价格法、转售价格法和成本加价法的适用性及其优缺点作了总结;③对三种方法之外的其他方法,也作了全面的分析,特别是对可比利润法运用的观点。94 报告可以被看做关于转让定价税制基本思路的概括。

1995 年 7 月 13 日,OECD 财政事务委员会通过了《关于跨国企业和税务当局的新转让定价准则》(简称 95 准则)。它是以 79 报告为基础,进行更新、修订和扩充形成的。该准则成为协调各成员国处理转让定价问题的新的国际惯例。

1996年4月,OECD又颁布了新版本的《转让定价准则》,增加了处理无形资产和劳务转让定价的章节,1997年又增加了有关费用分配的章节,1998年和1999年分别增加了两个附录,提供了转让定价调整的一些实例,规定了预约定价程序。OECD还在继续补充其《转让定价准则》,目前已经颁布了有关常设机构转让定价的条款草案,还将增加有关资本弱化制度的条款。

此外,其他国家也纷纷效仿,陆续颁布了相应的法规。例如,日本税务局(NTA)开始对在本国设有子公司的著名美国企业进行转让定价审计,并进行了大幅度的利润调整。其他国家,如韩国、英国、加拿大和澳大利亚也陆续加大了对转让定价的监督力度。中国、印度和其他国家也加入了这个"全球征税战争",以确保本国利润不通过转让定价流向国外。由于美国在转让定价上的经验较其他国家丰富,因此美国的相关法规就成为其他国家效仿的标准。中国的转让定价法规就与美国有相似之处,这主要表现在两个方面:一是都遵守公平交易原则,即把关联方交易视同与独立第三方的交易;二是都采用非受控可比价格法、成本加成法及再销售价格法。

二、我国的转让定价法规

中国在1991年颁布的《中华人民共和国外商投资企业和外国企业所得税法》中首次提出关联企业之间的业务往来应当按照独立企业之间的业务往来收取或支付价款和费用,此后,在《中华人民共和国税收征收管理法》及其实施细则中对此也有涉及。1992年国家税务局颁布的《关联企业间业务往来税务管理实施办法》和1998年国家税务总局颁布的《关联企业间业务往来税务管理规程》,在借鉴国际上通常的做法并结合中国税收征管工作具体实践的基础上,对转让定价问题作出了比较详细的规定。

中国要求关联企业的交易作年度申报,并会对未按非关联企业作价的情况提出质询。根据中国转让定价的规定,两家公司很容易被视做"关联企业",而在其他国家的法规中,相同的公司则不会被视做有关联。由于中国的税务制度并不是非常完善,所以大部分纳税人尽量避免税务争议而导致税务行政复议。有鉴于此,企业应对其在中国业务的转让定价风险进行评估,并适当地记录其转让定价政策。

我国转让定价立法亦有较大发展。2001年5月1日实施了新的《中华人民共和国税收征收管理法》,2002年10月15日实施了新的《中华人民共和国税收征收管理法实施细则》。新的税收征管法及其实施细则进一步补充、完善了转让定价税收管理规定。一是明确"纳税人有义务就其与关联企业之间的业务往来,向当地税务机关提供有关的价格、费用标准等资料",并授权国家税务总局制定具体办法。二是明确了"预约定价制度",即"纳税人可以向主管税务机关提出与其关联企业之间业务往来的定价原则和计算方法,主管税务机关审核、批准后,与纳税人预先约定有关定价事项,监督纳税人执行"。三是明确了转让定价的追溯调整期限,即"一般可向前追溯调整三年,有特殊情况的可向前追溯调整十年"。

2008年1月1日起开始实施的《中华人民共和国企业所得税法》中强化了对关联企业纳税的调整。该法特别设立了一章,即第六章"特别纳税调整",具体从第41条至第48条对关联企业间的业务往来的税务处理作了明确的原则性规定;在同时开始实施的《中华人民共和国企业所得税法实施条例》中的第六章"特别纳税调整"中,从第109条至第123条对关联企业间的业务往来的税务处理又作了详尽的、具体的规定。

近年来,中国税务当局在开展反避税方面做了大量的工作,一些地方(如深圳税务局)采取了积极有效的措施,在调整转让定价方面走在了前列。此外,在与企业协商解决转让定价问题方面,被各国广泛运用的预约定价协议在中国也有了成功的先例。但是,从总体上来说,中国在转让定价领域还处于起步阶段,相关理论和实践尚不完善充分,因而需要在国际上加强同其他国家的交流与合作。

第二节 调整转让定价的基本原则

一、转让价格的确定原则

跨国关联企业之间转让价格的确定,直接关系到收入和费用在跨国关联企业之间分配的问题。反过来说,跨国关联企业之间收入和费用的分配是否合理、依据什么原则,也必然影响它们之间的转让定价,从而影响它们之间的利润分配,也会影响有关国家的税收利益。防止跨国纳税人通过转让定价从事国际避税活动,必须依照能为各国政府与跨国公司接受的国际收入和费用的分配原则和标准。目前,世界各国普遍遵守的原则是正常交易原则和总利润原则。

(一)正常交易原则

正常交易原则,也称独立核算原则、独立竞争原则。该原则的含义是指跨国关联企业之间发生的收入和费用,应按照没有关联关系的企业之间进行交易所体现的独立竞争的精神进行分配,企业之间的关联关系不能影响利润在二者之间的合理分配。正常交易原则要求把跨国关联企业视为相互独立的企业,因而二者之间的每一笔经营业务都要按照市场竞争的原则正常地计价收费。如果跨国关联企业从集团的利益出发,有意压低或抬高交易价格,国家税务部门有权按照独立企业之间的正常交易价格,对他们之间的收入和费用分配状况予以重新调整。

1. 正常交易原则的优点。正常交易原则以市场竞争条件下产生的价格,作为解决

国际收入与费用分配的依据,其优点是:

(1)公平、合理。以客观的公开市场价格或无关联方之间的相似交易价格,来分配国际收入与费用,矫正了转让定价人为因素造成的价格扭曲,在征纳双方之间或各国税务当局之间可以达到最大限度的公平。

(2)理论依据充分,有说服力。正常交易原则着眼于以客观标准衡量关联企业之间的内部交易定价,矫正具体交易中产生的价格偏差,而不是去调整分配整个企业集团的全部经营成果。因此,与其他原则相比更加切实可行,易于为各国税务当局和跨国纳税人所共同接受。

(3)已存在可行的操作方法。目前世界各国根据正常交易原则所确定的一些方法虽然存在这样或那样的问题,但其在实践中已发挥很大的作用并已达到一定的效果。

2. 正常交易原则的不足。正常交易原则虽有很多优点,但也存在不足,主要包括:

(1)正常交易价格难以确定。正常交易原则的核心是比较,即用关联企业之间内部交易的转让定价同非关联企业在相同或类似情况下的交易价格进行比较。正常交易价格并非单一的价格,它受到很多变量因素的影响,如竞争因素、环境风险、交易的数量、支付条件等,因而是在一定幅度内波动的一系列的价格,而且这些价格经常处于变化之中,很难找到一个公平合理的正常交易价格。

(2)可比交易难以找到。随着跨国公司规模的不断发展,跨国关联企业内部交易的量在不断增大,大量交易活动只发生在集团内部。特别是日益增多的特殊专利、专有技术转让,在公开市场上找不到对这类专利、专有技术的外部价格。对于只供给关联企业而不售给无关联企业的原材料或零部件,也无可供比较的市场价格。此外,市场上往往缺乏完全的独立竞争价格,只能找到垄断买主价格或垄断卖主价格,而且价格又处于经常变动之中,这就给判断什么是正常交易价格带来了一定的困难。同时,在国际经营中存在大量的商业秘密、行业秘密和银行秘密的情况下,各国税务当局要想掌握所有有关交易发生时的国际市场价格,以便找到一个可比的客观依据,并非易事。

(3)在一定程度上需要依赖于国际合作。跨国公司的内部交易基本上发生在国与国之间,需要按照正常交易原则加以分配调整的正是这些跨国交易。然而,由于每项具体跨国交易中的转让定价在税收上会产生惠及一国而损及另一国利益的效果,对之调整必然涉及有关国家的税收利益,因此,要求在各国间做到真诚合作,这必然会有一定难度。如果缺乏国际合作而单方面进行调整,则可能导致国际重复征税。

(4)工作量较大,执行起来有困难。跨国企业为数众多,经营网遍布全球,其内部交易频繁,数额巨大,而每笔交易又可能各具特色。正常交易原则一般要求逐笔审核跨国关联企业之间每一项交易的价格,工作量很大,这也增加了具体执行中的技术难度。

尽管正常交易原则有其不足之处,但总的说来,它的相对合理性和可行性的特点还是比较突出的。国际社会仍认为,尽管它并非总可以在实践中直接加以应用,但该原则应制约对关联企业间转让定价的评估。因此,美国、德国等不少国家,早就在处理转让定价问题上采用了正常交易原则。OECD 于 1979 年公布了《转让定价准则》,其后又作了几次修改,其核心是要求税收征纳双方都遵循正常交易原则,转让定价应基于可接受的市场价格。1995 年,OECD 在总结多年实践经验特别是美国经验的基础上修订发布了《关于跨国公司和税务当局的新转让定价准则》(简称 95 准则),其后又增加了无形资产、费用分配、预约定价程序等相关内容。OECD95 准则主张转让定价的判断和调整都必须遵循正常交易原则,反对按全球化公式分配方法来解决转让定价问题。

(二) 总利润原则

总利润原则,又称全球方法或整体方法,是指按照一定标准将跨国公司的总利润分配给各关联企业。按照这一原则,相关国家的税务当局并不直接审核关联公司之间发生的每一笔收入与费用,而是在年终把该集团公司内各关联企业的利润汇总相加,然后按照相关国家税务当局采取的标准,重新分配各关联企业的利润,据以征税。总利润原则的理论依据是制定国际收入与费用分配原则的目的无非是为了求得国际所得在有关国家之间的公平合理分配,而通过汇总划分关联企业的总利润可以实现这一目的。

1. 总利润分配法。总利润原则关于重新分配利润的计算方法和公式,主要是从影响企业利润的诸因素中选定某个关键性的因素,来决定总利润在各企业之间的分配。一般说来,影响跨国关联企业利润的有如下一些因素:①企业组织机构、资本结构、规模和主要经营业务,包括各关联企业之间相互参股的比例;②各企业主要经营活动的地域分布;③各企业主要经营业务的销售情况和经营成果;④各企业的雇员人数;⑤关联企业内部定价的有关标准;⑥编制财务报表所遵循的会计准则等。

《OECD 范本》第七条的注释中,把总利润分配的计算方法按照企业收入和费用比例或企业资本结构等划分为四大类。

(1)以各国企业营业额或手续费收入占关联企业营业总额或手续费总额的比例,来对关联企业的总利润进行分配。

(2)以各国企业人员工资额占关联企业全部人员工资总额的比例,来对关联企业的总利润进行分配。

(3)以各国企业流动资金额占关联企业流动资金总额的比例,来对关联企业的总利润进行分配。

(4)以各关联企业的营业额、工资额、资产额占整个集团公司相应项目的比例之平均值,来分配各关联企业的利润。

在此需要指出的一点是,《OECD 范本》第七条注释中讨论的总利润分配法,是为了解决对常设机构利润的确定,实际上是运用于跨国总、分支机构之间的利润划分,而并不是用来解决跨国母、子公司之间的利润划分。

2. 总利润原则的优缺点。总利润原则力图避开复杂的转让定价问题,从最终经营成果入手,按一个事实上的公式去分配跨国公司的总利润,以此来解决有关联关系各企业的国际收入与费用分配问题。

(1) 总利润原则的优点是:

第一,简化税收征管工作,减少工作量,降低征管成本。采用这种方法可以避免逐笔审核关联企业之间的交易定价,逐笔分配国际收入与费用的复杂而繁重的工作,简化了税务管理,而且非常简便地解决了各国征税的依据——利润,即应税所得。

第二,在一定程度上可以纠正由于各种因素造成的国际收入与费用分配的不公允,解决各国税收利益分配和跨国纳税人的逃税、避税问题。

(2) 总利润原则的缺点大大多于其优点,有些缺点甚至被认为是致命的,主要有:

第一,适用范围狭小。一般仅适用于只涉及两个国家之间同等或同类的关联企业(特别是总、分支机构)之间的利润分配,比如,关联银行或信贷机构。如果各关联企业经营的业务性质完全不同,机构规模相差悬殊,那就很难找到一个合理的利润分配公式。而一旦使用的公式不当,计算出来的各个企业的利润就很可能出现更大的不公允。

第二,反映出来的各个企业的利润可能与真实情况差距很大。虽然就一个跨国集团中每个企业的实际情况来说,有的营利,有的亏损,这是非常正常的事,可是,当按照总利润原则进行分配时,只要整个公司集团汇总是有赢利的,那么其各个企业就都有赢利;若整个公司集团汇总是亏损的,那么其各个企业就都会亏损。显然,这既不符合实际情况,更难以被有赢利的公司所在国接受。尤其对那些各自从事不同营业活动的跨国关联企业而言,按总利润原则分配的利润可能与现实差距更大。

第三,技术操作上有难度。利润是一项综合性指标,影响因素很多,不论采用哪些因素和相应公式来作为分配标准,都可能带有主观任意性,缺乏客观依据。在采用总利润原则时,为了减少分配结果的任意性,必须对各关联企业履行的不同职能作复杂的分析,并仔细权衡生产、运输、销售等不同环节上的不同风险和营利机会。作这样的评估所需的资料并非唾手可得,因为它需要整个跨国公司集团经营活动的资料。尤其是面对一个经营活动遍及十几个或几十个国家的大型跨国公司集团时,一国税务当局要掌握该公司集团的全面情况谈何容易。退一步说,即使能搜集到这些资料,当把按不同的会计制度和法律要求而产生于不同国家的数字加以分析比较时,由于可比口径不同,对差异的调整又是一桩很难的事。

第四,难以制定能为各方接受的统一的分配标准。当面对大型跨国公司时,由于没有一个超国家的机构来执行重新分配的任务,总利润原则将处于束手无策的境地。因为许多跨国公司的子公司和分公司分布在众多国家中,按什么标准、由谁来汇总年终利润并主持分配,有关国家能否接受触及本国税收利益的分配结果,都是目前无法解决的一系列难题。

第五,可能会造成重复征税。由于利润是一个综合性指标,影响利润的因素很多,所以在确定用什么主要因素和公式来决定总利润分配时,各国税务当局都会强调对自身有利的因素。如果各国不协调运用总利润原则,自定标准、各行其是,则将对跨国纳税人的所得造成严重的国际重复征税。

正是由于总利润原则存在上述缺点,OECD 并不推崇这一原则,大多数国家没有接受这一原则,许多跨国公司也反对这一原则。除了在涉及两个国家之间总、分支机构利润和费用的划分时,有些国家习惯采用总利润分配原则外,该原则并没有成为指导母子公司之间、子公司与子公司之间国际收入与费用分配的普遍原则。

二、可比性分析与正常交易价格范围的界定

(一)可比性分析

正常交易原则的应用,通常以受控交易的条件与独立企业之间交易的条件进行比较为基础,所以说,可比性分析在各类转让定价调整方法中至关重要。所谓可比,根据 OECD 的明确说法,是指在进行比较的情况之间存在的任何差异都不应对该方法所审查的条件造成实质性影响,或可通过合理的精确调整来消除这些差异所造成的影响。可以说,可比性是转让定价调整的核心。无论是判断关联交易结果是否符合正常交易原则,还是对关联交易结果的调整,都需要以可比非关联交易作参照,且关联交易与非关联交易的可比性程度高低又会直接影响转让定价调整的可靠性。现实经济环境的复杂性与经济行为的多样性使关联交易很难找到一个与之完全相同的非关联交易。因此,判定并调整关联交易的结果并使之符合正常交易原则,只需要找到一个足够相似于关联交易的非关联交易即可。一般而言,衡量非关联交易是否适合做关联交易的参照物,主要看二者的可比性程度。

为了进行这样的可比性分析,需要考虑能够影响正常交易的价格或利润的全部因素(可比性因素)。虽然某个特定的可比性因素在运用某种方法时显得极为重要,但所有方法都要求对影响该方法可比性的全部因素进行分析。美国规则和 OECD 的 95 准则列举了大同小异的可比性因素。美国规则列举的可比性因素包括:①职能或功能;②合同条款;③风险;④经济情况;⑤财产或劳务。OECD95 准则规定进行可比性分析时要考虑如下因素:①财产或劳务的特性;②功能;③合同条款;④经济环境;⑤商务策略。以下从功能、合同条款、风险、经济环境、财产或劳务特性、商务策略 6 个方面对可

比性分析的内容作全面阐述。

1. 功能分析。所谓功能,是指企业在生产或经营被作为转让定价审查的产品或劳务时做了什么样的事情或采用了什么样的资源。两个独立企业之间的交易,其价格或报酬往往反映各方所发挥的功能和作用。因此,在确定受控与非受控交易之间的可比性程度时,需对纳税人在每一项交易中所发挥的功能以及所使用的相关资源进行比较,即确认和对比纳税人在受控与非受控交易中所承担或将要承担的重要经济活动,以及与这些经济活动相关的已使用或将使用的资源,包括所用资产的类型(如厂房、设备),或无形资产。在确定两项交易的可比性时,需要考虑的功能包括:①研究和发展;②产品设计;②制造、生产和工序的设计;④产品的制造、提取和装配;⑤原材料购买及管理;⑥市场营销与发送功能,包括存货管理、产品保证实施和广告活动;⑦运输和仓储;⑧经营管理、法律、会计和资金融通、信用和收款、培训及人事管理服务。受控交易和作为参照的非受控交易应当具有充分的相似性。如果受控交易与作为参照的非受控交易在上述各个方面存在差异,这种差异应能合理地加以调整,如果差异不能调整,那么可比性也就无从谈起。

2. 合同条款分析。确定受控与非受控交易之间的可比程度时,需要对影响两项交易结果的重要合同条款进行比较。这些条款包括:

(1)索取或支付报酬的形式。例如,现金交易与转账交易下的价格往往有差异,如果以非受控交易转账条件下的价格作为参照来衡量现金交易条件下受控交易的定价是否符合正常交易原则,它们之间的差异必须能够加以调整。

(2)销售量或购买量。

(3)提供保证的范围和条件。例如,一项交易提供3年保修保证与另一项交易只提供1年保修保证,它们之间的价格必然存在差异,只有在这种差异可以合理地加以调整的情况下,才能作为比较的参照对象。

(4)更改、修订或修改的权利。

(5)相关的许可证、合同或其他协议的持续时间,以及终止或重新协商的权利。

(6)买方和卖方之间的附属交易或关系,包括提供辅助或附属劳务的安排。

(7)信贷提供和付款条件。例如,若一项受控交易付款时间不同于非受控交易的付款时间,并且这样的差异会对价格产生实质性影响,那么就要对付款条件方面的差异进行调整。

由于现实经济生活中合同条款有时会与实际的交易结果不一致,甚至有些交易并没有书面合同,因此在进行合同条款的可比性分析时,还必须确认合同条款与实际交易结果是否一致。如果合同条款与实际交易的经济内容不一致,或者不存在书面合同,那么只能以交易各方的实际行为和各自的法律权利作为可比性分析的素材。

3. 风险分析。确定受控与非受控交易之间的可比程度时,必须对两项交易中会影响价格或利润的主要风险进行比较。

美国规则提出要考虑的相关风险包括:①市场风险,包括费用、需求、价格和存货水平的波动;②与研究和开发活动的成败相联系的风险;③金融风险,包括外币汇率和利率的波动;④贷款和收款风险;⑤产品责任风险;⑥与财产、机器和设备所有权相关的一般经营风险。

OECD95准则将风险分析作为功能分析的一个内容,提出风险分析要考虑如下一些内容:

通常情况下,非受控交易各方之间的风险分配与其合同是一致的,或者说是明确的。但在受控交易情况下,风险由谁承担需要经过分析才能确定,从而才能就受控交易和非受控交易在风险承担上作出合理准确的可比分析。在进行此项分析时,要考虑两种情况。一种情况是合同条款中关于风险分配的条款与其实际的交易结果相一致,那么应根据合同条款的规定来确定哪一个纳税人承担了特定风险。第二种情况是签订的合同所涉及的风险条款与实际交易情况不一致。在这种情况下,判断哪一方承担了风险就不是根据合同条款,而是根据实际交易情况来确定。这时应当着重考虑如下事实:①是否受控纳税人的行为模式一直与受控纳税人之间所声称的风险分配一致,或者当模式改变时,是否相关的合同安排也相应地作了修改;②在风险发生时,是否受控纳税人具有承担相应损失的财务能力,或者是否受控交易的另一方会像在正常交易中那样最终承担起这些损失;③每一受控纳税人对直接影响收益的营业活动进行管理或控制的程度,在正常交易中,如果某一方相对更能控制某种风险,则其通常会承担该风险的更大份额。

4. 经济环境分析。确定受控与非受控交易之间的可比程度,必须对每一项交易中影响价格或利润的重要经济环境进行比较。所谓重要经济环境,就是影响交易价格或利润的外部状况,特别是交易所处的市场情况。具体来讲,要进行可比性分析的经济环境包括下列一些内容:

(1) 地区性市场的相似性。

(2) 每一市场的相对规模和综合经济发展程度。

(3) 市场层次(如批发、零售等)。

(4) 转让或提供产品、财产或劳务的相关市场占有率。

(5) 生产和经销要素处在特定地点所发生的费用。

(6) 作为考察对象的财产或劳务在每一市场上的竞争程度。

(7) 特定行业的经济情况,包括市场是收缩的还是扩张的。

(8) 买方和卖方实际可得到的替代产品。

OECD95准则也明确指出，在进行可比性分析时，即使其他条件（如功能分析、合同条款等）具备了，也还要考虑非关联企业和关联企业进行交易的市场是否具有可比性。与确定市场可比性有关的经济环境包括：地理位置、市场规模、卖方间以及卖方与买方间相对的竞争地位、可得到的替代商品和劳务（包括进行替代的可能风险）、整体的和区域的供求关系走向、顾客购买力、政府对市场的管理情况、生产要素（土地、劳动力、资本）的价格、运输成本、市场层次（批发还是零售）、交易时期等。

之所以要将上述各项因素列为进行可比性分析的重要因素，是因为即使是同一项商品、财产或劳务的交易，正常交易价格也会因市场的不同或市场层次的不同而不同。不能不顾不同地区市场的发达程度或同一市场的不同时期所导致的竞争状况差异，而简单地选择任意的非受控价格作为判断受控交易的结果。正是由于不同市场的经济情况存在重大的差异，最好选择与受控纳税人进行交易的同一个地区市场的可比非受控交易作为参照。如果无法得到来自同一市场的资料，并且可以对两个市场间存在的差异进行调整，那么来自不同地区性市场的可比非受控交易也可予以采用。出于这一目的，地区性市场是相关产品或劳务在经济情况上实质相同的任何地区，也可是多个国家，应视具体经济情况而定。但是依据最优法原则，应当尽量选择差异程度较小的市场来进行可比性分析，以确保所采用方法的可靠性。

在使用与受控交易不同地区或国家的市场上的非受控交易作为参照时，首要的工作之一是对取得的数据在这两个不同地区或国家的市场存在的差异进行调整，然后使用调整后的数据来检验关联企业之间的交易（受控交易）的定价是否符合正常交易原则。不仅不同地区市场的出售价格差异要调整，而且成本上的显著差异也要进行调整。因为在出售价格已定的情况下，成本差异对利润水平是否符合正常交易原则有重大影响，而对成本差异的调整则要基于对市场中的各种竞争状况的对比分析。

首先，必须分析生产要素买卖双方是否处于充分竞争的状态。如果说一个市场中生产要素的买卖双方处于充分竞争状态（这意味着生产要素的交易价格由市场的供求平衡点来决定），而作为比较对象的另一个市场中生产要素买卖双方不是充分竞争的，那么成本水平就存在不可比性。这又可分两种情况来进行分析。第一种情况是，生产要素市场处于买方市场，那么意味着生产要素供过于求，成本水平可以降低；否则，若生产要素处于卖方市场，成本水平就要提高。生产要素包括土地、劳动、资本等，需要一一加以分析。

其次，要分析生产或提供具有替代性质的商品和劳务的不同企业之间的竞争状况。如果关联企业的受控交易面对着充分的竞争，即使所处的市场与另一个作为参照对比的市场相比成本水平较低（如经济较不发达地区人均收入水平较低的市场与发达地区人均收入水平较高的市场比较，劳动力、土地成本较低），也并不能由此推论受控交易所在市场的利润水平一定高。因为在提供或销售可替代商品或劳务的情况下,充分的竞争会导致价格的降低,从而低成本不一定带来高利润。只有当一个可比非受控企业以正常交易价格经营会因地区市场不同而增加利润时,才可以认为一个受控企业也会由于在该市场中的总成本低于另一市场而获得较高利润。这一方面的认识对使用另一个市场的资料来进行可比性分析显得十分重要。

5. 财产或劳务特性分析。评价受控与非受控交易之间的可比程度,必须对交易中转让的财产或劳务的特性进行比较。所谓财产或劳务的特性,在转让有形财产和劳务的场合,包括功能作用、品质、质量、可靠性、包装、体积、重量等会影响价格的各种内在物理、化学和生物特征;在转让无形资产的场合,包括交易的方式(如授予许可证还是销售)、资产的类型(是专利、商标、专有技术还是其他)、有效期和保护程度、对该资产使用的预计利润等。财产或劳务的具体特性的不同往往是导致价格差异的一个重要因素,因此在对受控交易和非受控交易进行比较时,要分析上述各种特性的共同点和不同点,对不同点而导致的价格差异必须作出适当调整。

6. 商务策略分析。跨国企业应用转让定价有时是作为实现商务策略的一个手段,而不是为了避税。企业的商务策略涉及企业的方方面面,包括新产品开发、市场拓展、风险避免等。商务策略与避税或逃税的区别在于,商务策略下转让定价虽然也会引起利润额的改变或转移,但纳税人不会从中获得减少税收的好处。例如,为了避免风险通过转让定价将利润从低税国(风险较高的地方)转移到税负较高的地方。再如,纳税人为了进入新市场或提高其产品或服务在某一市场内的份额,往往采取两种互相联系的策略,即以低于市场一般交易价格销售,通过增加开支来实施更有效、更大规模的市场营销活动(如加大广告宣传力度)。这虽然与以避税为目的的转让定价在形式上、措施上都有类似之处,会导致一定时期利润的减少,但纳税人不能从中得到因税收节约而产生的利益。商务策略往往牺牲眼前利益但着眼于取得长期的更大的利益,这眼前利益的牺牲相当于取得更大的将来利益的成本,着眼点不在于税收的节约,因此这在税收上应视为合理行为。这样,在进行可比性分析时就需要区分商务策略的转让定价与以避税为目的的转让定价。一方面,不能把为了实施商务策略而采取的转让定价的交易结果作为评价或调整受控交易的依据;另一方面,通过可比性分析能认定受控交易的定价基于商务策略,就应当认为其是合理的、不受调整的。美国规则和OECD95准则均提出了进行此种界定的思路,其基本原则相同,都认为应当撇开形式而从实质看问题。美国规则规定是否在转售价格中会反映出这一策略取决于受控交易中的哪一方承担了定价策略的成本。在任何情况下,只有当一个非受控纳税人在可比情况下,在可比时期中,运用可比策略,并且该纳税人提供证实以下三点的文件时,受控交易中市场份额策略的影响才要考虑。

其一，实施市场份额策略所发生的成本由未来将从这一策略中获得利润的受控纳税人承担，并且存在一种合理的可能性，即这个策略会产生未来的利润，该利润反映实施策略的成本与相对应的合理收益。

其二，对审查中的产业和产品，市场份额策略仅在一段合理的时期内使用。

其三，市场份额策略、相关成本和预期收益及受控纳税人之间分摊相关成本的任何协议，都要在策略实施之前建立。

OECD95 准则提出与美国规则精神实质相似的识别方法，同样着眼于从实质上考察商务策略的影响，如果转让定价的结果确实是由实施商务策略引起，在评价受控交易时要视为合理，在可比性分析时不能忽视。OECD95 准则要求税务机关首先应对交易各方的行为进行分析判断以确定是否真的存在纳税人所声称的商务策略。判断的标准有三：

其一，在关联企业集团内，任何一方降低价格是否以其他方同样降低价格或以市场营销成本的增大加以反映。例如，一个制造商为了增大其在某一市场的占有份额，采取向其关联的批发商降低价格的办法，如果该批发商同样也降低价格出售给无关联的客户，或者虽然以市场正常交易价格出售但将制造商降价所得用于市场拓展费用并反映在账簿上，那么就说明转让定价与实施商务策略有关，而与税收的节约无关。

其二，从商业惯例看谁负担了商务策略的成本。一个企业自行开发产品并通过市场营销活动来扩大影响，显然商务策略成本的负担者即本企业，说明商务策略的存在，导致增加成本、减少利润，没有税收的流失，其结果是合理的。但如果一个独立地位的销售代理人对某一产品或劳务展开拓展市场的行动，且成本由其负担，则对制造商而言可能不是真实的商务策略，而是通过加大代理商的成本间接地减少税收负担，因为按商业惯例，独立地位代理商不会承担本应由制造商承担的产品或服务的市场拓展费用。

其三，纳税人是否有足以弥补商务策略成本的未来收益预期。营业活动的成本与利益是对应的，正常的经营不应当出现无缘无故增加成本而不考虑更大利益的获得，为了将来能够通过市场拓展或风险避免等而产生更大的利益，目前增大开支属于正常的营业过程。

此外，美国规则还明确规定两种情况下的交易价格即使经过分析具有可比性也不能作为评价或调整转让定价的依据：第一种情况是交易不是在经营的正常过程中进行的，如倒闭破产的清算价格不能作为可比价格；第二种情况是非受控交易的主要目的就是建立一个正常交易结果，作为受控交易的参考。

（二）正常交易价格范围的界定

关联企业之间销售货物或财产的转让定价问题的一个关键环节是确定公平价格，以此作为衡量纳税人是否通过转让定价方式压低或抬高价格，规避税收。美国税法在这方面有较详细、明确的规定，已为许多国家所仿效。美国在其国内收入法典中规定，关联企业或公司彼此出售货物或财产时，财政法规规定的公平价格就是比照彼此无关联各方在同等情况下出售同类货物或财产付出的价格。

转让定价不是一门精密学科，并非所有用于比较的交易都具有相对均等的可比性。因此，直接运用正常交易原则，得出一个能够准确判定某项受控交易是否公平独立的简单数据（即正常交易价格），显然较为困难。为了使正常交易原则更具可行性，美国准则提出了对正常交易价格的改进——"正常交易值域"的概念，即通过适当的方法，推算出一组全部相对均等可靠的数字，形成一个数字值域。也就是说，正常交易价格不应简单理解为一项固定的价格，而是一个适当的价格范围或幅度，即所谓的正常交易值域。美国准则指出"如果受控交易的相关数值如价格或利润处在正常交易值域以内，则无须进行调整"；相反地，如纳税人（跨国公司）的相关数值超出正常交易值域，税务当局可认定该企业存在转让定价行为，并将该项受控交易数值调整到正常交易值域内。

并不是所有选择来进行可比分析的非受控交易的数据都可以用来建立正常交易价格范围。能进入正常交易价格范围的数据，只能是那些按照可比性分析原则，具有一定可比性、也具有可靠性的非受控可比交易的数据，即有关受控与非受控交易的资料是充分完整的，从而全部实质性差异已被确定。这些差异中的每一个因素都对价格或利润产生明确并可以合理确定的影响，从而使差异可以得到合理调整，使分析结论建立在严格可比的基础之上。而那些可比性和可靠性明显较低的非受控交易不能用于建立正常交易价格范围。

相对而言，使用正常交易价格范围判定跨国公司是否存在转让定价行为比较公正、客观、合理和正确，可避免主观判断的失误。其操作具体可分为四个步骤。

步骤一：收集背景资料。这是指关于跨国公司母公司及子公司的组织结构，所分布的东道国概况、公司的主要产品和业务，以及相应关联业务的财务报表。

步骤二：汇总可比信息。这是指关于市场、行业经济环境的信息、可比公司的财务数据（主要是计算当期利润的损益表），以及所考察的跨国公司进一步的各项资料，如纳税申报表、完全财务报表、销售计划与合同、产品批零售价格等。

步骤三：实施功能分析。这一步是关键性的，它既是建立可比性的基础，也是调整转让定价的依据。它包括对实质性功能差异进行分析，涉及存货风险、汇率风险、广告费用等。

步骤四：进行调整计算。此即在功能分析的基础上，逐项调整，并确定公平交易价格范围，在进一步征求纳税人意见的基础上，确定转让定价。

三、转让定价的调整标准

由于正常交易原则要求关联企业之间的交易往来按照无关联企业之间的方式进行,而关联企业间内部交易往来的种类繁多、性质各异,因此,有必要对在正常交易原则下种类不同业务的分配标准作进一步具体化的规定。目前,各国的实践中所采用的跨国收入和费用分配标准还存在着某种差异。尽管如此,在 OECD、联合国税收协定小组以及一些发达国家(如美国)的影响和带动下,各国掌握的关于衡量跨国关联企业间收入和费用分配是否合理公平的标准基本上还是一致的。这些标准包括:市场标准、比照市场标准、组成市场标准和成本标准等。

(一)市场标准

市场标准要求以非关联的独立竞争企业在市场上进行同类交易的市场价格,作为关联企业之间进行交易所应使用的价格。它包含有利润因素,适用于跨国关联企业之间的有形资产的交易、贷款、劳务提供、财产租赁和无形资产转让等交易。如果关联企业之间交易的作价不符合这一标准,税务部门有权按照这一标准加以调整。根据市场标准调整不合理转让定价的方法称为"可比非受控价格法"。

使用市场标准必须注意关联企业之间的交易与用于比较的交易一定要尽可能相似。因为只有当交易的环节、成交数量、交货条件、付款条件、售后服务等方面的因素都相同时,交易的价格才具有可比性。

(二)比照市场标准

比照市场标准是指在无法得到关联企业之间进行交易的市场价格的情况下,以购入方的关联企业将该物品再售给非关联企业时的市场销售价格,减去这笔再出售应得的合理销售毛利后的余额(比照市场价格),作为关联企业之间该项交易应使用的价格。比照市场价格的计算方式是:

$$比照市场价格 = 购入企业的市场销售价格 \times (1 - 合理毛利率)$$

其中,合理毛利率应按购入企业所在地,非关联企业间销售同类物品的销售毛利率计算。

这种按照比照市场价格调整跨国关联企业间转让定价的方法称为"转售价格法",它一般只适用于跨国关联企业之间工业产品的销售转让。它适用的范围是转售企业不对购入产品进行加工、处理等,如果转售企业对产品进行了加工或改制等,则应考虑再给予适当的费用扣除。

(三) 组成市场标准

组成市场标准是指用成本加上利润计算出的组成市场价格作为关联企业之间交易的正常价格依据。

组成市场价格运用的是计算出来的市场价格。它要求企业遵循正常的会计制度规定,记录有关成本费用,然后加上合理的利润作为其对外销售的正常价格。其中,合理利润率是从国内和国际贸易的情报资料中取得的。

组成市场价格标准一般适用于既无市场标准又无比照市场标准的情况,关联企业之间缺乏可比对象的工业产品销售和特许权转让的交易定价。由于商标、专利或专用技术等无形资产种类繁多,所涉及的性能、技术、成本费用和目标效益的差异比较大,常常缺乏有可比性的同类产品市场价格或比照市场价格作为定价依据,也很难对其收费依据作出统一的规定,因此,对这类交易必须更多地采用组成市场标准。其计算公式为:

工业产品的组成市场价格 = (转出企业生产该产品的直接成本 + 间接成本) ÷ (1 - 合理毛利率)

无形资产的组成市场价格 = 转出企业研究和生产的成本费用 ÷ (1 - 合理利润率)

(四) 成本标准

成本标准是指按实际发生的费用作为分配标准。这是一种不同于前三种标准的分配标准,它不包括利润因素在内,反映了跨国关联企业之间的某种业务结果关系,而不是一般的商品交易关系。所以,成本标准一般只适用于跨国关联企业间非主要业务费用的分配,以及一部分非商品业务收入的分配。非商品业务包括贷款、劳务提供和财产租赁等,它们的相应收入是利息收入、劳务收入和租赁收入等。关联企业之间主要业务收入的分配,以及商品销售收入和与商品生产有密切关系的特许权使用费等收入的分配,不适用成本标准,而只能适用市场标准、比照市场标准或组成市场标准等包含利润因素的分配标准。

成本标准要求转出企业必须把与该项交易对象有关的成本费用正确地记载在账册中,并以此为分配依据。而该项交易又必须是与转入企业的生产经营有关并使转入企业真正受益的交易。

但对总公司或母公司的一般跨国管理费用可否按照成本标准分配给它的外国分公司或子公司承担的问题,有关国家政府的观点不尽一致。因为跨国管理费用包括公司的董事和监事的酬金和差旅费、公司职员的薪金工资和差旅费以及科研支出等。总公司或母公司所在国政府认为这些管理费用的受益者不仅限于总公司或母公司本身,而且还包括它的外国分公司或子公司在内,从而应由总公司或母公司与其外国分公司或子公司共同承担。而分公司或子公司所在国政府则认为,这些管理费用与分公司或子公司并无直接关系,应由总公司或母公司单独承担,而不应分摊给分公司或子公司。所以,对于跨国管理费用,大多都是通过有关国家政府之间协商,或由转入国政府单方面作出规定,在明确应该符合的一定条件后,准许按成本标准进行分配。对此,联合国税收协定专家小组也曾指出:对于母公司或总公司的一般跨国管理费用,一般只能按成本进行分摊,但必须满足下列3个条件:①转出管理费用的母公司或总公司应纯属管理性质机构,而不是直接对外营业的机构;②转出的管理费用必须与转入企业的生产经营有关;③其他单独为转入企业提供服务所发生或摊付的管理费用。

对于母公司作为整个企业集团的控制机构,以及对外国子公司有控制权的股东所进行的与其职能有关的活动而产生的费用,应属母公司的费用,不得向其子公司计取劳务收入,也不得以补偿成本为名把费用分摊给子公司。对于母公司向其子公司提供某项劳务而计取劳务收入后,要防止它在向其子公司销货时把此项费用再次重复分摊给子公司。对于母公司从事的有利于关联企业集团和各个单位的一些劳务,如母公司的研究和开发活动,或母公司对整个企业集团的财务、生产、销售以及当地居民和政府等相关方面的研究和计划工作所花费的劳务费用,由于各关联企业集团的组织结构不同,企业之间的关系不同,以及各企业集团内部所采用的费用分摊方法不同,所以,应由各有关国家税务当局协商解决。至于对跨国关联企业之间所发生的某些非商品业务往来的收入,则需区别不同情况,以确定是否适用成本标准进行分配。

第三节 调整转让定价的方法

转让定价是关联企业之间在交易往来中人为安排的价格,不是在独立竞争的基础上按正常交易原则所确定的价格。跨国公司往往通过在母、子公司之间或总、分公司之间,利用物资购销、转让技术、提供贷款或劳务以及转让财产等途径,人为地操纵价格及收费标准,把利润转到低税或无税的国家或地区,从而达到避税的目的。根据转让定价税制的基本原则——正常交易原则及相关分配标准,要对转让定价进行合理调整,将不合理的转让定价调整为正常交易价格。经过多年的实践探索,美国已总结出了18种调整转让定价的方法,这些转让定价的调整方法(除预约定价制法外),从价格与利润之间的关系分析,基本可以分为两大类:一类是"比较价格法",即从审查具体交易项目的价格入手,把不合理的价格调整到合理的市场正常交易价格,从而调整应税所得。属于这类方法的有独立市场价格法(也称可比非受控价格法)、再销售价格法、成本加利法等。另一类是"比较利润法",即从利润比较入手,推断转让定价的不合理,把不正常的应税所得调整到正常的应税所得上来,属于这类方法的有可比利润法、利润分割法、交易净利润法等。

一、比较价格法

（一）独立市场价格法

独立市场价格法（Comparable Uncontrolled Price Method，简称 CUP 法），也叫可比非受控价格法，或不被控制的价格法，即比照没有任何人为控制因素的卖给无关联买主的价格来确定，是指以税务部门掌握的非关联的独立竞争企业在国际市场上进行同类经济交易的价格，来确定跨国关联企业之间的交易价格。独立市场价格法被各国广泛应用于对商品销售、劳务提供、无形资产转让、贷款提供等方面转让定价的调整，它实际上是市场标准在转让定价调整过程中的具体应用。

如果能够找到可比的非受控交易价格且有关数据非常完整，那么可比非受控价格法将是确定正常交易价格的最佳选择，因为它可以通常提供对转让有形资产的正常交易价格最准确的衡量。概括而言，可比非受控价格是与内部交易产品的物理性能和交易环境主要一致的非受控交易产品的价格。若两种价格有所差别，就说明关联企业之间的业务往来关系不正常，需要用非受控交易中的价格来代替受控交易中的价格，从而确定正常交易价格，调整其计税收入额或所得额，核定其应纳税额。由于可比非受控法要求找到最具可比性的交易，因此被认为可以提供最可靠的正常交易信息。在使用中，只要独立市场价格法有把握，那么首先应尽量使用此方法，而不用其他调整方法。

应用独立市场价格法的核心问题是受控交易和非受控交易是否具有可比性。因此，只有在受控交易与非受控交易之间的差异对价格仅有较小的影响时，才可能通过调整以消除此种差异，适用可比非受控价格法。应用可比非受控价格法时，需要考虑的受控交易与非受控交易的可比性因素有以下四个方面：①货物可比，包括规格、型号、性能、结构、外形、包装等；②过程可比，包括交易的时间与地点、交货条件与方式、交易数量、售后服务等；③环节可比，包括出厂环节、批发环节、零售环节、出口环节等；④环境可比，包括社会环境（如民族风俗）、消费者偏好、政治环境（如政局的稳定程度）、经济环境（如财政税收）、外汇政策等。在实际操作中，可比性因素不能过分僵化，对可比性因素不同而产生的成交价格差异，应在核定正常交易价格时予以调整，并以调整后的价格为正常交易价格。

（二）再销售价格法

在无法得到具有可比性的非受控价格的情况下，可以采用再销售价格法（Resold Price Method，简称 RP 法）。再销售价格法是指以关联企业间交易的买方将购进的货物再销售给非关联企业时的销售价格扣除合理利润后的余额为依据,来调整关联企业之间不合理的转让定价。这种方法实际上是比照市场标准在转让定价调整过程中的具体应用,它主要用于商品交易转让定价的调整方面。

应用再销售价格法时,必须满足以下四项条件:①无法找到可比非受控价格;②可以找到在内部交易之前或之后的合理时间内发生的转售价格;③转售方在转售有形资产之前没有对资产的物理性质加以改变,导致其财产价值显著增加;④转售方在转售之前没有利用无形资产来改进该有形资产,显著增加其价值。其中第③和第④项条件是适用转售价格法所必须满足的前提,照此条件,包装、贴上标签甚至简单的组装是符合条件的,但较大程度的加工或贴上转售方所有的著名商标则不能满足该两项条件。

正确应用再销售价格法的关键是销售毛利率的合理确定,因此,从这个意义上讲,再销售价格法是一种价格和利润相结合的方法。从内部交易购方的角度出发,可通过扣除其转售的合理毛利润还原出售方的正常交易价格。销售毛利率是否合理,同样需要通过关联企业和非关联企业之间的比较求得。因此,应用再销售价格法,必须着重考虑以下两个方面的问题。

1. 构成转售价格的交易因素必须与内部交易的同类因素基本一致,才能满足可比性的要求。为此,需要考察主要合同条款、经济背景、销售折扣、销售折让与退回、运费、保险、包装等各方面因素。其中,经济背景包括买卖双方可供选择的其他商业安排、区域市场的相似性、市场规模和发展程度、营销等级、相关产品的市场份额及市场竞争程度等有关条件,它们是分析可比性时需着重考虑的环节。

2. 转售价格法通过从转售方的转售价格中扣减其合理的转售毛利润而得出正常交易价格,其实质是一种对毛利润的核定。转售价格应包括三个组成部分,即货物成本(即从内部交易售方处购得的货物价格)、营业费用和利润额。尽管传统意义上的转售价格法只考虑货物成本和毛利润两项因素,但近年来的美国税务实践更倾向于将营业费用考虑进去,这样,转售价格扣除营业费用和货物成本之后所得到的是净毛利润(net margin),而非毛利润(gross profit)。这样处理的目的是通过扣除营业费用,可以帮助消除内部交易与转售交易中不同出售方企业管理方面差异的影响。在计算应扣除的毛利润或净毛利润时,必须从转售方企业的功能分析和风险分析出发,考虑确定其在此类转售活动中应赚取的毛利润或净毛利润比例。如果能够找到可比非受控交易的上述利润水平,则更有助于确定合理的水平。

合理的销售毛利是指关联企业购方所在地不受控制转售的销售毛利率。其可用以下公式进行计算:

$$\text{关联企业卖方的销售价格（正常交易价格）} = \frac{\text{关联企业买方的销售价格}}{} \times (1 - \text{合理销售毛利率})$$

$$\text{合理销售毛利率} = \text{关联企业买方所在地无关联企业同类产品销售毛利} \div \text{关联企业买方所在地无关联企业同类产品销售价格}$$

(三) 成本加利法

对于无可比照的价格，而且购进货物经过加工有了一定的附加值，已不适用再销售价格法的情况，则采用以制造成本加上合理的毛利，按正规的会计核算办法组成价格的方法。成本加利法（Cost Plus Method，简称 CP 法）是指按照转出关联企业的产品的生产成本，加上按合理的毛利率计算的合理利润，来确定跨国关联企业之间的交易价格。这种方法主要适用于在市场上无可比交易的某些独家产品。成本加利法实际上是组成市场标准在转让定价调整中的具体应用。成本加利法除了被各国广泛用于特制商品销售的转让定价外，尤其被广泛用于提供劳务、无形资产转让、研究开发费用分摊等转让定价的调整方面。在使用成本加利法定价时，关键在于确定合理的毛利率。在确定毛利率时，应考虑市场的状况、货品的种类、无形资产的影响、卖方履行的职能等因素。

实际上，成本加利法存在着以下缺陷：①它过分强调历史成本，不能充分反映竞争条件；②在现实生活中会存在商业无利润或亏损的情况，所以要确定一个合适的利润率会遇到一定的困难；③难以找到一种令人满意的方法将成本分配给特定产品。正是由于成本加利法存在以上缺陷，使其应用存在一定的局限性，一般只有在既无市场价格可供比较，又无法采用再销售价格法的情况下，才可以采用成本加利法。而且在使用成本加利法时，要注意在可比成本的基础上使用可比的加利。

在使用成本加利法时，最重要的是看买方企业所发挥职能作用的相似性。当作为比较对象的交易与该关联交易的买方企业在职能作用方面存在差异，从而影响成本利润率的构成时，应进行必要的调整，并以调整后的成本利润率作为合理成本利润率。

成本加利法可用以下公式进行计算：

$$\text{正常交易价格} = \text{制造或购入关联交易中货物的销售成本} \times (1 + \text{合理成本利润率})$$

在实务操作中，此公式常被以下两种公式取代：

1. 销售收入 =（销售成本 + 合理费用）÷（1 - 成本利润率）。采用该公式调整的结果是使企业利润水平达到规定的利润率，并保持与核定利润率相吻合，但会使销售收入虚增。

2. 销售收入 = 销售成本 + 销售成本 × 成本利润率 + 合理费用。采用该公式比较符合税法规定的"按成本加上合理的费用和利润"，但计算结果使调整的所得往往被费用抵消，企业所应体现的利润不能保持与核定利润中的利润相同。

二、比较利润法

比较利润法又称交易利润法(Transactional Profit Methods),它是从比较具体交易项目的利润入手,反证交易定价的不合理,并将不正常的应税所得调整为正常的应税所得,以合理的利润来体现正常交易原则的一种转让定价调整方法。比较利润法主要可分为:可比利润法、利润分割法和交易净利润法。比较价格法被人们视为调整转让定价的以交易为基础的传统交易法,是确定关联企业之间关系是否符合正常交易原则最为直接的方法,比其他方法更可取。但是,现实经济生活的复杂性,会给传统交易方法的运用带来很多现实困难,如没有可比数据可供利用,或可供利用的数据在质量上缺乏保证,此时就需要借助比较利润法。比较利润法以净利润作为比较基础,与以价格或毛利作为比较基础的比较价格法相比,由于能排除职能等差异对可比性的影响,因而更加容易被接受。

(一) 可比利润法

可比利润法(Comparable Profit Method,简称 CPM),是指把关联企业的账面利润与经营活动相类似的非关联企业的实际利润相比较,或者将关联企业的账面利润与其历史同期利润进行比较,得出合理的利润区间,并据以对价格作出调整。

1. 可比利润法主要具备两方面的优点:

(1) 该方法以营业利润作为比较对象与衡量正常交易的指标,可以允许独立企业与关联企业之间存在更大的差异,换言之,其对"可比性"的要求更加具有弹性。这主要是由于营业利润是从毛利润中扣除营业费用而得到的结果,不同企业之间的功能差异可以从其不同的营业费用水平上得以体现,因此,存在功能差异的不同企业可能获得不同的毛利润水平,但在扣除营业费用之后所得到的营业利润水平却可以达到相似的程度。这样,可比利润法要求的关联企业与独立企业之间的功能相似性程度(即可比性要求)将大大低于其他方法,使其适用范围更加灵活。

(2) 独立企业的行业分类、业务描述和营业利润比率可以相对容易地获得,尤其在独立企业是上市公司或有发行股票、债券的情况下,此类资料的来源及可靠程度均有保证。这样,从税务行政的角度而言,税务官员可以借助这些公开资料计算独立企业的营业利润水平,进而与关联企业的内部交易结果相比较,而不必费尽心机地去寻找相似交易的可比价格,有助于高效率地处理转让定价问题。

2. 可比利润法也存在一些缺陷,主要体现在:可比利润法以独立企业的营业利润水平指标衡量关联企业内部交易的营业利润,固然可以克服独立企业与关联企业之间较大的功能性差异以及难以寻找信息与数据的弊病,但在理论上却存在着一个难以自圆其说的缺陷,即独立企业的营业利润水平并不必然代表了内部交易双方也能够达到此等水平及其他比例分配。因此,美国有的学者认为,可比利润法尽管在绝大多数情况下可以适用,但并不能保证其是最佳的调整办法。

既然可比利润法的核心是独立企业营业利润水平与关联企业内部交易营业利润水平的比较,那么必须设计出一套"利润水平指标"(Profit Level Indicator)作为衡量营业利润的标准。通常可以采用以下四种指标:资本回报率、营业利润与销售收入比率、营业利润与营业费用比率、营业利润与销售成本比率。其中,资本回报率是使用最广泛的一种指标,另外三种指标在使用时对独立企业与关联企业之间的可比性要求更高。

(二)利润分割法

利润分割法(Profit Split Method,简称PSM),是指对由若干个关联企业共同参与的销售交易所产生的最终合并利润,依照各企业履行的职责和贡献,并参照外部市场对同类利润分配比例的标准,在有关企业之间加以分配。使用利润分割法需要具备以下三个前提条件:

第一,各受控纳税人的营业活动性质必须是同等或同类的才可以进行利润或亏损的合并。因为这时才可以获得受控交易(或关联企业活动)的有关数据。

第二,关联各方对关联企业活动赢利的贡献份额必须按一定标准来衡量,而这一标准必须能够反映关联交易中各方所履行的功能、预期的风险以及所运用的资源等与可比性条款(即功能分析、合同条款、风险、经济环境、资产和服务等方面具有可比性)保持一致。当受控纳税人所履行的功能类似于受控纳税人在关联交易中所履行的功能时,按该法进行的分配会与非受控纳税人之间的利润或亏损的分配一样。

第三,分配给一个集团公司内某一特定成员的利润不一定只局限于来自关联企业活动的集团总营业利润。例如,在某一纳税年度集团内某一成员产生赢利而另一成员则发生亏损,就要对它们的营业利润与亏损进行合并再予以分配。而且,来源于关联企业活动的合并营业利润或亏损不一定要平均分配或以任意比例进行分配,而是要按特定分配方法进行分配。

1. 利润分割法的优点有:

(1)利润分割法与其他正常交易原则下的调整方法一样,都适用公开市场价格,或客观市场条件下所形成的各种价格作为分配国际收入与费用的依据,采用矫正转让定价这一人为因素造成的价格扭曲,可以在征纳双方之间以及各国税务当局达到最大限度的公平。

(2)可以避免逐笔审核关联企业之间交易定价、逐笔分配国际收入与费用的复杂而繁重的工作,只要找出相同或相似参照物的平均市场利润率及对无形资产可作的贡献依据一定的财务比率进行确认即可,从而可以简化税务管理。

2. 利润分割法的缺点有:

(1)作为客观依据的市场价格有的难以找到或缺乏可比性。由于关联企业之间的特殊关系,使得无形资产转让在公开市场上找不到外部市场价格。

(2)技术操作上有难度。由于要对无形资产带来的超额利润进行分割需依据一定的比率,而各国税务当局都会强调与已有利润的比率,如果各国不加以调整,自定标准各行其是,则会对跨国纳税人的所得造成严重的国际重复征税。

(3)运用利润分割法要求集团公司内部保持会计方法的一致,而一个经营活动遍及全球十几个或几十个国家的大型跨国公司要做到这一点较为困难,且由于可比口径的不同,对差异的调整也就较为复杂。

因此,利润分割法的运用要依据最优法原则判定是否采用。它特别适用于在无形资产带来高于平均市场利润率的超额利润时对无形资产转让定价进行的调整。

利润分割法又包括可比利润分割法和超额利润分割法。可比利润分割法是指当受控纳税人的交易活动与非受控纳税人的交易活动相类似时,可以按在非受控交易中的合并营业利润或亏损中每一非受控纳税人所占的比例,对关联交易的合并营业利润或亏损在有关各方之间进行分配。超额利润分割法是指按两个步骤进行合并营业利润或亏损的分割。

(三)交易净利润法

交易净利润法(Transactional Net Margin Method,简称 TNMM),是指以独立企业在一项可比交易中所能获得的净利润率为基础来确定转让定价的方法。这里的净利润率通常用销售利润率(净利润/销售额)、成本利润率(净利润/总成本)和资产收益率(净利润/营业资产)表示。

1. 交易净利润率法的优点有:

(1)净利润与可比非受控价格法中的价格相比,受交易性差异的影响较少。因为企业间履行职能中的差异常常反映在营业费用的不同之中,结果是各企业可能在毛利额上相差幅度很大,但赚取的净利润水平却非常相似。

(2)它不必分别确定由一个以上的关联企业所履行的职能和承担的责任,也不必在共同基础上核实所有参与特定经营活动企业的账簿和记录,或者将成本分配给所有的参与企业。

2. 交易净利润率法的缺点有:

(1)其最大的缺点,是有些因素对价格或毛利没有影响,但是对纳税人的净利润倒有影响,这些因素使得要精确、可靠地确定正常交易净利润变得比较困难。另外,纳税人可能由于无法获得有关非受控交易利润的充足的具体信息,而无法有效地运用这种方法。

(2)交易净利润率法所存在的另一个问题,是这种方法只能适用于关联企业中的一方。虽然转售价格法和成本加利法也有这个方面的特性,然而,与转让定价无关的许多因素都可能影响净利润,从而降低交易净利润率法的可靠性。单面性的分析,潜在地将一定的利润水平归属于跨国企业集团中的一个成员,这就使得集团的其他成员出现难以置信的低(或高)利润水平。

两大原因会使净利润把较大的不稳定因素引入转让定价的确定之中:第一,由于营业费用的差异,净利润会受到某些对毛利没有影响或影响较小的因素影响;第二,净利润会受到一些能够影响价格和毛利的相同因素的影响,而这些因素的影响并不易于消除。价格可能会受产品差异的影响,毛利可能会受职能差异的影响,而营业利润则很少受到这些差异的不利影响。如净利润可能直接受到产业中下列因素的影响:新竞争者的威胁;竞争地位、管理效率及各自战略、替代性产品的威胁;成本结构的变化;资本成本中的差异以及经营经验等。在传统交易法中,作为坚持较大的产品和职能相似性的结果,这些因素影响可以被消除。

三、关联企业涉及的其他调整

(一)关联企业间利息的调整

关联企业之间融通资金所支付或收取的利息,超过或者低于没有关联关系所能同意的数额,或者其利率超过或低于同类业务的正常利率的,税务机关可以参照正常利率进行调整。"没有关联关系所能同意的数额",是指无关联关系的独立企业之间可以接受的融通资金时的利息;"正常利率"是指根据融通资金项目的不同形式、不同数额的具体情况,在中国或国外金融市场相同或类似条件的商业信贷的利率。

(二)关联企业劳务费用的调整方式

关联企业之间经常发生互助提供劳务的业务,通过收取劳务费,关联公司就可以利用收费标准的高低来调整利润,以达到少缴税款的目的。因此,我国税法规定:关联企业之间提供劳务,不按照独立企业之间业务往来收取和支付劳务费用的,当地税务机关可参照类似劳务活动的正常收费标准进行调整。

(三)对关联企业之间转让财产、提供财产使用权等价格的调整

财产包括有形资产和无形资产。关联企业之间经常发生转让固定资产、转让专利

和专有技术等业务,通过对这些业务的收费调节,可以达到避税的目的。如关联公司利用机器设备租赁避税的方法就多种多样。而专利和专有技术知识具有独此一家的特点,缺乏可比性,更难确定其真实价格,因此,其反避税工作比较复杂。对此,反避税的措施主要有:

1. 在财产收益和所得方面,对关联企业之间转让财产、提供财产使用权等业务往来,不按照独立企业之间业务往来作价或者收取与支付使用费的,当地税务机关参照没有关联关系的企业交易时所能同意的数额进行调整。

2. 在关联企业之间的特许权使用费上,在我国的许多企业往往与固定资产、商品的转让以及与咨询费、培训费、检测费等费用结合在一起,从而逃避部分预提税,这是税务机关在检查关联企业之间的特许权使用费时应注意的。

第四节 转让定价的检验、调整与附属调整

一、转让定价的检验

对跨国关联企业内部转让定价的检验,涉及一国税务人员的素质、征管制度的严密性以及对国际税务情报的掌握能力,而这又往往与一国的经济、社会发达程度密切相关。目前,各国在这方面尚未总结出成熟的经验和形成一套行之有效的方法。从一些欧美国家的经验来看,主要应重视以下两方面的工作。

(一) 掌握关联企业的基本情况

关联企业的基本情况具体包括:①企业结构,包括各关联企业的名称、地点、主要联营机构,以及相互持股的比例、规模;②公司营业活动的地区分布;③公司主要经营业务的销售情况和经营成果;④重大投资项目的地区和行业分布;⑤企业资金来源和资金运用情况;⑥各企业的雇员人数;⑦企业的研究与发展支出;⑧内部转让定价的有关标准;⑨编制财务报表所遵循的会计准则。

有关国家税务当局根据这些资料,可以了解、掌握关联企业的基本情况和经营目标,从而考虑如何对其交易的定价作进一步的检验。一些国家采取有重点地选择一些与本国有着重要联系的跨国公司集团作为连续跟踪调查的对象。例如,20 世纪 80 年代初,美国税务当局曾选择 1 200 个跨国公司作为经常分析的对象;巴西、墨西哥等国税务当局也曾选定一些大型跨国公司,对其经营、成本和交易情况进行系统、长期的分析。

(二)有选择地采用不同的审核方法

为了降低税务成本和注重实效,一些发达国家的税务当局十分重视区别不同情况采用合理的审核方法,对关联企业的内部交易进行审查,其采用的方法有三种。

1. 精查法。精查法即对纳税人的内部交易往来从原始凭证、会计分录、账册直至会计报表逐笔审核。由于精查工作量大,在税务人员力量有限的情况下,难以对所有关联企业的内部交易都采用这种方法审核。在实际工作中,通常是仅对交易数量很大的少数大型跨国公司,或转让定价问题严重的关联企业采用此法。

2. 分析法。分析法即对纳税人的内部交易往来通过选择其中的关键项目分析比较来进行审核。其步骤大致分为三步。

(1)进行利润总额比较分析,即根据企业的经营特点将纳税人的利润率与类似的无关联企业的利润率相比较,或者将纳税人及其关联企业各自的营业额和利润占整个跨国公司集团营业总额和利润总额的比重进行比较,以此来考察关联企业的利润分配是否正常。

(2)在发现问题后,则作进一步的收支分类分析。通常将关联企业的内部交易分为有形资产销售、无形资产销售、贷款、租赁、劳务五大类,分别审核有关的价格、利率、费率是否符合独立核算原则。

(3)进行重点收支项目比较分析。对其中的重点收支项目,如数额较大、价格或费用过高或过低的项目进行单项重点审核。

3. 抽样法。抽样法即对关联企业之间的内部交易往来项目,运用随机抽样、重点抽样或判断抽样方法选择若干项目进行审核。如果从中发现问题,则可采用精查法或分析法作进一步审核。由于抽样法工作量较小,而且对纳税人也能够起到一定的警戒作用,故成为各国税务当局目前采用的主要检验方法。

二、转让定价的调整

税务当局对关联企业之间的内部交易进行检验后,对违反独立核算原则的内部转让定价则要进行相应调整。从征纳双方的矛盾来看,导致跨国关联企业之间内部转让定价的原因是多方面的,在大多数情况下,跨国公司集团进行内部转让定价是对各国税收、国际投资、国际贸易、国际金融、国际政治等多种因素综合考虑的结果。从税收方面讲,除了降低所得税负因素之外,往往还考虑降低某些流转税,如进出口关税。因此,在涉及对内部转让定价的调整时,纳税人往往矢口否认价格制定中的税收动机,而强调非税收动机,特别是在市场上同类交易存在着多种价格或内部交易价格不具有可比性的情况下,对内部转让定价的调整往往是征纳双方争执的焦点。

为了缓和征纳双方的矛盾,除了重视提高税务人员素质以及在确定合理的价格标准方面保持一定的灵活性之外,一些国家还授权税务当局通过与纳税人的谈判,签订税收协议来解决上述矛盾,即所谓"税收妥协"。采取这种做法主要见于实行判例法的英美法系国家。比如,美国政府允许税务当局结合从事各类业务的跨国公司的经营特点,并结合有关国家的外汇管制、利率、投资管制情况以及本国政府的对外经济政策进行全面考虑,在保证纳税人正当权益的基础上作出合理和妥善的处理,经谈判与纳税人签订税收协议来解决有关内部交易的定价问题。这种协议可以仅在一个税收年度内有效,也可在更长的时间内有效。从美国的实践来看,这种做法对于解决内部转让定价调整问题所引起的税务争端能够起到较好的作用。

对转让定价进行调整时,要合理有据,充分考虑以下 8 个方面的实际情况。

(一) 分析企业职能

检查转让定价,要分析有关机构的职能,熟悉公司集团的结构和组织形式,了解经济实体为各种活动承担的风险和负有的责任。这些都有助于税务当局估计企业何时产生利润和产生的利润属于哪种类型,以及相关企业在实现这类利润中的地位和作用。

(二) 明确活动的受益人

跨国公司可能以间接的方式安排某些交易,这样做可能是出自纯粹的商业原因,也可能是避税方法的一部分。税务部门应该注意以下三个问题:①相关联企业付费一方在多大程度上获得真正的受益;②这种交易对另外一方的影响程度怎样;③会不会发生一方出钱、对方受益的情况。

(三) 一揽子交易

跨国公司经常在内部搞一些融各类交易为一体的一揽子交易。在这种交易中,对各种不同类型的受益按统一标准收费。在税务工作中,为了便于分析和处理由集团内部转让定价带来的问题,往往要对不同类型的集团内部交易分别加以考虑,并根据不同类型交易的不同特点制定不同的处理规则。税务当局有必要坚持对一揽子交易中的不同项目分别估价。

(四) 往来项目抵消

当有关联企业一方提供给集团内部某一企业的受益在某种程度上被该企业回报提供的不同受益结平时,企业宣称应当以其收到的受益抵消其对外提供的受益,从而在确定企业的纳税义务时仅应对交易的净收益或净损失加以考虑。税务部门原则上应承认这种安排,但抵消可能在规模和复杂程度上不同。面对不同形式的抵消,税务部门有必要对其安排和交易加以分析后,作出最终判断。

(五)对实际支付和交易的确认

调整实际交易价格,又不要对相关联企业产生税收歧视,对发生的每一笔支付都应判明其真实性质。特别是利息支付,税务部门要确认其真实性,以免它是以利息形式支付的股息或其他形式的利润分配。

(六)集团内部的计划

相关联企业之间能够签订更多类型的合同和作出更多的安排,这是因为它们具有一致的利益和组织结构。跨国公司的内部合同可因整体利益而变更、中止、限期或终止,税务部门在考虑适当的正常交易价格时,必须认定在其背后的真实动机。

(七)企业连续长期亏损

由于集团内部转让定价可能造成某一关联企业处于长期亏损状态。如果一个关联企业在一段时期持续不停地发生亏损,税务部门应考虑这些亏损是否因向另一国家中的关联企业转移应税利润,或为了集团的整体利益而非该企业自身的财务利益而发生。这时,通常要对集团的整个经营活动作一次细致的审计。

(八)转让定价与关税

转让定价对关税的影响在进口方面表现得更为突出,因而各国海关当局也要运用正常交易定价原则来将相关联企业进口货物的价格与第三方进口的相似货物的价格进行比较,提供一定的中性标准。税务部门与海关当局的合作将有助于减少在征收所得税时发现不能接受报关价值,或在征收关税时不能接受征收所得税时确定的价格等类似情况的发生。

以上仅是转让定价调整时的一般性考虑。在调整具体的不同形式的转让定价时,则还应结合具体情况,具体考虑相关因素的影响。

三、转让定价的附属调整

税务当局按正常交易原则对纳税人的转让定价进行调整,改变了账簿上的各项指标,如果不进行对应的调整,会使纳税人的信息系统发生混乱。另外,关联企业一方被调高了纳税责任,如果另一方不进行对应调整,就关联企业整体而言,会出现重复征税问题。对转让定价调整进行适当的附属调整是必要的。适当或合理的附属调整包括对应调整、一致性调整以及债务的抵消。

（一）对应调整

当税务局依据正常交易原则对关联企业一方进行调整（称为初始调整）时，对受该调整影响的关联企业集团中其他任何一个成员也要进行适当的相关调整，即对应调整。关联企业一方被调增了利润，而交易对方已就此被调增的利润向所在国缴了税，如果对交易对方的账面利润不调整，就产生了对被调增的这一部分所得的重复征税。这种情况下的重复征税如果发生在跨国公司，就涉及不同的税收管辖权，即不同国家的税务当局。

当一个国家的税务当局对某一纳税人的国际收入或费用进行调整时，如调高其收入或降低其费用，与此相关的另一方关联企业则势必要相应调低其收入或提高其费用。由于这种调整将直接影响关联另一方所在国的税收利益，加之不同市场价格的存在或价格的不可比性以及各国采用的计价标准之间的差异，这种调整往往不能得到承认或不能得到完全承认，而这必然会引起两国之间的税务争执并导致国际重复课税。目前，这一矛盾的解决还只能依赖于有关国家之间的税务协调，其协调方式主要有两种。

1. 单边协调。对于对同一笔转让定价的调整，有关国家出于对本国税收利益的考虑往往会各执一词，因此，各国税务当局对跨国关联企业的内部转让定价的管理重点大都放在防止本国纳税人的利润转出方面，而对利润转入一般不加以干预。在纳税人因一方关联企业所得的调整而要求相应调低另一方所得时，另一方所在国政府通常会加以限制或者根本不予调整。一些国家为了保证对本国纳税人课税的合理性，并为了减少与有关纳税人以及有关国家税务当局的矛盾，也单方面采取一些权宜性的措施以避免因对方国家不予调整而可能产生的重复课税。比如，美国有关法规规定，在一定条件下，允许调整结果对冲或延期纳税。然而，从总体上讲，单边协调方法的效果是相当有限的。

2. 双边协调。双边协调即通过有关国家的税务当局进行协商来解决对有关企业的国际收入与费用的调整所引起的税务矛盾。双边协调一般需要在国与国之间签订的国际税收协定中以特别条款作出明确规定，对有关问题通过缔约国双方执行协定中的相互协商程序条款经协商加以解决。《OECD范本》和《联合国范本》中对此提供了示范性的规定。当缔约国双方对国际收入与费用的分配发生矛盾时，一般可以通过如下程序协商解决：①如果缔约国一方的税务当局认为本国纳税人的某项收入或费用分配背离了正常交易定价原则，则可将该纳税人的应税所得调整到符合正常交易原则的水平；②如果该纳税人认为缔约国一方税务当局的初次调整不符合正常交易原则，则其有权要求缔约国双方税务当局进行相互协商；③给予缔约国税务当局足够的权力以保证相互协商程序的实行。根据双方协商达成的协议，缔约国税务当局对纳税人的应税所得作出相应的调整或修改初次调整，并明确提出当缔约国一方把缔约国另一方已征税的关联企业的利润划为本国企业的利润并加以征税时，缔约国另一方应对这部分利润所征收的税款加以适当调整。

但是，对于有关纳税人的国际收入与费用的调整问题，国际税收协定只是规定了相应的协调程序和原则，当有关国家双方都坚持自己的看法时，缔约国一方不能强迫另一方接受自己的定价标准，也不承担必须进行调整的义务。目前世界上不少国家认为，内部转让定价是跨国公司用来逃避税负的一个重要手段，如果允许调整，则无疑是对这种行为的宽容和鼓励。因此，这些国家主张，在任何情况下都不同意对跨国关联企业之间的内部交易所得予以调低。

此外，相应调整的实施过程中，可能出现以下几种情况：

其一，限于解决重复征税而调整税额。例如，甲国 A 企业被调增了利润额，其在乙国的关联企业 B（即交易对方）已向 B 国缴纳所得税。为了避免对被调增的这部分所得的重复征税，乙国同意计算 B 公司被重复征税的相应利润额，并调减 B 公司应纳税所得额和税额，若征税已发生则予以退回或留待下期抵扣。还可以采用另一种办法，即将 A 企业因转让定价调整而必须多缴的税额，视同 B 企业一部分利润已在 A 国缴纳了税收，准予从本国应纳税额中抵扣。无论采用什么办法，在这种情况下，关联企业的利润分配格局没有发生变化，即 B 公司不必将因为转让定价而多分到的利润退回 A 公司。

其二，对利润额或亏损额或其他影响利润额的因素（如折旧额）进行相应调整。例如，乙国 B 公司采用转让定价办法，没有按正常交易标准收取其在甲国 A 公司的租金，需要调增 B 公司利润，而相应调减 A 公司利润。如果当年 A 公司出现亏损，由于亏损可转回以前或结转以后年度弥补，因此就需要调增 A 公司当年净亏损额，以利于确定 A 公司当年和来年在甲国的纳税义务。再例如，1995 年，在建造乙国 B 公司工厂的过程中，作为关联企业的甲国 A 公司向其提供工程劳务。在 1997 年，税务当局断定 B 向 A 支付的劳务费用不符合正常交易费用的收取标准，偏低了，并因此调增了 A 的所得。由于 B 向 A 支付的工程劳务费用合理地构成资本支出，而直到 1998 年，B 才将工厂投入使用。虽然对 B 作相应调整即增加资本支出并没有影响 B 当年的所得税纳税义务，然而，必须在 B 所保有的与所得税有关的账册和记录中进行相关调整，以便于 B 在工厂投入使用以后能够正确计算准许计提的折旧、收益或亏损额。

其三，对应调整的期限。甲国对关联企业的利润进行了调整，其交易对方所在国乙国的相应调整义务是否应当有期限的限制？如果有期限（例如交易发生后的 5 年内），那么对于超过这一期限甲国才对企业的转让定价进行调整的情形，乙国可不必对交易对方作相应调整。如果没有期限,即使交易发生后许多年甲国才发现企业转让定价问题并对其进行调整,乙国也必须对交易对方作相应调整。无限期责任在实际管理中是不适当的,许多经济和财务活动都有期限(如亏损结转、偷漏税法律责任的追溯等),因此,对应调整不应当是无期限的。各国税务当局可根据两国之间经济交往的特点,通过谈判来确定对应调整的期限。

(二)账户的一致性调整和债务的抵消

账户的一致性调整,就是当纳税人因转让定价问题有关账户被调整以后,为了使账户重新平衡而进行的相应调整。这些调整包括将已调整金额适当地作为股利或资本分摊额,或者采取其他适用的收入方法,使账户平衡并且不再影响所得税的纳税义务。例如,税务当局确定正常交易价格会使 A 公司的应税所得增加 500 万元,因此税务当局调整 A 公司的所得以反映它的真实应税所得。为了使其现金账户与税务当局所进行的调整相一致,A 公司将 500 万元的调整额看做是来自于其外国关联企业 B 公司的应收账款。

关联纳税人之间交易,如果发生这样的情况,即某一支付项目违反了正常交易作价原则,需要进行调整,但实际上该项目的少付或多付部分是通过其他项目的支付进行抵消的,此即债务抵消。在转让定价调整时,要考虑这样的债务抵消。例如,甲国 A 公司向它在乙国的子公司 B 公司提供与 B 工厂的建造相关的劳务。A 开了 125 000 美元的账单。依据正常交易原则,确定已提供的这些劳务的正常交易费用是 100 000 美元。在同一纳税年度中,A 公司还租给 B 公司一台机器,供其在建造工厂中使用,该机器的正常租金是 25 000 美元。但是没有向 B 收取使用机器的费用。这样两项交易均被税务当局认定为违反正常交易原则。在 A 接到税务当局的有关调整文件之后若干天内,如 A 公司能告知税务当局,没有因为使用机器而向 B 索取租金是为了抵消多支付的劳务账单,且对劳务索取的超额费用相当于使用机器的正常租金,A 公司的应税所得没有被歪曲,因此上述款项支付情况属抵账行为,则税务当局不应对 A 公司进行转让定价调整。

第五节 预约定价协议

对转让定价的调整,各国一般采用前文所述的独立市场价格法、再销售价格法、成本加利法等传统的方法,以及由此发展起来的可比利润法、利润分割法、交易净利润法等,但它们在实践中暴露了许多弊端。为找到一种征纳双方都能接受的调整方法,以协调税务当局与纳税人之间的关系,美国率先采用了"预约定价协议制"。1991 年 3 月,美国正式公布了国内收入署关于预约定价协议的程序(IRS Revenue Procedures 91 - 53),以下简称美国 APA 程序。OECD《关于跨国企业和税务当局的转让定价准则》第四章第 F 节提出了预约定价的指导性意见,1999 年 10 月又在其中增加了一个附录称为《相互协商程序下处理预约定价协议指南》(Guidelines for Conducting Advance Pricing Arrangements under the Mutual Agreement Procedure,简称 OECD MAP APAs Guidelines)就具体操作问题作了详细指导,以下合并简称为 OECD 的 APA 指南。本节主要阐述美国 APA 程序的主要内容,也就 OECD 的 APA 指南的特色部分作对比说明。

一、预约定价协议的定义及指导原则

(一)预约定价协议的定义

预约定价协议(Advance Pricing Agreement,简称 APA),是指纳税人和至少一国税务部门之间,就适用于同一利益主体所直接或间接拥有、控制的两个或两个以上的组织、贸易商号、企业之间,对收入、扣除、抵扣、优惠或折让进行分配(分担)时,彼此对该交易有关转让定价的计算方法,共同达成一种具有约束力的协定。

美国的预约定价协议,即纳税人预先将其与境外关联企业之间进行交易所采取的转让定价方法向税务机关报告,以确定该转让定价方法是否符合正常交易原则并为税务机关所接受。协议内容一般包括该企业及其关联企业之间的经营和交易情况,其收入和费用等的分配或分摊,双方共同认可的转让定价和合理的交易价格,以及期限、法律责任等,协议一经达成,纳税人和税务机关都将共同遵守。预约定价协议把以往对转让定价的事后调整变为预先约定,相对于其他方法更为积极和主动。正因为如此,预约定价协议已成为目前世界各国积极倡导的调整转让定价的方法,也是当今世界许多国家,如美国、日本、澳大利亚、英国、新西兰、韩国等普遍采取和提倡的方法。2002 年 10 月 15 日开始实施的《中华人民共和国税收征收管理法实施细则》第 52 条,对关联企业间的业务往来提出了预约定价制度:"纳税人可以向主管税务机关提出与其相关联企业之间业务往来的定价原则和计算方法,主管税务机关审核、批准后,与纳税人预先约定有关定价事项,监督纳税人执行。"

预约定价将税务机关事后单方调整的不确定性变为相对确定性,既有利于增强纳税人对跨国交易税务处理的预测,适时作出经营决策,避免税收对经济的干扰,又有利于协调国与国之间、税务机关与纳税人之间的矛盾,使其在一种沟通和平等的环境中进行协商和合作,同时还有利于降低管理费用,减少纳税人和税务机关在转让定价问题上耗时费力的检查和诉讼。但同时 APA 也存在一些不足:APA 对管理手段要求较高,执行中存在一定难度;评审程序多,缔结成本较高,且适用范围窄,仅有助于解决大宗的转让定价案件;存在对纳税人商业秘密保护与信息披露的矛盾;在一定程度上可能造成税收流失等。

根据美国和OECD国家的相关规定,APA的缔结与实施一般经过以下步骤:

1. 预备会议。即征纳双方接触,确定APA订立的可行性。

2. 申请。由纳税人向一国税务机关提出APA申请,并附上相关材料。

3. 主管当局受理并评审。在受理和评审期间,双方会多次联系,要求申请人补充资料。纳税人需要提供详细的资料,如关联企业的组织结构和经营情况、财务情况、关联企业交易类别与定价方法、与纳税相关的问题等。但除有关预约定价协议应举证的资料与信息外,当局不能随意对纳税人的每一件事情或决定都要求提出证明。受理后一定期限内,税务机关须组成APA小组负责谈判并列出时间表。由纳税人提供转让定价方法和相关资料后,由税务机关进行评审。评审过程实际上也是APA的谈判过程,通过若干次谈判达成协议,从而完成预约定价的制定过程。若涉及双边、多边APA,各当局之间还需进行协调。

4. 实施。APA有效订立之后,双方遵照执行。APA的执行期限,一般在谈判中予以明确。美国税务机关认为规定三年的期限比较合适,但具体到各特殊产业、产品或交易还会有所不同。

5. 监控。APA实施之后,税务机关要进行跟踪管理。纳税人每年要向税务机关报告APA的实行情况,并允许提出补充调整的要求,税务机关负责检查并保存账簿和有关记录。

6. 续展与调整。当执行期满需要续订时,一般应由纳税人在不早于现行APA期满前9个月内提出,然后重新经过申请和审定程序。当APA尚未期满,所规定的一些关键问题需要变动时,纳税人在不迟于填报当年年度报告的日期内将变动请求报税务机关,由纳税人与税务机关谈判修正。

(二) 预约定价协议的指导原则

美国APA程序提出实施APA必须遵循以下几个原则:

1. APA程序是一个弹性的解决问题的程序,是为纳税人APA的要求提供适当和公平的解决办法,使纳税人在税收对待上处于确定状态,因此APA的处理过程要基于税务当局和企业的合作和有原则的谈判。除非APA所依据的经济环境发生了重大变化,协议一旦签订,税务当局和纳税人都必须遵循。如果APA所依据的经济环境[即后文所要谈及的关键设定前提(critical assumptions)]发生了重大变化,APA就要随之更新或取消,但同样要基于税务当局和纳税人之间的平等讨论。

2. APA必须与转让定价法规所规定的精神相一致。APA不能采用与转让定价法规相违背的方法。实际上，APA是对转让定价规章的事先应用，因此APA在内容上要遵循转让定价规章所确定的正常交易价格准则和最优法原则，必须进行可比性分析，也要提供可比非受控方的交易资料作为参照，为其提出的预约定价方案建立根据。

3. APA所规定的转让定价方法可适用于以前年度，此即转回原则（Rollback of the TPM）。只要可行，当年订立的APA中所确定的转让定价方法也可适用于纳税人以前年度的所控交易。当然，以前年度的情况与当年的情况有不同时，如事实、经济条件和适用的法律规则有差异时，需要作出调整。

4. APA的办理过程应尽量方便纳税人。纳税人有提供与APA申请有关的详尽资料信息的义务，但税务当局对内部各部门要进行协调，避免对纳税人有关信息的重复要求。税务当局对纳税人提供的资料信息凡涉及商业秘密都有保密的义务。对纳税人提出的APA申请要及时处理，不得拖延不办，程序应尽量简化。

OECD的APA指南对APA也提出了原则性的要求，特别强调了对纳税人未来交易和利润的预测要科学合理，要有较大的可信度。而要保证较大的可信度，就必须注重对事实和背景的考察，注重所选择的转让定价方法赖以存在的经济环境（此即后文所谈到的关键设定前提）。APA的成功取决于关联企业的良好合作。关联企业所提出的转让定价方法应当是与其具体交易最相适应的方法，并且有十分可靠的资料作为佐证。要做到这一点，就必须按照前述转让定价的一般规则进行可比性分析。一旦APA订立，只要纳税人遵守APA条款，关联企业的转让定价就不受调整。OECD的APA指南还强调双边或多边APAs优于单边的APA，双边或多边的APAs将降低纳税人的风险，有利于消除重复征税。

二、预备会议

订立APA是一个相当复杂的过程，要耗费不少的人力、物力和财力，纳税人应就订立APA的成本和效益进行比较。为了方便纳税人，美国程序规定了预备会议制度，OECD的APA指南虽然没有明确说明订立这样的制度，但从上下文看也包含这样的精神实质。这一制度起两个方面的作用。

其一是了解纳税人的交易是否能达成一项APA，也就是说通过预备会议弄清在转让定价方法的选择上，税务当局和纳税人有没有可能找到均可接受的方案。如在某些情况下，税务当局对关联企业的交易定价已建立一种特定的方法，而这一方法纳税人认为不能接受，在这种情况下，纳税人不会选择按照税务当局所要求的方法来订立APA。在某些情况下，如交易很复杂而且罕见，税务当局即使原则上同意与纳税人达成一项协议，也不太可能在一个合理的时间内达成一项协议。

其二，即使能达成协议，纳税人还要考虑，达成协议可能得到的利益是否超过了订立 APA 而要花费的成本，如收集分析各种数据、资料、信息、所采用的方法等方面的费用，聘请独立的专家来帮助的费用。如果得益超过成本，APA 的申请就可付诸实施，否则就放弃申请。通过预备会议，纳税人还能了解到订立 APA 的具体要求，以及纳税人能否满足这样的要求。纳税人可隐名也可显名要求召开预备会议。纳税人如要求召开预备会议，至少要提前一周提出申请。

三、APA 申请要注意的事项和应包含的具体内容

APA 申请最核心的事项是对所提出的转让定价方法进行解释和证明。为此，需要纳税人提供相关资料：首先是一般性资料，不论 APA 的目的是费用分配安排（cost sharing arrangement）还是其他，均必须提供这些资料；其次是费用分配安排目的以外所有的 APA 申请要特别提供的资料；再次是以费用分配安排为目的的 APA 申请要特别提供的资料。除此之外，还有其他方面的要求或注意事项。

（一）一般性资料要求

纳税人申请 APA，不论什么目的，均要提供下列资料或信息、数据：

1. 与 APA 有关的受控纳税人各方，包括所有组织和个人的名称、地址、电话、纳税人登记号等基本信息；参加 APA 商谈的本企业代表人或中介机构代表人的情况说明及授权证明书；对纳税人有关营业活动，包括经营历史、全球组织结构、所有者、资本额、金融安排、主营业务、营业活动地点、受控纳税人间的主要交易等作简要描述。

2. 对所提出的转让定价方法的详细描述，支持这一方的详细信息和分析依据；前三年有关数据，如果没有前三年的资料，应当对设想中的（即未来交易）数据作出解释。

3. 数据资料应包括相关的税收申报表、财务报表、年度报告、政府要求的其他报告和表格、市场条件和市场营销、现存的定价方法、费用分配情况、企业会计程序和方法、预算、商务报告、规划和计划、阶段性营利报告等。

4. 纳税年度和 APA 的期限；基于所提出的转让定价方法的关联各方采用的重要财务会计方法；本国和外国在财务会计和税务会计上存在差异的说明；受控纳税人各方的功能及与 APA 的关系。

5. 所提出的转让定价方法的法律依据，包括国内法、法院判例、国际税收协定、财务规章及其他实施性规章，如有必要还要包括所涉及的外国税法规章和其他信息。

6. 过去和现在对所提出的转让定价问题处理的方法陈述，包括对这一问题的检查、申诉、审判，纳税人和政府就这一问题所处地位的说明，还可以包括外国税务当局处理类似问题的方针办法。

（二）费用分配安排目的以外所有的 APA 申请要特别提供的资料

如果 APA 的目的不仅仅是为了在关联企业之间分配营业费用（特别是无形资产开发费用），而是为了其他目的，像货物销售、贷款提供、特许权转让等，纳税人为申请 APA 和说明所提出的转让定价方法符合正常交易价格原则，除了提供上述一般性材料外，还要特别提供如下信息或资料：

1. 赢利和投资回报的衡量办法（如毛利率、毛收入与经营费用的比率、净利率或资产回报率）。

2. 关联各方在所进行的经济活动中承担功能的分析，受控交易活动所使用的资产，所发生的经营费用以及所设想的风险。

3. APA 覆盖的市场和地理区域内的一般产业定价实践和所扮演的经济功能情况。

4. 纳税人竞争对手的清单，与本申请所涉及交易可比或类似的非受控交易情况（包括行业和商业类型）。

5. 详细申述与所选择的转让定价方法有关的可比对象和可比因素，如果需要调整，则申明调整的依据等，进一步解释所提出的转让定价方法的客观性和准确性。

（三）以费用分配安排为目的的 APA 申请要特别提供的资料

纳税人要按照转让定价规章规定的费用分配规则来考虑费用分配（特别是无形资产开发费用分配）方面的预约定价协定。在进行此类 APA 申请时，除了提供前述一般性资料外，还要提供如下特别资料：

1. 关联各方经营商务的历史、地理位置、主营业务、相关的档案资料（包含对问题的解释和发生的日期等）。

2. 关联各方加入的时间、对费用分配安排的贡献、所涉及无形资产的利益；关联各方如何合理预计其在无形资产使用中所获得的利益，是否已经或将要转让无形资产给其他纳税人，转让时如何估价。

3. 计算无形资产费用的办法，无形资产费用的规模和范围；计算关联各方各自承担无形资产开发费用的方法及其采用此方法的理由。

4. 有关无形资产预期利润的计算方法及理由；用于决定无形资产开发费用和利益的会计方法，如果与通常的会计准则有不同，则要解释不同之所在及原因；无形资产开发的前期费用的计算办法。

5. 有关无形资产支出或收入方面的税收政策，以及为实施无形资产开发费用分配方案而准备的年鉴、指南、手册或类似文献（在这些文献中具体说明研究开发的具体方案、市场研究、经济影响、资本性支出预算、工程研究、产业趋势和营利潜力的研究、有关财务和现金流量方面的财务分析等)。

6. 前六年和今后两年参加的关联各方从此项无形资产中获得的毛利和净利实际数和预期数。

(四) 其他事项

纳税人提出的 APA 申请除了要提供上述许多资料外,还要阐明以下一些事项:

1. 由实行 APA 涉及的间接性所得税问题的讨论(如外国税收抵免)。

2. 关键设定前提(critical assumptions)。所谓关键设定前提,是指实质地作用于所提出的转让定价方法的所有作为前提的有关纳税人、第三者、产业状况、商务和经济条件等的事实。所采用的转让定价方法总是与特定的交易方式及其所处的经济条件相联系的。在这些大的经济环境发生变化的情况下,所提出的转让定价方法是否还符合正常交易原则,这是需要认真对待的事情。例如,根据目前情况选择了转让定价方法并签订了预约定价协议,但交易发生时市场出现了重大变化,如新技术的采用、政府规章作了修改、消费者对纳税人进入交易的产品或服务的接受程度有所降低或提高等,在这种变化的情况下,原先选择的转让定价方法和订立的协议可能不再符合正常交易原则,需要修改甚至取消。因此,在申请 APA 时需要就所提出的转让定价方法依已存在的经济环境(即关键的设定前提)作出说明。这里,需要说明的关键设定前提主要包括:相关的国内税法和国际税收协定条款,关税和进口政策,经济市场条件,市场份额,销售规模,关联各方在交易中承担的功能和风险,汇率、利率和资本结构,商务模式,管理和财务会计情况等。这些事实虽然对转让定价方法选择是间接的因素,但往往作为大的环境会实质地影响转让定价方法实施的实际结果,因此,在申请 APA 的有关文件中也要适当地阐明这些事实。

3. 年度报告。APA 往往在几年内有效,在 APA 实施的期限里,要求每年就实施情况提出年度报告。年度报告包括的内容有:转让定价方法在当年的实际运行情况,描述与前述设定前提缺乏实质性吻合的情况及原因,分析由于 APA 的实行关联企业中一个单位向另一个单位进行补偿调整支付的情况和方式。

4. 期限。申请 APA 时要提出期限,期限要根据产业的特点来定。

5. 涉及外国税务当局时的考虑。APA 是跨国商务的产物,通常不仅涉及纳税人与本国税务当局的关系,还涉及外国税务当局。APA 也同时分为单边协议、双边协议和多边协议。在双边和多边协议情况下,要按照所签订的税收协定中有关相互协商程序的规则,正确处理纳税人与相关税务当局的关系,以及各国税务当局间的相互关系(包括相互合作和情报交换等)。

6. 伪证受罚陈述。纳税人要声明如果所申报的材料有不实之处愿意接受处罚,以确保所提出的转让定价方法和相关证明材料正确、真实和完整。

7. 签名。申请书必须由纳税人或其授权代表人签名。

8. 收费。办理 APA 需要缴费。如美国的 APA 程序规定总收入 10 亿美元及以上的纳税人，办理 APA 要缴纳 25 000 美元的费用，总收入在 1 亿至 10 亿美元的纳税人要缴纳 5 000 美元的费用。

四、APA 的内容

OECD 的 APA 指南明确规定经过谈判达成的 APA 要表现为书面文档形式并至少包含下列信息：①该协议所包含的所有企业的名称、地址；②协议年限内交易、协定、安排、纳税年度和会计期限；③达成一致意见的转让定价方法以及诸如可比或预期经营结果范围等相关事项；④作为转让定价方法应用和计算基础的相关术语的解释（如销售额、销售费用、毛利等）；⑤作为转让定价方法存在基础的关键设定前提，如果违背了这些前提，将导致协定的重新谈判；⑥事实发生变化但还达不到需要重新谈判协议的各种情况的处理程序；⑦如果需要，就转让定价以外的税收待遇问题达成的一致意见；⑧纳税人必须履行协议和相关程序的条件、期限；⑨纳税人对国内税务当局为实行该协议所承担的责任，如年度报告、档案的保存、在关键设定前提发生变化时及时通知税务当局等；⑩依法确保信息交换过程中不泄露商业秘密。

美国国内收入署也颁布了 APA 样板文档，列举一项 APA 要包含如下各节（sections）和附录（appendices）：①协议各方身份等基本信息（Identifying Information）；②协议所覆盖的交易（Covered Transactions）；③法律后果（Legal Effect）；④期限（Term）；⑤财务报告书和 APA 记录（Financial Statements and APA Records）；⑥关键设定前提（Critical Assumptions）；⑦年度报告（Annual Report）；⑧争议的解决（Disputes）；⑨节的说明（Section Captions）；⑩注意事项（Notice）；⑪生效日期（Effective Date）。

五、APA 申请的受理与实施

（一）APA 申请的受理程序

收到纳税人的 APA 申请书以后，税务当局的 APA 主管人员要与纳税人联系，讨论有关问题，如果需要补充资料，应要求纳税人在规定的时日提供。在这之后，税务当局 APA 主管人员会同税务局其他有关部门（包括负责国际事务的副主任法律顾问办公室），对纳税人提出的 APA 申请进行研究和审查，并与纳税人作进一步讨论，验证纳税人所提供的资料，如果需要可要求进一步补充材料。在进行了此项工作之后，税务当局要在收到纳税人 APA 申请和费用后的 45 天内组成一个 APA 小组，具体负责 APA 的谈判(包括草拟协议书草案),其领导人要在参加预备会议的税务当局官员中选择(如果已经举行了预备会议的话)。

APA 小组要在收到纳税人 APA 申请和费用后的 60 天内与纳税人举行首次会议,确定谈判的内容(特别是所要解决的关键问题),列出关键问题谈判计划和时间表。完成谈判的时间取决于谈判对象的复杂程度,但时间表和关键问题谈判计划一旦确定,纳税人和税务当局都必须遵守,并要尽可能迅速地完成。经过谈判达成的协议由纳税人和负责国际事务的副主任法律顾问(Associate Chief Counsel International)签署。

如果纳税人申请的 APA 属于双边或多边 APA,那么就需要动用国际税收协定的相互协商程序。国内税务当局应尽可能快地与有关国家税务当局进行磋商。纳税人也应积极配合,给予协助。

(二) APA 的实行和管理

APA 签订并付诸实施后,还要加强管理,确保准确、完整实行。这就需要做好如下工作:

1. 年度报告。在 APA 覆盖的各个年度,纳税人都必须提出年度报告。此年度报告主要描述纳税人的实际经营结果,重点说明对 APA 的遵守情况。如有未决问题或将要发生的问题,也必须提出,以便与税务当局协商是否更改、修订或终止协议,此外,还要阐明将要谈到的补偿调整情况。

2. 补偿调整(compensating adjustments)。如果纳税人的实际经营结果与 APA 的预期结果有出入,例如,APA 定的纳税人合理毛利率范围为 5%~9%,而实际经营结果是 10%,就要将实际结果调整到 APA 所规定的范围,与此同时,与该纳税人交易的关联方(包括地处国外的关联方)也必须进行相应调整。因账面应税所得发生了变化,外国税收抵免额也必须作相应调整。

3. 检查。主管税务当局可对纳税人对 APA 的履行情况进行常规或专项检查。检查的主要内容是:纳税人是否遵守 APA 当年的各项条款和条件;为 APA 而提供的材料和年度报告是否反映了纳税人的实际经营情况;转让定价方法所依据的材料和计算方法是否正确;在 APA 中所描述的关键设定前提是否仍然有效;纳税人对转让定价方法的运用是否与关键设定前提一致。

4. 账簿和有关记录的保存。要求纳税人保存与 APA 有关的资料包括账簿和有关记录,以方便税务当局检查。

5. APA 的失效或取消。如果纳税人在涉及 APA 的任何事件上采取了欺诈、违法的做法,或未能诚实地遵守 APA 的规定,或在提供有关资料、信息上出现失误,税务当局可宣布 APA 失效或取消 APA。

6. APA 的修订和续签。 如果关键设定前提发生了变化或法律、国际税收协定条款被更改,APA 应当随之修订;如果修订不成或纳税人不接受修订结果,则应当取消 APA。如果关键设定前提继续有效,纳税人也可在协定到期前(美国的 APA 程序要求必须提前 9 个月)提出续签协定的要求。

案例应用

现有一制造与销售高级专用自行车的跨国公司,其母公司 Y 设在 C 国,子公司 X 为设在中国的分销商。我国税务当局通过 X 的申报,获知 X 公司与 Y 公司的关联关系及业务往来,选取三年的损益表数据列示如表 9–1 所示。

表 9–1　　　　　　　　　X 公司 2008～2010 年损益表数据　　　　　　　　单位:元

项目	2008 年	2009 年	2010 年
销售收入	560 000	650 000	800 000
销售成本	440 000	510 000	660 000
(存货损失)	(1 000)	(2 000)	(30 000)
毛利润	120 000	140 000	140 000
毛利率	21.4%	21.5%	17.5%
经营费用	110 000	130 000	160 000
纯利润	10 000	10 000	−20 000
利润率	1.8%	1.5%	−2.5%

由初步分析可知,X 公司三年的利润率呈下降的趋势。2010 年亏损突然增大,可能是由存货损失突增造成的。

我国税务当局将 X 公司列为调查对象,判定其在进口 Y 公司自行车时,是否因 Y 公司转让定价偏高而将公司应赚取的利润转移到了 Y 公司所在的 C 国。为此,我们准备运用公平交易值域,判定此项交易是否符合公平交易原则。如果不是,则按利润归属原则,将应体现在 X 公司账上而已被输送到 Y 公司的利润,调整回 X 公司并进行征税。

(1) 可比信息。我国税务当局对 X 公司实施公平交易原则的调查,并通过纳税人数据库、国际互联网、股票交易市场的公开数据库、同业商会的公用数据库以及本局平时建立的纳税人数据库,筛选出两家与 X 公司经营规模相似的自行车独立经销商 A 与

B公司,作为X公司的可比对象,在以后的步骤中通过分析、计算与调整,得到公平交易值域,并比较X公司的转让定价是否在该值域内,如果不是,则说明X公司违反了公平交易原则,应作出调整。

A,B公司的历年数据资料分别如表9-2和表9-3所示。

表9-2　　　　　　　　　A公司历年财务数据　　　　　　　　　　单位:元

A公司	2005年	2006年	2007年	2008年	2009年	2010年	平均数
销售收入	350 000	500 000	520 000	400 000	450 000	540 000	460 000
销售成本	250 000	370 000	380 000	290 000	330 000	390 000	336 000
(存货损失)	0	0	0	0	0	0	0
毛利润	95 000	130 000	140 000	110 000	120 000	150 000	124 000
毛利率	27.1%	26.0%	26.9%	27.5%	26.7%	27.8%	27.0%
经营费用	83 000	115 000	120 000	95 000	105 000	130 000	108 000
其中:保修费	6 000	8 500	9 000	7 000	8 000	9 000	—
广告费	0	0	0	0	0	0	0
纯利润	12 000	15 000	20 000	15 000	15 000	20 000	16 000
利润率	3.4%	3.0%	3.8%	3.8%	3.3%	3.7%	3.5%

表9-3　　　　　　　　　B公司历年财务数据　　　　　　　　　　单位:元

B公司	2005年	2006年	2007年	2008年	2009年	2010年	平均数
销售收入	240 000	340 000	350 000	270 000	310 000	400 000	318 000
销售成本	180 000	260 000	260 000	200 000	230 000	300 000	238 000
(存货损失)	0	0	0	0	0	0	0
毛利润	60 000	80 000	90 000	70 000	80 000	100 000	80 000
毛利率	25.0%	23.5%	25.7%	25.9%	25.8%	25.0%	25.2%
经营费用	52 000	70 000	78 000	61 000	70 000	87 000	70 000
其中:保修费	0	0	0	0	0	0	0
广告费	0	0	0	0	0	0	0
纯利润	8 000	10 000	12 000	9 000	10 000	13 000	10 000
利润率	3.3%	2.9%	3.4%	3.3%	3.2%	3.3%	3.1%

除此之外,税务当局还须对公司进行实地审计,获取进一步的资料,比如:X公司的其他纳税申报表、完全财务报表(资产负债表、明细损益表、现金流量表、收入与费用明细分类表)、产品分销合同、销售计划、产品目录、市场策略、定价磋商记录、详细价格和费用条件、分销活动相关的公司内部文件以及其他经济环境信息(如市场等级、经销商股份等)。其中,X,A,B公司所经销自行车的批零价如表9-4所示。

表9-4　　　　　　　　　　X,A,B公司的自行车批零价　　　　　　　　　　单位:元

项目	X公司	A公司	B公司
批发价	565	445	445
零售价	720	610	610

X公司进一步的财务资料如表9-5所示。

表9-5　　　　　　　　　　X公司历年财务数据　　　　　　　　　　单位:元

X公司	2005年	2006年	2007年	2008年	2009年	2010年	平均数
销售收入	500 000	710 000	730 000	560 000	650 000	800 000	658 000
销售成本	390 000	560 000	600 000	440 000	510 000	660 000	527 000
(存货损失)	(2 000)	(1 000)	(28 000)	(1 000)	(2 000)	(30 000)	—
毛利润	110 000	150 000	130 000	120 000	140 000	140 000	132 000
毛利率	22.0%	21.1%	17.8%	21.4%	21.5%	17.5%	20.0%
经营费用	100 000	138 000	145 000	110 000	130 000	160 000	131 000
其中:保修费	8 500	12 000	12 000	9 500	11 000	14 000	—
广告费	1 000	750	600	600	700	800	—
纯利润	10 000	12 000	-15 000	10 000	10 000	-20 000	700
利润率	2.0%	1.7%	-2.1%	1.8%	1.5%	-2.5%	0.1%

(2)功能分析。实施功能分析是建立可比性的基础,也是选择转让定价调整方法的依据。因此,我国税务当局根据上述的各项数据资料与信息,对X,A,B公司进行功能分析,并进行差异调整。

从进一步掌握的材料来看,X公司与A,B公司经销的自行车,产品本身的确存在实质性差异,同时,在承担存货风险、提供保修服务及产品广告费用方面,其功能也有实质的差异。这些都是需要分析调整的。

首先，X公司与A，B公司所经销的自行车，产品本身不存在导致价格差异的用料、结构、性能以及用途差异，只是由于环境的作用，如我国虽为自行车的超级消费市场，几乎家家拥有，但由于X公司的自行车是高档专用的，它是将以骑自行车作为一种流行运动的业余爱好者作为目标，这就使其与普通目标消费市场相区别，而可能定价偏高。其次，除了产品本身分析外，对比较双方的财务核算基础也要作出相应的分析，如是否选择同样的会计制度，原材料及成本核算、固定资产折旧等方法是否相同，以及税法规定的一致性，等等。这些如有差异，则须调整后再比较。

就本案例而言，具体的功能与风险分析如下：

其一，销售策略及存货风险。X公司根据对中国自行车市场的预测和销售目标，制订了生产计划与经销协议条款，规定根据计划数量，X公司从Y公司订购自行车，同时未被授权返还未销售存货；而A，B公司根据经销预测目标和市场情况所签订的合同则规定，有权返还未销售存货。因此，X公司有存货风险，而A，B公司则无须承担。而事实上，X公司的确蒙受了营销策略失败所造成的存货损失，但是，分销商承担存货风险也是取得自行车专营权的条件之一。

其二，提供产品保修服务。X公司与A公司均为其顾客提供产品保修服务，而B公司不提供任何保修服务，因而支付的费用较少。

其三，支付广告活动费用。X公司积极投入广告促销，使其所经销的自行车为中国消费者所知晓并认可，而A，B公司不支付任何广告费用。

(3) 差异调整。转让定价的制定方法通常有成本法、市价法与协议法三种。不论选择其中的任何一种，运用公平交易值域，实际上不是在调查判定跨国公司不符合公平交易原则之后调整其价格或利润，而是在功能分析的基础上调整差异，使其符合可比性，并求出公平交易值域。

本例中，选用以市价为基础的扣减法：

$$正常价格 = 再销售价 - 再销售价 \times 再销售利润率$$

因此，我国税务当局必须测算目前市场条件下自行车经销商的行业利润率，但是事实上，要得到各行业的平均利润率也是很困难的，我们不妨通过对功能分析中得到的差异的分析来分项调整销售利润率。

其一，存货风险的调整。公司是通过承担风险而取得销售权的，即存货风险的承担由专营权得到有效回报，但弥补的程度如何呢？如果在中短期内存在风险，则若是正常交易的无关联企业，必以一定的利润幅度做补偿，具体数额与风险大小相关。为估计存货风险，我们需要考虑产品生命周期等历史数据。现有资料表明，该种自行车在3年周期中更新型号，使存货风险增加。通过市场调查可知，自行车存货的2%是过期的，在3年中必定报废一次。公司承担此项风险，将在每辆自行车的边际收益中获得额外的

2%得以补偿。

其二,保修服务的调整。A,B公司销售自行车的购进价不同,使A公司取得高于B公司的毛利润,因此,A公司提供保修服务,而B公司不提供。如果B公司也像X公司、A公司那样提供保修服务,B公司的转售毛利就需提高。根据历史数据,A公司提供保修服务花费销售收入的1.7%,并通过赚取高于B公司1.8%的毛利润得到补偿。如果A公司与B公司之间没有影响毛利润的其他实质差异,A公司将取得额外毛利润的1.8%作为提供保修服务的补偿。

其三,广告费用的调整。X公司通过广告支出以维护其母公司——Y公司在中国的品牌价值,而A,B公司则无广告费用。因此,X公司应获得单独补偿。

其四,各项调整的计算。各项调整的计算公式、结果和比较如表9-6、表9-7和表9-8所示。

表9-6　　　　　　　　　　　调整公式

项目	调整后毛利
X公司	原毛利+销售额×2%(存货风险补偿)+广告费
A公司	原毛利
B公司	原毛利+销售额×1.8%(保修服务补偿)

表9-7　　　　　　　　　　　调整结果

项目	2008年	2009年	2010年
X公司	131 800	153 700	156 800
A公司	110 000	120 000	150 000
B公司	74 860	85 580	107 200

注:X公司调整结果:
　　　2008年 131 800 = 120 000 + 560 000×2% + 600
　　　2009年 153 700 = 140 000 + 650 000×2% + 700
　　　2010年 156 800 = 140 000 + 800 000×2% + 800
　B公司调整结果:
　　　2008年 74 860 = 70 000 + 270 000×1.8%
　　　2009年 85 580 = 80 000 + 310 000×1.8%

2010 年 107 200 ＝ 100 000 ＋ 400 000×1.8%

表 9－8　　　　　　　　　　调整比较

毛利率	2008 年	2009 年	2010 年
A 公司	27.5%	26.7%	27.8%
B 公司	27.7%	27.6%	26.8%
X 公司	23.5%	23.6%	19.6%
范围内/外	外	外	外
A,B 平均	27.6%	27.15%	27.3%

通过上述调整计算与比较,可知 X 公司的经营毛利率在公平交易值域之外,因此须调整其转让定价。

(4) 调整转让定价。调整转让定价后,X 公司 2008～2010 年的各项财务指标数据如表 9－9 所示。

表 9－9　　　　　　X 公司 2003～2005 年调整后数据　　　　　　单位:元

X 公司	2008 年	2009 年	2010 年
销售收入	560 000	650 000	800 000
销售成本	440 000	510 000	660 000
(库存损耗)	(1 000)	2 000	30 000
调整后售出商品成本	405 240	473 225	581 600
(偿还广告成本)	(600)	(700)	(800)
毛利润	120 000	140 000	140 000
调整后毛利润	154 760	176 775	218 400
毛利率	21.4%	21.5%	17.5%
调整后的毛利率	27.6%	27.15%	27.3%
运营费用	110 000	130 000	160 000
其中:(保修费用)	9 500	11 000	14 000
(广告费用)	600	700	800
运营所得	10 000	10 000	-20 000
调整后的运营所得	44 760	46 775	58 400

续表

X公司	2008年	2009年	2010年
净利润率	1.8%	1.5%	-2.5%
调整后的净利润率	8%	7.2%	7.3%

思考与练习

1. 简述转让定价的确定原则及各自的优缺点。
2. 可比性分析的内容包括哪些？
3. 转让定价的调整标准有哪些？
4. 转让定价的调整方法包括什么？
5. 预约定价协议缔结与实施所经过的步骤是什么？

第十章 国际税收协定

International Tax Convention

学习要点

广义的国际税收协定涉及的内容广泛,包括双边协定与多边协定、一般协定和特定协定等多种类型。现行的两个最重要的国际税收协定范本——《OECD 范本》和《联合国范本》,是当前被世界各国普遍接受的两大税收协定范本。本章要求学生重点了解国际税收协定的分类、产生和发展,《OECD 范本》和《联合国范本》的区别,以及我国对外签定税收协定的主要内容。

The contents of the general international tax convention are extensive, which include bilateral tax convention and multilateral tax convention, general convention and special convention and so on. Nowadays, the two most important international model tax conventions—"OECD Model Tax Convention on Income and on Capital" and "United Nations Model Double Taxation Convention between Developed and Developing Countries", are generally accepted by all countries. This chapter requires students to study the sorts of international tax convention, the origin and development of it, the difference between the two important model tax conventions and the main contents of the International Tax Conventions signed by Chinese government.

第一节 国际税收协定概述

一、国际税收协定的概念

税收国际化是经济、贸易国际化的重要组成部分,其突出的特点是出现了跨国的纳税人和跨国的征税对象。在税收产生后几千年的发展历史中,税收征纳关系一直没有跨越国界。一国的纳税人全部是自己国家的国民或者居民,征税对象则是发生于本国境内的税收经济事项,国家之间的税收利益没有直接的关系。经济、贸易的国际化以及跨国公司的出现使得国家之间的税收利益发生矛盾和冲突,协调国家之间的税收利益、对国家的征税权加以约束,就成为各国政府必须面对和解决的问题。国际税收协定就是在国际经济环境下产生和发展的。

国际税收协定是一种以调节各国税收权益分配关系为对象的国际公法规范。具体来说是两个或两个以上的主权国家,为了协调相互间的税收分配关系和处理跨国纳税人征税事务方面的问题,本着相互尊重主权,按照对等、互利的原则,通过政府间谈判所签订的一种书面协议。这种协定或条约一般由有关国家政府之间谈判签订以后,还必须通过各自国家的正式批准,并经外交途径互换批准文件后方可生效。在协定有效期满后,只要原缔约国中任何一方经由外交途径发出终止通知,该协定即自动停止生效。在国际税收协定的整个有效期间内,缔约国有关各方都必须对协定中的一切条款承担义务,任何一方的原有单方面规定,如有与协定内容相抵触的,均必须按照协定的条款执行。

二、国际税收协定的分类

对国际税收协定进行分类一般有两种方式:一种是按照参加国家的多少,可以分为双边和多边两类;另一种是按照涉及内容范围的大小,可以分为综合与单项两种形式。凡由两个国家或者地区参加签订的相互之间的协定,称为双边国际税收协定,如中英、中日、中美等国间的税收协定。凡由两个以上的国家或者地区参加签订的相互之间的协定,称为多边国际税收协定,如北欧五国缔结的北欧税收条约。凡协定内容一般的适用于缔约国之间各种国际税收问题的,称为综合国际税收协定(或者称为一般税收协定)。凡协定内容仅仅适用于某项业务的特定税收问题的,则称为单项国际税收协定(或者称为特定税收协定)。此外,在一些国家之间签订的非税收条约,如友好条约、商务条约和航海条约,有时也会包括若干处理有关国际税收问题的条款在内,这就不属于我们这里专门讲的国际税收协定了。

(一) 双边税收协定和多边税收协定

根据参加国数目的多少,国际税收协定可分为双边协定和多边协定。

1. 双边税收协定是指两个国家为了协调相互间的税收关系和处理双边税务问题,通过谈判缔结的书面协议或条约。双边税收协定是当今国际税收协定的主要形式,缔约的国家既包括发达国家,也包括发展中国家。目前,各国签订的各种双边协定的数目已达 2 200 多个。迄今为止,我国对外签订的避免重复征税协定也都是双边税收协定。

2. 多边税收协定是指参与签订的缔约国为两个以上国家的税收协定,它是在双边税收协定的基础上发展起来的。很典型的例子如 1972 年北欧五国丹麦、芬兰、瑞典、挪威和冰岛所签订了税务行政协助的有关公约,其后,又完成了多边税收协定的起草工作,即 1989 年 9 月丹麦、法罗群岛、芬兰、挪威和瑞典等国家和地区缔结的以避免对所得和财产重复征税为主要内容的北欧税收公约(The Convention between the Nordic Counties for the Avoidance of Double Taxation with Respect to Taxes on Income and Capital)。该公约虽已历经数次修改,但至今仍具有较强的生命力。由于世界各国经济政策、经济发展水平以及税收制度的不同,协调起来较为困难,目前多边税收协定还不多。但从国际经济发展的角度看,随着全球区域合作和贸易合作的进一步发展,多边税收协定的使用范围将会逐渐扩大。

(二) 综合税收协定和单项税收协定

按应用范围划分,税收协定可分为综合税收协定和单项税收协定。

1. 综合税收协定。综合税收协定也称为"一般税收协定",是指两个或两个以上国家签订的广泛处理相互间各种税收关系的协议或者条约,且通常特指关于对所得和财产避免重复征税和防止偷漏税的协定。综合税收协定以包括自然人、法人在内的居民纳税人和包括所得税、财产税等若干直接税种在内的限定税种以及税收行政协作为调整和规范对象,其重要任务是在认同缔约国双方都拥有征税权的基础上,合理的限制所得来源地和财产所在地国家实施税收管辖权的范围。

2. 单项税收协定。单项税收协定也称为"特定税收协定",是指两个或两个以上的国家签订的处理相互间某一特定税收关系或特定税种问题的协议或条约。单项税收协定涉及的范围很广、种类很多,但其中大量的是国际空运、海运、陆运收入的税收互免协定,如我国同美国签订的《关于互免海运、空运企业运输收入税收的协定》。1947 年美国、英国、法国等 23 个国家签订的《关税和贸易总协定》,和 1977 年欧洲共同体的英国、法国、意大利等国签订的《增值税协定》就定价调整的国家间税收关系而言,也属于单项税收协定的范畴。

单项税收协定不涉及对国家税收关系的全面性协调,往往限于一种税的相互削减,因此其条款少,签约的形式也较为灵活。签约双方既可以就某项税收问题达成单项税收协定,也可以在已经形成的《海运协定》《航运协定》《贸易协定》中列入税收条款,或在综合税收协定中专列条款。单项税收协定可以采用正式的协定形式,也可以采取政府间的换文形式。

单项税收协定主要包括以下几个方面:

(1)关税方面的协定。这类协定与国际贸易问题有关,属于由国家间贸易问题引起的双边或多边关税及贸易协定,如著名的《关税和贸易总协定》、早期的《荷比卢关税同盟》、《安第斯条约》等。

(2)海运、空运企业收入方面的协定。这类协定仅涉及有关国家间单就海运企业收入、空运企业收入相互避免重复征税的问题,一般为互免海运、空运企业收入的税款,涉及的税种可以是所得税,也可以是流转税,如中英两国在1981年3月10日签订的关于对空运企业收入相互避免重复征税的协定即属于这种协定。

(3)除所得税外其他税方面的协定。这类协定一般缔结于某一国际组织内部的成员国之间。如欧洲经济共同体为促进相互间商品的自由流通而于1977年签订的增值税协定,就增值税的税基、税率等问题达成协议,保证各国的商品能在相同的税收负担下进行流通。1982年,经济合作与发展组织提出了《关于避免遗产及赠予税重复征税协定范本》,共有6章,明确了协定适用的范围、术语、缔约国各方征税权利的分配、消除重复征税的方法、特别条款和最终条款。开辟了避免国际重复征税的又一个新的领域。

(4)其他方面的协定。这类协定一般是指包含在某些协议中个别涉及税收问题的条款,如《维也纳领事关系公约》、《维也纳外交关系公约》等,其中某些条款规定了应当给予外交官员的财政特权,主要是税收豁免待遇。

三、国际税收协定的产生和发展

(一)国际税收协定的意义及其必要性

虽然一国的税收管辖权是通过各国的涉外税法作出法律规范的,但由于世界各国的税收制度千差万别,而且国家间的经济利益错综复杂,尽管避免国际重复征税和防止国际逃避税可以由一国单方面采取措施来进行,但这种单边措施有很大的局限性,有些问题必须由有关国家和地区通过签订对双方都有约束力的税收协定加以解决,因而,就有必要通过国际税收协定协调和约束各国的税收管辖权。国际税收协定的必要性主要表现在以下几个方面:

1. 一国的涉外税法不能约束别国的税收管辖权。行使税收管辖权是一国的主权,他国无权干涉。在国与国之间的税收管辖权发生冲突时,相关国家只有依据有关国际惯例,通过协商谈判达成协议的方式解决,而不能强制别国接受。例如,当前有许多发展中国家为了吸引外资,纷纷采取了减免税的优惠政策,并希望资本输出国能给予税收饶让。但这种要求只能单方面反映出发展中国家的一种意愿,而不能强制资本输出国接受。

2. 更好的解决国际重复征税问题。在解决国际重复征税问题时,纳税人的居住国和所得来源国之间征税权的矛盾非常突出,因为要避免国际重复征税,来源国征了税居住国就不能重复征税,或者来源国多征了税居住国就要少征收税。这种征税权的矛盾涉及各方的税收利益,在解决国际重复征税问题时绝不能忽视各国的税收利益。实践中,居住国和来源国都可能强调自己的税收利益,维护自己的征税权,而所得来源国对跨国所得有优先征收的自然优势,居住国在来源国优先征税的情况下虽可以采取免税法和抵免法等措施来免除重复征税,但这些措施都是以放弃本国的税收利益为代价的。所以,国际重复征税问题靠某一国单方面采取措施和牺牲某一国的利益来解决,其基础很不牢固,而必须由居住国和来源国通过协商,双方都放弃一定的征税权,从而共同作出一定的牺牲才能完成。这种解决国际重复征税问题的方法可以较好的兼顾居住国和来源国的税收利益,也最容易被双方所接受。当然这就要求两国达成一定的税收协定,通过这种具有法律效力的书面文件对双方的征税权加以约束。

3. 防止国际避税与逃税需要加强国际合作。在当今税收国际化的历史条件下,避税和逃税也出现了跨国现象。当跨国纳税人发生国际避税和逃税行为时,虽然防止国际避税和国际逃税可以由一国单方面采取一些措施来进行,但是由于纳税人的偷漏税行为已不限于一国主权所能管辖的范围,纳税人的许多偷漏税行为是借助境外机构来进行的,且一个主权国家对另一个主权国家并不拥有要求对方提供有关偷漏税的税收情报的权力,更不允许随意派人进入他国境内进行税务检查,因此,由一国单方面采取措施解决国际偷漏税问题难度确实很大。由于国际偷漏税并不局限于某个国家,对各国的税收都可能带来损害,所以国与国之间只有达成一定的税收协定,并在协定中规定相互交换税收情报的义务,防治国际避税和逃税的国际协作才有一定的法律保障和现实依据。

国际税收协定在约束和协调各国税收管辖权方面具有不可替代的重要作用,它是经济全球化和税收国际化发展的必然产物,在国际经济生活中是必不可少的。

(二)国际税收协定的产生和发展

根据有关资料的记载,世界上最早的国际双边税收协定是1843年比利时与法国签订的,该协定主要为了解决两国间在税务问题上的相互合作和情报交换问题。两年之后,比利时又与荷兰签订了内容相似的税收协定。奥匈帝国和普鲁士王国于1899年6月缔结了世界上第一个防止重复征税的协定,提出不动产所得、抵押贷款利息所得、常驻代表机构所得以及个人劳务所得,可以由收入来源国征税,其他类型所得由居住国征税。1921年国际联盟根据1920年布鲁塞尔国际财政会议的要求,委托荷兰的布鲁英斯、意大利的艾因诺第、美国的塞利格曼和英国的斯坦普四名税务专家着手研究国际重复征税问题。1923年4月3日他们发表了首个报告,报告的第一部分分析了重复征税对资本国际流动的影响,第二部分分析了国家的税收管辖权,提出应依据个人能力课征所得税,但只能课征一次,国家之间可按照经济利益原则划分征税权。这些专家认为确定纳税义务的主要因素有两个:一是财富从哪里取得;二是财富所有者的居住地。同时,他们还提出了避免国际重复征税可供选择的四种方法:一是居民所在国对其居民在外国缴纳的税收予以减除;二是收入来源国免征非居民来源于境内收入的税收;三是税收在居民所在国和收入来源国之间进行分配;四是对某些专项收入可明确由居民所在国或由收入来源国独占征税权。

不过,直到第二次世界大战结束以前,国际投资活动并没有在世界范围内真正得到迅速发展,所以第二次世界大战以前国与国之间缔结国际税收协定的现象并不十分普遍。只是从第二次世界大战结束以后,国际税收协定才开始快速发展。各国垄断资本争夺世界市场、原材料产地和投资场所的斗争愈演愈烈,新独立的第三世界国家也逐渐成为国际政治和经济生活中的一股重要抗衡力量。在这种情况下,由税收管辖权交错重叠所导致的国家间税收权益的矛盾也愈来愈复杂,它已经不能由各个国家通过国内税法单方面解决,而需要谋求国际税收协定加以调整。第二次世界大战结束后,新缔结的国际税收协定发展很快。以美国为例,美国在第二次世界大战结束以前只与瑞典、加拿大和英国缔结了国际税收协定。第二次世界大战结束以后,美国在20世纪40年代后期先后与南非、荷兰和丹麦签订了国际税收协定。50年代又与瑞士、澳大利亚、德国、希腊、爱尔兰、意大利、荷属安第列斯、新西兰和巴基斯坦签订了国际税收协定。在60年代和70年代,美国又先后与法国、卢森堡、比利时、芬兰、冰岛、日本、挪威、波兰、罗马尼亚等11个国家签订了国际税收协定。其他发达国家基本上也同美国一样,在第二次世界大战结束后的二三十年内经历了一个缔结国际税收协定的高峰期。

早期的国际税收协定并无一定之规,缔约双方一般要根据本国的税制情况和可接受的征税原则相互进行协商,然后将双方达成一致的内容写进协定。由于并无一定的范本可循,所以早期的国际税收协定从具体内容上看相互之间都存在着较大的差距。

为了规范国际税收协定的内容,简化国际税收协定的签订过程,一些国家和国际性组织很早就开始研究和制定国际税收协定的范本。在1923～1927年期间,国际联盟委托专家工作组起草了四部双边税收协定范本,即《关于避免对所得与财产征税的有关直接税的重复征税的协定范本》、《关于避免对遗产税实行重复征税的协定范本》、《关于在税务方面进行行政管理协助的双边协定》和《关于在征税方面进行司法协助的双边协定》。国际联盟曾将这四部双边税收协定范本及其解释送交成员国和一些非成员国征求意见,接着,27个国家政府的专家于1928年在日内瓦举行会议,研究草拟了以消除国际重复课税和防止国际偷漏税为主要内容的国际税收协定初稿,国际税收中"常设机构"的概念也是在这次会议上提出的。

1928年的双边税收协定范本虽然在理论上赋予了来源国相当大的征税权,但在20世纪30年代世界经济大危机之前,私人资本的国际流动格局却限制了来源国的这一征税权。那时,资本输出国的大部分外国投资基本上都是以有价证券投资的形式进行的,按照1928年四部双边税收协定范本的规定,对有价证券投资的所得应由纳税人及投资者的正常居住国来征税。因此,由收入来源国征税的外国直接投资所得是很少的。

1933年6月,国际联盟财政委员会讨论草拟了一部《关于国家间为了税收的目的划分营业所得的协定草案》,并于1935年6月进行了修订。虽然这一草案从未得到正式通过,但由于它涉及国际税收的许多重要问题,所以这部协定草案在历史上具有重要的意义。

1935年的协定草案主要围绕对纳税人在几个国家从事经营的所得如何进行划分而制定了统一的适用规则。首先,该协定草案对经营所得规定了明确的定义。经营所得是指除了股息、利息等专项来源所得以外的其他各种所得。草案继而又规定,通过常设机构所取得的经营所得视为独立企业,与在相同或类似条件下经营的其他独立法人同样看待,允许有关缔约国的税务当局按照独立核算的原则来确定常设机构的应税所得。为完成这一目的,该协定草案授权缔约国的税务当局,可以根据需要按市场调整企业常设机构的财务账目,并按照独立企业之间实行的正常交易原则重新规定企业的账面价值。如果常设机构不能提供准确或详细的会计记录以反映其真实的经营行为,或者提供的账目与常设机构所在国的商业贸易的惯例不相符合,则税务当局可以比照在本国境内经营的同类企业的赢利水平,根据该常设机构的营业周转额按一定比例计算其营业所得。如果上述判定方式都不适合,税务当局可以按照该常设机构以前从事过的类似活动取得的总收入来判定其经营所得,具体做法是以资产额、劳动工时或其他适当因素的比较作为基础,计算出总收入的一定系数来判定其经营所得。

1940年和1943年,国际联盟财政委员会先后两次在墨西哥举行区域性会议,拉丁美洲国家、加拿大和美国的代表出席了会议。后一次会议通过了对所得防止重复征税的双边协定及其议定书范本。这份被称做"墨西哥文本"的税收协定范本的突出特点是强调了收入来源地国家的优先征税权,这个观点与1928年政府专家大会上资本输入国的代表对解决重复征税的观点是一致的。1946年3月,财政委员会在伦敦召开第十次会议,复议了墨西哥双边税收协定范本,重新起草了税收协定的《关于避免对所得和财产重复征税的协定范本》(又称"伦敦文本")。其内容结构虽然基本保持了"墨西哥文本"的框架,但由于出席伦敦和墨西哥两个会议的成员大不相同,且对经营所得以及股息、利息、特许权使用费收入强调居民所在国具有优先的征税权,所以两个范本在某些条款的实质内容和措辞上差别很大,甚至完全对立。相比较而言,1943年墨西哥范本对拉美发展中国家的税收权益有所照顾,而1946年伦敦范本对发达的资本输出国更为有利,且"伦敦文本"为以后出台并流行于世的《OECD范本》定下了基调。因此,当联合国接替国际联盟在国际税收方面的工作时,国际联盟财政委员会曾表示,有必要由经济发达国家和不发达国家的税务官员和专家组成一个小组,共同审议和研究墨西哥和伦敦会议的成果。

第二次世界大战以后,起先是由欧洲经济合作组织草拟了国际税收协定范本,此后,经济合作与发展组织的财政事务委员会继续了这项研究工作。该委员会于1963年提出了税收协定草稿,随后又发表了《关于对所得和财产避免重复征税协定范本》。1963～1977年这一段时间,经合组织成员国之间签订了179个全面性的双边税收协定。在实践的基础上,1977年经合组织修改并正式通过了上述的税收协定范本,即经合组织《关于对所得和财产避免重复征税的协定范本》(简称《OECD范本》)。此外,经合组织1966年公布了《关于遗产税协定范本(草稿)》,1982年又补充了有关赠予税的内容。

联合国于1979年制定了具有相当影响的《关于发达国家与发展中国家间避免重复征税的协定范本》(简称《联合国范本》)。发展中国家之间及发展中国家与发达国家之间签订的税收协定主要依照《联合国范本》。据联合国统计,除关税外,截至1983年,国际上的各种税收协定已有1 316个,约一半是发达国家之间签订的,发展中国家之间签订的只占少数。

随着地区性经济集团的萌芽和发展,继双边税收协定后又产生了多边税收协定。多边税收协定是在双边税收协定的基础上发展起来的,由于涉及的国家较多、范围较广,协调起来比较困难,因而目前缔结的多边协定还不多,主要有1971年签订的印第安集团内避免重复征税的协定,1972年北欧五国签订的北欧税收公约,1975年欧共体与非洲、加勒比地区和太平洋地区发展中国家签订的洛美协定等。

综上所述,国际税收协定自1843年出现以来,经历了1928年双边税收协定范本、1935年的协定草案、1943年墨西哥文本、1946年伦敦文本、1977年OECD范本和1979年联合国范本这样的演变过程,同时也经历了一个从单项到综合、从双边到多边、从随机到模式化的发展过程。

第二节　国际税收协定的法律地位与作用

一、国际税收协定的法律地位

国际税收协定是建立在缔约国国内税法的基础之上的。也就是说,先有国内税法,然后才有国际税收协定(一个没有所得税的国家没有必要与他国签订税收协定,例如巴哈马、百慕大群岛等纯国际避税地区一般都没有税收协定)。然而,国际税收协定与国内税法在具体内容上并不完全一致,二者有时会出现一些矛盾之处。例如,按照我国个人所得税法的规定,外国人在我国境内连续或者累计居住超过 90 日,其来源于中国的所得就应向中国纳税;而中日协定有关条款规定,只有当日本居民在一个日历年内连续或累计在我国居住超过 183 天,才可以征税。再如,对建筑工地等常设机构,我国涉外税法中没有规定时间期限,而协定规定了 6 个月以上才构成常设机构。

从目前大多数国家的规定来看,当国际税收协定与国内税法不一致时,国际税收协定处于优先执行的地位。也就是说,国际税收协定在一定的情况下可以超越国内税法,理由是,国际税收协定是经过缔约国双方政府谈判后达成的,并经过了各自国家的立法程序才开始生效,因此它对于缔约国政府应当具有法律上的约束力,不能因为它与国内税法有矛盾就不执行协定的条款。例如,法国《税收法典》第 209B 条款是所谓的受控外国子公司条款,规定法国母公司应从受控外国子公司分得的利润无论是否汇回,都要在当年计入法国母公司的应税所得,向法国政府纳税。在受控外国公司没有分配利润的情况下,这种做法实际上等于法国政府对外国公司的利润课税。但根据法国与瑞士签订的税收协定第 7 条第 1 款的规定,瑞士居民公司的利润不得在法国纳税。这样,法国的国内税法就与国际税收协定有了冲突。2002 年 6 月法国最高法院作出了一项裁定:当《税收法典》第 209B 条与税收协定冲突时,税务部门必须按税收协定的要求办理。为了使第 209B 条能够得以实施,法国税务机关在与美国、西班牙、日本等国修订税收协定时都加进了实施第 209B 条的内容。

在这个问题上,我国与大多数国家持有相同的观点。例如,我国新颁布的《企业所得税法》第 58 条规定了协定效力优先原则,显然我国是主张税收协定应优先于国内税法的国家。

另外,目前其他许多国家也主张国际税收协定不能干预缔约国制定、补充和修改国内税法,更不能限制国内税法作出比税收协定更加优惠的规定,如果国内税法的规定比税收协定更为优惠,则一般应遵照执行国内税法。例如,我国对外签订的国际税收协定中规定的对专有技术使用费征收的预提税一般实行 10% 的限制税率,但我国在原《外商投资企业和外国企业所得税法》中规定,对于在农业、科研、能源、交通运输以及在开发中药技术领域等方面提供专有技术所取得的使用费,如果提供的技术先进或条件优惠,可以免征预提税。也就是说,我国对于这些先进技术取得的使用费,国内税法规定的税收待遇比对外签订的税收待遇还要优惠,在这种情况下,税收部门应按照国内税法对外商提供先进技术取得的使用费免征预提税,而不去执行税收协定规定的10%的预提税。

需要指出的是,国际税收协定在少数国家并不具有优先于国内税法的地位,美国就是一个例子。美国财政收入法典第7852(d)节中指出,国际税收协定中的条款与国内税法中的条款任何一个都不具有优先地位。根据美国的法律,国际税收协定与国内税法都是最高法,具有同等的效力,如果税收协定与国内税法冲突,则按照"后法优先于前法"的惯例办理。这样,当美国后颁布的税法与以前缔结的国际税收协定相冲突时,按"后法优先于前法"的原则执行就会违反国际税收协定,而税收协定属于国际法的范畴,除非协定国同意中止或部分中止与美国签订的税收协定,否则美国无权单方面免除其协定义务。美国财政收入法典第894(a)节也承认,法典条款的使用应当考虑到美国签订的任何税收协定的义务,所以,在实践中美国也必须履行国际税收协定中的义务。可见,在税收协定与国内税法的地位问题上,美国的法律有自相矛盾之处。

二、国际税收协定的作用

国际税收协定是各个主权国家之间协调国际税收权益分配关系的重要方式,它对于推动国际经济交往和各国经济的发展有着积极的作用。

从国际经济的角度看,国际税收协定是在国际社会确立合理的国际税收权益分配秩序、促进国际资源合理流动的一种有效手段。在各国税收管辖权并行的国际税收领域,有关国家相互尊重主权,在平等协商的基础上缔结的税收协定,通过明确缔约国各方在约束各自的税收管辖权、相互协调国际税务关系方面的责任和义务,达到维护各方国际税收权益和其他经济利益的目的。国际税收协定的基本任务在于消除国际重复课税现象及不合理的避税与漏税现象,这就从税收方面保证了国际资金、技术和劳务的合理流动,使得国际资源能够得到更为合理的配置。显然,这在总体上有利于世界经济的发展。

从各国经济的角度看,国际税收协定能够在对等的基础上保证缔约国国际税收权益和有关经济政策的贯彻。具体来说,这体现在两个方面。

第一,通过国际税收协定的缔结,各缔约国能够在规范对方缔约国地域管辖权的基础上,保证对本国纳税人有效地行使居民管辖权,同时也能更为有效地保证本国免除国际重复课税措施的实施。在国际税收实践中,一国政府虽然可以采取单边方式在本国税法中规定对居民(或公民)纳税人免除国际重复课税的措施,但是由于各国行使税收管辖权在范围和程度上的差异以及各国税制上的差异,特别是关于所得来源地和财产所在地确定标准上的差异,国际重复课税现象往往难以消除。只有在对国际税收协定的缔约国各方的地域管辖权加以规范的基础上,才能有效地保证各方的境外税收利益和免除国际重复课税措施的彻底性。此外,通过国际税收协定的缔结,缔约国可对本国国民避免在有关国家受到税收歧视提供本国政府的保护和法律保障。

第二,通过国际税收协定的缔结,各缔约国能够在行使地域管辖权课税的前提下,使本国的有关经济政策得到更为有效的贯彻。在有关缔约国承担对其居民纳税人给予境外所得或财产税收豁免或抵免义务的情况下,缔约国一方对缔约国另一方居民来源于本国境内的所得或位于本国境内的财产课税后,所征税收在纳税人的居住国可获抵免,或者同项所得或财产在居住国可获税收豁免,这样就能保证本国所需要的资金和技术的流入不致因国际重复课税而受到阻碍。特别是在协定包含有饶让抵免条款的情况下,更能够保证缔约国向非居民纳税人提供的减免税优惠使其能真正受益,而不至于使本国的税收收入白白流失。正因如此,世界各国都将缔结国际税收协定,特别是缔结综合性国际税收协定作为发展对外经济交往和本国经济的一个重要环节。目前,对外签订国际税收协定较多的国家主要为发达国家。近年来,一些发展中国家和地区在发展外向型经济的同时,也积极与有关外国缔结国际税收协定,这方面工作开展较快的主要有新加坡、泰国、马来西亚、韩国、印度等亚洲国家。我国自20世纪八九十年代以来,这方面的进展也很迅速,目前已与80多个国家签订了双边税收协定。

三、国际税收协定与缔约国税法的关系

国际税收协定是调整国与国之间税收关系的一种法律规范,是国际公法的重要组成部分。它与缔约国的税法既存在一定联系,但又有所区别。

(一)国际税收协定与缔约国税法的异同

1. 国际税收协定与缔约国税法的共同点。二者的共同点主要有以下几方面:

(1)都是国家意志的体现。国家税法体现着国家意志,这一点自不待言。相似地,国际税收协定是缔约国政府经谈判、协商后的产物,它的签订取决于缔约各方的国家意志,它的法律效力也决定于缔约国的国家意志,并以此构成法律效力的依据。

(2)调整的对象相同。任何法律形式都是调整特定社会关系的行为规范。一国的税法是调整该国政府同其纳税人之间税收征纳关系的法律规范,其中,国际税收法律制度则是调整该国政府同其纳税人之间国际税收征纳关系的法律规范;国际税收协定是调整国与国之间税收关系的法律规范。因此,缔约国税法与国际税收协定在调整对象

上具有一致性。

2. 国际税收协定与缔约国税法的不同点。国际税收协定作为国际公法,与作为国内法的缔约国税法(其中,国际税收法律制度属国际私法)又是两个不同的法学范畴,其不同点在于:

(1)所形成的税收法律关系的主体不同。各国执法所形成的税收法律关系的主体,包括作为纳税义务主体的个人和公司,也包括作为课税权力主体的国家及其代表机构。而国际税收协定所形成的法律关系的主体一般只包括国家及其代表机构,对于协定中规定的责任和义务,应当而且只能由缔约国政府承担。

(2)渊源不同。各国的税法源于各国立法机关的立法,它是立法机关依据本国的政治经济状况以及各项政策的要求所制定的税收法律制度,它既取决于本国的政治经济条件和需要,也受本国政治、文化和传统习惯的制约。国际税收协定则源于国际性规范和国际惯例,任何一方缔约国不能将本国税法的有关规范强加于缔约另一方,并以此作为制定协定的基础。

(3)强制性不同。国际税收协定和各国的税法作为法律形式都具有强制性,但两者强制力的程度和强制的方法则有所区别。各国的税法是由国家通过军队、警察、监狱、法庭等暴力工具来保证其实施的。而国际税收协定则主要依靠缔约国立法机关和政府的自我约束,以及在国际关系中所承担的政治、道义上的责任后果来保证其实施。显然,后者的强制程度弱于前者。此外,在缔约国一方违反协定的情况下,缔约国另一方可以单独或联合其他国家一起来维护自己的权益,可按照公认的国际惯例采取某种相应的制止办法,如抗议、警告、要求赔偿、中止或断绝外交关系与经贸关系、停止或撤销一切援助、抽回本国资金和技术等。这显然也是一种强制力,但这些强制方法的采取和执行都是不确定的。

(二) 国际税收协定的特点

通过对国际税收协定与缔约国税法的比较表明,国际税收协定与缔约国税法既有内在联系,但又是相对独立的税收法律体系。从两者关系的角度来看,国际税收协定具有以下特点:

1. 国际税收协定的缔结与执行须以缔约国税法为基础。从各国签订的协定来看,都是对缔约国各方税法所规定的相应税种作出某种规定的协定或条约。国际税收协定适用的税种,在课征范围、课征方法上均要依据缔约国的税收法律或是在缔约国税法规定的基础上作出特别规定。例如,对于非居民经营所得的课税,国际税收协定通常只是作了如何认定常设机构以及如何确定常设机构所得等项规定,但对常设机构所得的计算、成本费用的扣除、适用的税率以及纳税申报、纳税期限、违章处罚等,仍要依据各缔约国税法中的有关规定来处理。因此,缔约国税法既是国际税收协定的基础,也是国际税收协定得以执行的保证。

2. 国际税收协定的有关规定可以超越缔约国税法。国际税收协定的缔结与执行要以缔约国税法为基础,但这并不是说国际税收协定的各项规定必须与缔约国税法的有关规定完全一致。恰恰相反,国际税收协定作为独立的法律体系,其具体规定可以超越缔约国税法的规定。例如,缔约国税法中原无对居民纳税人境外所得单方面给予税收抵免或豁免的规定,而在协定中承担了这一义务就是对缔约国税法的超越。其他诸如对居民认定标准的限制、对所得来源地或财产所在地确定标准的限制、对非居民境内投资所得的预提税税率的限制等,都是对缔约国税法的超越。

3. 国际税收协定不构成对缔约国税法的限制。缔约国对于所签订的国际税收协定必须承担义务和法律责任,但这并不构成对缔约国制定或修改本国税法的限制。缔约国各方不论是在协定签订期间或执行期内,都保有制定和修改本国税法的充分权利。例如,政府在协定缔结后,仍可以依据本国的情况和需要开征新的税种,也可修订本国税法,将原未列为应税所得的所得项目规定为应税所得,或是调高或调低相应税种的税率。任何其他缔约国不能以签有税收协定为由而干涉或阻碍另一缔约国开征新税、减税或加税。

第三节 国际税收协定的基本内容

目前各国之间缔结的避免重复征税协定,在结构安排和条款顺序上基本一致,大都参照《OECD范本》和《联合国范本》。经合组织和联合国的两个税收协定范本,都按不同对象将协定内容分为七章,依次为协定的范围、定义、对所得的征税、对财产的征税、避免重复征税的方法、特别规定和最后规定(指关于协定的生效和终止的规定),只是在第六章中《OECD范本》较《联合国范本》多出了"区域的扩大"一条(第28条)。从这两个税收协定范本来看,其主要内容可以分为四个方面。

第一,税收协定所适用的范围及有关规定。

第二,运用冲突规范,对发生在缔约国双方的各类所得划分税收管辖权,以避免对纳税人的同一所得重复征税。

第三,对可能发生的重复征税,确定消除重复征税的方法。

第四,某些特别规定,如保证税收上的无差别待遇(要避免因纳税人的国籍和居住地的不同而在税收上受到歧视)、互相交换税收情报、是否实施税收饶让等。

下面从单项国际税收协定和综合性国际税收协定两个方面,来分别介绍国际税收协定的主要内容。

一、单项国际税收协定

目前,国际上签订的有关所得及财产课税问题的单项国际税收协定,主要是关于对从事国际运输业务的海运企业和空运企业免除国际重复课税的税收协定。国际运输是世界各国进行政治、经济交往和文化交流的桥梁,避免对国际运输企业有关所得及财产的重复课税,对于国际经济关系和政治关系的发展显然有着重要的意义。

单项国际税收协定可以是缔约国之间就有关税收问题签订的单独的税收协定,也可以作为特定条款包括在缔约国签订的海运协定、航空运输协定或通商航海条约之中。

关于对国际海运企业和空运企业避免国际重复课税的税收协定的主要内容,包括以下两个方面。

(一) 明确缔约国各方所属企业及经营业务的概念

关于对国际运输企业避免国际重复征税的税收协定通常按照一定标准(主要是实际管理机构或注册地),明确规定缔约国各方所属的国际海运企业或空运企业的概念,同时,对海运企业或空运企业适用于协定的经营业务的概念及其范围加以明确。

在各国签订的这类税收协定中,对于海运企业或空运企业经营业务的范围一般规定为,船舶或飞机的所有者或租用者经营的客运、货运和邮政运输业务以及运输票证销售业务。在一些国家签订的协定中还包括国际海运或空运企业经营或附带经营的船舶或飞机以及其他有关设备(如集装箱等)的出租业务。

(二) 明确非居住国一方免予征税的范围

关于对国际运输企业避免国际重复征税的国际税收协定的主要目的是为避免对国际运输收入的重复课税,但不仅限于所得税。这类税收协定关于避免国际重复课税的原则是,对于国际运输企业的业务收入应仅由其所属国(即居住国)行使税收管辖权课税,作为非居住国的一方应对有关业务收入免征所得税。在大部分这类协定中还规定非居住国一方应对有关业务收入免征诸如营业税、吨位税等流转税。

在一些国家之间签订的这类协定中,免除国际重复课税的范围还扩大到了财产税,非居住国一方对缔约国另一方所属企业在本国境内的与经营业务有关的财产免征综合财产税或个别财产税。此外,一些国家签订的这类税收协定还规定非居住国一方免税的范围,除包括公司所得税、流转税以及财产税外,也包括对缔约国另一方所属企业派驻本国的工作人员所取得的薪金、工资及其他劳务报酬课征的个人所得税。例如,我国与英国签订的《关于航空运输企业避免重复课税的协定》中就有这一规定。

在这类税收协定的最后,还要就协定的生效日期及终止方式作出明确规定。

二、综合性国际税收协定

目前,国际上签订的综合性国际税收协定主要是关于所得税课征问题的,而在某些国家之间缔结的这类协定还包括财产税课征问题。

综合性国际税收协定主要为解决三方面的问题:一是如何避免或消除国际重复课税;二是如何避免和消除国际税收歧视;三是如何防止国际避税和偷漏税。综合性国际税收协定一般包括以下6个方面。

(一)明确协定适用的范围

综合性国际税收协定的适用范围是从两个方面分别加以规定的,一是协定适用的纳税人的范围,二是协定适用的税种范围。

关于这类协定适用的纳税人范围,一般均规定为缔约国一方的居民或同时为缔约国各方居民的人。协定中所说的"人",包括自然人以及依据缔约国税法规定、除自然人之外的法人和没有法人地位的所有直接税纳税实体。这是因为,国际税收协定所要解决的主要是因缔约国税收管辖权之间的冲突所引起的国际重复课税问题,只有在缔约国一方负有无限纳税义务的人才能享受协定所规定的免除国际重复课税的待遇。

关于适用的税种范围,在这类税收协定中通常分别列出缔约国各方有关税种的名称。如果协定仅涉及所得税课征问题,应分别列出缔约国各方的所得税税种名称,在有关缔约国协商同意的基础上,所得税税种可包括各种名称各异、虽对收入全额征收但属所得税性质的税种,除中央(或联邦)所得税种外,也可包括地方所得税种。如果协定包括财产税课征问题,同样应分别列出缔约国各方的财产税种。有关国家签订的协定涉及的财产税有综合财产税、个别财产税及转移财产税。缔约国各方对于列入协定的本国税种的征税应遵循协定中有关限制性条款的规定(主要是对缔约国另一方居民于本国境内所得或财产的课税),并对列入协定的缔约国另一方的税种承担协定里规定的给予本国居民纳税人境外所得或财产以税收豁免或税收抵免的义务。对于未列入协定的税种,一般来说,缔约国各方对协定的有关规定不承担义务。

由于一个国家的税收制度和现行税种不会一成不变,考虑到协定签订后有关缔约国可能会出现税种变动,为保证协定适用税种范围的准确性和连续性,大多数综合性国际税收协定列有专门条款,明确该协定也适用于缔约国在协定签订后增加或替代所列税种的相同或类似税种,并规定缔约国的主管当局应将各自税法所作的实质变动通知对方缔约国。

(二) 协定基本用语的定义

在综合性国际税收协定中有一些适用于协定条款的具有特定含义或起着重要作用的用语。为有利于对协定的正确理解和执行,需要缔约国各方商定并明确其定义,作为协定内容的一个组成部分。

综合性国际税收协定中的用语有两类:一类是与协定适用范围有关的基本用语和与协定大部分条款有关的基本用语,如国民、居民、常设机构等;一类是只涉及特定条款的专门用语,如股息、利息、特许权使用费等。对于第一类用语,在协定中通常以特别条款作出定义;对于第二类用语,则在特定条款中附带作出定义。

在双边税收协定中,以特别条款作出定义的基本用语主要有:缔约国各方的地理概念、人、公司、国民、居民、常设机构、国际运输、主管当局以及"缔约国一方企业"和"缔约国另一方企业"等。

1. 关于缔约国各方的地理概念。国际税收协定一般依据属地原则将其规定为缔约国能够有效行使其税收法律的所有领土、领水和领空,以及根据国际法拥有管辖权和有效行使其税收法律的所有领海以外区域,包括海底和底土。在一些发达国家对外签订的税收协定中,这一地理概念扩大到海外领地或国际托管地。

2. 关于"国民"的用语。国际税收协定一般规定将其视为具有缔约国国籍的个人和按照缔约国法律组建的法人以及在缔约国税收上视同法人的非法人经济实体。

3. 关于"居民"的概念。国际税收协定通常首先明确以何种标准确定个人和公司为缔约国各方的居民纳税人;其次,对于依上述标准同时是缔约国双方居民的人,则规定由缔约国双方主管当局经协商后确定其仅为缔约国一方的居民或列出判定其应属于缔约国哪一方居民的若干确定标准顺序。按照国际惯例,对于同时为缔约国双方居民的人,如经缔约国双方主管当局协商后仍不能确定其仅为一方的居民,该人就不能作为缔约国任何一方的居民享受协定所给予的税收优惠。此外,如果缔约国一方的居民,因缔约国另一方与第三国之间的税收协定而同时成为第三国的居民时,也不能再作为缔约国一方的居民享受协定所给予的任何税收优惠待遇。

4. 关于"常设机构"的用语。国际税收协定中使用"常设机构"用语的目的是为了规范非居住国对经营所得(营业利润)的课税。各国签订的协定中除对常设机构的概念明确为是指"一个企业进行全部或部分经营活动的固定营业场所"外,一般还以列举的方式明确常设机构范围以及不属于常设机构的范围,包括明确对建筑工地、建筑工程认定为常设机构的时间限制,以及缔约国一方企业通过代理人在缔约国另一方从事经营活动可认定为常设机构的限制条件。经合组织和联合国范本对常设机构的定义都强调:①常设机构是一个固定场所,是一种在另一国的看得见的客观存在;②外国纳税人对该固定场所有权长期使用;③该固定场所要服务于外国纳税人的经营活动,而不是从属于其经营活动。

(三)明确缔约国作为非居住国行使地域管辖权课税的范围及限制条件

大多数综合性国际税收协定关于非居住国行使地域管辖权课税的范围和限制性条件是参照《OECD 范本》或《联合国范本》,结合缔约国的具体情况,按照所得类型和财产类型分条款规定的。

在不同国家签订的税收协定中所作的具体规定往往会有所不同。例如,列举的构成常设机构的经营形式的范围不同,是否贯彻"引力原则"也有不同,对于非居民劳务所得课税的时间限制也有不同(一些国家签订的协定中规定为 3 个月,也有的则延长至 1 年)。除此之外,在不同国家之间签订的税收协定中,关于对国际海运和空运所得究竟应由居住国还是由非居住国课税的处理办法也不相同:一般发达国家之间签订的协定大多规定这类所得只能由国际海运或空运企业实际管理机构所在国,即席位国行使课税权,而在发展中国家与发达国家之间签订的协定中往往规定非居住国对来源于本国境内的这类所得仍可行使地域管辖权课税。另外,对于转让公司股票的资本利得,在发达国家之间签订的协定中通常规定非居住国不得行使地域管辖权课税;在发展中国家与发达国家之间签订的一些协定中则规定,在股票转让公司的财产主要是由位于非居住国的不动产构成的条件下,以及在转让股票占到非居住国居民公司股权的一定比例的情况下,也可由非居住国对该项资本利得课税。

综合性国际税收协定中,对缔约国地域管辖权的限制性规定仅适用于对对方缔约国居民的课税。缔约国一方对非缔约国的居民来源于本国境内的所得或境内财产仍要按照本国税法的规定课税,但非缔约国居民也可从有关国家签订的协定所作的限制性规定中获得一种间接优惠:一个缔约国对缔约国另一方的企业设在本国的常设机构支付利息、特许权使用费、租金等(在常设机构为总机构时还可包括股息),本应按照本国税法的规定征收预提税,但由于缔约,对该常设机构则按照较低的协定税率征收或免征预提税,这样,作为这类所得收取人的非缔约国居民实际上就享受了这种税收优惠。

(四)明确居住国实行的免除国际重复征税的方法

综合性国际税收协定采用的居住国对已由非居住国一方行使地域管辖权课税的所得或财产免除国际重复课税的方法有两种,即免税法和抵免法。依据缔约国的协议,缔约国各方可联系本国税制的有关规定采用其中一种方法,也可区别所得或财产类型同时采用两种方法。如果缔约国采用的是累进免税法或普通抵免法,则需要在有关条款中加以说明。此外,如经协议,缔约国双方或其中一方同意给予饶让抵免,也应在协定中加以明确。

双边国际税收协定中规定的由居住国实行的免除国际重复课税的方法,仅适用于缔约国居民来源于或位于缔约国另一方的应税所得或应税财产,缔约国居民来源于或位于非缔约国的所得或财产则不能享受这一优惠。

(五) 明确相互给予对方国民以无差别待遇

避免税收歧视,给予税收无差别待遇,是处理国际税收关系的一项重要原则。在综合性国际税收协定中,一般均包括无差别待遇条款,规定缔约国应相互给予对方缔约国的国民以与本国国民相同的税收待遇,保证不加税收歧视,这包括不能对缔约国另一方的居民(不论在本国作为居民纳税人还是作为非居民纳税人)征收特别的税收、制定高税率、或采用特别的征收办法等。但这一规定并不要求一个缔约国因社会政治、经济政策方面的原因而向本国国民提供的税收优待和减免税优惠(如对低收入者的免征额规定、抚养儿童扣除等)也必须给予缔约国另一方的国民。如果缔约国可相互提供这类优惠,需要以特别条款加以明确。

(六) 明确进行国际税务合作的方法和要求

在大部分综合性国际税收协定中,一般都包含有加强国际税收征管方面的合作、相互交换税务情报以防止纳税人偷漏税和不合理避税的条款。这类条款一般包括以下内容:①规定相互交换税收情报的内容,如纳税人的业务范围、银行往来项目、利润分配、市场价格及利率等情况;②明确交换税收情报的方法和相互提供进行税务调查方面的帮助;③关于对税务情报的保密措施,例如,要求缔约国对收到的税务情报应按照本国国内法律规定的保密措施进行处理,要求情报的使用限于对有关纳税人课税时的查定、征收和裁定;④对税务情报交换的限制,如规定缔约国不能要求另一缔约国提供为其法律所禁止或通过正常行政渠道不能取得的情报,不能要求提供泄露纳税人生产经营和技术秘密的资料等。

除以上内容外,综合性国际税收协定对于国际税收方面的一些其他问题,如对国际连属企业的认定及其所得的调整问题、对缔约国外交人员的课税问题、对缔约国税务主管当局相互协商的程序问题,一般也均作出相应的规定。在协定最后,对协定的生效期限、生效方式以及协定有效期限和中止方式以特别条款作出规定。

三、国际税收协定的适用范围

国际税收协定所要协调的范围也就是协定适用的范围,主要包括两个方面:一是协定适用于哪些纳税人(包括自然人和法人);二是协定适用于哪些税种。

(一) 适用的纳税人

早期的国际税收协定,一般适用于缔约国双方的公民,是以国籍原则来确定协定的适用范围,并不涉及其住所或居所在国内或是国外。随着经济生活的日益国际化,特别是第二次世界大战以后跨国投资和国际人员流动的急速增加,完全按公民身份来行使全面性的税收管辖权,就越来越脱离现实,于是,税收协定逐渐放弃了国籍原则,而以永久住所为原则来行使全面的税收管辖权。在经合组织和联合国的两个范本中,都把协定包括的纳税人(包括自然人、公司、社团以及基金会等)限制在缔约国一方或同时成为缔约国双方的居民。近期签订的避免重复征税协定一般都要在第一条开宗明义地规定:"本协定适用于缔约国一方或者同时为双方居民的人。"即协定在适用于人的范围方面,限于是缔约国居民的人,除了纳税无差别待遇、税收情报交换和政府职员等个别条款以外,不是缔约国居民的人不能享受协定的待遇。只有是缔约国居民的人,才有权利要求本国为其在对方国家取得的所得谋求避免和消除重复征税。不是缔约国一方或双方居民的人,在缔约双方国家之间,不存在居住地税收管辖权和所得来源地税收管辖权的重叠,因而不存在在缔约国之间重复征税的问题。从这个意义上说,协定适用于缔约国居民的人,应该是在缔约国负有居民纳税义务的人。要确定一个人是否是缔约国一方的居民,只能依据该国法律,而不能依据缔约国另一方或其他国家的法律来确定。但是,签订避免重复征税协定是要在双方国家执行的,作为协定的适用人——居民,其身份的确定,就不能不涉及缔约双方的国家权益和在双方国家享受协定待遇的问题。因此,要解决好协定适用于人的范围,就必须在尊重主权和不干涉内政的原则下,作出缔约国双方都能接受的协调规定。

对同时为双方居民的自然人,有两种可供选择的解决方式:一种是按照《联合国范本》和《OECD范本》的规定,在协定中列出判断规则,来确定其居民身份。判断顺序依次排列为:①是否具有永久性住所;②哪一国与其个人的经济关系更密切,即看其重要利益中心在哪国;③是否有习惯性居所;④是哪个国家的国民。如按上述顺序还不能确定该纳税人的居民身份,则由缔约国双方主管当局协商解决。另一种是直接由缔约国双方税务当局协商来确定该人为本协定中哪一方居民,不采用上述顺序判定法。

每个国家确定为其居民的标准是不尽相同的。对于法人(即公司、企业)为居民的标准,有些国家以其社会住所,即首脑机构(包括总机构、主要事务所等)的所在地为准,有些国家以管理机构所在地为准,所谓管理机构,是指控制和管理的权力中心机构,还有的国家以登记注册地为准。对同时为缔约国双方法人居民的情况,有以下几种确定其居民身份的方式:①将其视为其总机构所在缔约国的居民;②承认上述总机构标准,但同时指出总机构即实际管理机构;③以企业经营的实际管理机构为标准,但如果企业经营的实际管理机构与总机构不设在同一缔约国,两国应协商确定其为哪国的居民;④同时列出总机构标准和实际管理机构标准,但不明确指定最终应采用哪种标准;⑤直接协商确定。中国是以总机构所在地为准,总机构既是首脑机构、决策中心,又是控制管理中心,总机构与管理机构是统一的。对于自然人(即个人)为居民的标准,一般是以住所或居所确定其居民身份。所谓"住所",一般指配偶或家庭所在地,具有永久性;所谓"居所",一般指短期停留而临时居住并达到一定期限的处所。各国规定的居住期限不同,有的国家规定为居住满1年;有的国家规定为居住满183天;有的国家还要结合考虑有无长期居留的意愿。中国税法规定,在中国境内居住满1年的个人为居民,不满1年的为非居民。

(二)适用的税种

避免重复征税协定适用于哪些税种,是明确协定适用范围的另一个重要方面,需要由缔约国双方结合各自国家的税制情况加以商定。总的原则是把那些基于同一征税客体,由于国家间税收管辖权重叠而存在重复征税的税种列入协定的税种范围。国际上的通常做法是限于所得税等直接税的税种,因为只有这种税才会存在对同一征税客体重复征税和同一纳税主体的重复纳税的问题。一般都不把间接税列入避免重复征税协定的适用税种,因为以流转额或销售额为征税对象的销售税、周转税或营业税、增值税等,不论是起点征税或是终点征税以及多环节征税,其征税客体不是同一的,纳税人也并不一定是税收的真正负担者,无法确定和消除重复征税问题。在经合组织和联合国的两个税收协定范本中,均规定协定仅适用于对所得和财产征收的各种直接税。中国在对外已签订的避免重复征税协定中,列入协定的适用税种主要是所得税。如中日税收协定中,中国方面包括有:个人所得税、中外合资经营企业所得税、外国企业所得税及两个企业所得税附加的地方所得税。日本方面列有:所得税、法人税和居民税(相当于我国的地方所得税)。

四、国际税收协定的征税客体

国际税收协定中涉及的所得主要有四种形态,即经营所得(亦称营业利润)、投资所得、劳务所得和财产所得。从税收法律的角度来看,这些所得都是征税客体。当某一客体涉及两个国家时,究竟应由谁来行使征税权力,就需要运用冲突规范在两个国家之间合理划分税收管辖权。税收协定范本中对各类所得都划分了征税权,规定了不同的征税原则。

（一）营业利润

对于从事工农业、商业、服务业等一般行业的企业的营业利润，两个协定范本都规定，缔约国一方企业的利润应仅在该缔约国征税，但该企业通过设在缔约国另一方常设机构在该国进行营业的除外。协定范本中所运用的冲突规范遵循的是居住国征税的原则。缔约国一方企业为该国的居民公司，对于该企业通过营业活动取得的利润，规定只能由该企业的居住国行使居民管辖权征税，这与居民公司在其所在国负有无限纳税义务的要求相一致。但是，如果缔约国一方的居民公司在缔约国另一方设有常设机构，并通过该常设机构进行营业，同时取得了利润，则缔约国另一方国家就有权对该项利润征税。对通过常设机构取得的这类所得，实行另外的冲突规范，即实行收入来源国优先征税原则。

两个协定范本中都规定，对常设机构的利润除了实行上述的冲突规范——"非此即彼"的原则规范以外，还实行如下两条征税原则：一是利润归属原则，即非居住国（指协定中的缔约国另一方——常设机构所在国）政府只能对归属于这个常设机构本身的营业利润征税，对于不归属于常设机构的利润，则应仅由该企业的居住国征税；二是独立企业原则，尽管常设机构不具有独立的法人地位，与总机构同属于一个经济实体，但实行独立企业原则就需要将常设机构视同独立企业，独立计算盈亏。这两条征税原则可以概括为一句话：来源国只能对归属于常设机构的利润按独立企业原则征税。

两个协定范本对确定常设机构的利润还规定了两个具体办法：一是采用实际所得方式，即在确定常设机构的营业利润时，允许扣除一定比例的费用，包括与取得利润有关的费用支出，如常设机构支付给总机构的行政管理费用等。但是，常设机构支付给总机构的特许权使用费、佣金和利息不准列支。二是采用比例分配方式来确定常设机构的利润，即按照一定的比例把跨国公司的总利润分配给常设机构。两个协定范本还指出，无论采用何种方式，除非有充分的理由需要变动，每年应采用相同的方法确定属于常设机构的利润。

两个协定范本还对特殊行业的营业利润——国际运输利润的征税权作了单独的规定。从事国际航空、航海运输的飞机、船舶经常来往于各个国家之间，由于这种国际运输的利润来源地比较难确定，所以协定范本规定对船运、空运等国际运输利润一般由运输企业实际管理机构所在的缔约国征税，即承认国际运输企业的居住国对国际运输利润独占征税权。

此外，两个协定范本对关联企业的营业利润征税问题也作了规定，如果两个企业之间的商业或财务关系不同于独立企业之间的关系，即两个企业存在关联关系时，由于这种关联关系而造成一个企业没有取得的利润，可以计入该企业的利润内，并据以征税。

(二) 投资所得

投资所得包括股息、利息、特许权使用费。《OECD 范本》和《联合国范本》对这三类投资所得的征税权进行了如下划分：

1. 两个协定范本对投资所得征税的总原则是税收分享原则，即缔约国双方都有征税权，可以在居住国征税，也可以在收入来源国征税，跨国纳税人的居住国承认所得来源国拥有优先征税权，所得来源国根据税收协定适当降低对投资所得征收的预提税税率，以保证居住国能够分享一部分所得税税源(《OECD 范本》对特许权使用费的规定除外)。例如，中日税收协定中规定，收入来源国对投资所得进行征税时，在收款人即为受益人的情况下，预提税的税率不能超过 10%。

2. 两个协定范本还规定，适用于来源国预提税的投资所得，是指居住国企业在来源国没有设立常设机构或固定基地而取得的所得，或虽然有常设机构或固定基地，但这些所得与之没有实际联系。如果居住国企业获得的投资所得与常设机构或固定基地有实际联系，则来源国应将这些投资所得并入该常设机构的营业利润或固定基地的劳务所得中征收公司所得税或个人所得税，不再征收预提税。当缔约国一方(例如中方)根据协定的规定，将投资所得并入常设机构的营业利润中对其征收公司所得税以后，如果常设机构将这笔利润汇回位于缔约国另一方(例如日方)的总机构，总机构再据以分配股息时，缔约国这一方(例如中方)作为该项投资所得的来源国，也不得征收预提税。

(三) 其他个人劳务报酬

1. 董事的报酬所得。董事，特别是跨国公司的董事，因其本身就是股东，虽然也领取薪金报酬，但不同于一般受雇的职员。他们一般处于公司的上层，有的只是负责公司的监督工作，工作流动性大，不一定长时间停留在公司所在地，因此，要确定他们的服务提供地并非易事。他们的薪金待遇通常比较高，收入来源国也不会轻易地放弃征税权。为此，两个税收协定范本都规定："缔约国一方居民，作为缔约国另一方居民公司董事会成员取得的董事费和其他类似款项，可以在另一方征税。"这里有两层含义：一层含义是收入来源国拥有征税权，另一层含义是把公司所在国认定为收入来源国。我国对外签订的避免重复征税协定大都包含了与两个协定范本一致的有关"董事费"的条款。

2. 艺术家(表演家)和运动员所得。一般来说，缔约国一方居民作为戏剧、电影、舞蹈、音乐、广播或电视表演艺术家或者各种体育运动员，在缔约国另一方从事个人的艺术和表演活动，一般停留时间都比较短，也不一定设有固定基地，但收入却相当高。就他们的活动状况看，难以按独立个人劳务的固定基地标准或 183 天标准来确定收入来源国的征税权。为此，两个协定范本都单列有艺术家(表演家)和运动员条款，对征税权作出如下规范:"缔约国一方居民,作为表演家,如戏剧、电影、广播或电视艺术家,或音乐家,或者作为运动员,在缔约国另一方从事其个人活动取得的所得,可以在另一国征税。"不仅如此,为了避免对表演家和运动员的国外活动征税可能发生的实际困难,防止避税,如果其报酬不是支付给本人,而是支付给所谓的电影公司、演出公司等,演出活动的所在国也有权对这笔所得征税。至于对两国政府同意的文化交流活动,可以制定特别的条款,对其所得非居住国应予以免税,以促进国家之间的文化交流活动。《OECD范本(1992)》曾将英文本第17条中的"运动员"一词由"sportsmen"代替了"athletes",并在注释中阐述了艺术家和运动员的定义。该定义除了包括具有表演性质活动的人,还包括除了摄影师、制片人、舞蹈家及其技术人员以外的人。对于艺术家和运动员以特许权使用费、赞助费、广告费等形式接受的除实际出场费以外的所得,如其直接与出场费有关,那么,这些额外的所得可适用第17条。此外,源于艺术家和运动员的活动所得如归属于另一个人,即使这个人是与艺术家或运动员无关的独立第三者,也属于第17条的范围。

3. 退休金和政府职员所得。目前,世界各国的社会保险制度不一致,个人退休金的支付方法大致有以下几类情况:支付给政府服务人员的退休金,一般来自于政府的预算资金;支付给企业、事业和其他社会团体包括政府机关附属的企业、事业单位在内的工作人员的退休金,则一般多来自这些企、事业单位的资金,在某些国家,也有根据其社会保险制度或公共福利计划而由政府专项基金支付的。

鉴于退休金的资金来源不同,两个协定范本对跨国退休金所得征税的规范也有所不同。其中,对跨国政府人员退休金所得征税,除了退休者属于支付退休金的政府所在国以外的国家居民和国民,可以由其居住国独占行使居民管辖权以外,其余一律由支付退休金的政府所在国征税。而在一个跨国的政府退休人员是政府所在国的非居民的条件下,只要他并不同时又是自己居住国的国民,那么,其退休金所得依然应该被认定是来源于支付退休金的政府所在国,由作为非居住国的这个政府所在国征税。

至于对跨国企业、事业和其他社会团体工作人员的退休金所得,考虑到此项所得一般是来自这些企事业单位的资金,因此,范本规定,应该一律由退休者本人所在的居住国独占行使居民管辖权征税,其中还包括由遗孀和孤儿领取的退休金和其他类似的款项(如因以前受雇而支付的年金)。但是,如果此项退休金所得是根据一国的社会保险制度或公共福利计划由政府的专用基金支付,而不是由企事业单位支付,那么,应该一律由支付退休金的政府所在国征税。在这种情况下,纳税人居住国即便不实行对境外所得给予税收抵免的制度,也应给予免税。我国同美国、新加坡、法国、马来西亚、比利时、丹麦等国家的税收协定也采用了这种方法。

关于跨国政府人员所获取的退休金以外的所得,即跨国政府服务所得,鉴于此项所得完全是来自政府所在国的行政经费支出,也就是说,认定政府所在国为这类所得的来源国是符合客观实际的。因此,国际惯例只允许有下述这种特殊例外,即对于在政府所在国以外的国家为该政府提供服务的人员所取得的报酬所得,并且这个服务人员又是他提供服务所在国家的居民和国民,或者不是仅仅由于提供该项服务以致停留时间较长而成为其服务所在国居民的。例如,一个乙国的居民和国民(或者虽非乙国国民,但他从来就是乙国的居民,而并非仅仅因提供服务而成为乙国居民),在乙国为甲国政府驻乙国的大使馆提供服务所获得的所得,可以由其提供服务所在的居住国或国籍国独占行使居民(公民)管辖权征税。除此以外,应该一律由支付服务所得的政府所在国征税。

4. 留学生和学徒所得。为了有利于培养人才,并照顾到留学生和出国培训学徒、实习生的收入以及生活的实际困难,两个协定范本都提出,学生或企业学徒,或在直接前往缔约国一方前曾是缔约国另一方居民,仅由于接受教育或培训的目的停留在缔约国一方,其为维持生活、接受教育或培训收到的来源于该国以外的款项,该国不应征税。这里要注意的是,这一规范并没有对来源于学习或培训地的收入给予免税的照顾。不过,从我国对外签订的税收协定看,实际免税的不仅限于境外所得。比如同日本的协定,不分收入来源,一律确定为其为了维持生活、接受教育或培训的目的收到的款项或所得,缔约国一方应予以免税。中法、中比、中加协定等也依此办理。此外,我国同英、美、芬兰等国签订的协定还规定了定额免税或限定条件免税的方法。比如,中英协定规定以下三项予以免税:第一,为了维持生活、接受教育或培训的目的从国外取得的款项;第二,为了维持生活、接受教育或培训的目的,从政府、慈善、科学、文化或教育机构取得的奖学金、赠款、补助金和奖金;第三,在缔约国从事个人劳务所得,在任何征税年度不超过1 000英镑或等值的人民币。同美国、芬兰、瑞典等国的协定分别规定了不同的限额,而且扣除各国税法规定的生计费用。中丹税收协定没有规定免税限额,只规定任何征税年度不超过为维持生活所必需的数额,但免税期限不能超过5年。中挪税收协定规定:为了维持生活、接受教育或培训的目的从国外取得的款项,以及为了维持生活、接受教育或培训的目的,从政府、慈善、科学、文化或教育机构取得的奖学金、赠款、补助金和奖金等,以上两项免税。此外,协定还规定学生、企业学徒或实习生由于受雇取得的报酬,在其接受教育或培训期间应与其所停留国家的居民享受同样的免税、扣除或减税待遇,其用意在于使国内外学生享有同等的待遇。

5. 教师和研究人员的所得。在两个协定范本中,对教师和研究人员的所得,都没有提出要给予特殊的待遇。

但是,为了有利于国家间科学技术和文化的交流,我国在对外签订税收协定时,一直坚持要在协定中专列条款,对缔约国一方居民个人到缔约国另一方的大学、学院或其他公认的教育机构或科研机构从事教学、讲学或研究取得的报酬,该缔约国另一方应给予定期的免税待遇。到 1986 年 5 月,在我国已同 13 个国家签订的协定中,除同加拿大的协定没有列入对教师和研究人员的免税条文以外,其余都明确给予 3 年为限期的免税待遇,但具体规定有以下几点不同:

(1) 时间限制不同。同日本、英国、原联邦德国、芬兰、马来西亚五个国家的协定,限于停留期不超过 3 年的免税;同美国、法国、比利时、挪威四个国家的协定,定为累计停留期不超过 3 年的免税;同新加坡的协定明确给予 3 年免税,即停留期超过 3 年的,只从超过 3 年之日起计算征税。同英国的协定明确,"从其第一次到达该国之日起不超过 3 年"的含义是免税的条件,而不是免税期。如果其停留期超过 3 年,即应从第一年起征税,而且此项待遇每人只给一次。

(2) 免税的范围不同。同日本、新加坡的协定,限于在院校和公认的教育机构从事教学、讲学和研究取得的报酬免税;同英国、法国等 10 个国家的协定,除了院校和公认的教育机构以外,还明确包括科研机构。

(3) 限定的条件不同。同原联邦德国、马来西亚、挪威、丹麦、新加坡、瑞典 6 个国家的协定,都限于所从事的研究应当是服务于公共利益,如果主要是为了某个人或某些人的私利从事研究,对其取得的所得不给予免税待遇;同日本、英国、比利时、美国、法国和芬兰六个国家的协定,都未列出上述限制;此外,同挪威的协定还规定,对从事教学、讲学或研究取得的报酬给予免税,要仅以对方国家对该项报酬征税为限,也就是不能双方都免税。

(四) 财产所得和其他所得

国际税收协定中提到的财产所得,主要指不动产所得以及转让或出售财产取得的利润。

不动产所得通常有两种形式:一种是直接使用不动产的所得,如自己或请人开办农场、林场以及个人从事生产的所得;另一种是以出租的形式供他人使用不动产取得的所得,如出租土地、房屋的租金。

财产收益一般包括转让不动产和动产(如飞机、债券、股票等)取得的收益,对这类财产收益各国一般征收资本利得税。

关于对不动产所得和转让不动产所得的征税权,两个协定范本规定以不动产的坐落地为所得的来源地,由不动产坐落地所在国行使征税权。对转让设在缔约国另一方的常设机构或个人从事独立劳务的固定基地的动产(如股票、债券)所取得的收益,应以常设机构或固定基地所在地为所得的来源地,由该机构场所的所在国征税。这些规定体现了收入来源国优先征税原则,但对转让从事国际运输的飞机、船舶等动产取得的收益,应由转让者为其居民的所在国独占征税权。

关于对以转让股权的形式转让公司财产而取得的收益如何征税,《OECD范本》未明确规定,《联合国范本》则提出可以分两种情况处理:第一,如果该公司的财产主要由不动产组成,可以根据对不动产转让所得的征税原则,由不动产所在国征税,而不论该公司是否设在不动产所在国;第二,转让其他股权所取得的收益,如果该项股权达到公司股权总额的一定比例,可以由出让股票的公司为其居民的缔约国征税,上述比例,由双方商定。我国在对外谈签协定时,主要采用了如下三种做法:①完全采用上述分两种情况处理的方式,并把转让股权占公司股权的比例定为25%,如中美、中法、中比、中挪、中新、中瑞(瑞典)等税收协定即采用这一做法;②只对转让不动产公司的股票作明确规定,对转让其他公司的股票则未作明确规定,如中加、中马、中芬等税收协定;③对以股票形式转让公司财产未作明确规定,如中日、中英、中德等税收协定。

关于对财产的课税,两个协定范本都有所规定。在我国对外签订的税收协定中,只有同德国、挪威两个国家的协定中列入了对财产征税的条款,并且采用了《OECD范本》的条文。《联合国范本》所列出的参考条文与《OECD范本》的条文基本上都需缔约国双方商定。我国在与德国、挪威签订的税收协定中,对财产的征税原则规定为,位于对方国家的不动产、常设机构和固定基地的动产,可以在对方国家征税。此外,包括从事国际运输的船舶、飞机等动产,应当仅由拥有者为其居民的国家征税。

对营业所得、投资所得、劳务所得和财产所得之外的其他所得,征税权原则上规定如下:在居住国取得的所得,由居住国征税;在非居住国取得的所得,则由非居住国行使征税权;如果是通过设在非居住国的常设机构或固定基地取得的所得,由非居住国征税。

第四节 国际税收协定范本

现行的两个最重要的国际税收协定范本——《OECD范本》和《联合国范本》,是国际组织为指导有关国家之间签订双边综合性税收协定的一种示范性文本。本节将介绍这两个范本的产生过程及其主要结构和内容。

一、范本的产生和发展

国际税收协定产生初期,签订税收协定的国家比较少。然而,随着世界经济全球化的进程不断加快,越来越多的国家加入到签订国际税收协定的行列。因此,迫切需要制定出国与国之间签订税收协定时可供参照和遵循的国际标准,国际税收协定范本就是在这种国际环境下产生的。国际税收协定范本的主要作用在于为各国签订税收协定提供一个规范性样本，为解决协定谈判过程中遇到的技术性难题提供有效的帮助。税收协定范本具有两个特征：一是规范化，可供签订国际税收协定时参照；二是内容弹性化，能适应各国的实际情况，可由谈判国家协商调整。

第一次世界大战后，随着西方各国经济的发展和资本输出规模的扩大，国际税收中的矛盾日益突出，通过双边税收协定来处理国际税收权益分配关系的要求也日趋强烈。在这种背景下，国际联盟起草了1928年的四个双边税收协定范本，以及后来1943年的墨西哥文本和1946年的伦敦文本。上述范本为其后两个范本的产生奠定了基础。

第二次世界大战结束后，由于科学技术的突飞猛进，西方世界的经济得到了迅速发展，跨国公司遍及全球。发达国家之间和发达国家与发展中国家之间的经济联系比以往任何时期都更为密切，这就使得国际税收中的一系列矛盾更为突出。在这种形势下，制定一个能够较为普遍地指导各国签订国际税收协定的范本不但存在着迫切的必要性，也有了可能性。

在20世纪50年代初，欧洲经济合作组织（EEC）开始着手拟定国际税收协定范本的工作，后来改为由包括美国、加拿大、日本、澳大利亚等国在内的24个成员国组成的经济合作与发展组织（OECD）所属的财政委员会来具体进行这项工作。经过1956～1963年的多年努力，该委员会拟定并发表了《关于对所得和财产避免重复课税的协定规范和准则（草案）》。随着国际政治经济形势的变化，经合组织从1968年起开始修订该范本草案，1977年经合组织正式发表了修订后的《关于对所得和财产避免重复征税的协定范本》，简称《OECD范本》。

《OECD范本》的产生对国际税收协定的签订起了极大的推动作用。据经合组织财政委员会所作的一项统计，从1963年范本草案发表至1979年1月，大约签订了400多个以1963年范本草案和1977年范本为基础的双边税收协定或条约，其中180个是经合组织成员国之间签订的，200个左右是经合组织成员国与发展中国家之间签订的，25个是经合组织成员国与东欧国家之间签订的。这一统计还不包括经合组织成员国之外的其他国家之间以该范本为基础签订的税收协定或条约。

但是，《OECD范本》是用于指导经合组织成员国之间以及经合组织成员国与其他国家之间签订国际税收协定的示范性文本，其制定原则和条款主要是以经合组织成员国的税收要求和经济利益为依据。经合组织成员国均为经济发达国家，他们的税收利益和其他经济利益基本上是相近的，但将这一范本用于指导发展中国家之间以及发展中国家与发达国家之间签订税收协定是不适宜的。许多发展中国家认为，这个范本只对发达国家有利，主要用于双方都是资本输出国同时又是资本输入国的发达国家之间签订税收协定，不是发展中国家与发达国家之间签订税收协定的样板。

随着发展中国家在联合国中数量的增加和地位的提高，1961年联合国经社理事会成立了一个关于发达国家与发展中国家之间税收谈判的专家小组。该专家小组由18个国家的代表组成,包括美国、英国、法国、原联邦德国、日本、挪威、荷兰等发达国家和巴西、阿根廷、智利、印度、巴基斯坦、斯里兰卡、菲律宾、以色列、加纳、突尼斯、土耳其等发展中国家的代表。此外,该小组还有其他国家派出的观察员。小组的任务是探索一条关于发达国家与发展中国家缔结税收协定的便利途径,制定适用于这类税收协定的指导原则,使之既符合发达国家的利益,也符合发展中国家的经济利益。

该专家小组自1968年正式开始工作后,共举行了8次会议,每次会议都提出了报告。在第五次会议后,该小组起草了一个《发达国家与发展中国家之间关于税收条约的指导原则》,它以《OECD范本》为研究的出发点,根据小组的研究得出了自己的结论。该原则着重强调了地域管辖权的优先原则。1977年,联合国专家小组根据新的情况进一步修订了这个指导原则,并制定了一个附有注释的税收协定范本草案,即《关于发达国家与发展中国家间避免重复征税的协定范本(草案)》。这个范本草案在一定程度上反映了发展中国家的要求,受到了发展中国家的欢迎和尊重。1979年12月10日至21日,联合国专家小组在日内瓦举行了第八次会议。会议重新审查了联合国税收协定范本草案,并通过了范本的最后文本,1980年正式发表。

两个范本在发展趋势上表现出趋同的特点。联合国范本自1980年公布后未作修改;而OECD范本在1997年11月公布了新的修订本,新的修订本文字表述更为准确、规范,有的条款作了修改,修改的结果是对收入来源地国家更为有利。

二、范本的结构和内容

《OECD范本》和《联合国范本》这两个国际性的税收协定范本是世界各国处理相互税收关系的实践总结,它们的产生标志着国际税收关系的调整进入了成熟的阶段。由于《联合国范本》是参照《OECD范本》拟就的,这两个范本在结构上基本相同,都分为协定序言、协定条款和结束语三部分。序言和结束语要求按照缔约国的宪法程序起草,协定条款部分包括七章共29条(《联合国范本》)或30条(《OECD范本》)。

两个范本的基本内容包括:

第一章,协定范围,包括第1条和第2条,明确协定适用的人的范围和税种的范围。

第二章,定义,包括第3~5条,对协定涉及的概念,如人、公司、主管当局、国民、居民、常设机构等作出明确定义。

第三章,对所得的课税,包括第6~21条,明确缔约国对各类所得的课税办法及行使地域管辖权课税的条件。

第四章,对财产的课税,包括第22条,明确缔约国对财产课税的办法。

第五章,消除国际重复课税的方法,包括第23条A和第23条B,规定了缔约国可选择的减免方法、抵免方法及税收饶让抵免。

第六章，特别规定。在《联合国范本》中，包括第 24～27 条，分别规定了无差别待遇、相互协商程序、情报交换及可给予外交代表和领事官员的财政特权。在《OECD 范本》中，除上述三条外，另有第 28 条，规定了在一定条件下协定实施区域的扩大。

第七章，最后规定。在《联合国范本》中，包括第 28～29 条，在《OECD 范本》中，包括第 29～30 条，规定了批准文件的互换与协定生效的期限，以及协定的终止方式。

（一）征税权的划分与协定的适用范围

两个范本在指导思想上都承认优先考虑收入来源管辖权原则，即从源课税原则，由纳税人的居住国采取免税或抵免的方法来避免国际重复征税。但两个范本也存在重要区别：《联合国范本》比较强调收入来源地征税原则，分别反映发达国家和发展中国家的利益；《OECD 范本》较多地要求限制收入来源地原则。两个范本对协定的适用范围的规定基本一致，主要包括纳税人的适用范围规定和税种的适用范围规定。

（二）常设机构的约定

两个范本都对常设机构的含义作了约定。常设机构是指企业进行全部或部分营业活动的固定场所，包括三个要点：第一，有一个营业场所，即企业设施，如房屋、场地或机器设备等；第二，这个场所必须是固定的，即建立了一个确定的地点，并有一定的永久性；第三，企业通过该场所进行营业活动，通常由公司人员在固定场所所在国依靠企业（人员）进行经济活动。明确常设机构含义的目的，是为了确定缔约国一方对另一方企业利润的征税权。常设机构范围确定得宽窄，直接关系居住国与收入来源国之间税收分配的多寡：《OECD 范本》倾向于把常设机构的范围划得窄些，以利于发达国家征税；《联合国范本》倾向于把常设机构的范围划得宽些，以利于发展中国家。

（三）预提税的税率限定

对股息、利息、特许权使用费等投资所得征收预提税的通常做法，是限定收入来源国的税率，使缔约国双方都能征到税，排除任何一方的税收独占权。税率的限定幅度，两个范本有明显的区别。《OECD 范本》的税率限定很低，这样收入来源国征收的预提税就较少，居住国给予抵免后，还可以征收到较多的税收。《联合国范本》没有沿用这一规定，预提税限定税率要由缔约国双方谈判确定。

具体如股息的征税问题，《OECD 范本》和《联合国范本》都主张对股息可以由支付股息公司的所在国和股息收款人所在国分享征税权，但两个范本的具体规定不同；对于利息的征税问题，《OECD 范本》和《联合国范本》都主张由利息的来源国和利息收款人的居住国共享征税权,并且在收款人是利息受益所有人的情况下,由来源国按较低的税率征税;关于特许权使用费的征税问题,两个协定范本分歧较大,《OECD 范本》实行居住国独占征税权的原则,而《联合国范本》则采取了税收分享的原则。

(四)税收无差别待遇

《OECD 范本》和《联合国范本》都主张平等互利的原则,缔约国一方应保障另一方国民享受到与本国国民相同的税收待遇。其具体内容为:

1. 国籍无差别,即不能因为纳税人的国籍不同,而在相同或类似情况下,给予的税收待遇不同。

2. 常设机构无差别,即设在本国的对方国的常设机构,其税收负担不应重于本国类似企业。

3. 支付扣除无差别,即在计算企业利润时,企业支付的利息、特许权使用费或其他支付款项,如果承认可以作为费用扣除,则不能因支付对象是本国居民或对方国居民,而在处理上差别对待。

4. 资本无差别,即缔约国一方企业的资本,无论全部或部分、直接或间接为缔约国另一方居民所拥有或控制,该企业的税收负担或有关条件,不应与缔约国一方的同类企业不同或更重。

(五)避免国际偷税、逃税

避免国际偷税、逃税是国际税收协定的主要内容之一,两个范本对这方面所采取的措施主要有:

1. 情报交换。它又分日常情报交换和专门情报交换。日常的情报交换,是缔约国定期交换有关跨国纳税人的收入和经济往来资料。通过这种情报交换,缔约国各方可以了解跨国纳税人在收入和经济往来方面的变化,以正确地核定应税所得。专门的情报交换,是由缔约一方提出需要调查核实的内容,由另一方帮助核实。对税收情报交换的规定,两个范本稍有不同。《联合国范本》在情报交换的内容上比《OECD 范本》增加了几条内容。

2. 转让定价。为了防止和限制国际避税,缔约国各方必须密切配合,并在协定中确定各方都同意的转让定价方法,以避免纳税人以价格的方式转移利润、逃避纳税。

三、《联合国范本》与《OECD 范本》的比较

《联合国范本》是指导发达国家与发展中国家之间签订税收协定的示范性文本,有关条款的内容既考虑了发展中国家的利益,也考虑了发达国家的利益。总的来说两个

范本的内容大部分还是保持一致的,但为了维护发展中国家的税收利益,《联合国范本》趋向于强调地域管辖权,这一精神主要体现在联合国专家小组制定的指导原则中。两个范本的基本不同点在于:《联合国范本》强调收入来源管辖权原则;《OECD 范本》虽然在某些特殊例子中承认收入来源管辖权原则,但强调的是居住管辖权原则,比较符合发达国家利益。同时,《联合国范本》与《OECD 范本》某些条款的内容并不完全一致。

《联合国范本》与《OECD 范本》相比,在内容上的不同之处主要表现在以下 5 个方面。

(一) 扩大了常设机构的范围及"引力原则"的范围

关于对常设机构的营业利润如何征税,《联合国范本》主张采用"引力原则"。《联合国范本》在第 5 条第 3 款中,对建筑工地、建筑安装工程及与此有关的监督活动可认定为常设机构的时间限制从 12 个月缩短为 6 个月,对企业通过雇员或其他人员为上述目的提供劳务的所得课税的时间限制也缩短为 6 个月;在该条第 5 款中,将根据缔约国一方企业代理人的活动认定为常设机构的范围扩大到经常在另一国保存货物或商品的库存,并规定当代理人的活动全部或几乎全部代表企业时,也应认定为设有常设机构。在第 7 条第 1 款中,明确规定了常设机构的利润应包括虽不通过常设机构,但进行与常设机构相同或类似的销售货物等经营活动所取得的利润;在该条第 3 款中,明确规定常设机构以特许权使用费、利息(金融企业除外)、劳务费、佣金等形式向总公司支付的金额不得从应税利润中扣除。一些发达国家不接受这一原则,《OECD 范本》回避了这一问题,规定常设机构的应税利润应仅以归属该常设机构的利润为限。

(二) 对从事国际船舶运输的所得制定了可供选择的条款

在《联合国范本》第 8 条第 1 款(供选择)中,规定这类所得应仅在企业实际管理机构所在国或船舶母港所在国征税;在第 8 条第 2 款(供选择)中则规定,如果经常在缔约国另一方从事业务,由此产生的船运活动所得可由该国征税,税率可由缔约国双方谈判确定。

(三) 对股息、利息、特许权使用费作出了有利于地域管辖权的规定

《联合国范本》第 10 条规定,股息可以在收入国征税,也可以在支付国征税,支付国征税税率可由缔约国双方谈判确定(而不是像《OECD 范本》那样规定税率为 15%),第 11 条对利息也作出了相同的规定,第 12 条规定特许权使用费可在收入国也可在支付国征税(《OECD 范本》规定仅由收入国征税),支付国课征的税率可由双方谈判

确定。

(四) 对转让公司股票的收益作出了有利于地域管辖权的规定

《联合国范本》第13条第4款规定,转让一个公司的股票取得的收益,如果该公司的财产主要直接或间接地由位于缔约国一方的不动产组成,可以由该国征税;该条第5款规定,转让除上述之外的其他股票收益,如果这部分股票相当于参与缔约国一方居民公司股权的一定比例,可由该国征税,占股比例可由双方谈判确定。在《OECD范本》中,对上述收益规定为应仅由转让者为其居民的缔约国征税。

(五) 对个人劳务所得作出了有利于地域管辖权的规定

《联合国范本》第14条规定对非居民独立劳务所得课税的界限是固定基地所得,还规定当停留时间达到或超过183天以及当这类所得是由一国居民或常设机构及固定基地支付时,也可由非居住国征税。

由上可见,《联合国范本》较之《OECD范本》更有利于地域管辖权,从而更有利于发展中国家。在国际税收协定的缔结过程中,尽管发展中国家是否能够真正扩大本国的税收权益,还取决于一系列政治经济条件及谈判过程,但《联合国范本》的存在却无疑提高了发展中国家在国际税收协定谈判中的地位。因此,自这一范本问世以来,受到了发展中国家的普遍欢迎。

《OECD范本》和《联合国范本》的制定对于国际税收及其理论研究的发展、对于国际税收关系的协调起了较为重要的作用。它们不但促进了国际税收协定的缔结,并使之规范化,同时对那些尚无国际税收协定或条约的国家之间发生的国际税收问题或矛盾,也提供了一整套可供借鉴和参考的处理或解决办法。此外,这两个范本的制定过程集中了许多国际税收专家的研究成果,对于国际税收理论的形成和发展作出了很大的贡献。制定范本的有关组织机构,如经合组织财政委员会第一组和联合国专家小组(后改为专家委员会)本身也为国际社会提供了一个就国际税收问题交换意见和交流经验的场所,这对国际税收的正常和合理发展是极为有益的。

第五节 中国对外税收协定

一、我国对外缔结税收协定的进展情况

中国同外国缔结税收协定的工作,是自1978年实行对外开放政策以后才开始的。1978年以前,中国与其他国家一般只是通过税收换文或在某些经济活动的协定中写上

税收条款,以达到对某项特定经济活动的收入或所得实行税收互免的目的。1978年以后,我国对外缔结双边税收协定的工作从签订单项税收协定开始。最早签订的单项税收协定是1979年1月23日在巴黎签订的《中华人民共和国政府和法兰西共和国政府关于互免航空运输企业税捐的协定》。为了适应对外开放、引进外资和技术及满足对外发展经济合作的需要,从1981年起,中国开始对外进行缔结综合税收协定的谈判工作。最早签订的综合税收协定是1983年9月6日在北京签订的《中华人民共和国政府和日本国政府关于对所得避免重复征税和防止偷漏税的协定》。

二、我国对外签订税收协定的基本原则

我国对外签订税收协定的基本原则是:既要有利于维护国家主权和经济利益,又要有利于吸收外资、引进技术,有利于本国企业走向世界。在此基础上,我国目前对外签订的综合性双边税收协定中,一般坚持下列四项具体原则。

第一,坚持平等互利的原则,即协定中所有条款规定都要体现对等,对缔约国双方具有同等约束力。

第二,坚持所得来源国优先征税的原则,即从我国对外交往多处于资本输入国的地位出发,坚持和维护所得来源地的优先课税权,在合理合法的基础上充分保障我国的税收权益。

第三,遵从国际税收惯例的原则。我国对外谈签税收协定,参考了国际上通行的范本,起草的税收协定文本更多地吸取了《联合国范本》中的规定,兼顾了双方的税收利益。

第四,坚持税收饶让的原则,即坚持对方国家对我国的减免税优惠要视同已征税额给予抵免,以便使我国的税收优惠措施切实有效。

三、我国对外税收协定的主要内容

(一)协定的条文结构和工作文本

中国对外签订的税收协定的条文结构,基本上以中国对外缔结避免重复征税协定的工作文本为基础,这一工作文本的全称是《中华人民共和国政府和××国政府关于对所得避免重复征税和防止偷漏税的协定》,它是结合《联合国范本》和《OECD范本》的优点,并对两个范本略加调整和补充而形成的。

中国的工作文本比较倾向于能够较多照顾来源国征税权益的《联合国范本》,同时认为《OECD范本》也有相当高的参考价值,因此对两个范本各有取舍。如我们没有采纳《联合国范本》在对营业利润的征税方面提出的引力原则,因为考虑到这一原则虽有

防止避税的意义,但我国幅员广大,不易实施。我们对《OECD 范本》有的条文过于限制地域管辖权的行使持保留态度,特别是对该范本作出的对特许权使用费仅由受益人为其居民的国家征税的规定不予采纳,而是坚持来源地国家应当拥有征税权。

我国的工作文本还增加了两个范本都没有涉及的一些内容,包括:

1. 对利息的征税。我国的工作文本增列一条,明确对缔约国政府、地方当局及中央银行或完全为政府所有的金融机构取得的利息,或者缔约国居民取得的利息,其债权是由缔约国政府、地方当局及中央银行或者完全为其政府所拥有的金融机构间接提供资金所取得的,免于征税。

2. 对个人劳务所得的征税。我国的工作文本增列一条,明确对缔约国一方居民到缔约国另一方的大学、学院、学校或其他公认的教育机构或科研机构,从事教学、讲学或研究取得的报酬,该缔约国另一方应给予定期的免税待遇,其目的在于促进国家间的科学文化交流和引进智力资本、培养人才。

(二)协定的适用范围

我国对外签订的国际税收协定的适用范围也主要从两个方面进行限定,即适用的人的范围和适用的税种的范围。协定适用的人的范围一般限于缔约国的居民,除了税收无差别待遇、情报交换及政府职员所得等个别条款外,缔约国的非居民不能享受税收协定待遇。对居民的认定则遵从缔约国的法律规定,自然人居民身份的认定,主要采用住所和居所标准;法人居民身份的认定,中国以总机构所在地为准,对方如果据其国内法的规定以实际管理机构所在地或者注册地为准,我国也同意列入协定。

对于自然人的双重居民身份问题,我国在税收协定中采取了两种解决办法:一是由双方国家协商解决,如中日、中法、中比等协定;二是按照税收协定范本所规定的标准来判定纳税人的居民身份,如中英、中意、中丹等协定。对于法人的双重居民身份,则采用了三种办法:一是以"总机构所在地"为准,如中日、中德、中比等协定;二是同一法人在缔约国一方设有总机构而在缔约国另一方设有实际管理机构的,由缔约国双方协商确定,如中英、中马、中丹等协定;三是直接规定由缔约国双方协商确定,如中加、中新等协定。在中美、中澳协定中,则特别规定此类纳税人不得作为任何一方的居民享受协定待遇。

协定适用的税种范围主要是所得税。由于财产税制还没有全面实行,故在税收协定中不列财产税,但也不排除在对方国家开征财产税并对其居民境外财产征税的情况下,将财产税列为适用税种。协定适用的具体的税种名称则主要采用了直接列举和先概括后列举两种方法。

(三)对各类所得征税的规定

1. 对营业利润的征税。我国对外签订的税收协定均规定缔约国对非居民纳税人营业利润的征税权应以纳税人在该国设有常设机构为依据。在税收协定中,一般参照税收协定范本的规定,将"常设机构"定义为企业进行全部或部分营业活动的固定场所,并对属于常设机构的项目和不属于常设机构的项目分别进行列举。

(1)属于常设机构的项目。税收协定列明的属于常设机构的项目有九种,分别是:

第一,管理场所。

第二,分支机构。

第三,办事处。

第四,工厂。

第五,作业场所。

第六,矿场、油井和气井、采石场或者其他开采自然资源的场所。对这种类型的常设机构有的协定附加有作业期限的规定,时限从1个月到6个月不等。

第七,建筑工地、建筑、装配或安装工程和与工程项目有关的监督管理活动。此种类型的常设机构协定一般规定持续时间须达6个月以上,也有规定的时限更长的。持续时间的具体计算方法为合同实施之日起,至作业全部结束交付使用之日止。一个企业在我国一个工地或同一个工程连续承包两个以上的作业项目,应从第一个项目作业开始至最后完成的作业项目结束计算连续日期,不以每个工程作业项目分别计算。项目如果因故中途停顿,应持续计算连续日期。另外,外方企业把承包工程的一部分转包给其他企业,若分包商实施合同的日期在前,应自分包商开始实施之日起至全部工程作业结束交付使用之日止计算持续时间。

第八,外国企业通过其雇员或其他人员为工程项目提供劳务或咨询,具体一般指在任何12个月中连续或累计超过6个月为一个项目或相关项目提供劳务或咨询,关于这一期限在与有的国家签订的税收协定中也有不同的规定。

第九,缔约国一方企业在缔约国另一方通过非独立代理人进行的符合限定条件的营业活动。这里的限定条件有两个:一是代理人有权以其所代理企业的名义签订合同,并已经常使用这种权力,所谓"有权签订合同",是指有权经常代表所代理企业参与合同谈判,商定合同的条文,而并不要求一定是合同的最后签署人;二是代理人在缔约国另一方全部或几乎全部代表该企业,或者为该企业控制或被控制的其他企业经常接受订单。

(2)不属于常设机构的项目。税收协定列明的不属于常设机构的项目有下列三个。

第一，从事准备性或辅助性活动的场所。对"准备性"或"辅助性"的判断应把握以下三点：①其服务对象只能是本企业；②其服务不应直接起营利作用，例如某场所既为本企业采购货物又为本企业交付货物，或者某场所从事的活动与所属企业的经营活动相同，则其事实上为本企业的营利发挥着重要作用，那种专为本企业销售的机器设备提供保养和维修服务的场所，也应视为直接起营利作用；③其职责只限于事务性的服务，而不包括监督管理职能。

第二，独立代理人。但该独立代理人的活动，不应全部或几乎全部代表其所代理的企业。

第三，作为独立法人实体的子公司。但子公司如果有权以其母公司的名义签订合同，并且经常使用这种权力，则该子公司应视为其母公司的常设机构。

对于缔约国非居民纳税人营业利润的征税范围，我国在税收协定中应用归属原则，即规定仅以归属于常设机构的营业利润为课税对象。

在常设机构利润的具体计算方面，强调正常交易原则，要求常设机构应作为一个独立企业正确地计算盈亏，允许扣除其在经营中发生的各项费用。但对于常设机构和总机构之间发生的利息、特许权使用费、劳务费等则坚持"收入不计入"和"费用不列支"的原则。常设机构可以按其营业额或利润额占总机构的总营业额或利润额的比重分摊总机构的管理费用，不应仅仅由于常设机构为总机构或其他办事处采购货物，就将总机构或其他办事处的利润归属于常设机构，相应地，常设机构为此发生的费用也不应在其利润中扣除。

对于国际运输企业所得征税权的规定，在我国对外签订的税收协定中有以下几种情况：在税收协定中没有规定国际运输的条款，如中法、中美协定等，因为我国同这些国家已有互免空运和海运企业税收的协定或换文；由企业实际管理机构所在国拥有征税权，如中英、中丹协定等；由企业的居住国拥有征税权，如中日、中加税收协定等；由企业总机构所在国拥有征税权，如中比、中挪税收协定等；由企业总机构或实际管理机构所在国拥有征税权，如中芬税收协定等。

2. 对投资所得的征税。在对股息、利息和特许权使用费等投资所得征税方面，我国基本采纳了《联合国范本》的有关规定，坚持缔约双方国家都不谋求独占税收收益，而是按照平等互利的原则进行适当的税收分享。具体做法是承认来源地国家拥有优先征税权，并由来源国按降低的限制税率征税。但我国同每一个国家签订的税收协定确定限制税率的情况不同，在大多数税收协定中规定限制税率应分别不超过股息、利息、特许权使用费总额的10%，也有的税收协定对股息、利息和特许权使用费规定不同的限制税率。另外，我国对股息收入享受限制税率一般未对纳税人占股权的比例作出明确规定。在特许权使用费课税方面，我国在应用限制税率的基础上，对税基又打了折扣,比如,对使用或有权使用工业、商业、科学设备而支付的特许权使用费,在同有关国家签订的税收协定中分别规定按支付总额的60%和70%课征预提税,这些调整通常在协定的议定书中加以明确。

3. 对财产所得的征税。对不动产的持有和转让收益,我国对外税收协定均参照两个协定范本作出规定,即应由不动产所在国行使征税权。对于不动产的定义解释,原则上遵从财产所在缔约国的法律规定。对资本利得征税权划分的规定还有:转让常设机构某营业财产或从事个人独立劳务的固定基地附属的财产,应由常设机构或固定基地的所在国征税;转让从事国际运输的船舶、飞机及其附属的动产的收益,应由转让者的居住国征税。

关于以转让股票形式转让公司财产取得收益的征税权,我国的对外税收协定采取了三种处理办法:①比照《联合国范本》的规定,将重要股权规定为控股不少于25%;②只明确转让不动产公司的股票,对转让其他公司的股票未予明确;③对以股票形式转让公司财产未予明确。

4. 对个人劳务所得的征税。在对个人劳务所得征税权的认定上,我国也基本采用了《联合国范本》的有关规定。

对于从事独立劳动取得的所得,我国一般规定原则上可以仅由该个人的居住国征税,但如有下列两种情况之一,可以在来源国征税:设有经常使用的固定基地;在有关历年中停留连续或累计超过183天。在同有的国家签订的税收协定中,还规定如果符合"限额标准",即取得的收入超过了一定的限额,来源国亦可以征税。

对个人取得的非独立劳务所得,一般规定应由受雇活动所在国征税,但对同时具备以下三个条件的可以例外处理,允许个人的居住国单独征税:①该居民在有关年度中在缔约国另一方停留连续或累计不超过183天,中途离境天数准予扣除;②其报酬不是由缔约国另一方居民的雇主支付或代表该雇主支付的;③该报酬不由雇主设在该缔约国另一方的常设机构或固定基地所负担。但在"183天标准"方面,我国同英国的税收协定规定停留时间按会计年度计算。

对于其他个人劳务所得的相关规定,我国一般都是参照两个协定范本作出的。特别值得一提的是,在我国对外签订的税收协定中,对学生、学徒和教师、研究人员的所得均规定了较为优惠的待遇。比如,对学生、学徒所得,我国对外税收协定规定的免税范围一般不像协定范本规定的那样只限于境外所得,而是也包括在非居住国境内获取的全部或部分所得,只不过有的国家是限定金额或限定条件给予免税;对于教师、研究人员的所得,我国坚持单列条款规定对缔约国一方居民到缔约国另一方的院校或科研机构从事教学、科研所取得的报酬,停留国应给予定期的免税待遇,免税期一般为3年,具体计算略有差别,也有的国家要附加一定的限制条件。

（四）消除重复征税的方法

在消除重复征税方面，我国对外签订的税收协定中一般由双方分别决定具体方式。我方采取税收抵免方式，并对拥有支付股息公司股份不少于10%的股东，给予间接抵免。对方国家有的采用免税法，如法国、比利时、荷兰、德国、挪威、瑞士、波兰、保加利亚、西班牙、匈牙利、奥地利等国规定对其居民在中国取得的营业利润（有的还包括拥有的财产），按照税收协定可以在中国征税的，该国就不再征税；有的国家采取抵免法，如日本、英国、马来西亚、美国、丹麦、芬兰、加拿大、新西兰、巴基斯坦、新加坡、澳大利亚、科威特、泰国、南斯拉夫、巴西、罗马尼亚、蒙古、意大利等国。其中有的国家允许间接抵免，如美国、日本，美国规定的限制条件为纳税人拥有中国居民公司有选举权的股份不少于10%，日本的条件为纳税人拥有支付股息公司有选举权的股票或者该公司发生的总股份不少于25%。

采用抵免法消除重复征税的国家，除了美国、巴西、罗马尼亚、蒙古等少数国家以外，一般都在与我国签订的税收协定中给予税收饶让抵免的待遇，具体可分为两种情况。

1. 对我国税法规定的企业所得税和地方所得税的减税、免税和再投资退税，视同已经缴纳的税收，给予抵免。但具体的饶让抵免范围有一定的差异，与日本、英国、马来西亚、丹麦、芬兰等国的税收协定中，抵免限于税法和实施细则规定的减免税和再投资退税；在与加拿大、新西兰、巴基斯坦、新加坡、澳大利亚、科威特等国的税收协定中，抵免限于退税和再投资退税；与意大利、泰国、南斯拉夫等国的税收协定中，不列减免税的法律、行政法规条文，只原则规定按照法律和法规得到的减税、免税和退税，可以视同已全额征税并予以抵免。

2. 对股息、利息和特许权使用费等投资所得按定率给予税收抵免。具体实施办法是：缔约国一方居民从缔约国另一方取得的投资所得，不论该缔约国另一方按照国内法规给予减免税，还是按照税收协定规定的限制税率征税，该缔约国一方在对其居民征税时，视同已全额缴税，给予抵免。但我国同每一个国家商定的具体抵免比例不同。例如，同日本的协定规定为合营企业支付的股息按10%、其他股息按20%、利息按10%、特许权使用费按20%给予抵免；同丹麦的协定规定为股息和利息按10%、特许权使用费按20%给予税收抵免。

在中国对外签订的税收协定中，有关减免税视为已全额征税给予税收抵免的规定，大多数为缔约国对方承担的义务。但也有些税收协定，如与意大利、泰国、南斯拉夫、马来西亚等国签订的税收协定，由双方各自承诺对其居民从对方国家得到减免税视同已征税并给予抵免。

案例应用

德国一家股份公司 M 2010 年 2 月与我国一家电力公司签订了一项合同，由德国 M 公司帮助在我国建设一座发电站，价值 1 亿欧元。根据合同，德方应向我国公司提供以下技术帮助：

(1) 电站工程的设计、维修和保养(2 000 万欧元)；
(2) 设施的操作技术(300 万欧元)；
(3) 附属设施的制造技术(400 万欧元)；
(4) 附属设施的制造图纸(4 000 万欧元)；
(5) 接受中国工作人员在德国培训(300 万欧元)；
(6) 派人到中国对电站的制造和安装进行监督，德方技术人员在中国停留 6 个月以上(3 000 万欧元)。

试问：如何确定常设机构并对其征税？

分析：根据中德协定第 5 条第 3 款，即常设机构包括建筑工地、建筑、装配或安装工程或者与其有关的监督管理活动，但这种工地、工程或活动以连续为期 6 个月以上为限。德国 M 公司派人到中国对电站的制造、安装进行监督，时间超过 6 个月，因而这种监督活动已构成德国 M 公司在我国的常设机构，我国对于 M 公司 3 000 万欧元的监督活动收入应征收所得税(允许扣除必要的费用)。另外，M 公司向我国电力公司提供的第(1)，(4)，(5)项技术帮助，根据中德税收协定备忘录第 1 条(b)款中的规定，即缔约国一方居民在该缔约国进行的与其在缔约国另一方设立的常设机构有关的计划制订、设计、建设或研究活动以及工程规划服务所取得的所得不应归入该常设机构，我国不对其收入(共计 6 300 万欧元)征税。M 公司向我国电力公司提供的第(2)，(3)两项技术所取得的 700 万欧元的特许权使用费也不应归入其在我国设立的常设机构，但我国要对这两笔特许权使用费征收 10% 的预提税。

思考与练习

1. 《OECD 范本》和《联合国范本》有哪些主要区别？

2. 国际税收协定的演变过程对我们有何启示?
3. 依据税收协定范本的规定,应怎样理解税收无差别待遇?
4. 我国对外谈签税收协定一般要坚持哪些基本原则?
5. 国际税收协定和国内税法的关系是什么?
6. 我国对外签订的税收协定一般对税收饶让抵免如何作出规定?

第十一章 国际税收协调

International Tax Harmonization

国际税收问题伴随着国际经济活动的发展而产生，就要求国与国之间进行一定的国际税收协调。

20世纪90年代以来，随着经济全球化进程的加快，国际税收协调出现了一些新的趋势：增值税和消费税的国际协调成为商品课税中国际协调的核心内容；国际社会会进一步加强对所得税的国际协调；区域性的国际协调前景将更加广阔；加强税收征管方面的国际合作将成为各国的共同目标。

学习要点

With the development of international economic activity, some problems about international taxation have emerged, which were required to harmonize between counties.

Since 1990's, with the expediting of economic globalization process, the interntional tax harmonization appears new prospect:the international harmonization of value added tax and excise duties is becoming the core of the harmonization of commodity taxes; the international community will enhance the harmonization of income taxes further; the regional harmonization has more wide developing space; to enhance international cooperation on taxes levy and management will become the common target of all countries.

第一节 国际税收协调概述

一、国际税收协调的含义

征税是一国的主权,一个主权国家有权决定对什么征税,对什么不征税,也有权决定征多征少。也就是说,在征税问题上,一国具备完全的自主性。然而,税收又是国际经济交往和发展的一种障碍:商品课税可以影响国际贸易,所得和财产课税可以影响国际投资及国际技术转让等。在一个开放的世界中,国与国之间在经济上相互依赖、相互依存,因此,从这个意义上讲,各国实际上并不能随意制定税收制度和行使自己的征税权,在许多问题上还必须考虑本国和其他国家之间的经济关系,这要求国与国之间在税收制度和税收政策等方面进行一定的协调。

国际税收协调是指一些国家或地区为了建立共同市场或经济集团,消除税收上对商品、资金、技术、劳务、人员自由流动的障碍,采取措施使集团内不同国家和地区的税收政策、税收制度(包括税种、税率)互相接近或统一,以减轻彼此之间的冲突和摩擦,同时加强税收征管方面的国际合作,如进行税收信息交换、跨国税收联合稽查等。国际税收协调实际上就是相关国家采取共同措施,通过在互惠互利基础上达成的平等协商来共同处理国际的税收问题。此处的国际税收协调是一种国与国之间的合作性协调关系,即有关国家通过谈判就各自的税基、税率、征税规则等达成协议,并根据协议的内容确定对对方国家的商品或纳税人进行征税的制度和办法。例如,国与国之间签订的避免重复征税协定体现的就是这种合作性税收协调关系。

此外,在上述定义的基础上,还存在另外一种对国际税收协调更宽泛的理解,那就是认为国际税收协调除了包括这种合作性协调关系之外,还应包括非合作性协调关系,即一个国家在其他国家竞争压力的驱使下,在其他国家税收制度既定不变的情况下单方面调整自己的税收制度,使本国的税收制度尽量与他国保持一致,形成一种税收的国际协调。由于这种非合作性的国际税收协调是在市场竞争的基础上形成的,所以实质上是税收的国际竞争。例如,20世纪80年代中期,西方国家为了防止资本外流和税收外流(即跨国公司通过转让定价手段将应在一国实现的利润转移到税率低的他国去实现,从而给前者造成所得税流失),纷纷降低本国的公司所得税税率,公司所得税税率平均由50%降低到目前的30%~35%,这种大规模的降税浪潮实质上是西方国家之间非合作性税收协调关系的一种具体体现。另外,发展中国家为了吸引外资而开展的税收优惠竞争也是这种非合作性税收协调关系的一种体现。

二、国际税收协调的必要性

国际税收协调的前提,就是以国家主权为根据的税收管辖权。尽管二战后各种国际组织层出不穷,经济利益集团不断分化组合,但是,作为独立国家的基本主权实体仍然继续存在,各个独立国家不会轻易放弃自己的税收管辖权。当出现国与国之间的税收矛盾时,最好的解决办法只能是相互协商与合作。

(一)国际税收协调有利于各国经济共同发展

经济全球化已经成为一种趋势,但是由于各国经济的发展经常处于不平衡状态,发达国家与发展中国家的差距正在扩大,特别是当发达国家技术进步的速度超过发展中国家吸收技术的速度时,这种差距会更大。所幸的是,发达国家认识到发达国家的未来发展有赖于发展中国家的发展,发展中国家也认识到他们的未来发展依赖于能否有效地参与世界经济合作。因此,基于相同的愿望,发达国家与发展中国家共同成为税收国际协调的积极参与者。

(二)国际税收协调是国际经济交流的需要

国际经济交流由早期的商品流动、资本流动,发展到服务、劳务流动,涉及了经济生活的方方面面。由此,国际经济交流要求避免相关国家的重复征税,要求相关国家税制互相衔接,要求公平税负、无税收歧视等。这样,国际税收协调应运而生。

(三)国际税收协调可避免税收的不良作用

各国的税制差异对国际经济活动会产生多种不良影响:①较高的关税壁垒和重复征税的风险阻挠有益的国际贸易和国际投资活动,这是国际经济活动的巨大障碍;②各国的各种增税或减免税措施,引导跨国企业以非经济方式进行国际贸易和国际投资,发生资源配置的扭曲;③跨国经营企业为了适应和遵守各国不同的税制,需要增加相应的财务管理工作,增加跨国经营管理费用,不利于国际资本的流动;④一国竞争性的税收政策对相关国家造成危害,其他国家采取的相应税收措施会演变成无休止的争斗,最终影响国际经济的繁荣。20世纪90年代以来,有害的税收竞争(Harmful Tax Competition)越来越引起OECD组织的重视,2000年,OECD曾召集部长级会议,专题研讨此类问题。

基于以上几点基本理由,税收国际协调日益显现出必要性。

三、国际税收协调的内容

国际税收协调的内容涉及税收管辖权、税收制度、税收政策和税务合作等。

（一）税收管辖权

税收管辖权是每一个主权国家专属的税收征管权力，当税收管辖权交叉、冲突时，就需要各方通过国际税收协调来解决矛盾。

（二）税收制度

各国经济发展所处的阶段、水平不同，就会存在税收制度的差别。税收制度的差别不利于国际经贸关系的正常发展，因此有必要通过国际税收协调优化税收制度。

（三）税收政策

由于各国税收政策的影响可以导致经济资源的人为流动，因而需要通过国际税收协调，促使世界各国在重大问题上采取一致的税收政策。

（四）税务合作

随着国际经济关系的深化，货物、资金、人员和信息的流动非常频繁，使各国税务当局通过税收情报交换、税务高级人员的交流和加强跨国税收管理的合作等方法，努力堵塞漏洞，减少税收流失。

四、国际税收协调的范围

国际税收协调是处理国家之间税收利益关系的重要手段，在推动国际经济交流与合作中发挥了重要的作用。税收一般分为三大体制，即对所得的课税、对商品的课税和对财产的课税。一个主权国家采取何种税收体系，不是凭主观愿望所能决定的，而是受一定社会经济条件所制约的。从历史上考虑，人类税收制度的发展经历了一个曲折的过程，国际税收的形成与之密切相关。

国际税收协调的范围就是根据特定的历史条件、社会经济条件和税收的分类三个主要方面确定的。因此国际税收协调的范围就包括对所得课税的协调、对商品课税的协调和对财产课税的协调。

五、国际税收协调的主要形式

随着国际经济交往和各国涉外税收的发展，各国政府之间在不断开展国际税收领域的协调活动，逐渐形成了一系列划分国际税收权益和处理国际税务关系的准则和惯例。

在所得税和财产税方面的国际税收协调，主要是通过谈判签订双边或多边的国际税收协定来进行的。1872年，英国与瑞士签订了世界上第一个关于避免对遗产两国重负征收继承税的税收协定,这是国与国之间协调财产课税制度的开端。此后,财产课税的国际协调与所得课税的国际协调一同成为国际社会避免重复征税的重要任务。20世纪70年代《OECD 范本》和《联合国范本》的产生标志着国际税收关系的协调活动进入了规范化的阶段。在此之后,国家之间缔结税收协定的活动十分活跃,国际税收协定已成为调节国家间税收关系的重要工具。

在商品税方面,1947年由美国、英国、法国等23国签订的关税和贸易总协定,是关税国际协调的典型范例。在乌拉圭回合谈判之后,这一协定的缔约方已增加到117个。以这一协定为基础,世界贸易组织于1995年1月1日正式成立。另外,一些区域性的经济组织和国家集团,如欧盟及其前身欧洲经济共同体,在关税和非关税商品课税国际协调方面不断努力,也取得了显著进展。

前面几章,我们主要分析了所得税和财产税方面所引致的国际重复征税、国际避税与逃税等国际税收问题,通过达成调节所得税和财产税方面的国际税收关系的各类双边和多边的国际税收协定,形成了一定的国际税收分配关系,从而协调国与国之间的这类税收问题。商品税方面的国际税收分配关系与所得税和财产税方面的国际税收分配关系具有不同特点,本章将转向商品课税领域,重点讨论跨国商品课税中反映出来的国际税收问题以及在商品课税领域进行的国际税收协调。

第二节 税收管辖和税收征管合作

一、税收管辖和税收征管的概念

(一)税收管辖的概念

税收管辖即税收管辖权,是指国家主权在税收领域的表现,是一国政府行使主权征税所拥有的管理权力。

税收管辖权在税收产生的同时就存在了,只不过在国际税收形成之前,税收仅对国内课征,税收管辖权局限于对一个国家领土范围之内的人和物来行使,因而没有在国际上引起广泛注意。在国际税收形成之后,出现了两个或两个以上的国家对同一征税对象课税、税收管辖权重叠交叉以及国际税收的其他问题。这样,税收管辖权问题在国际上才显得日益突出和复杂。

一国政府行使税收管辖权的依据,就在于国家的主权。税收管辖权是国家主权在税收方面的体现,是国家主权的重要组成部分。

按照国际法的基本准则,任何一个主权国家都有权在不受任何外来干涉的情况下

自由地行使管辖权。但这种管辖权的行使只能在一定的范围内进行,并要求行使管辖权必然遵循一定的原则。这些原则包括:

1. 领土原则。领土是指一国主权管辖下的区域,包括领地、领水和领空。领土原则也称地域原则、领域原则,是各国行使管辖权的最高原则。这种由地域来确定管辖权行使范围的原则,又称属地原则。

2. 国籍原则。国籍是指个人具有的属于某个国家的身份,也指飞机、船舶等对某个国家的隶属关系。按照国籍原则,任何一个国家都有权对一切具有本国国籍的人实行管辖,这是由属人最高原则引申出的管辖权,也称属人原则。

3. 保护性原则。保护性原则也称安全性原则。这个原则主要适用于刑事管辖权。这个原则是指在国外犯有危害这个国家的主权和安全罪行的外国人,当其进入该国时,这个国家有权实行管辖。

4. 普遍性原则。普遍性原则亦称世界性原则。按照国际法的规定,对于某些特定的国际罪行,如战争罪犯、贩毒、海盗、空中劫持者,不论罪犯是哪国人,也不论罪行发生在何时何地,各国均有权对罪犯进行管辖。

上述四项原则,贯穿于管辖权的行使过程中,不论对刑事管辖权、民事管辖权还是税收管辖权都同样适用,只不过侧重不同。在上述原则中,领土原则和国籍原则是主要原则,保护性原则和普遍性原则是辅助性原则。各国在实践中根据各自的不同情况,运用上述不同原则,从而形成不同领域中的特定管辖权。

(二)税收征管的概念

税收征管即税收征收管理,是税务机关按照税收法律、行政法规的规定,对纳税人履行的纳税义务进行的组织管理、监督检查以及对其应纳税款征收入库的税务活动。

税收征收管理包括管理、征收、检查三个环节。①管理。税务机关为了搞好税款征收,对纳税人进行经常的管理工作,如税法宣传、建立各项征管制度、经济税源调查研究、组织群众协税护税等。②征收。它是指执行税法、依法办事、依率征收。③检查。它是指税务机关检查、核实纳税单位和个人有无违反税收政策法规的行为。管理是征收和检查的前提条件,检查是实现征收的关键,征收是管理和检查的归宿和终结。这三个环节各有不同的作用范围,但又互相联系,共同构成一个有机的整体。税收征收管理的主体是税务机关,征收管理的对象是纳税单位和个人。进行税收管理、征收和检查,是国家行使政治权力的一个重要方面。税收征收管理的依据是税收法律和行政法规,征纳双方的征纳活动都必须以法律、法规为准绳。税务机关特别是省以下的基层税务机关,经常的、大量的工作是征收管理,做好税收征收管理工作,对于贯彻税收政策、全面实现税收职能具有重要意义。

税收征管的目标是实现潜在税收与实际税收之间差距最小。征收管理,通过贯彻落实税收制度,加强对纳税户的管理,维护纳税人的合法权益,打击各种涉税犯罪,使税收的各种职能作用更加充分地发挥出来。

二、税收管辖和税收征管的合作

随着国民经济的持续快速增长,区域经济发展不平衡进一步加剧,在这一背景下,因区域横向税收转移问题大量存在,进一步加剧了税收在区域之间分配的不平衡。从本质上讲,税收分配属于国民收入再分配范畴,对市场经济条件下的初次分配具有调节作用。这种调节不仅包括对不同纳税能力纳税人之调节,还应包括对不同区域税收利益者之调节。坚持税收与税源相一致原则,可以解决因税收收入归属不合理而引发的区域税收转移问题,从而逐步缩小区域税收收入的差距。

税收管辖权是指一个区域政府拥有的对于税收征收和管理的基本权力,其基本含义是:区域政府行使区域管辖权,行使区域税收征收管理权是其中应有之义。在现实生活中,区域税收管辖权已成为区域政府行使区域行政管理权不可或缺的重要组成部分,管辖权之标的是税收来源。

共有税收征收管理权是指两个或两个以上区域政府,对跨区经营纳税人各自享有税收征收管理权。没有各区域政府对其管辖范围内的跨区经营纳税人进行税收征收管理,也就不可能产生区域政府之间的横向税收分配。

在坚持税收管辖的基本原则的基础上,明确各税收来源的归属问题,将有利于政府税收的征管,避免国际重复性征税问题,因为税收管辖的不明确是造成国际重复性征税的根本原因。在没有重复性征税问题存在的情况下,政府的税收征管问题要容易许多,并且减少了依法纳税人的损失,促进了社会的稳定和国与国之间的贸易往来。

第三节 国际商品税的协调

国际税收问题与国际经济环境是密切相关的,就商品课税而言,其国际税收问题的核心是通过国与国之间商品课税制度的协调来促进国际贸易的发展。在商品课税中,关税是国际贸易最主要的障碍,因而自然也就成为商品课税国际协调的主要对象。商品课税国际协调的历史首先是从关税的国际协调活动开始的,而且在很长的历史时期内,关税一直是商品课税国际协调的唯一领域。直到第二次世界大战以后,国内商品税的国际协调活动才开始出现,目前尚处于完善阶段。

这两类跨国商品课税具有不同的特点,进行国际协调的侧重点和具体方式也有所不同。

一、商品课税国际协调的原则

商品课税的国际协调旨在消除各国在关税和国内商品税政策方面的矛盾和对经济造成的不利影响,此项协调活动应该在公平和效率两项原则的基础上展开。

(一)公平原则

跨国商品课税的公平应从个人之间的公平和国家之间的公平两方面考虑。从个人角度看,从事跨国经营活动的个人与在一国国内从事经营活动的个人应承担相同的税收负担,因此必须消除由于不同国家采用不同商品征税原则造成的对跨国商品流转额的重复征税;从国家的角度看,公平问题表现为税收总额应在有关国家之间合理分配,一个国家应仅向其管辖范围内的纳税人或课税对象征税,本国课征的税收不应由另一个国家的经济实体来负担,因此,税收负担的跨国转嫁(税负输出)是违背公平原则的。

(二)效率原则

跨国商品课税的效率原则要求跨国商品课税应有助于国家之间最优的生产和贸易格局的形成。在市场机制自发的作用下,每个国家都生产其具有比较优势的产品,并通过贸易实现最优的国际生产和消费格局。税收只有保持中性,不改变同一商品在国家之间的相对价格,才能避免有效率的资源配置状态被有差别的税收成本所扭曲。因此,在跨国商品课税方面,应该协调与统一各国的课税原则与税率,包括关税税率和国内商品税税率,减轻税收因素对国际商品流动的干扰,促进国际资源的有效配置。

二、关税的国际协调

(一)关税协调活动的产生和发展

关税是一个十分古老的税种,但关税国际协调活动的历史却并不长。在重商主义时代以前,关税只是政府取得财政收入的一种手段。这时,一国关税征收多少主要取决于国库进款的需要,根本没有必要与他国进行协商。进入重商主义时代,情况开始发生变化。当时欧洲国家由于受重商主义思想的影响,在对外贸易中普遍实行奖出限入政策,以争取实现贸易顺差,增加国内的金银积累。为了贯彻重商主义的经济政策,各国纷纷把关税作为奖出限入的手段,实行保护关税制度:一方面,对本国的出口产品以及进口原材料减免关税以鼓励出口;另一方面,对进口制成品课征高关税以限制进口。例如,英国从1640年资产阶级革命以后便开始实行重商主义的保护关税政策,到17世纪末保护关税制度在英国基本形成。法国从17世纪起也实行保护关税政策,在著名的重商主义者柯尔培尔任财政大臣期间,法国多次提高制成品的进口关税。特别是1667年,法国将荷兰、英国的呢绒等制成品的进口关税提高了1倍,结果几乎停止了这些产品的进口。由于这一时期各国都力图通过贸易顺差获取金银,而且都把关税作为重要的斗争工具,国际的贸易战和关税战时有发生。激烈的贸易战和关税战还经常引发战争,给交战双方都带来很大的损失。

不过,在重商主义时代后期,也有一些国家开始谋求以协调关税的方式取得经济利益。他们认为,如果本国与他国协调关税,彼此为对方提供关税优惠,能使本国对该国的出口多于进口,那么本国仍可以取得贸易顺差,其结果对自己仍是有利的。正是出于这一目的,英国与葡萄牙在1703年签订了梅屈恩协定。该协定规定,葡萄牙对英国的呢绒和其他毛织品应给予一定的关税优惠,以保证这些产品能顺利输入葡萄牙;英国对葡萄牙的葡萄酒也应给予关税优惠,这种关税要比英国对法国葡萄酒课征的关税低1/3。梅屈恩协定是重商主义时代最著名的贸易协定,也是关税国际协调活动的开端,它在历史上具有十分重要的意义。然而,在重商主义时代,由于协调关税最终只能有一方(贸易顺差国)从中得利(梅屈恩协定对英国有利),所以关税协调的基础是很不稳固的。实际上,这一时期关税的国际协调活动并不普遍,经济实力较差的国家宁愿与强国进行关税战也不愿与它们进行关税协调。比如,英国在18世纪初虽与葡萄牙进行了关税协调,但却拒绝与法国进行类似的关税协调,因为英国当时的经济实力不能保证它会从与法国的关税协调中获利。

关税的国际协调活动在资本主义工业化后期有了新的发展。随着资本主义工业化的兴起,欧美国家的保护关税制度进入了一个新阶段。这时各国保护关税制度的内容和重商主义时代基本相同,但实施的目的已由争取外贸顺差,转变为保护本国幼稚工业、促进新兴资本主义工业的成长与发展。以关税保护幼稚工业的政策主张,首先是由美国第一任财政部长亚历山大·汉密尔顿提出的。1791年,他在向国会提交的《关于制造业的报告》中指出,在英国已率先进行工业化的情况下,美国要想发展自己的国内工业,必须将关税提高到一定程度,以限制英国廉价制造品的大量进口,否则生产效率较低的国内幼稚工业在英国产品竞争面前很难成长起来。汉密尔顿的"幼稚工业"理论和保护关税政策后来得到了资本主义国家的普遍重视和采纳。许多国家在工业化起步以后,便开始高筑关税壁垒。例如,美国在1812~1814年英美战争结束后开始进行工业化。为了保护国内新兴工业,美国从1816年起不断提高关税税率,1828年,美国关税的平均税率高达45%,大大高于美国1789年第一部关税法案时期8.5%的平均税率。法国的工业化自始至终也受到了关税的保护,早在1795年工业化起步以后,法国就开始为工业提供一定的关税保护,从1815年起,法国工业进入高速发展时期,1826年法国通过保护关税立法,对工业实行严格的保护关税制度。此外,荷兰、比利时、奥地利等国进入工业化阶段以后也都实行了保护关税制度。

由于各国进行工业化普遍借助关税的保护,竞相抬高对外国工业品的进口关税,资本主义国家进入工业化阶段以后,国与国之间的关税对峙局面更为严峻。国家间关税的对峙局面对资本主义国家发展国内幼稚工业虽然有促进作用,但它对各国工业化发展的不利影响也是十分明显的。因为在工业化进程中,资本主义国家既需要保护本国市场,也需要扩大国外的市场。对于进行工业化的资本主义国家来说,占领世界市场具有十分重要的意义:一方面,机器大工业使资本主义国家的生产能力和生产规模迅速扩大,超出国内市场容量的产品需要到世界市场上去寻找销路,国内短缺的原材料也要靠世界市场来供应;另一方面,资本主义国家要想充分发挥机器大工业的生产能力,就需要在国与国之间进行一定的国际分工,而分工的规模又受到市场规模的限制,所以,为发挥机器大工业生产能力而进行的专业化生产需要面向世界市场。资本主义国家的工业化越发展,其对世界市场的依赖性也就越大。为了开拓世界市场,资本主义国家不仅要侵占广大殖民地国家的市场,而且也希望通过对外贸易更多地占有其他资本主义国家的市场。这样,资本主义国家的保护关税制度以及相互之间紧张的关税战就与它们要求扩大市场的愿望产生了矛盾。如果说在工业化初期保护关税政策对资本主义国家是至关重要的,那么随着国内工业化走向成熟以及对世界市场依赖性的不断提高,资本主义国家越来越需要通过关税的国际协调来促进国际贸易的发展,逐渐扩大各自的市场。

经过长期的关税对抗,欧洲资本主义国家终于在19世纪60年代展开了广泛的关税协调活动。这一时期机器大工业在英、法、德、比等国已经确立,各国的经济实力都已有了很大的提高,关税壁垒日益成为阻碍各国工业发展的桎梏,越来越多的国家希望在互惠互利的基础上与他国协调关税制度,以结束对双方都不利的关税战。1860年,英国与法国签订了科布登—谢瓦利埃条约(以下简称科—谢条约)。该条约规定,两国应在互惠的基础上,对与双方利害关系较大的商品相互提供关税优惠。该条约还规定有最惠国条款,它规定签约一方给予第三国的一切关税优惠,同样也适用于签约另一方。科—谢条约的签订,标志着欧洲国家工业化阶段自由贸易时代的到来。同时,该条约也是这一时期一系列关税国际协调活动的开端。继英国与法国签订科—谢条约之后,法国又先后与比利时、普鲁士、意大利、瑞士、瑞典、挪威、荷兰、西班牙、葡萄牙等国签订关税协调协议,普鲁士也与比利时、英国、意大利等国签约协调关税。

19世纪60年代以来,欧洲国家的关税协调活动无论是从参与国的数量,还是从关税协调的内容来看,都比重商主义时代有了很大发展。但关税国际协调活动的高潮很快便消失了,原因在于资本主义国家的经济实力以及经济发展并不平衡,在失去关税保护的自由竞争条件下,许多后起的资本主义国家国内工业经受不住强大的外来竞争的压力,受到了很大的打击,因而很快又转向了保护贸易,筑起了关税壁垒。1879年,德国首先放弃自由贸易政策,大幅度提高进口关税,法国等多数欧洲国家随后也重新恢复了保护关税制度(当时只有英国、荷兰等少数几国仍实行自由贸易政策),从此,资本主义国家又回到了关税对峙状态。直到第二次世界大战结束以后,由于《关税和贸易总协定》(简称《关贸总协定》)的签订,国家间的关税关系才开始趋向缓和,关税的国际协调活动又开始向新的广度和深度发展。同时,关税协调活动也由双边协调为主向更趋统一、更加规范的世界性协调方向展开。

(二) 关税制度的世界性国际协调

世界性国际税收协调是指由世界各国普遍参与的非区域性课税制度的协调。目前在这类协调中,关税制度的协调是一项主要内容。由于在世界范围内协调各国关税制度的目的在于促进世界贸易,而关税制度中的税率和完税价格的确定方法都会影响国际的商品交易,因此关税的世界性协调实际上涉及关税税率和完税价格的确定方法两个方面。特别是关税税率体现着一国的关税政策,它的高低直接影响国际贸易的规模,所以,关税税率的协调是世界性关税制度协调的核心问题。

1. 关税税率的世界性协调。关税税率协调的主要内容是关税税率减让。目前,世界性的关税减让有两大类:一是世界贸易组织成员在《世界贸易组织协议》的框架内进行的多边互惠减让,《世界贸易组织协议》的前身为《关贸总协定》;二是发达国家根据普惠制的原则单方面给予发展中国家的特别关税减让。这两类关税减让都不是在区域性国家集团的基础上进行的,因而属于世界性关税税率协调的范畴。

关贸总协定是国际上最早的,也是目前最主要的一个普遍调整国与国之间关税和贸易关系的法律规范。从关税的内容来看,关贸总协定规定了缔约国关税减让谈判的规则和程序,它实质上是协调缔约国关税税率的国际税收协定。

在互惠互利基础上大幅度地削减关税,是关贸总协定的基本宗旨。缔约方之间的关税减让,是通过关税谈判达成的,关贸总协定为关税谈判规定了一系列的原则、规则和程序。自关贸总协定签订以来,缔约各方共进行了8轮谈判,在这8轮谈判中,关税减让始终占有重要地位。

互惠是关贸总协定的一个基本原则。根据这个原则,关税减让应当是在互惠互利基础上的相互减让。最初,互惠原则适用于所有缔约国之间的关税减让。但是,发展中国家历史上长期受殖民主义者的统治,经济发展水平低,经济和技术基础十分薄弱,产品在国际市场上的竞争能力差,民族工业亟待发展,因此,互惠原则对于发展中国家来说是不利的。由于在以往的关税相互减让中发展中国家没有得到多少利益,所以关贸总协定素有"富人俱乐部"之称。在发展中国家的强烈要求下,关贸总协定缔约各方全体于1964年11月26日通过了题为"贸易和发展"的第四部分,将其纳入关贸总协定。第四部分对互惠原则作了有利于发展中国家的修改,它规定:"发达的缔约各方对它们在贸易谈判中对发展中的缔约各方的贸易所承诺的减少或撤除关税和其他壁垒的义务,不能希望得到互惠"。所谓"不能希望得到互惠",是指发达的缔约方"不应当期望发展中的缔约方在贸易谈判过程中作出与它们各自的发展、财政和贸易方面的需要相抵触的贡献"。根据第四部分所规定的非互惠原则,发展中成员方与发达成员方之间的关税减让并不一定是对等的相互减让。这一原则在1964～1967年进行的关税谈判("肯尼迪回合")中就已开始使用。当然,非互惠原则也并不限制发展中成员方作出有利于自己经济发展的关税减让,在1973～1979年的关税谈判("东京回合")中,就有20多个发展中成员方进行了关税减让。

非歧视原则是关贸总协定框架内关税减让的另一个重要原则,它是通过实施最惠国待遇条款来实现的。最惠国待遇条款是关贸总协定的基石,它要求"一缔约方对来自或运往其他缔约方的产品所给予的利益、优待、特权或豁免,应当立即无条件地给予来自或运往所有其他缔约方的相同产品"。根据最惠国待遇条款,一缔约方通过双边谈判给予另一缔约方的某种关税减让,也自动地、无条件地适用于其他缔约方。这样,任何一项双边关税减让都将转化为多边关税减让(关贸总协定中也对最惠国待遇条款的适用范围作了某些例外的规定)。换句话说,所有缔约方都能从某一缔约方作出的关税减让中得到利益。

关贸总协定对多边谈判的规程也作出了要求。它指出,关税是进行国际贸易的严重阻碍,通过谈判大幅度降低关税,特别是那些严重阻碍进口的高关税,对于发展国际贸易是非常重要的,因此,"缔约方全体可以随时举行这种关税谈判"。关贸总协定还规定,关税减让谈判既可以有选择地针对逐项商品进行,也可以在有关各方同意的情况下,就多种商品统一的关税减让幅度进行协商;各方作出的关税减让,都应体现在"减让表"中,作为关贸总协定的一部分;减让后的税率一经确定,就不得随意修改。

为了向发展中成员方的制成品和半制成品提供优惠的关税待遇,普惠制税率要低于最惠国税率,而且这种关税优惠只适用于从发展中成员方进口的产品,从发达成员方进口的产品不能享受。显然,普惠制和最惠国待遇条款是相悖的。为了保证普惠制的实施,使其不与关贸总协定相冲突,1979年11月"东京回合"结束时,缔约方全体通过了所谓的"授权条款",允许"缔约各方可以撇开《关贸总协定》第1条各款的规定,给予发展中成员方差别和更加优惠的待遇,而不将这种待遇给予其他缔约方"。"授权条款"给普惠制在关贸总协定的框架内确定了一个合法地位,同时也为发达成员方与发展中成员方之间的关税协调提供了一个法律规范。

1995年1月1日世界贸易组织诞生,《世界贸易组织协议》正式生效,并取代了原来的《关贸总协定》,成为协调世界贸易组织成员方关税和贸易政策的法律文件。

2. 完税价格审定方法的国际协调。关税分从量税和从价税两种。从价税的计征依据为进口商品的价格,应纳关税等于完税价格与适用税率的乘积。在税率一定的情况下,变动完税价格会直接影响商品应缴纳的关税,所以,关税完税价格的审定方法,也是影响进出口贸易的一个重要因素。如果国际社会只对关税税率进行协调,而对完税价格的审定方法不作统一的规定,一些国家还是可以通过人为提高进口商品完税价格的办法来限制商品进口。这个问题在关贸总协定签约时就已引起了缔约各方的重视。关贸总协定明确规定,缔约方不得通过改变完税价格的审定方法来减损其所作出的关税减让的价值。同时,它还规定了审定完税价格的一般原则,即应以进口商品或相同商品的实际价格,而不得以国内产品的价格或者以武断的或虚构的价格作为计征关税的依据。所谓"实际价格",是指购货时的成交价格。根据关贸总协定的要求,这一成交价格必须是"在进口国立法所确定的某一时间和地点,在充分竞争条件下的一般交易中,出售或推销某种商品或同类商品的价格"。

1950 年 12 月,部分欧洲国家在比利时首都布鲁塞尔签署公约,决定成立海关合作理事会,其主要目的是统一和协调各国的关税征收制度和征收办法,促进各国之间的海关事务合作。目前,海关合作理事会的成员国已由最初的十几个发展到近百个。我国 1983 年加入了该组织,成为第 95 个成员国。与《关于成立海关合作理事会公约》同时签署的还有《海关税则商品分类目录公约》和《海关商品估价公约》。

《海关商品估价公约》是协调成员国关税完税价格审定办法的国际性公约,它规定的完税价格审定方法与关贸总协定略有不同。它要求成员国以进口商品的正常价格而非实际价格作为确定完税价格的依据,也就是说,进口商品的完税价格不能完全以其发票上的价格为确定依据,而应以在买卖双方相互独立的采购地市场上任何买方都可买到该种商品所需支付的价格为依据。这样,在同一条件下,不同进口商进口同样的商品,就应该按相同的正常价格来确定完税价格。用正常价格作为审定完税价格的依据,其目的是防止进口商假报发票价格从中逃税。另外,海关商品估价公约还规定,进口商品的完税价格应以到岸价格来确定。

为了进一步统一关税完税价格的审定办法,在"东京回合"的贸易谈判中,关贸总协定缔约国全体通过了《海关估价协定》(又称《新估价法规》)。该协定在上述两种估价方法的基础上确定了一种折中的估价方法,即海关在审定进口商品的完税价格时,应以合同价格或发票价格(二者又称为成交价格)为依据,同时可对合同或发票价格进行必要的调整。至于完税价格以到岸价格还是以离岸价格为依据,则允许缔约国根据本国立法确定。这种完税价格的审定办法,欧共体国家和美国从 1980 年 7 月 1 日起开始采用,其他一些发达国家也已从 1981 年 1 月 1 日起采用。按规定,成为缔约方的发展中国家可延至1986年起采用。我国1992年4月1日起实施的《进出口关税条例》规定,进口货物以海关审定的成交价格为基础的到岸价格作为完税价格。

(三) 区域国际经济一体化中的关税协调

区域经济一体化中的关税协调有两种类型:一是只协调成员国之间的关税,不涉及成员国对集团以外的关税,其具体做法是,彻底拆除成员国之间的关税壁垒,规定成员国之间进行贸易免征关税;允许成员国对非成员国的商品实行本国各自的关税税则。二是同时协调成员国的对内和对外关税,其做法是,对内取消成员国之间的关税;对成员国以外的第三国规定共同的关税税则,实行共同的对外关税税率。实施上述两种关税协调的经济一体化组织分别被称为自由贸易区和关税同盟。

欧洲联盟(简称欧盟)是由欧洲经济共同体(简称欧共体)发展而来的。欧共体自20世纪50年代成立以来,经过不断扩大,欧盟至今已有25个成员国。此外,欧盟还与50多个国家与领地建立了联系国制度,把它的某些约束扩大到了其他地区。为了建立统一大市场,欧盟各国之间在商品税的国际协调方面一直走在世界前列,之前欧共体的关税协调是区域经济一体化中关税协调的比较成功的例子,在这方面提供了比较成功的经验。

1958年1月生效的欧共体《罗马条约》的内容包括:成立六国关税同盟(当时的六个成员国为法国、原联邦德国、意大利、荷兰、卢森堡、比利时),逐步降低并最终取消共同体内部关税,逐步废除进口数量限制,逐步建立统一的对外关税税率和贸易政策,实现共同体内部商品、人员、劳务和资本的自由流动,协调各成员国的税收立法等。可见,欧共体的关税协调是采取关税同盟的形式,包括对内关税协调和对外关税协调两个部分。

1. 对内关税协调。在欧共体建立初期,六个成员国的政治经济发展很不平衡,对外关税政策也很不一致。其中,德、荷、比、卢实行的是低关税政策,因此对于取消内部关税壁垒持积极态度,而法、意实行的是高关税政策。法国当时的平均关税要比原联邦德国高出40%~60%,取消欧共体的内部关税会影响法国的财权利益,而意大利的国内工业基础比法国又要差许多,也是一个一直以高关税保护国内市场的国家。为此,《罗马条约》规定,内部关税的完全取消在1958年1月1日起的12年内,分3个阶段进行,每个阶段为4年。但是,在实现取消内部关税的过程中,出于排挤美国商品对欧共体倾销以及加强在关贸总协定中同美国谈判的地位的需要,也由于共同体成员国的内部贸易和出口贸易在关税协调后的快速增长以及法国和意大利在关税协调中的实际受益,欧共体加快了废止内部关税的协调进程,从1958年1月1日《罗马条约》生效之日起至1968年7月1日只用了10年半的时间,欧共体就建成了完全取消成员国之间关税的关税同盟,在欧共体内部避免了对一种国际流通商品要同时征收关税和国内商品税的国际重复征税。

1972年以后陆续加入欧共体的英国、爱尔兰、丹麦等新的成员国,同早期的六个成员国之间内部进口关税和出口关税的废止,则是根据它们当时所达成的协议分别进行的。

内部关税的废止使来自欧共体成员国的进口商品同来自欧共体以外国家的同类进口商品相比,具有明显的排他优势,从而欧共体内部贸易得到促进,成员国的总体对外竞争能力也得到加强。其直接效果表现在:1958~1969年11年时间内,欧共体内部各成员国之间的进出口贸易额年平均增长率为16.5%,与欧共体各国的进出口贸易额年平均增长率11.5%相比,其增速超过43.5%,从而使欧共体各成员国之间进出口贸易额占其进出口贸易总额的比重,从原来的30%迅速提高到48%以上。

2. 对外关税协调。欧共体对外关税协调的目标,是确立成员国对外部第三方国家进出口的共同关税率,并将这个关税率削减到一般水平以下,以促进欧共体对外贸易的发展。

共同关税的制定,是对外关税协调的关键环节。因为各成员国的经济发展水平参差不齐,所以需要关税保护的程度高低不一。共同对外关税率的水平如果过高,以前关税率较低、经济比较发达的国家就会失去许多从第三国进口廉价产品而得到的利益;而共同对外关税率的水平如果过低,成员国内部工业受到保护的程度就会下降,不利于原先关税税率较高的国家。

欧共体确定共同对外关税率的具体做法是:以共同体内四大关税区(前联邦德国、法国、意大利及荷比卢关税同盟)1957年1月1日的实际关税率为基础,按算术平均法求得共同对外关税率。由于前联邦德国和荷比卢两大关税区的关税税率较低,其进口额占共同体总进口额的比重又较大,采用算术平均法比以进口额为权数的加权平均法,更能照顾法国和意大利这两个高关税国家的利益,有助于关税同盟的顺利形成。为了有助于发展欧共体的对外贸易,以换取其他国家的贸易互惠,罗马条约还在附件中规定了各类产品共同关税率的最高限,如果按算术平均法计算得到的关税率高于最高限,则应以最高限税率为共同关税率。

欧共体对外共同关税率的实施亦采取分步到位的办法,于1968年7月1日全部完成。由于在关贸总协定的"狄龙回合"和"肯尼迪回合"谈判中,欧共体与其他国家达成了互减关税的协议,实际的共同关税率比原先预定的水平又有所降低,共同关税的平均水平只有10.7%,比美国当时17.6%的平均关税水平要低39%,更有利于欧共体对外贸易的发展。

共同关税率的实施,使欧共体初步形成一个用统一的关税壁垒保护起来的大市场,有力地促进了成员国对外贸易的发展。据统计,从共同关税率开始分阶段逐步实施起到 1969 年,欧共体对外出口总计增长了 2.77 倍,而同期其他西欧国家和美国的对外出口分别仅增长了 1.64 倍和 1.39 倍。

三、国内商品税的国际协调

(一) 国内商品税征税原则的协调

一个国家课征国内商品税,可以选择两种征税原则:一是产地原则,是指一国政府对产自本国的所有商品课税,而不论这些商品是在本国消费还是在国外消费;二是消费地原则,又称目的地原则,是指一国政府对在本国消费的所有商品课税,而不论这些商品产自本国还是从国外进口。这样,当一出口国实行产地原则,而另一进口国实行消费地原则时,同一批商品就会既负担出口国征收的国内商品税,又负担进口国的国内商品税,由于出口商品要负担两国的税收,它在进口国的国内市场上就不能与进口国本国生产的同类产品进行公平竞争,不利于国际贸易的发展。所以,为了避免对商品的国际重复征税,各国应实行相同的商品课税原则。

然而,究竟应选择产地原则还是消费地原则,应该从税收协调的效率原则和公平原则两方面进行考察,特别是从世界范围内的资源有效配置和国家间公平这两方面来考察。

其一,从世界效率的角度来看,假设两国统一实行消费地原则,即不管是国外产品还是国内同类产品,只要在本国消费就征收同样的税收,而对出口商品退还国内商品税,这样两国的产品则分别都可以在对方的市场上与对方的同类产品进行公平竞争。即使两国对同类商品的税率有差异,也不会影响商品跨国流动,原有的国家间分工和一国商品的比较优势将继续保持,从而不会扭曲世界资源的有效配置。而如果假设两国统一实行产地原则,即只对产自于本国的所有商品课税,那么一国的出口产品和进口产品就会面临着不同的税收负担(假设两国的税率不同),从这个角度来看,产地原则税收协调导致了国内商品的不公平竞争,最终会影响国家间的国际贸易分工格局,从而不利于世界资源的有效配置。

其二,从国家间公平的角度看。根据国际上公认的国家间税收公平的原则,一国只应对本国的消费者课税,而不应对外国的消费者课税,即一国不应把税收负担转嫁给外国消费者,实行税负输出政策。按照这一要求,各国课征国内商品税显然应当统一实行消费地原则。如果按照产地原则课税,则税款会加到出口商品价格中去由外国消费者负担,尤其是各国的税率高低不一,一国课征较高的国内商品税而最终由他国消费者负担是不符合国家间公平课税原则的。一国税收由他国消费者负担之所以不公平,是因为税收最终要用于政府的支出,而一国政府支出只是使本国消费者受益,外国消费者并未从中受益。从这个意义上说,采取消费地原则有利于国家间的税收公平。

从效率和公平相结合的角度来看,国际税收协调的消费地原则比产地原则要有优势,故而当前世界上大多数国家已接受了把统一实行消费地原则作为商品税课税原则协调的目标。消费地原则也被关贸总协定、世界贸易组织和其他一些国际协定所采纳。以关贸总协定为例,关贸总协定中的许多条款都鼓励各国通过出口退税,同时对进口产品课征国内商品税的办法实行消费地原则。所谓出口退税,是指产品在出口前已在制造或其他环节负担了出口国的税收,为了贯彻出口国不征税而由进口国征税的消费地原则,应在产品出口时将产品负担的税收予以退还。《关贸总协定》第3条第1款就规定,进口国可以对进口产品征收国内税,但不能用此办法对国内生产提供保护。对于出口退税,关贸总协定也给予认可,其第6条第4款规定,一缔约方的产品输入到另一缔约方,进口国不得因产品在出口国已经退税便对它征收反倾销税或反补贴税。另外,关于第16条的补充规定也指出,退还与所缴数量相等的国内税,不能视为出口补贴。根据《关贸总协定》等有关的国际协定,目前世界各国的国内商品课税制度中有关国际贸易商品部分基本上都实行消费地原则。

(二)国内商品税税率的协调

国内商品税一般对国产商品和进口商品同等对待,其跨国经济的影响并不像关税那样表现得非常突出,但不同国家国内商品税率的差异也会对国际贸易和国际税收利益的分配产生不利影响,在实行关税同盟和采用同一征税原则的国家之间这种影响表现得更为突出。

在经济一体化程度较高的国家之间,关税壁垒等商品自由流动的障碍较少,这时国内商品税率的协调是相当重要的。通过尽可能地统一有关国家的国内商品税率并使这一税率保持在适当的水平,可以减少由于消费者争相到低税国消费以及低税国产品大量向高税国出口而造成对国际贸易的扭曲性影响和对高税国经济利益的损害,同时,也能有效地避免有关国家通过对不同商品实行差别的国内商品税率来达到与关税壁垒相似的保护国内市场的目的,使国际贸易较少受到税收因素的影响。但是,由于国家间国内商品税税率的差异很大,税率的高低又与有关国家的财政经济利益息息相关,这方面的国际税收协调在实践中可谓举步维艰,目前尚未取得理想的效果。

在商品税的国际协调方面,关贸总协定起着特殊的作用。它的主要任务是举行多边谈判,协商解决缔约国在贸易与关税方面的矛盾与冲突。在关贸总协定的努力下,世界各国的关税水平大幅度下降,这对国际贸易的发展起到了良好的促进作用。关贸总协定也包含了部分协调国内商品税课税原则的条款。

许多区域性的国际经济组织也在商品税的国际协调方面发挥着重要作用,其中欧盟的做法最为典型。欧盟成员国不仅实现了内部的关税减让,形成了对外的关税同盟,还成功地统一了国内商品税的税种和征收方式,目前已致力于商品税税率的协调。

第四节 区域成员的国际税收协调

区域经济一体化是经济全球化的一个重要组成部分,它的崛起与发展又推动着经济全球化的发展。20世纪90年代后半期,世界贸易市场发生了新的变化,世界经济进入了区域经济时代,由双边贸易区向多边区域经济发展,进而向经济全球化发展。截至2003年1月,各地向世贸组织通报的缔约自由贸易协定(FTA)达152个,其中1995年以后签署的就达100个。在世界贸易组织的135个成员中,除日本、韩国和香港特别行政区外,其他成员至少参加了一个区域性协定,其中影响较大的有欧盟、北美自由贸易区、东盟和南美的南方共同市场等。区域内贸易在各成员的对外贸易中占有相当的比重,据世界贸易组织统计,1996年,区域内贸易在其总出口中的比例,欧盟为63%,北美为49%,南美为22%。可见,当前区域经济一体化发展势头强劲。

区域经济一体化是一个渐进的过程,由于涉及的领域和达到的程度不同,往往表现为自由贸易区(相互给予、独立对外)、关税同盟(共同关税、一致对外)、共同市场(区内各种要素自由流动)、经济联盟(超国家机构、统一基本经济政策)等组织形式。因此,与之对应的区域税收协调内容,通常是从关税协调、间接税协调到直接税协调。

本节我们以一体化程度最高的欧洲联盟为例,介绍区域税收协调。

一、关税协调

关税协调,即对于成员国之间的产品和劳务进出口,可以有选择地免除关税或降低税率,对于非成员国交易采取一致的关税政策,消除关税引起的贸易障碍。欧盟在关税制度一体化的进程中,内部关税方面是逐步降低直到最终取消包括工业品和农产品在内的所有商品关税和进口限制;对外关税则是定为四个不同税率关税区,然后逐步按规定达到统一,真正实现了统一的关税自由贸易区。

欧盟东扩完成后,25个成员国将实行统一的贸易规则、统一的关税、统一的行政手续。以关税水平来讲,欧盟现有成员国的关税水平是4%,而塞浦路斯、捷克、爱沙尼亚、匈牙利、拉脱维亚、立陶宛、马耳他、波兰、斯洛伐克和斯洛文尼亚10个新成员国平均关税水平为9%,即它们的关税平均要下降5个百分点才能与其他成员保持一致。

二、间接税协调

间接税协调,即实行增值税和消费税的统一税基、统一税率、平衡税负水平,以利于区域经济交流。欧盟国家之间关于税收制度方面的协调首先涉及的领域是对商品的课税:1957年通过《罗马条约》(Treaty of Rome),提出协调间接税的问题;1967年要求所有成员国都采用增值税体制和废除如对营业额征税的其他征税形式;1977年在有关增值税税基的确定、纳税人的认定、税款的结清和交付等方面作出了统一的规定;1985年提出增值税和消费税一体化的计划。

(一)增值税一体化

1992年欧盟委员会提出统一增值税的最低税率,标准税率的最低基本税率为15%,低税率的最低税率为5%,低税率只适用于社会文化性质的产品或服务。在增值税最低税率上的统一协调,避免了通过降低税率进行税收竞争,同时又允许各国根据各自的情况有提高税率的自主权。目前,欧盟各国之间的增值税税率还存在较大差别,税率最低的卢森堡只有15%,德国和西班牙为16%,而瑞典和丹麦的税率则高达25%。欧盟一直没有提出要完全统一增值税的体制,其原因在于,增值税并不是一个适合税收竞争的税种。至今欧盟内部消费的流动性还不是很强,增值税税制不同引起税收竞争所造成的扭曲并不是太大。

(二)对境外电子商务征收间接税

1998年欧盟委员会确立了对电子商务征收间接税的准则,2000年6月,欧盟委员会提出了新的网上交易增值税议案,规定对欧盟境外的公司,通过互联网向欧盟境内顾客销售货物或提供应税劳务,销售额在10万欧元以上的,应在欧盟国家进行增值税纳税登记,并按当地税率缴纳增值税,并逐步建立起完善的电子商务税收管理体系。

(三)新的消费税对新成员国影响巨大

欧盟新的卷烟税收指令(上一次是在2002年修改的),确定了卷烟最低消费税为零售价格的57%。对于所有国家,这都是非常高的要求。为了达到这些指令的要求,新加入欧盟的国家需要提高税收,这将导致跨国的卷烟平均零售价格大幅提高。

三、直接税协调

直接税协调,主要以税收协定方式体现,协定不仅涉及所得税和财产税,而且涉及社会保障税、赠予税、遗产税和环保税等。欧盟的直接税一体化进程,大致包括两个方面的工作:第一,为消除对所得税的重复征税所作的努力,使得对所得或资本征税的实际税率保持大体一致,以保证资本和人员的自由流通。欧盟广泛地实行了单边免税、税收抵免,并通过成员国之间的双边税收协定而进行协调。第二,体现在对利息所得预扣税率的协调上,1989年2月,欧盟提出建议,希望各成员国将利息预扣率最低税率统一规定为15%。

(一) 公司税

所得税的协调主要体现在公司所得税上。公司税不仅影响公司企业的赢利水平,而且是吸引外资的重要手段,各国在税率、对分配利润的税收处理、减免制度等许多方面做文章,所得税成为税收竞争的目标。欧盟内部各国之间在公司税体制上存在着巨大的差别。迄今为止,欧盟委员会采取的协调措施基本上限于对公司税税基的确定和避免对利润重复征税方面。

在应征税基的确定上,各成员国之间也有较大的差别。对有形资产的折旧方式各国也因资产类型而有不同,有的采用直线法,有的采用余额递减法。对无形资产法国不允许折旧,而其他成员国都准许对无形资产进行折旧。在对亏损的处理上,各国在向前、向后结转的期限上也有不同的规定。

在避免重复征税上,最早取消了对股息的源泉扣税,后来又扩大到取消同一集团公司内各公司间的利息收入、专利权使用费收入的源泉扣税。由于转让股息涉及重复征税问题,因此需要将公司税和个人所得税合并考虑,通常有古典制(公司税和个人所得税并存)、豁免制(对已征公司税的这部分收入不征个人所得税)和推算制(把公司税作为个人所得税的预征,允许股东税收抵免)三种合并方式。公司税和个人所得税合并方式的选择会造成不同的税收负担,如在瑞典对股息征两次税,而在芬兰只征一次税。

对于跨国境的收入,在国际税收中有两种征税原则,即属地原则和属人原则。除了法国实行属地原则外,其他各国都实行属人原则,但都保留对非居民公司的征税权。一般来说,不管公司是本国的还是外国的,在利润产生的国家均必须缴纳公司税。但是,各国对汇回收入的源泉扣税的办法不尽相同。它取决于所汇回收入的性质(股息收入、利息支付、专利权使用费)和企业的法律地位。1997年欧盟批准通过了《行为准则》,主要目的就是消除国家间税收竞争对企业选址和迁移的影响。虽然《行为准则》并不具有法律约束力,但各成员国都承诺要遵循公平竞争的原则,在政策上保证不会采取任何可能产生破坏性税收竞争的措施。

(二) 储蓄税税制

储蓄税泛指对一切间接投资收益所征收的税收。欧盟各国之间在储蓄税税制上的巨大差异为储蓄者和有价证券投资者创造了避税空间,使储蓄税成为税收竞争中最活跃的领域。欧盟几个主要国家在储蓄税或其他有价证券投资收益税的征收制度上,存在三个方面的差别:一是法国和西班牙两国有银行和税务局之间的信息交流制度,而德国、比利时、意大利、卢森堡、英国均没有这样的信息交流制度。二是各国主要储蓄收入的税率有很大的差别。法国的股息税负担最重,其他国家通常实行税率在12.5%到26.84%之间的源泉扣税法,债券利息税的负担德国最重,税率高达32.25%。三是非居民和居民的税收待遇不同,特别是在债券利息和有价证券的增值收入上。

储蓄收入的征税一般遵循居住国原则,但需要完备的资本流出信息交流网络系统。1990年7月1日起,欧盟内部实行资本的自由流动。由于对资本流失的担心,导致了不同国家事实上对储蓄收入很少征税。欧盟委员会在1998年提出对自然人居民征收一个税收底线,以防止竞争性逃税。具体方案是每个成员国或者以20%的税率对非居民的资本收入进行源泉扣税,或者向其他成员国提供这部分资本收入的信息。但是该方案在1999年12月的赫尔辛基高峰会议上因英国的反对而没有获得通过。

总的说来,未来欧盟税收政策的走向是以各成员国之间的税收协调和合作为主,但同时保留一定程度的税收竞争。毫无疑问,各国在税收制度上的差别仍将继续存在,但差别会不断缩小,因为不管是通过协调的方式,还是竞争的方式,都会有助于缩小差别。

第五节　国际税收协调的发展趋势

当今世界经济是高度发展的国际化经济,商品、资本、劳务、技术、人员频繁的跨国流动,使得世界经济既充满着各种错综复杂的矛盾和竞争,同时又加强了相互间的联系和依赖。在这样的世界经济形势下,无论是发达国家之间、发展中国家之间,还是发达国家与发展中国家之间,都存在着不同程度的利益交织、矛盾与协调关系。正如一些经济学家所指出的,当今世界正处在一个相互依赖的国际经济环境中,"地球村"的时代已经来临。在国家之间经济不断融合的世界经济大潮流中,一方面,国际税收协调的发展大大推动了全球经济向一体化的方向迈进,而另一方面,商品、资本、劳务、技术、人员跨国流动的自由化使税基变成了全球性的,不再固定于某一个国家,这就给国际税收的协调提出了新的问题,带来了新的挑战。从国际经济的发展趋势来看,未来的国际税收协调将朝着以下四个方向发展。

一、对增值税和消费税的国际协调

广义的国际税收协调范围包括商品税、所得税和财产税在内的所有税种。纵观国际税收协调的发展历史,可以看到,在对商品课税的国际协调中,关税的国际协调一直是一个核心内容。然而,第二次世界大战以后世界各国的关税税率出现了大幅下降的局面,发达国家的平均关税税率已由1950年的40%下降到目前的4%以下,发展中国家的平均关税税率目前也已降到15%以下,随着世界经济的进一步开放,发展中国家的进口关税税率还有不断下降的趋势。从理论上看,国际经济的不断融合,要求各国最终彻底取消进出口关税。为此,未来世界各国将逐步淡出对关税的国际协调。同时,越来越多的国家征收了增值税、消费税,这些税种的征收,一方面可以弥补由于关税减少而带来的财政收入损失,另一方面还可以用这些税来排挤其他国家的商品,借以保护本国市场。但是,非关税的国内流转税的征收,不同程度地阻碍了商品和劳务在各国间的自由流动,破坏了公平竞争的条件。

目前,世界上有100多个国家开征了增值税,但增值税的课征一定程度上也存在着国际重复征税的问题。为解决这一问题,目前的国际惯例是:采用消费地课税原则,即由商品的进口国课征增值税,出口国对商品应给予退税。按照国际惯例,实践中各国就要在边境海关设置关卡,以办理对进口商品征税和对出口商品退税等事宜。但在边境上设置关卡对进出口商品进行税收调整又会增大税务执行成本,不利于商品的跨国自由流通,实际上也人为地阻碍了各国间商品的自由流通和市场的发展。保证这一方案的实施要具备相应的条件,那就是各国的增值税税率应基本接近,计税依据和扣除方法也应大体一致。而现实情况是,世界各国的增值税税率存在很大差异,应税交易、免税范围及扣除范围也不相同。为此,随着经济全球化不断向纵深方向发展,将要求更多的国家为了取消相互之间的边界关卡、拆除阻碍国际贸易发展的壁垒,而不断地对增值税税率、计税依据、扣除范围进行协调,从而实现对增值税采用产地征税的目标。

同增值税一样,消费税在一定条件下也可以作为关税的替代财源并充当贸易壁垒。目前,征收消费税的国家中,由于各国的具体情况不同,选择课税商品的范围有宽有窄,征税方法则有的从量定额、有的从价定率,税率也相差悬殊。这些税制方面的差异都会造成不正当的竞争,是阻碍国际商品自由流通的重要因素。对此,国际社会将采取对策并着重从课税范围和税率两个方面对消费税进行协调。目前,欧盟在协调增值税、消费税方面已做了大量工作,随着全球性自由贸易的发展,将来对增值税和消费税的国际协调活动将会有更广阔的前景。

二、对所得税的国际协调

一般说来,商品税的国际协调有助于国际贸易的发展,而所得税的国际协调则直接关系到国际资本的流动和国际投资的扩张。

随着各国在经济全球化进程中相继采取市场化的经济体制,对资本等经济要素的流动放松管制,资本的跨国流动性会进一步增强。而觅利是资本的本性,国际资本在全球范围内的流动也总是遵循利润最大化的原则,流向那些能够产生丰厚利润的国家和地区。为此,一国为了吸引别国的资本以增加本国所得税的税基,就必须创造出税后利润率高于别国的条件进而降低资本所得的税率。而其他国家为了同一目的,也会采取措施降低本国对资本课征的所得税税率,从而产生了所得税的国际竞争。

所得税的国际竞争有两方面的后果:第一,税收竞争使得国别间资金成本差别较大,资本的移动往往不是根据税前资本回报率而是由税后资金成本所左右,这显然扭曲了全球资源的有效配置,并加剧了逃避税问题;第二,税收竞争导致对流动性较强的要素(如资本)征收较低的税收,而有可能将税收负担转移到不可流动或流动性较弱的要素(如土地和劳动)上,其后果是不仅会妨碍要素供给,而且将导致横向的税负不公。

对于所得税国际竞争行为,如果国际社会采取听之任之、放任自流的态度,最终付出的代价将是各国税收主权的丧失。因此,在所得税的国际税收竞争激化为国际税收冲突以前,有必要对所得税的国际竞争进行适当的税收协调。防止所得税国际竞争的最好办法是对各国所得税的税率、税基、折旧制度和投资优惠办法进行一定的协调。欧盟过去曾多次进行过这方面的努力,但由于难度较大而未能取得重大的实质性进展。即使是这样,欧盟仍将所得税的国际协调工作纳入议事日程,并通过了一系列旨在统一公司税的指令,如关于母子公司之间股息流动的指令、关于公司合并与收购的指令、关于利息与特许权使用费的指令、关于亏损抵补的指令等。对于税收竞争问题,欧盟于1997年12月发布旨在消除有害税收竞争的《行为法典》,要求其成员国对国内的现有法律进行审查,废除现行税法及税收实践中认为有可能导致有害税收竞争的规定或措施。欧盟为防止所得税国际竞争所作的努力,可以说是国际社会对所得税进行国际协调的具体实践,尽管对所得税的国际协调涉及各国的政治、经济、法律、历史、文化等诸多问题,难度很大,但随着资本市场全球化以及所得税国际竞争的日趋激烈,国家间以避免所得税国际竞争为目的的税收协调必将有所发展,并会成为各国的共同目标。

根据国际经济的发展及各国的税收实践可以判定,未来各国对所得税进行国际性协调,主要是为了达到三个非常现实的目的:①为了贯彻税收制度中通行的公平原则,对于跨国性经营活动所形成的各类经济关系提供公平征税的途径,以使跨国纳税人不因各国的税制(或税法)差别而承担过重的税收负担,或者受到不公平的税收待遇;②为了使各国涉外税收制度的建立与发展符合国际惯例、准则和规范,加强国际税务合作,从而大大减少对跨国所得征税过程中可能发生的冲突、矛盾和摩擦,减少和防止国际税收中普遍存在的避税、逃税行为;③为了消除国际经济活动中源于所得税因素出现的各种障碍,顺应国际经济技术合作与交流向纵深发展、朝一体化方向迈进的大趋势。

三、区域性国际税收协调

20世纪90年代,各种类型经济的区域化、集团化浪潮席卷全球,无论是欧洲、美洲、亚洲还是大洋洲,都被分割为一个个的经济区域集团,成为世界经济发展的一个显著特征。根据美国联邦储备委员会副总裁诺曼·菲利克在一篇文章中提供的资料,目前全世界已有24个区域性贸易集团,包括发达国家和发展中国家在内共有119个国家参加。这24个区域性集团又分成四种类型:①贸易优惠联合体,指成员国之间相互减少进口关税;②自由贸易区,指成员国之间取消所有的关税壁垒,但各自维持对非成员国的原有关税壁垒;③关税同盟,指拆除各成员国之间的一切关税壁垒,对非成员国实行统一的关税;④共同市场,指成员国之间不仅建立关税联盟,同时拆除劳务、资本以及一切与贸易有关的壁垒,商品市场与贸易市场均实行一体化。

区域性经济联盟尽管有不同的类型和目标,但也有它们的共同点,这就是它们都要求不同程度地打破国家间原有的经济壁垒,使商品、资本和人员可以在区域内自由流动。而要打破经济壁垒就必然会涉及税收问题。税收在国际经济关系中具有独特的地位,一个国家可以运用税收政策来鼓励对外开放,也可以运用税收来构筑经济壁垒、保护本国经济,所以建立区域性经济联盟,打破原有壁垒,首先就应该协调税收政策,建立起包括关税、流转税及所得税在内的一体化税收制度。不仅如此,从世界经济的发展趋势来看,未来经济的全球化首先就要从区域经济一体化开始,而区域经济一体化的发展又离不开区域范围内的税收国际协调。更值得指出的是,当成立全球性税收管理组织并不具备现实性时,在区域和次区域内,一些经济发展状况相近、经济体制和结构类似、经济交往密切的国家进行税收一体化的实践无疑更为重要。

四、国际的税务征管合作

经济的全球化进程使得各国对商品、资本、技术和劳动等经济要素的流动放松管理,公司的设立更加自由,跨国纳税人的各种所得和财产的跨国流动也相对便利。与此同时,各国税制仍然存在差别,各国为吸引外资而采取的税收优惠政策依然存在。这些因素为跨国纳税人进行逃避税活动提供了可乘之机,在寻求收益最大化的主观动机的驱动下,跨国纳税人的逃避税活动将更加活跃。同时,伴随着电子商务的发展,逃避税也更加猖獗。近年来,跨国纳税人采用转让定价手段、在避税地设立基地公司、实行资本弱化和滥用税收协定等诸多方法进行国际逃避税活动的情况非常普遍。而从当前情况看,在对付跨国纳税人的逃避税活动时,各国仍主要依据本国国内法所规定的反逃避税措施。显然,这种过度依赖国内法管制国际逃避税的做法是经济全球化之前的产物,它以充分尊重国家的绝对税收主权以及国家可以对国际税收活动实行有效控制的理念为前提。在经济全球化的背景下,这种仅依靠单方面采取措施进行反避税是不行的,必须要有其他国家的紧密配合。目前,在国际税收协定中虽然有税收情报交换等措施,但由于种种原因,国家间在反逃避税方面的合作并不得力。可以预计,在未来社会,国际逃避税会越来越严重、越来越复杂,因而迫切需要国际社会的高度重视,使各国加强在征收管理方面的跨国协调,并采取切实可行的解决措施。

案例应用

出口退税是在商品课税的国际协调中形成的国际惯例之一,是为了消除对跨国商品的国际重复课税及其对国际贸易造成的扭曲性影响,由商品的进口国和出口国统一实施消费地征税原则的具体体现。下面通过对我国实施出口退税制度基本情况的分析,进一步了解出口退税制度对于国际贸易的影响。

我国自1985年起实施出口退税政策,并在1993年12月13日公布的《中华人民共和国增值税暂行条例》中明确规定,"纳税人出口货物,税率为零"。此项条例对于保证我国出口商品不承担双重的税收负担、公平合理地参与国际市场上的激烈竞争具有重要意义。然而,近年来,我国的出口退税政策并没有严格按照税法的规定实施,退税率根据国家的财政状况和对外贸易的需要而多次调整,具体可分为三个阶段:

第一阶段为1995年7月1日之前,产品出口退税率相当于征税率,分别为17%,13%,6%。

第二阶段为1995年7月1日至1998年1月1日,产品出口退税率经过两次调低。按出口货物实际税负分类设置退税率:农产品、煤炭退税率为3%;以农产品为原料加工生产的工业品和适用13%增值税税率的其他货物,出口退税率调减为6%;适用17%增值税的其他货物,出口退税率调减为9%。

第三阶段为1998年1月1日至今,出口退税分次逐步上调,但仍未达到1995年7月1日之前的退税程度。

实行出口退税制之初,我国将出口退税率大幅度调低主要是由于增值税的税收征管不到位,"少征多退"的现象严重,中央财政不堪重负。1994年我国出口退税额比1993年增长49.5%,而当年出口比上年仅增长31.95%;1995年出口退税额比1994年又增长44.88%,这一增长率比出口增长率高了22个百分点。通过两次大幅度调低出口退税率,出口退税的实际规模开始下降,1997年实际发生退税比上年减少将近一半,而当年出口实现了20.9%的增长率。

1997年发生的东南亚金融危机迅速影响到我国,从1997年下半年开始我国的出口形势日益严峻,并牵动了宏观经济增长的总体趋势。出口商品不能彻底退税显然是制约我国企业出口竞争力的重要因素,为了扭转出口增长率下降的局面,从1998年1月1日起我国又开始分行业、分项目将出口退税率逐步回调。

调高出口退税率可以直接降低外贸企业的出口成本,增强我国出口产品在国际市

国 际 税 收

场上的竞争力,对扩大出口可起到立竿见影的效果。据测算,在出口退税率9%的基础上每提高1个百分点,对出口的刺激作用相当于人民币贬值3%左右。实际的统计数据也证明了这一政策的效果,1999年1月国家提高了机电、纺织等产品的出口退税率后,上海口岸1~2月份的总贸易出口额同比增长31.4%。另外,我国出口退税率的调整遵循了调整产业结构、鼓励有潜力产品出口的原则,这对改善我国的出口产品结构也起到了积极作用。

思考与练习

1. 如何理解国际税收的含义及其必要性?
2. 商品课税国际协调的基本原则是什么?
3. 什么是普惠制?它是如何产生的?
4. 国内商品税的课征为什么应实行消费地原则?
5. 欧盟为什么不仅要协调成员国的增值税制,还要协调成员国的消费税制?

第十二章 国际税收发展新方向

New Developments of International Taxation

电子商务的出现和发展,给建立在传统经济贸易方式基础上的国际税收制度和税收原则带来了严重的影响,联合国、经合组织、发达国家和发展中国家相继提出或施行了应对电子商务冲击的税收解决方案和政策。

经合组织于1998年提出了抑制有害税收竞争的主张。虽然到目前为止,理论界和实践经验并没有就有害税收的认定达成一致意见,但有害税收竞争的提出对各国的税制改革和税收政策的选择都产生了深远的影响。

区域经济一体化趋势的加强,以及各种形式的经济联盟对彼此财税政策的积极协调,都将促使税收一体化进程加快。

学习要点

The emergence and development of Electronic Commerce affect heavily the international tax systems and rules, which based on traditional economy and trade pattern. The UN, OECD, some developed and developing countries have brought forward or have carried out some tax plans and policies to reply Electronic Commerce.

In 1998, OECD proposed how to restrain Harmful Tax Competition. Although theoretically and experientially people have not reached an agreement to identify Harmful Tax Competition, the proposition of Harmful Tax Competition had brought far-reaching effect on each country's choices of tax reform and policies.

The process of regional integration is accelerating. In addition, different types of economic unions actively coordinated their fiscal and tax policies. Both of them will accelerate tax integration process.

第一节 国际税收发展的一般特征

国际税收的发展深受两个因素的影响,即信息技术的进步和经济全球化的推进。信息技术的重大突破使电子商务在全球范围内迅速蔓延。在电子商务环境下,传统的国际税收准则和惯例难以有效实施,因此,建立与电子商务发展相适应的国际税收机制,已经成为国际税收发展的一个趋势。国际贸易、投资和金融等领域广泛推行的经济全球化,促成了国家之间税收关系的双重转变。一方面,它使各国为获取更多的税收而展开日趋激烈的竞争;另一方面,它促进了区域性税收的一体化进程,从而对国际税收产生了巨大的影响。

一、电子商务对传统国际税收的挑战

电子商务(Electronic Commerce)是指在国际互联网上进行的商务活动,是利用互联网技术而形成的新的商业交易模式,其主要功能不仅包括网上电子广告、订货、付款、货物和服务递交等电子交易内容,而且包括市场调查分析、财务核算、生产调度、物资调配等电子商业内容。电子商务利用现代网络技术和信息技术,将信息流、资金流、物流电子化和网络化,极大地提高了商业交易效率,降低了商业交易成本。国际上,电子商务的发展速度十分惊人。目前,联网的主机已达到几千万台,用户超过3亿户。

电子商务的出现,不仅对传统的贸易方式和社会经济活动产生了巨大的冲击,而且也对传统税收制度、税务管理、国际税收规则提出了严峻的挑战。尽管在电子商务的技术和管理的问题上,各国基本上取得了一致意见,但在税收领域却仍然存在较大的争议,还没有达成共识。

与传统商务相比,电子商务具有下述特点:

第一,全球性。互联网本身是开放的,没有国界,也就没有地域距离限制,电子商务利用了互联网的这一优势,开辟了巨大的网上商业市场,使企业发展空间跨越国界,不断增大。

第二,流动性。任何人只要拥有一台电脑、一个调制解调器和一部电话,就可以通过互联网参与国际贸易活动,不必在一地建立传统商务活动所需的固定基地。

第三,隐蔽性。越来越多的交易都被无纸化操作和匿名交易所代替,不涉及现金,无须开具收支凭证,作为征税依据的账簿、发票等纸制凭证已慢慢不复存在,这也使审计失去了基础。

第四,电子化、数字化。电子商务以电子流代替了实物流,传统的实物交易和服务被转换成数据,在互联网上传输和交易,可以大量节省人力、物力,降低成本。

正是这些特点使电子商务在给企业创造巨大商业价值的同时，也对现行税收制度的概念和规则产生了极大的冲击，使传统的税收规则不适用于飞速发展的电子商务，对税收制度形成了严峻的挑战。

二、经济全球化背景下的国际税收竞争与合作

（一）国际税收的广泛竞争

从20世纪80年代开始，紧随经济全球化的步伐，各国进行了一轮又一轮的税制改革。改革的普遍趋势是以降低税率、拓宽税基、提供各种税收优惠来吸引国外投资。然而，就在各国政府积极运用税收政策实现其经济和社会发展目标的时候，经济合作与发展组织（OECD）于1998年提出了抑制有害税收竞争的主张。此举立即使本已在理论界和世界各国政府中日益升温的税收竞争问题进一步成为世界经济领域的热点问题，有害税收竞争问题的提出得到了国际社会的强烈反应，同时也对各国的税制改革和税收政策的选择产生了深远的影响。

国际税收竞争反映了演进中的国家之间的税收关系，体现了国家利益与经济全球化之间的矛盾。一方面，税收政策服务于国内经济政策目标；另一方面，一国的税收政策不可避免地会对其他国家产生外部性影响，或受到其他国家税收政策的制约。当谈到有害税收竞争时，处于竞争之中的每个国家的税收政策显然是对其他国家产生了负的外部性影响。具体来讲，当一国试图通过降低税率、提供各种税收优惠政策来吸引国外流动性要素以获取经济全球化所带来的利益时，必然会在不同程度上侵蚀其他国家的税基，而当其他国家为避免本国因税基受侵蚀而带来的税收收入下降时，必然也要采取类似的税收政策，这时，国际税收竞争就不可避免地产生了。

传统的税收经济学以封闭经济条件下政府和市场的关系为研究对象，研究假设其他国家的政策和经济变量是预设的、外生的条件，而全球化背景下的税收经济学，要研究全球化、政府和市场这三个主体之间的关系。在经济全球化背景下，在政府决策的约束集中，其他国家的政策和经济变量转化为内生条件，因此，一国政府的决策机制也变得更加复杂，其政策目标的实现也受制于其他国家政策的变化，以及其他国家对一国政策所作出的反应。

（二）国际税收的区域一体化

经济全球化背景下，各国之间日趋密切的经济交往，以及为避免税收竞争而采取的税收协调都促成了国际税收的一体化趋势，但与广泛存在的税收竞争相比，国际税收的一体化往往在某些特定的区域展开。这说明，一方面，国际税收的一体化对各国而言存

在着相对较大的成本问题;另一方面,说明在经济、政治、文化等方面有着密切关系和相似之处的国家可以有效降低税收一体化的成本。

国际税收区域性一体化发端于欧共体国家之间的经济和政治一体化。1993年11月1日,在获得欧洲共同体所有12个成员国批准之后,《欧洲联盟条约》(也被称为《马斯特里赫特条约》)开始生效。欧盟国家进一步推进其经济和政治一体化进程,并在税收一体化方面取得了突破性进展。目前,欧盟是世界区域经济体中税收一体化的层次最高、范围最大的地区。另外,北美地区的"北美自由贸易区"、拉美国家的"中美洲共同市场"、太平洋地区的"东盟自由贸易区"和"亚太经济合作组织",以及非洲地区各国家、西亚地区各国家形成的各种共同经济组织,都使国际税收的区域性一体化趋势更加明显。

第二节 电子商务与国际税收

一、电子商务对现行税制要素的挑战

(一)居民身份的确定

现行各国税制对法人居民身份的确定主要有以下三种标准:①登记注册地标准;②实际管理控制中心所在地标准;③总机构所在地标准。

各国采取不同的标准来确定公司的居民身份,目前已经在国际税收上造成了一定的混乱,电子商务的出现,使得这一问题更加复杂。由于电子商务具有无国界性,公司几乎可以在任意一个国家登记注册,其实际管理控制中心或总机构也可以随处设置,然后通过互联网对企业经营进行管理。

(二)常设机构的确认

国际税收的关键问题之一是收入在国家间的划分,这就使得"常设机构"这一概念在国际税收协定中成为一个极其重要的概念,因为采用常设机构概念的国家通常是根据"实际联系原则",参考常设机构的存在与否及其具体作用来决定是否对非居民公司的营业所得征税。

但随着电子商务的发展,常设机构这一概念在电子商务中的运用已十分困难,并导致国际税收领域的更大混乱。在电子商务活动中,营业活动是否可以被认为是在数据库处理国进行的、利用互联网的经营活动在何种程度上构成常设机构、一台服务器或其他电子"代表"是否可以被视为"固定营业场所"等问题已经成为各国争议的焦点。

(三) 国际税收管辖权的确认

目前,世界各国确定税收管辖权的标准主要有居民税收管辖权和收入来源地税收管辖权,世界上大多数国家在实行居民税收管辖权的同时还会兼实行收入来源地税收管辖权。

电子商务的出现和发展使得国际贸易出现了许多新的特征,由于电子商务的无国界性、直接性、瞬时性和不记名性,因而难以准确判断交易发生的场所、劳务及商品的提供和使用地,这就使得各国在运用传统的收入来源规则确定"收入来源地"时出现种种争议,甚至无法确定收入来源地。电子商务现在可以通过互联网足不出户地进行,很难跟踪判定服务的所在地和产品的使用地,想利用传统的来源地概念在某项所得的来源同特定的地理位置之间建立起有机的联系变得非常困难,从而使实际的收入来源国虽面对来源于该国境内的所得却无从征税。与此相反,公司一般总会构成某国的居民,而个人也总是要成为特定国家的公民或居民,其全部收入、成本在居住国都较容易控制。在电子商务面前,收入来源地税收管辖权开始失去意义,居民税收管辖权的地位出现了上升之势。参考目前国际贸易的实际情况,发达国家的公司大量向发展中国家出口产品,如果发展中国家因为电子商务的发展而无法行使其收入来源地税收管辖权,对其发展将十分不利。

总之,全球性的电子商务活动,使与属地原则相关联的企业常设机构的概念日渐模糊,传统的税收模式难以发挥作用。如果以居民管辖权原则进行税收管辖,发达国家凭借技术先进的产品和服务优势,借助电子商务造成的海关弱化效应,必然会从发展中国家攫取大量税收收入。如果以收入来源地原则进行税收管辖,电子商务的数字化、虚拟化、交易双方的隐匿化,都会使收入来源地确认困难,税收管辖权难以实现。

(四) 所得性质的确认

大多数国际税收协定对不同类型的所得有着不同的征税规定,但目前的关于所得性质的国际税收规定已不能适应电子商务活动的要求,其原因主要在于对商品、劳务、特许权使用费的区分上。例如,在两国有税收协定的情况下,非居民在收入来源国有营业利润(即出售商品所得),只有在该营业利润是通过该非居民设在来源国的常设机构所取得时,来源国才有权对此征税。而对非居民在所得来源国取得的特许权使用费和劳务报酬,通常来源国只能对此征收预提税。因此,区分公司的所得是商品收入、劳务收入还是特许权使用费,对正确处理国际税收问题很重要。然而,在电子商务中,由于商品性质以及传送方式的变化,某些所得的性质就变得不是那么清楚了,因为它们主要是来源于数字化商品的所得。例如,对于软件的销售,软件公司以为,他们卖软件,从理论上说正如卖书一样,是在销售货物,这是一种货物销售所得。然而,从知识产权法和版权法的角度看,软件的销售一直被当成是一种特许权使用的提供。到目前为止,各国就如何对网上销售和服务征税的问题尚未有统一意见。

（五）对具体税种的影响

1. 增值税。电子商务对增值税的挑战主要体现在消费地原则引发的冲突上,具体表现为:

（1）数字化产品的增值税基本上无法征收。若在生产和销售地征收则很难区分购买者是在国内还是在国外,而在消费地直接向消费者征收又很难征收到,因为这完全取决于消费者的自觉性。

（2）非数字化产品的网上销售也存在一个是否应该代扣代缴的问题。如果在生产地和销售地征税,由于网上消费地的不易确定,会使消费地的税收遭受损失。

（3）我国增值税对于国内产品实行生产地或销售地征税原则,而对于进出口产品实行消费地原则,这两种原则从某种意义上说存在冲突。例如,跨国企业甲在中国购买商品用做投资,它先和生产者协商办理出口给跨国企业甲在境外（假设该国为避税港）的关联公司乙,根据现行的增值税条例,对出口货物实行零税率即国家退税给生产者;然后甲企业再从乙公司购买该商品,再作为投资品投入生产企业,这就完成了一个避税过程。实行电子商务后这一过程更加容易,企业只需要在国内注册两家以上公司并在国外租用一个仓库就可以大规模骗税。在电子商务条件下,中国境内的纳税人在境内设立网站销售货物或劳务给全世界的消费者使用,这样,在出口环节如何区分内销和外销？税务机关如何发现事实真相？

2. 消费税。消费税遵循消费地原则,除了产生类似于上述增值税所遇到的问题之外,还有可能引起税收管理权限的冲突。这主要是由于网络销售不同于以往的零售业,通过网上销售,邮寄商品、直接配送商品成为货物流通的主要渠道,而在邮寄或通过全国性的大商品配送公司运输的方式下,数量繁多的商品可能来自不同的销售商家,又将运送给居住于不同地区的不同的消费者和企业。如果消费税作为中央税则问题不大,若是地方税或者共享税,则这种超越税收管辖区的运输和邮寄,必然造成税权上的冲突和混乱,引起国内财政收入在地区间的重新分配。

3. 营业税。它也属于间接税,其缴纳是与纳税主体的确认、经营场所、常设机构这些概念密切相关的。电子商务使得营业地点虚拟化,只有网址,而无法查找实际地址或注册地址。当传统意义上的经营场所、常设机构不存在时,不仅使纳税主体的确认发生困难,而且会导致某些地区营业收入的减少。

4. 关税。电子商务交易地点的模糊化对进出口关税也将构成突出影响,主要表现为税源在不同地区的转移。在线交易将有形商品转化为无形商品,产品的交付和货款的支付均在网上完成,跨国电子商务可以不经海关关卡的征税系统,未来跨国界小额进口可能逐渐取代中间代理商的大额进口,这些都将减少一国的关税收入。

5. 企业所得税。电子商务对企业所得税的影响主要来自收入来源地原则和属人原则的冲突。具体而言,就是当一个企业实行跨国或者跨税收管辖区经营时,作为目前国际公认的税收准则是对企业所得实行属人原则,而对企业在注册的税收管辖区以外取得的收入实行收入来源地原则。在传统的商务活动中,尽管会产生冲突,但可以通过各国的税收协定得到较好的解决。在电子商务条件下,企业的收入可能来自全球,那些经营多元化的企业,如果其业务包括了数字化产品或网上直销的产品,在网上交易对象难以确认的情况下,要求企业在庞大繁杂的业务中区分出每一笔收入的来源是极其困难的,特别是在网上销售无形资产的所得、取得特许权收入、佣金收入等,就更难区分它们的收入来源地。此外,某些跨国公司不设立常设机构而采取虚拟跨国公司的模式来减少预提税,导致某些国家税收收入的减少。

二、电子商务对现行税收原则的挑战

(一)收入来源地原则变得模糊

随着电子商务的开展,企业或个人收入来源日益全球化,如果强行要求企业或个人明确区分收入来源,这对企业不仅是一种负担,而且网络贸易本身,尤其是数字化产品和服务的销售,也使得企业难以确认交易对象的法律地址和身份。目前,大多数国家同时使用居民管辖权和收入来源地管辖权,当存在国际重复征税时,收入来源地管辖权优先,如出现难以确定管辖权等疑问时,在传统的商务活动中各国往往通过签订国际税收协定的方式来解决。然而,电子商务的数字化、虚拟化、隐匿化和支付方式的电子化,使交易场所、使用地等难以判定。以预提税为例,依照现行税法,国内公司或个人从外国软件公司购进存储在中介中的软件被认定为进口贸易,对其是不征收预提税的,而通过互联网下载软件到买方计算机是通过设在国内或国外的服务器自动进行的,非居民在来源国"不出场",除了消费者本人,无人知道纳税人和扣缴义务人的交易信息,因此在国际税收协调中,预提税不仅很难征收到,而且也容易发生争执。更为重要的是,这一属地原则的动摇对发展中国家威胁很大,即如果发达国家放弃收入来源地原则,而发展中国家又坚持这个原则,那么许多企业就会选择在发达国家注册,或者从发展中国家迁移到发达国家,许多跨国大公司就会减少与发展中国家的业务往来,这不仅使发展中国家的财政收入大大减少,而且使发展中国家的技术发展和生存能力降低,甚至付出更大的代价——因资本外逃而导致民族工业衰落。

（二）消费地原则不再适应

电子商务也使得流转税的消费地原则不再适应。一般从原理上说，消费者是大部分流转税（如增值税、销售税、消费税等）负担的最终承担者，而且流转税是可以转嫁的。而流转税转嫁的前提必须是纳税主体明确，但在互联网贸易中，交易对象（包括销售者和购买者）的身份确认、所在地址识别都发生了困难，如果强制实行消费地原则，显然会产生许多税收困惑，使政府和纳税人都陷入困境。但如果放弃这个原则，对于以流转税为主体税的国家而言，在所得税税基并不宽泛的条件下，不仅意味着财政收入的大量流失，而且意味着修改现行的流转税规则，变革现行税制，不言而喻，这将会是一次深刻而又痛苦的变革。

（三）常设机构和劳务发生地的确认发生困难

电子商务使得常设机构和劳务活动发生地的确认发生困难。在国际税收中，一个国家通常以外国企业是否在该国设有常设机构作为对其营业利润是否征税的界定依据。从事电子商务的企业往往是在一国（地）的因特网服务提供商的服务器上租用一个"空间"（即设立一个网址）进行网上交易的，该企业在服务器所在国（地）既无营业的固定场所，又无从事经营的人员，有些企业则是在本国设立网址，或者在第三国设立网址，这就产生常设机构虚拟化的问题。关于劳务活动发生地，如今，因特网的普及让人们坐在家中的电脑前，就可以为另一国的消费者提供诸如会计、法律、医疗、设计等服务，而不需要像传统劳务活动那样，在另一国设立从事劳务活动的"固定基地"，并遵从"停留时限"的规定。因而，现行税法有关独立个人和非独立个人劳务活动的"固定基地"以及"停留时限"的规定已不适用于或者不完全适用于电子商务交易中的劳务活动发生地认定。

三、各国电子商务税收对策

目前，各国（主要是电子商务较为发达的美国、日本、欧盟等国家和地区）和国际组织对电子商务的税收问题进行了较为深入广泛的讨论和研究，并已有少数国家通过立法颁布了一些有关电子商务税收的法规，一些国际性组织，如经济合作与发展组织、联合国等已就电子商务税收政策提出了一些框架性建议。

（一）免税方案

美国对电子商务是否征税的态度是十分明确的——免税。

美国财政部于1996年下半年发表了《全球电子商务选择性的税收政策》白皮书，

首次公开探讨了互联网贸易的税收问题,尤其是对电子商务的课税原则提出了美国的主张。在这本白皮书中,美国认为对电子商务的税收首先要做到中性,不能由于征税而使电子商务产生扭曲;税制应该公平地对待同一类收入,无论是通过电子商务途径还是其他商业渠道取得的;中性原则可以通过适用并修改现行国际税收原则的方法来遵循。其次,各国在运用现有国际税收原则上要尽可能取得一致,对电子商务而言现行国际税收原则还不够明确,有待补充。最后,认为对电子商务不宜开征新的消费税或增值税。

1997年7月1日,美国总统克林顿发布了《全球电子商务纲要》,建议将Internet宣布为免税区。凡无形商品(如电子出版物、软件、网上服务等)经由网络进行交易的,无论是跨国交易或是在美国内部的跨州交易,均应一律免税。对有形商品即使在网上交易,但货品必须经过海陆空运输送达的,其赋税应按照现行规定办理,不应另立条文课税。

1998年2月26日,克林顿在旧金山发表了被称为"网络新政"的重要演讲,宣布了三项因特网贸易免税政策,并获国会通过,旨在建立一种将网上交易与传统交易区分开来的新税制,杜绝所有不公平的新税种出现。

美国的做法严重地影响了其他国家的利益,影响了全球经济的协调发展,遭到世界上大多数国家的强烈反对。之后,美国被迫同意对电子商务征收间接税,但坚持:①应在消费发生地征收间接税;②通过电子网络供应消费者的数字化产品视为劳务销售征收间接税;③对征收间接税(主要是增值税)必须定出征收范围。

2000年3月20日,美国电子商务咨询委员会会议以11票赞成、1票反对、7票弃权的微弱优势通过了《互联网络免税法案》,将电子商务免税期延至2006年。该法案的主要内容是:

1. 即使征税,也要坚持中性原则,不能阻碍电子商务的发展。
2. 坚持透明简易原则,不增加网络交易成本。
3. 征税应符合美国与国际社会现行的税收制度,不开征新税。
4. 跨国交易的货物和劳务免征关税。
5. 放宽税收征管。

(二)比特税方案

如前所述,全球网络商业的营业额到2000年已达到3 000亿美元,因此,电子商务自然成为各国税务机关所关注的重点。他们认为即便有些电子商务是一种数字化的产品或服务,但是它并没有改变交易的本质,仍然由买卖双方提供,仍有收付款,因此,电子商务从本质上应纳税。以欧盟为首的全球大多数国家都持这种观点。

比特税(Bit Tax)方案是1994年加拿大税收专家阿瑟·科得尔(Arthur Cordell)首

先在一篇论文中提出的构想,后由荷兰马斯特里赫特得林堡大学的经济学教授卢·苏尔特(Lue Soete)正式提出,他们认为国际互联网已威胁到现有的税基,必须采取新的手段对付此项挑战,否则数以万计的政府财源将在国际互联网中白白流失。为此,必须对全球信息传输的每一个数字信息单位征税,包括增值税的数据交易,如数据搜集、通话、图像或声音传输等。该方案虽然保障了国家的财政利益,但可能会阻碍电子商务的发展,将来的网上贸易可能会在没有此税的国家发生。该方案也受到企业界的强烈反对,反对意见认为许多问题还没弄清楚,如对哪一种信息传输要征税、哪一种要免税、跨国经营所得的各国征税权如何划分、如何避免重复征税等。

由于欧盟15个成员国普遍征收增值税,其收入约占欧盟税收总收入的20%,占欧洲预算的44%,欧盟各国坚决反对免征增值税,并于1998年6月发表了《关于保护增值税收入和促进电子商务发展的报告》,认为不应将征收增值税与发展电子商务对立起来。欧盟曾提出议案,拟对欧盟外的企业通过互联网向欧盟国家的消费者提供电子化商品和服务,包括以数字化形式下载软件、磁盘、录像、电脑游戏等征收增值税。非欧盟国家的供应商可以在某一个欧盟国家登记,并根据该国要求的税率征税,但因各国增值税税率不同而可能产生避税问题。

(三)其他国家和国际组织的方案

1. 经合组织。OECD为其在电子商务发展中所起的作用制定了宏伟的目标——为实现无摩擦的国际电子交易建立必要的规则和基础设施。OECD已经就全球电子商务的国际政策框架问题召开了三次会议,包括1997年3月的巴黎会议、1997年11月的特尔库会议和1998年10月的渥太华会议。在渥太华会议上,各会员国决定共同合作研究电子商务课税的办法,并得出了如下结论:

(1)在保持税收中性原则的基础上,应将传统的税收原则应用于电子商务环境。

(2)避免对互联网电子交易课征"比特税"。

(3)避免在不同国家对同一交易重复课税。

(4)确保对间接税实行在消费地课税的原则,而不是在生产地课税。

OECD财务委员会随后发表了相应的"电子商务:课税框架条件"报告,进一步申明了自己的电子商务课税原则:一是对电子商务除致力于推行现行增值税外,不开征新税;二是从增值税意义上讲,电子传输被认为是提供服务;三是现行增值税的立法必须遵循和确保中性原则;四是互联网税收法规易于遵从并与商业经济相适应;五是应确定互联网税收的征收效率,并对可能即将实行的无纸化电子发票的可行性和管理方式进行深入的研究。与美国不同的是,OECD的电子商务课税五原则是在对电子商务开征增值税的前提下提出来的。

2. 联合国。由于经济全球化进程的加快,发达国家与发展中国家间的贫富差距日益扩大,联合国在2000年1月发表的《1999年人权发展报告》中提出建议:适时开征"比特税",并以此资助发展中国家。假定每1封电子邮件征1美分的税,全球每年约有7万亿封电子邮件,就可获得700亿美元的税。

3. 发展中国家。在1999年12月美国西雅图举行的世界贸易组织会议上,全球大多数国家,特别是发展中国家坚决反对美国"对电子商务永久性延期免税"的提案,其中,智利提出了一个折中的方案:对电子商务征5%的交易税,由出售国和购买国各承担一半。但此方案由于交易的性质、交易地区的不同会造成新的不公,未被通过。大多数国家一致反对免征增值税,认为免征增值税会大幅减少税基,增加税收流失,削弱其政府的财政实力,从而进一步扩大贫富差距。例如,印度对境外使用计算机系统由印度公司向美国公司支付的款项均视为来源于印度的特许权使用费,并在印度征收预提税。

我国在制定电子商务税收对策时,必须充分考虑到我国及广大发展中国家的利益,坚持居民税收管辖权与来源地税收管辖权并重的原则,据理力争,维护我国及广大发展中国家的利益。我国如果放弃来源地税收管辖权将会失去大量的税收收入,这在实践上是行不通的。因此,在更新国际税收原则这一问题上,我国应该坚持主张任何对现行国际税收原则的调整必须以各国协商一致为前提,强调加强各国在国际税收问题上的协调与合作,构建适应电子商务发展状况的互惠互利、公平合理的国际税收体系。

四、我国的电子商务税收对策

电子商务是一个新兴的事物,它改变了企业经营的方式,对传统的税收制度提出了调整的要求。世界各国也对这种影响提出了自己的对策,我国也必须根据我国的实际情况提出我们的税收对策。但在对电子商务是否征税以及如何征税这个问题上,我们既要考虑到电子商务与传统商务税负之间的公平,保持税收中性,又要坚持效率优先,以税收征收的高效为前提,还要看到电子商务这种新兴产业仍然需要政府的扶持,同时还必须注意与世界其他国家的协调,以维护我国国家利益为首要目标来决定我们的对策。基于这种考虑,我们认为在短期内我国不应当对电子商务征税,更不能对电子商务课以新的税种。但从长期来看,不管是从公平税负的角度,还是从保证国家收入的角度,我们都必须对电子商务征税,这就要求我们必须建立一套适应电子商务发展和特点的税收制度和税收征管方式,从而能够高效地对电子商务进行征税。

(一) 短期对策——暂时免税但密切关注其发展

1. 暂时免税的原因。从短期看,我国必须对电子商务暂免征税,也不能够对其课以新的税种,这是因为:

（1）当前我国的税收征管水平不高,无法适应对电子商务征税的要求,强行征税只会使税收成本过高,从而导致税收征收的低效率,而且影响了税法在人民心中的权威和公正,也不利于"依法治税"的实施。当前我国的税务工作还远远没有实现电子化,税务机关之间的联网也还需要一段时间,税收征管手段和水平还相对比较低,无法满足对电子商务征税的要求。同时,我国金融电子化的水平也不高,电子支付还只是占很小的一部分,无法对电子商务中的交易进行监控,不能配合税务机关的工作需要,对偷税、逃税、漏税等行为也不能给予有力惩罚,形不成对税收的有力保障。

税收凭证也是对电子商务进行征税的主要困难,由于电子商务是无纸化交易,征税比较困难。特别是由于目前信用卡、储蓄卡等银行卡的普及率较低,网上看货、离线现金交易的情况非常普遍,这种情况使税收几乎成为"不可能完成的任务"。另外,目前对电子商务征收新税也缺乏法律依据,对其征税也师出无名。

（2）电子商务是一种新兴事务,它代表着未来经济的发展方向,但电子商务的发展同时还需要通信技术、电子技术及计算机网络等大量信息科学技术发展的支撑,它的发展又反过来给通信技术、电子技术及计算机技术提供动力,加速它们发展的进程。我国要想在世界竞争中立于不败之地,就必须大力发展以计算机技术、通信技术、电子技术为代表的新兴科学技术,这就要求我们必须对电子商务、互联网及信息技术采取扶持的态度,以促进其发展。而税收优惠就是一种比较好的扶持手段,通过这种税收减免和税收优惠就可以在短期内实现信息技术、电子技术、网络技术以及电子商务的发展。

美国为了国家未来的长远利益,从建设国家信息高速公路到开展互联网贸易都采取免税方案,而欧盟等则在财政支出上给予电子商务支持,即实行"先征税后返还"的模式。两种相比较,对于某个具有自我发展能力的产业进行扶持,"先征税后返还"的模式在资金使用效率上肯定低于直接免税的模式,这是由于征税还存在征税成本和纳税成本,投资还要考虑投资风险和投资机会成本问题。因此,采取"先征税后返还"的模式虽然有助于电子商务的发展,但效率显然不如直接采取免税措施。

（3）当前对电子商务的投资具有强烈的外部效应,即这种投资活动对社会上的其他成员产生了有利的影响,而投资者自己却不能从中获得报酬,从而使得投资的私人成本大于社会成本(或者是私人收益小于社会收益)而导致这种产品的供给不足。根据经济学原理,消除外部效应的主要方法就是政府财政补贴和免税,因此对投入者给予合理的政策优惠是合适的,否则网络和通信设施的投资者就会丧失投资的积极性,这主要是因为投资者必须将这部分投资作为资产或递延资产摊销,从而降低投资的收益率,甚至有可能无法收回投资。从这一点看,我国现阶段对电子商务实行暂免征税的政策是明智的。

（4）当前我国电子商务的交易额还很小,不会对税收造成太大的损失。目前中国的电子商务仍处于起步阶段,无论是网上交易占全国总交易额的比重还是其绝对数额都很低。据统计,2000年我国电子商务交易额只有5 500万元人民币,仅占全国消费品零售总额的0.02%,即使征税,也不会给国家财政带来多大收益,但是其负面效应却难以预料。

从电子商务的具体运作形式看,全球性电子商务暂时也不会对我国的税收收入产生强烈冲击。电子商务涉及的有形实物交易,仍可以通过海关进行税收管理。对于网络上的数字化产品,如软件、数据库产品、音像产品等,本来就存在着严重走私现象,实际关税水平很低,对它们的网上交易征税倒不如加大打击走私的力度。

另外,由于目前世界上大多数国家对电子商务都采取减免税的政策,如果我国对电子商务征税,尽管短期内增加了国家的财政收入,但却严重阻碍了电子商务以及以它为首的新兴技术的发展,同时由于我国税负过高,会导致大量资本外逃和转移,这必将对我国的经济产生巨大的冲击,甚至有可能引起财政风险。

因此,在短期内我国不能对电子商务征税,这样一方面可以促进我国电子商务及高科技的发展,另一方面我们也有充分的时间对这个问题形成一个更加完整的认识,建立我国的电子商务法律法规体系和市场体系,提高我国的税收征管水平和手段,设计出简洁、高效的电子商务税收管理模式。

2. 短期内的对策。短期内不对电子商务征税并不意味着我们不重视它,不关心它的发展,而是要在其发展起来后对其有一个充分的认识,制定适合它发展的法律,再决定我们的税收对策,否则对其征税就成了无本之木、无源之水。这就要求我们的政府做到以下几点:

(1)加强和企业界、消费者、民间机构、金融部门及其他政府部门的联系,认真听取各方对于电子商务税收政策和税制模式的意见,积极参与该领域的国际协调。

(2)在短期内政府将在一定产业政策的指导下对网上无形交易、网络服务、Internet接入、企业网站等在一定时期内实行免征流转税或者其他税收优惠,以支持中国电子商务的发展,确保中国国家发展竞争战略的实现。

(3)对于直接税中涉及常设机构、所得性质的认定等问题,本着不扭曲经济自由发展和尊重企业组织结构自由选择的原则进行深入研究和国际协调。

(4)在长期内考虑改革现行的以流转税为主体的税收制度,并结合中国信息基础设施薄弱的实际情况,对于企业和个人进行电子商务的技术基础设施投资考虑予以所得税的抵免。

(5)对网上无形贸易(包括数字产品),考虑到其电子商务的时空特性和交易特点以及贸易规模,对其实行零关税措施。

(6)中国将按照电子商务的特点在未来建立适应性好的以直接税为主体的税收制

度,并加强全球反避税协作,为争取建立财产与存款实名制而努力。

(7)加强电子商务时代税收征管的基础工作。首先,建立税收征管的技术基础,主要是解决电子支付系统与税收征管系统的问题,包括建立全国统一的银行联网清算系统和全国统一的CA认证码系统,尤其是全国统一的CA认证码的选择,必须符合通用、简洁和不重复的要求,如要求居民使用身份证号或者社会保障号作为居民CA认证码,企业使用由技术监督局颁发的唯一的条形识别码作为企业的CA认证码,并且将CA码作为企业和个人开设银行账号、存取款、转账等的必备要素;其次,从法律上保证信息的可追溯性、隐私权和保密权,确保税务机关对银行等税务中介和企业相关数据的访问权;最后,必须规范电子账务的依据和电子税务以及电子审计的依据,但同时应查核一些必不可少的要素,如支付双方CA码(初期可能还需要名称和地址)、金额、商品名称、代扣税率和税额等。

(8)积极提高税务部门的电子化水平,包括提高人员素质和改善人员结构、改革征管模式、加强信息基础设施和开发高水平的应用软件等,积极推动银行联网清算系统的建立,并实现与银行联网清算系统的网络互联,逐步建立电子税务局以适应电子商务的发展。

(9)鼓励电子商务条件下新兴中介机构的发展,并希望与之积极协作,尤其是希望加强电子商务的支付中介作为税务中介的作用。

(二)长期对策——建立适应电子商务发展模式的税收制度和征管模式

从本质上看,电子商务仍是一种交易,仍要有物流、货币流,它的电子化交易形式并没有改变它作为商业交易的实质。随着信息技术的发展,网上交易额将会越来越大,对其免税必将导致国家财政收入的急剧减少,因此,在电子商务发展到一定阶段和规模后,我们必然要对它进行征税,否则就是对传统商业模式的税收不公平。但问题不在于是否对其征税,而是如何对其征税以及如何维护税法的权威和公平,这必然要求税收征管手段的提高。因而,我们必须从税收制度以及税收征管两个方面来建立适应电子商务发展的税收模式。

1. 增加中央财政占国内生产总值收入的比重。为提高我国的综合经济竞争力,国家必须在教育投入、网络通信基础建设、环境保护等方面加大投入。在建设全国公平竞争的统一市场前提下,这部分投资只能以中央财政支出为主。因此,应设法扩大中央财政占国内生产总值的比重,扩大中央税收占整个政府收入的比重。在降低税率的同时,扩大税基,把个人所得税等具有巨大潜力的税种划拨为中央收入。逐渐减少流转税的比重,加大所得税在国家税收收入中的比重,实现由以流转税和所得税并重的模式转到以所得税为主的税收模式。

2. 增值税税基要扩大到各个产业部门的生产环节、流通环节,不仅要涉及交通运输、建筑安装、邮电等行业,而且要考虑网络商务等行业。增值税的抵扣要讲究科学、合理,适应现代经济的特点,如对高技术产业、环保行业的抵扣可考虑采用消费型增值税制度。

3. 现存的所得税按经济性质和隶属关系划分级次入库,不利于资本的合理流动和企业的优化组合。尤其以知识产权、品牌、技术、信息等无形资产入股的企业,其隶属关系很难确定,其中的资金比重、经营形式变化周期日益缩短。因此,所得税管理制度和财政管理体制要改革,建议对所有企业所得分中央收入和地方收入按比例分别入库。

4. 适应新的分配关系和新的分配制度,做好收入分配的再调节,调节过高收入。目前我国的基尼系数过高,已超过许多发达国家和许多发展中国家,收入分配出现畸形。如果再分配机制解决不好,将有可能引起社会动荡,不利于我国经济的进一步发展。在尽量解决贫富差距的条件下,继续对知识创新、知识致富进行税收调控,对个人所得税扣除,不仅要包括生活必需,还要包括知识更新或精神消费的必须消耗。

5. 尽快给予外资企业以国民待遇。外资企业的技术比重比较大、决策机制灵活、对市场信息把握及时、经营手段多样化,但它们所面临的竞争环境并不公平。我国应尽快制定政策,保证税负公平,税收优惠不应以资金来源而应以行业为基准进行税收优惠,即对资金、技术密集程度高的生产型行业予以优惠。

6. 国、地税间的收入分配与征管职能分离,保证国家范围内的统一市场的形成,克服地方保护主义。地方保护主义是现代经济的死敌,更与电子商务造成的无国界、经济全球化现象格格不入,应从税收制度上铲除滋生地方保护主义的土壤。

7. 结合电子商务的特点,研究税收制度,使税基结构与网络经济发展的趋势相适应。逐步建立电子商务税收管理模式,以便将来对电子商务实施有效管理。

8. 继续加大政策倾斜力度,促进我国产业结构调整和技术进步。鼓励优化组合、促进资金合理流动、实现资源的最优配置、加速科技进步,这些是我国在电子商务的冲击中能立于不败之地的根本保证。

第三节 国际有害税收竞争及对策

一、OECD应付有害税收竞争计划

(一)内容

1998年4月,OECD公布了一个抑制关于金融和其他具有地理流动性活动的有害税收竞争的报告,即《有害税收竞争:一个日益突显的全球问题》(以下简称1998年报

告)。该报告描述了全球税收竞争,提出了有害税收竞争的概念和判定标准,提出全方位打击有害税收竞争的19项建议,提议建立一个有害税收活动论坛来监督和揭露有害税收竞争活动,并约束实施有害税收竞争的违规者。1998年报告订立了一个雄心勃勃的时间表,依照这个时间表,OECD的成员国将有两年的时间用来认定自己开展的有害税收活动,接下来用三年的时间纠正这些税收活动,最后再用两年的时间来使企业界适应由此带来的变化。

1998年报告之后,2000年6月OECD发布了题为《趋向全球税收合作:确认和消除有害税收活动的进展》的报告(以下简称2000年报告)。在这份报告中,OECD确认了成员国税制中的47项潜在有害的优惠税制和35个符合避税地标准的国家(地区)的名单,还提出一个避税地在承诺消除有害税收活动时可以遵循的程序,并确定今后一个时期工作的重点是对1998年报告的有害优惠税制的认定标准提出具操作性的解释,即提供应用指南,以指导如何正确地应用标准来判定税制的有害性。

在此之后的2001年11月,OECD发布了关于反有害税收竞争的第三份报告,即《OECD有害税收活动研究计划:2001年进展报告》(以下简称2001年报告)。该报告反映出在成员国、非成员国和避税地几个方面所取得的一些进展。

(二) 背景

OECD反有害税收竞争计划起因于法国、德国和日本提出的一项动议,这三个国家认为其他国家的税收活动正在侵蚀它们的国内税基。以德国为例,德国境内的金融服务机构正在不断迁往伦敦,控股公司在迁往荷兰,制造业在向低税的爱尔兰转移,而储蓄则正流向卢森堡。此外,这三个国家还指出荷兰、澳大利亚、卢森堡和瑞士等国的金融制度体系缺乏透明度。

法、德、日三国的倡议得到了美国的大力支持。美国意识到,通过建议有关国家完善其税收协定中的信息交换条款、检查其银行保密法规,将有助于防止跨国纳税人避税和遏制洗钱以及其他金融犯罪活动。由于跨国避税和洗钱活动正是美国急于打击的目标,于是美国很快加入法国、德国和日本的行列而形成了关于有害税收竞争问题的四国委员会。在这种背景下,1996年5月,OECD成员国部长们号召OECD想办法衡量有害税收竞争对投资和金融决策的扭曲作用及其对各国国内税基的影响,并于1998年提交报告。随后,西方七国集团首脑在1996年里昂首脑会议上批准了这一要求。

(三) 波折的进程

由于税收问题涉及各国的独立主权和财政利益,向来是国际关系中最为敏感的话题。而税收竞争问题在近年来才被理论界和实际部门所关注,由于其引发的经济影响难以量化分析,所以至今充满争议,尚无定论。因此,OECD 的有害税收竞争计划,可谓是一石激起千层浪,各种不同的声音随之而来。

有的不同意见来自对税收竞争有害还是无害的判别。有的则承认存在有害的税收竞争,但对有害税收竞争的判定标准提出质疑。旗帜鲜明地反对 OECD 主张的典型观点来自加利福尼亚大学的经济学教授麦森·格夫尼(Mason Gaffney)。他在 1999 年 1 月的《国际税务评论》上撰文,从政治经济学的角度,猛烈抨击 OECD 成员凭借世界强国的地位向避税地国家施加政治压力和干涉其内部事务,并且轻视市场主体的主观价值判断,体现了 OECD 国家实施强制税收的统治本性。他还认为避税地的税收制度特点是当地社会政治、历史、文化发展的自然结果,也是市场经济在世界范围发展的必然结果,而税收竞争是一个自然而有益的过程,每个国家都应按照本国的意愿进行改革和调整,向着最佳的财政环境发展。

在 OECD 内部,瑞士和卢森堡对 1998 年报告投了弃权票。这两个国家都认为 1998 年报告的结果是片面和失衡的,尤其是在信息交换方面。卢森堡"不能同意该报告所暗示的,银行保密制度是有害税收竞争的一个必要条件",而瑞士则"认为保护个人数据的机密性是合法和必要的"。

美国在有害税收竞争问题上的态度则多次发生转变,经历了"支持—反对—支持"的一个过程。2001 年 9 月 11 日以后美国政府对于避税地银行保密制度的政策回到支持 OECD 的立场上来。因为在美国看来,OECD 推进避税地透明度的努力是一个很好的打击恐怖主义的途径。这样,OECD 才又得以稳步推进它的工作,把避税地国家(地区)带到谈判桌前。到 2002 年底,OECD 已经成功地使 31 个国家(地区)承诺要增进本国税收和规制体系的透明度,并加入与 OECD 成员国的税收信息交换协定网络。另外,7 个国家(地区)还被保留在 OECD 的不合作避税地黑名单上,可能成为 OECD 成员国制裁的对象。

二、税收竞争有害的认定

(一)理论差异

关于税收竞争的理论从早期就充满争议,即税收竞争有害与无害之争。蒂布(Tiebout,1956)认为如果居民可以在政府(辖区)之间自由迁移,那么居民将通过"用脚投票"对政府造成很大的约束力,迫使政府最大限度地提高财政收支效率,在课征尽可能少的税收的条件下提供最优的公共服务,这表明政府间的税收竞争对促进政府提高效率具有重要的作用。而奥茨(Oates,1972)则指出了税收竞争可能带来的负面效应,如果各个政府为吸引投资而竞相降低相应的税收,那么就无法为最优的公共服务产出筹集足够的资金,这将导致政府提供公共服务水平的下降。

数十年来,蒂布的追随者们进一步明晰了税收竞争有利于提高政府效率的观点,支持税收竞争无害的结论。而传统财政理论将税收视为政府筹集收入的手段,得出导致税收减少的税收竞争是有害的结论。这两种截然相反的观点,在世界不同地区的税收竞争现实中得到了体现。

(二) 经验差异

欧洲国家与美国在税收竞争问题上的态度很不相同。很多欧洲人认为,考虑到国家提供的公共服务,一国税制就应当对税收竞争的侵蚀性影响进行有力的抵制。而对于美国人来说恰恰相反,他们认为政府在公共服务上的支出是浪费和奢侈的,而税收竞争是抑制政府支出和促进经济增长的有力工具。因此,欧洲反对并抑制各国之间的税收竞争,而美国则对联邦内各州间的税收竞争放任自流。

1. 欧洲抑制税收竞争的措施。欧洲各国进行税收竞争其实由来已久,荷属安地列斯群岛和英吉利海峡群岛的税收吸引力数十年来已经成为投资者的一般常识。但是欧盟作为一个政治实体出现以后,税收竞争开始被视为一种威胁而遭到反对。

首先,欧盟在"税收协调"的进程中打击税率竞争。在欧盟采取的诸多税收协调措施中,影响最为深远的是欧盟在1977年颁布的第六号指令,规定成员国的增值税税率上、下限为25%和15%。此外,鲁丁委员会于1992年提出旨在强制推行最低营业收入税税率的建议,其基本目标是为了抑制成员国在营业税领域的税收竞争,这一建议目前还处于热烈的讨论之中。还有就是,在一份草案的建议下,一种建立最低成员国公司税税率的机制已经获得了欧盟国家的多数票,将被写入将来欧盟的法律之中。

其次,根据1997年12月1日出台的欧盟《工商税收行为守则》的要求,欧盟对每个成员国的税制进行彻底的检查。这次检查是在行为守则小组的指导下进行的,考察了上百条"被认为是潜在有害的"或"严重影响区域内经济活动的地点选择"的成员国的税收法律条款。到1999年末,小组认定了66个有问题的税收条款可能导致有害税收竞争。2003年2月18日,该小组判定:比利时、爱尔兰和荷兰的特殊税收措施与欧盟规则是不能协调的,为此,该小组还建立了一个废止这些措施的时间表。

2. 美国对各州税收竞争的放任。美国联邦政府的50个州实质上拥有其他自主政府享有的所有税收权力(一个关键的区别是这些州没有权力加入税收协定)。美国各州要征收哪些税、税率怎样确定,都留给各州去决定,各州之间的税率竞争是被广泛接受的。各州当局认为,如果联邦政府采取任何措施干涉各州设定税率的权力,都是一种无根据的对各州税收自主权的干涉。因此,类似于欧盟的税收协调、检查税制等情况在美国从来就没有发生过。近年来,州政府尤其是南方各州的税收竞争不断升级,竞相采用具备竞争性的税收措施。除少数例外,联邦政府一直避免干涉这种税收竞争。这里的少数例外是指美国国会可以利用宪法中的商务条款来限制各州之间的税收竞争,只是国会一般并不这样做。

目前各州之间的税收竞争已经愈演愈烈,越来越多的州加入到提供税收优惠的风气之中,来努力吸引和保留商业公司以创造和保持就业。而大型会计公司里的税务专家们对税收优惠政策的研究和进行的税收筹划更是为各州的税收竞争火上浇油。

(三)对有害无害之争的评价

无论是理论上的分歧还是经验上的差异,总的来说,对税收竞争有害或无害的判断很大程度上取决于对政府职能的看法。如果政府被看做是一个消耗性的巨大机器,它作为税收课征走的资产否则可能被用做生产性用途,这样税收就应该越少越好,而税收竞争就通常被看做是有益的,因为它帮助减少了税收,并抑制了政府的浪费。但是,如果政府被看做是慈善性质的、一个必需的公共服务的提供者,那么税收就应该保持在一定水平之上,这样才能保障政府可以提供最优的公共服务。这时税收竞争就通常被看做是一个不良的威胁而应当被禁止或至少被抑制。

(四)OECD认定有害税收竞争的标准

OECD 1998年报告提出,如果一国国内税收政策的施行对他国的外部性影响是侵蚀他国税基,改变了资本和金融的流向及其相关的税收收入,且该国一些税收措施的制定不反映每个财政主权都应采取的各个方面的考量,诸如对本国适宜的课税水平、公共费用及税种组合等,而只是为了吸引别处的投资和储蓄,或为逃避他国税收提供便利,那么这样的政策和措施就可以说属于有害税收竞争。

为此,OECD提出的判断一项税收竞争措施是否有害的具体标准包括以下四个方面。

1. 无税或低税。无税或适用较低的有效税率是判定有害税收活动的必要的起始条件,这反映了有害税收活动必然最终造成无税或低税。但这不是一个充分条件,必须与其他标准一同考察。

2. 缺乏有效的信息交换。有效的信息交换能够使政府确信本国的税法得到遵守,尤其是发生跨境交易的时候。在经济全球化的背景下,纳税人的境外活动不断扩展,各国政府难以依赖国内的信息资源依法征税,因此,各国税务当局之间进行信息交换被普遍认为是阻止和揭露国际偷逃税的有效方法。OECD和联合国税收协定范本都包括了允许税务当局交换信息的条款。所以,如果一国的法律和管理惯例防止和阻碍与他国就涉税事宜进行有效的信息交换,这就构成了判定其为有害税收竞争的关键标准。

3. 缺乏透明度。透明度标准涉及两项：①确定法律在公开和一致的基础上适用于同等地位的纳税人；②确定各个税务当局所需的用以明确纳税人状况的信息（包括税制的细节）能够被适当地提供。缺乏透明度将严重影响税务当局执法的效率和公平，诸如暗箱操作的裁决，可以讨价还价的税率，以及其他不符合公开、一致原则的税收执法都是缺乏透明度的表现。此外，缺乏制度监管或者政府不具有法定权利获取财务记录的情况也属于缺乏透明度。由于缺乏透明度将使投资者居住国难以采取相应的防御措施，因此成为有害税收竞争的一个判定标准。

4. 制度上存在"篱笆圈"。"篱笆圈"制度指的是这种优惠制度将国内投资者和国内的经济活动拒之门外。也就是说，该制度明确或暗示不适用于居民纳税人，从该制度获益的企业被明确或暗示地禁止在国内市场运作经营。实施这种制度对本国国内的税基不构成影响，而将对他国的税基造成冲击。这种制度因此具有强烈的有害外部性影响，构成了判定有害税收竞争的标准。

正是根据其所制定的四项标准，OECD 的 2000 年报告开列了属于避税港的 35 个国家和地区的黑名单。但这一做法立即受到许多被列国家（地区）的强烈抗议。例如 2003 年 9 月在巴黎举行的全球论坛会上，巴林的代表向大会作了如下陈述：巴林是一个人口只有 20 万的小国，由于有充足的石油收入，其财政无须依靠税收，因此巴林不需要所得税制度，但巴林随时准备和别国进行情报交换，为什么要把巴林列为避税港呢？为此，OECD 的官员已明确表示：OECD 已不再把"无税或低税"作为判定有害税收竞争的一个重要标准，它仅仅是一个着眼点，是否构成有害税收竞争主要看税制是否有透明度以及是否承诺与国际社会进行必要的情报交换。"篱笆墙"税制容易引起恶性税收竞争，应该尽量避免。据此，OECD 反有害税收竞争的工作已经转向和"黑名单"国家（地区）商谈情报合作事宜，只要这些国家（地区）同意公开税制和进行情报交换，就可从"黑名单"上将其划去。现在已有 31 个国家（地区）作了承诺，反而 OECD 成员内部有若干国家坚持银行保密原则，成为 OECD 推行反有害税收竞争战略的意想不到的障碍。

三、国际税收竞争的博弈论分析

从根源上消除恶性国际税收竞争，需要使相应的制度符合各国的利益。只有当税收合作所带来的利益大于损失时，各国才有动力促进税收合作。韩霖在《国际税收竞争的效应、策略分析：结合我国国情的研究》一书中对税收竞争进行了博弈论分析，通过短期和长期的分析，从静态和动态两个角度提供了对税收竞争的有益思考，博弈论模型设定如下：

模型中使用的税率为各国的平均加权税率水平，两国都愿意削减税率。短期内，一国税率相对于另一国的降低会减少另一国的就业水平。设 τ_i 为 i 国税率的变化率，τ_i^e 是 i 国税率的预期变化率，两变化率都小于 0，$\bar{u}$ 为均衡失业率，则两国的失业率为：

$$u_i = \bar{u} - \beta \cdot (\tau_i - \tau_i^e), \quad i = 1, 2 \qquad (12-1)$$

两参与人的损失函数为：

$$L_i = (u_i)^2 + \alpha(\tau_i)^2, \quad i = 1, 2 \qquad (12-2)$$

其中，$\alpha \geq 0$，其大小代表参与人两个目标的权重。如果 α 较大，则参与人更看重税收的稳定性；反之，则参与人更看重失业率。

将式(12-1)代入式(12-2)中，得到：

$$L_i = [\bar{u} - \beta \cdot (\tau_i - \tau_i^e)]^2 + \alpha(\tau_i)^2 \qquad (12-3)$$

参与人可选择的战略如下：鹰战略(H)，参与人 2 先出其不意地削减税率，参与人 1 在下一期内也出其不意地削减税率，以误导参与人 2 的预期；鸽战略(D)，参与人 2 出其不意地削减税率，参与人 1 不作出反应，也不试图误导其预期。

（一）短期一次博弈

当两国都采取鸽战略时，$\tau_i = \tau_i^e = 0$，则两国的损失为：

$$L_1^{D/D} = L_2^{D/D} = (\bar{u})^2 \qquad (12-4)$$

当国家 1 采取鹰战略时，其试图误导国家 2 的预期，则 $\tau_i^e = 0$，而 $\tau_i > 0$，则两国的损失为：

$$L_1^{H/D} = \frac{\alpha \bar{u}^2}{\alpha + \beta^2}, \qquad (12-5)$$

$$L_2^{H/D} = \frac{(\alpha + 2\beta^2)\bar{u}^2}{(\alpha + \beta^2)^2} \qquad (12-6)$$

当两国都采取鹰战略时，$\tau_1^e = \tau_2$，且 $\tau_2^e = \tau_1$，则两国的损失为：

$$L_1^{H/H} = L_2^{H/H} = \frac{(\alpha + \beta^2)\bar{u}^2}{\alpha} \qquad (12-7)$$

在短期一次博弈中，鹰战略是两国的唯一均衡战略，而最优战略则是两国的鸽战略。只有当两国达成稳定税率的协定时，损失更低的鸽战略才能实现。

（二）长期重复博弈

从长期来看，如果参与人 1 预期到，他在一期采用鹰战略的收益低于之后 T 期参与人 2 对他的惩罚所导致的损失的限制，则参与人 1 会选择鸽战略。设 G 为收益，L 为损失，则有：

$$G < \sum_{t=1}^{T} \delta_L^t \qquad (12-8)$$

其中,$\delta = (1+R)^{-1} < 1$ 代表现值,R 代表真实利率。

通过替代,式(12-8)变为:

$$\frac{\alpha \overline{u}^2}{\alpha + \beta^2} < \frac{\beta^2 \overline{u}^2}{\alpha} \sum_{t=1}^{T} \delta^t \qquad (12-9)$$

设在 $T = T^*$ 时,参与人 1 的鹰战略和鸽战略等价,则有:

$$\frac{\alpha^2}{(\alpha+\beta^2)\beta^2} < \frac{\delta(1-\delta^{T^*})}{1-\delta} \qquad (12-10)$$

当 $T > T^*$ 时,鹰战略导致损失的现值大于收益,当 $T < T^*$ 时,鹰战略导致的损失的现值小于收益。在长期重复博弈中,如果每个参与人都让对方知道,如果他误导了预期,则会受到同样的报复,冲突期就会被缩小,从而减少税率的波动。为了向他国传递强烈的信号,一国必须有稳固的公共财政基础,即税收竞争不会导致冲向底部的竞争,而只会有助于避免公共领域的浪费和无效。

四、有害税收竞争问题对我国的启示

(一)正确认识税收竞争问题的本质

透过纷繁复杂的国际税收竞争的现象,我们必须准确把握这一问题的本质,才能从中获得有益的启示。

通过对 OECD 反有害税收竞争背景的了解,我们认识到国际社会关注的有害税收竞争现象主要是金融和其他具有地理流动性的活动,对直接投资的优惠税收政策并未在反对之列,这就为我国继续实行和完善吸引外商投资的税收优惠政策提供了国际认可前提。但是另一方面,OECD 对有害税收竞争活动的研究也确实为我们敲响了警钟。避税港的存在和现代通信技术给资金流动带来的便利,使国际逃避税现象日益严重。作为世界上一个负责任的大国,为了本国经济的发展,同时也为了人类社会持续稳定的发展,我国有必要和国际社会一起共同开展反有害税收竞争的工作。

有效参与税收竞争要求一国优化整体税制。各国政府在进行税收竞争时从表象上看往往表现出竞相减税,向纳税人让与税收收入。但是,竞相减税实际上意味着各辖区政府必须就财政收支的效率展开竞争,因为政府必须用尽可能少的税收来提供尽可能好的公共服务。如果一国政府的整体税制和公共支出不能更加科学、更具效率,那么,减税措施就难以为继。因此,税收竞争问题远远不是税率或税收优惠政策的研究、调整问题,税收竞争的本质是优化整体税制的结构,提高本国的税制竞争力。

优化整体税制的方向和目标是提高一国的税制竞争力,税收竞争的典型目标是创造更多的就业、刺激投资、促进或保持经济增长。为了实现这样的目标,一国比照其他

国家,其税制必须具备一定的对各种流动性生产要素(尤其是资本和高素质劳动力)的吸引力。因此在经济全球化的环境下,税收竞争问题的本质是一国税制的竞争力问题。

(二)反对有害税收竞争

从国内、国外两个方面来考虑,我国应当更加认同 OECD 关于抑制有害税收竞争的主张。

首先,对国内来讲,现阶段我国中央与地方的分税制财政体系是建立在中央集中税权的基础上的,我国各地方政府虽然不具备像美国各州所拥有的独立税权,但各个地域之间的税收竞争还是在不同层面上不同程度地存在着。参与竞争的各地方政府在自己拥有的权力空间内,尽可能提供优惠、放松管理指向,以期吸引投资,这其中以珠江三角洲地区与长江三角洲地区的竞争最为激烈。一方面,当前我国正处于经济转轨和产业升级的关键阶段,政府仍然需要集中大量资金来完成既定的宏观经济目标,无论是中央政府还是地方政府,都需要充足的财政收入来保障政府提供公共服务的巨大作用得以充分发挥。另一方面,中央集权在我国具有几千年的历史,我国也不具备对各地方政府之间开展税收竞争这类事务放任不管的政治传统。

其次,对国外来讲,我国作为发展中国家,坚持改革开放和经济发展需要同世界各国发展良好的经贸关系,因此,我国吸引外资的税收政策及国际税收原则应尽量采用国际通行的规则,寻求 OECD 和其他国际组织的认同,维护我国在国际经济舞台上负责任的大国形象,而不应开展被公认为是有害的税收活动。这就需要我国的学术界、政策制定者和税务部门对国际税收领域的动态保持密切关注,加强对这一领域问题的跟踪、了解和研究,根据其识别有害税收活动的标准,检查我国税制中是否存在可能被判定为有害的政策措施,并将之纳为税制改革和政策调整的参考因素,同时积极参与国际组织就国际税收问题的研讨。

最后,反有害税收竞争活动已和国际上的反腐败和反恐怖斗争紧密相连,各国的腐败分子和恐怖主义分子正是通过洗黑钱等手段将大量不义之财转移到避税天堂。作为一个负责任的大国,中国已经承诺国际反恐的义务,而且已经签署了联合国的反贪污条约,加强税收情报交换是打击腐败分子和恐怖主义分子的有力武器。为此,我们必须与国际正义力量团结在一起,积极开展包括情报交换在内的反有害税收竞争活动。

(三)努力提升我国的税制竞争力

国际税收竞争和税收协调的现实说明,一国税制的建设与完善应该放眼国际,紧密结合世界经济发展的实际,使本国税制与当前日益扩大的国际经贸往来相适应,与不断发展的国际准则相适应,与更有效地参与国际竞争相适应。一国税制是否对资本和高素质劳动力具有吸引力已经越来越重要,这一方面是因为各国对资本和人才能够带来经济繁荣存在共识,另一方面也说明了在经济全球化的背景下,税收在国际经济活动中的作用在日益增强。因此,一国政府对优化税制、加强税制的国际化建设、提升税制竞争力的问题应增强紧迫感,将其放到重要的议事日程上来。

第四节 区域性税收一体化

一、区域性税收一体化的发展现状

区域税收一体化是20世纪80年代出现的新生事物,这一新形式的出现是国际社会长期进行税收协调的结果,也是世界经济发展的必然趋势。

欧盟国家推行税收一体化的政策,取得了突破性进展。早在欧共体1958年成立之初,就坚持不懈地致力于共同体内部的经济一体化和政治一体化。就税制方面而言,欧共体1968年实现取消工业品内部关税,并且对外统一关税税率,1969年实现了取消农产品内部关税,从1967到1986年又连续发布了有关增值税的21个指令,协调各国的增值税。1985年6月,欧共体发表《内部市场一体化白皮书》,建议于1993年成立一个完全统一的欧洲统一市场,实现商品、货币自由流通和人员的自由流动。根据欧共体的安排,各成员国在1992年年终前完成增值税的协调工作。除此之外,欧共体在直接税方面通过了关于股息、企业改组和转让定价税收问题的两项指令和一项协议。上述税收一体化的各种措施将大大推动欧共体统一市场的发展,并对世界各国产生重大影响。为了推进一体化的进展,1992年在荷兰马斯特里赫特签署的《欧洲联盟条约》赋予了欧洲共同体以新的意义,由此产生了一个新的名称:欧洲联盟(the European Union,EU,简称欧盟)。条约涉及的内容有欧洲公民定义、统一货币、共同外交和安全政策、在法律事务和国内事务里的合作、赋予欧洲议会更多的权力以及在其他许多方面采取新的更强有力的行动的可能性(如文化、教育、培训、环保和保护消费者利益等)。欧盟拥有自身的机构,使成员国政府可以在欧洲范围里采取所需的决定并在整个欧盟内实施。欧盟还有独立的预算,为各成员国国民生产总值的1%,欧盟预算的主要来源是各成员国上缴的进口税、农产品征税和增值税的一部分。欧盟通过独立预算、税收制度建议和指令,更加加强了税收一体化的实施。

欧洲统一大市场的建立首先影响直接经济联系国,欧共体与非洲、加勒比和太平洋地区的69个国家在1989年末签订第四个《洛美协定》,并于1990年3月1日起正式生效。这是继1975年第一个《洛美协定》以来,当今世界上规模最大的南北合作协定,也是欧共体税收一体化最大的联系国制度。这个协定继续保留了普遍优惠制(GSP)和充分积累制度(Full Accumulation)。

"北美自由贸易区"有可能成为另一个实行税收一体化的地区。加拿大政府1990年9月24日决定参加美墨自由贸易区的谈判,美加自由贸易区将和美墨自由贸易区连成一片,形成"北美自由贸易区"。其地域面积将超过欧盟,并且推动了拉美发展中国家加快区域经济一体化的步伐。

拉美国家的经济一体化活动由来已久,20世纪60年代就成立了拉美自由贸易协会组织。在此基础上于80年代建立了包括11个国家的拉美一体化协会,协会成员国采取照顾经济发展水平较低国家的关税政策。"中美洲共同市场"11国也根据税收一体化精神重新制定"关税条例",逐步取消成员国之间的贸易关税壁垒。

太平洋地区国家之间经济合作的进一步发展,也出现了一体化的迹象。由于欧洲统一市场逐渐形成、北美自由贸易区的出现,以及GATT第八轮"乌拉圭谈判"步履维艰,这些都推进了环太平洋地区国家的合作进程。亚洲地区成立了东盟自由贸易区,到2010年,6个老成员国(包括印度尼西亚、马来西亚、新加坡、泰国、菲律宾和文莱)要率先实行互免关税,到2015年所有成员国要全部互免关税,实现贸易自由化。我国也加强了与东盟的联系,2001年11月,我国与东盟达成在今后10年内逐步建立中国—东盟自由贸易区的共识,我国与东盟10国的进出口关税将进一步降低,直至最终实现互免关税。值得注意的是,20世纪80年代以来召开了两个具有重大意义的会议:一个是包括中国在内的环太平洋经济合作会议(Pacific Economic Cooperation Council, PECC)第七届大会,共有15个国家或地区参加,这次会议决定与亚太经济合作组织合作;另一个是由澳大利亚于1989年倡议召开的亚太经济合作部长会议,已有18个国家及3个观察员参加,2001年在上海召开了第九次各国领导人会议,宣称"迎接新世纪的新挑战,决心通过参与、合作,实现共同繁荣",并且承诺"在APEC区域内对电子交易暂不征收关税"。这两个会议标志着太平洋区域经济合作正在迈向一个新台阶。

区域性经济合作在其他地区也在形成中。1991年6月,非洲统一组织51个国家的领导人共同签署了关于建立非洲经济共同体的条约,预计3年或4年内分6个阶段逐步建立共同市场,西非地区也要建立西非国家经济共同体。海湾六国已达成协议约定在1999年前正式成立共同市场。伊朗、土耳其、巴基斯坦和六个中亚共和国已组成了西亚经济合作联盟。区域经济集团化的加强,离不开成员国之间的税收协调,税收一体化趋势必将更为明显。

总之,区域税收一体化的发展是世界经济国际化发展的必然结果,它对于提高生产力水平是十分有利的。从20世纪90年代的情况看,这种税收的国际化是以税制趋同、相互协调为主要特征的。随着21世纪国际经济交往的进一步扩大和经济全球化的推进,区域性税收一体化进程将进一步加快,一种区域性的国际税收制度即将出现。

二、欧盟税收一体化存在的问题

作为一体化程度最高、范围最广的区域,欧盟为其他地区的区域一体化提供了许多成功的经验。国际公认的区域经济一体化发展的五个阶段——自由贸易区、关税同盟、共同市场、经济联盟、货币联盟,实际上就体现了欧盟本身的发展历程。区域经济合作的各阶段所涉及的税收问题,如建立自由贸易区后成员国间的货物进出口以及如何降低和取消关税,均可以从欧盟税收一体化的过程中找到答案。在吸取成功经验的同时,我们也应该看到欧盟一体化过程中所出现的问题,这些问题都增加了区域一体化的成本。

第一,税法从达成一致并建立,再到执行的过程很长。1967年欧共体6个成员国开始实行增值税指令。制定规范税基、税率的第6号指令方案花了3年,到1970年才达成一致,而该指令的实施更是拖到了1977年,这期间又花费了7年。

第二,成员国违反甚至推翻达成一致的税法。欧盟要求各成员国反有害税收竞争,但每个成员国无一不实行有害税收优惠规定。例如,2004年3月22日OECD发表的对成员国清理有害税收优惠规定报告认为,实行此项有害政策的欧盟成员国有法、德、意等12国。1998年5月,由欧盟财经部长会议达成一致并经欧盟委员会同意的储蓄税指令,要求各成员国于1999年7月1日起,对个人储蓄及债券(含欧元债券)利息征收20%的预提税,但在1998年9月,欧元债券发行较多的卢森堡推翻此案,并称此项征税在财长会议中始终没达成一致,而且声称,除非与非欧盟国家,如美国、安道尔、列支敦士登、澳门、圣马利诺、瑞士等国和地区及欧盟成员国的属地等一起实行此指令内容,否则要抵制这一指令。

第三,在规模扩大后,欧盟各国达成一致税法的目标更加艰难。例如,2003年,新加入欧盟的10个国家的公司税率平均只有20.5%,而其他15国的公司税率为29.8%,相差约10个百分点。为优化本国投资环境,塞浦路斯将公司税率从25%降至10%,成为欧盟25国中公司税率最低的国家。

因此,在税收一体化进程中我们应当注意以下几点:

第一,掌握好税收协调的时机。在税收协调中,应当抓住各国之间的共同点,并使之达成一致。如果各方就某一税法的达成存在分歧但分歧不大,可以互相妥协使之达成一致,但如果预期一时无法达成一致,应该选择搁置,等待时机成熟时再行谈判。

第二,税收协调应以平等互利、自主自愿为原则。在一项税法的达成过程中,如果某些成员国的税收利益受损,其受损程度有限,或某些受损可由其他获益弥补,那么这些成员国可以接受协调;而如果其受损程度大,且无法获得弥补,那么应该谨慎对待为此项协调的达成所付出的努力。

第三,对已经达成一致的税法要认真贯彻执行,以巩固一体化成果,避免推翻或中止协议的行为发生。在签订的税法协议中,应规定对执行协议的监督办法,包括对违反协议者的处罚措施。

第四,控制好税法的实施范围,使税法得到有效实施。对有些因少数或个别成员国反对而不能达成一致的税法,应允许某些成员国暂不执行或暂缓执行。如果某些成员国迫切要求协调某些税收问题,但又不能达成全体一致时,也可以在同意协调的成员国内实行双边或多边协定,以求暂时解决。

案例应用

针对电子商务所带来的税收问题,许多国家和区域性组织都展开了激烈的讨论,并提出各自的对策。美国是电子商务的发源地,也是世界上第一个对此作出政策反应的国家。美国财政部于1996年发表了《全球化电子商务的几个税收政策问题》的报告,提出以下税收政策:①税收中性原则,不能由于征税而使网上交易产生扭曲;②各国在运用现有国际税收原则上要尽可能达成一致,对于现行国际税收原则不够明确的方面需作适当补充;③对网上交易"网开一面",不开征新税,即不对网上交易开征消费税或增值税;④从自身利益出发,强化居民税收管辖权等。

1998年10月美国国会通过《互联网免税法案》,对网上贸易给予3年的免税期,并成立电子商务顾问委员会专门研究国际、联邦、州和地方的电子商务税收问题。该委员会于2000年3月20~21日在达拉斯召开第四次会议,建议国会将电子商务免税期延长到2006年。1999年9月30日,美国参、众两院通过联合决议,敦促总统努力在世界范围内免除互联网交易的关税,禁止各国对电子商务和互联网制定多重或歧视性的税收政策。

分析美国近年来针对电子商务采取的措施,可以清楚地看到其政策出台的背后动因。由于美国互联网商务发展的程度和规模远远超过其他各国,所以确立在线国际关税豁免制度和各国不得对互联网商务制定歧视性税收政策,受益最大的无疑是美国。美国提出以居民管辖权取代来源地管辖权,完全是出于维护其作为先进技术输出国利益的目的,并未充分考虑到国际税收收入分配的公平与公正。

与美国对电子商务的税收政策不同,欧盟增值税法规定,欧盟供应商向消费者网上供应数字产品必须缴纳增值税。而美国公司在欧洲市场的此项供应却没有征税。为了维护竞争公平,欧盟规定从2003年7月1日起,对非欧盟公司的此项供应也须征税。

由于与其他国家的公司相比,美国公司在网上供应数字产品上存在很大优势,这里的非欧盟公司实际上是将矛头指向了美国公司。

广大发展中国家也应该团结起来,加强相互之间在电子商务国际税收问题上的协调与合作,构建适应电子商务发展状况的互惠互利、公平合理的国际税收体系。

思考与练习

1. 电子商务对现行的国际税收制度和原则造成了哪些冲击?
2. 如何认识有害税收竞争问题?这对我国税制改革有何启示?
3. 从博弈论的分析角度看,国际税收竞争的短期结果和长期结果有何不同?哪些因素使参与国在长期选择放弃税收竞争?
4. 以欧盟为例,分析区域性税收一体化存在哪些问题?
5. 分析案例,美国就电子商务所提出的税收政策在国际税收竞争方面有何影响?

附录一　联合国关于发达国家与发展中国家间避免重复征税的协定范本

协定名称

甲国和乙国关于对所得[和财产]避免重复征税的协定

（注：在协定中如果不列入对财产的征税，括号中的文字可以删去）

协定序言

协定序言应按照缔约国双方的宪法程序起草。

第一章　协定范围

第一条　人的范围

本协定适用于缔约国一方或者同时为缔约国双方居民的人。

第二条　税种范围

一、本协定适用于由缔约国一方、所属行政区或地方当局对所得[和财产]征收的各种税收，不论其征收方式。

二、对全部所得[全部财产]或某种所得[某种财产]征收的所有税收，包括对转让动产或不动产取得的收益征收的税收，对企业支付的工资或薪金总额征收的税收以及对资本增值征收的税收，应视为对所得[和财产]征收的税收。

三、本协定特别适用于下列现行税种：

（一）在甲国：

（二）在乙国：

四、本协定也应适用于本协定签订之日以后增加或代替现行税种的任何相同的或实质相似的税收。每年年终，缔约国双方主管当局应将各自有关税法变动通知对方。

第二章　定义

第三条　一般定义

一、除上下文另有规定的以外，在本协定中：

（一）"人"一语包括个人、公司和其他团体；

（二）"公司"一语是指法人团体或者在税收上视同法人团体的实体；

（三）"缔约国一方企业"和"缔约国另一方企业"的用语分别指缔约国一方居民经营的企业和缔约国另一方居民经营的企业；

（四）"国际运输"一语是指在缔约国一方设有实际管理机构的企业以船舶或飞机经营的运输，但不包括以船舶或飞机仅在缔约国另一方各地之间的经营；

（五）"主管当局"一语是指：

1. 在甲国：
2. 在乙国：

二、缔约国一方实施本协定时，对未经本协定明确定义的用语，除上下文另有规定的以外，应当具有该国关于适用本协定税种的法律所规定的含义。

第四条　居民

一、本协定中"缔约国一方居民"一语是指按照该国法律，由于住所、居所、管理场所或其他类似性质的标准，负有纳税义务的人。

二、由于第一款的规定，同时是缔约国双方居民的个人，其身份应确定如下：

（一）应认为是其有永久性住所所在国的居民；如果在两个国家同时有永久性住所，应认为是与其个人和经济关系更密切（重要利益中心）所在国的居民；

（二）如果其重要利益中心所在国无法确定，或者在其中任何一国都没有永久性住所，应认为是其有习惯性居处所在国的居民；

（三）如果其在两个国家都有，或者都没有习惯性居处，应认为是其国民所在国的居民；

（四）如果其同时是两个国家的国民，或者不是其中任何一国的国民，应由缔约国双方主管当局通过协商解决。

三、由于第一款的规定，除个人以外，同时是缔约国双方居民的人应认为是其实际管理机构所在国的居民。

第五条　常设机构

一、本协定中"常设机构"一语是指一个企业进行全部或部分营业的固定营业场所。

二、"常设机构"这一用语特别包括：

（一）管理场所；

（二）分支机构；

（三）办事处；

（四）工厂；

（五）作业场所；

（六）矿场、油井或气井、采石场或者任何其他开采自然资源的场所。

三、"常设机构"一语同样包括：

（一）建筑工地，建筑、装配或安装工程或者与其有关的监督管理活动，但该工地、工程或活动以连续为期六个月以上的为限；

（二）企业通过雇员或雇佣的其他人员为上述目的提供的劳务,包括咨询劳务,但这种性质的活动以在该国内(为同一工程或有关工程)在任何12个月中连续或累计为期六个月以上的为限。

四、虽有本条以上各项规定,"常设机构"这一用语应认为不包括：

（一）专为储存或陈列本企业货物或商品的目的而使用的场所；

（二）专为储存或陈列的目的而保存本企业货物或商品的库存；

（三）专为通过另一企业加工的目的而保存本企业货物或商品的库存；

（四）专为本企业采购货物或商品或者收集情报的目的而设有的固定营业场所；

（五）专为本企业进行任何其他准备性质或辅助性质活动的目的而设有的固定营业场所。

五、虽有第一款和第二款的规定,当一个人(适用第七款的独立地位代理人除外)在缔约国一方代表缔约国另一方的企业进行活动,对于这个人为企业进行的任何活动,应认为该企业在首先提及的缔约国设有常设机构,如果这个人：

（一）有权并经常行使这种权利在该国以企业的名义签订合同。但如果这个人的活动仅限于第四款的规定,即使是通过固定营业场所进行活动,按照该款规定,并不得使这一固定营业场所成为常设机构；或

（二）没有该项权利,但经常在首先提及的国家保存货物或商品的库存,并代表该企业经常从该库存中交付货物或商品。

六、虽有本条以上各项规定,缔约国一方的保险企业,除再保险外,如通过适用第七款独立地位代理人以外的人在另一国领土内收取保险费或接受保险业务,应认为在缔约国另一方设有常设机构。

七、缔约国一方的企业仅由于通过经纪人、一般佣金代理人或任何其他独立地位代理人在缔约国另一方进行营业,而这些代理人又按常规进行其本身业务的,应不认为在缔约国另一方设有常设机构。但是如果这种代理人的活动全部或几乎全部代表该企业,则不认为是本款所指的独立地位代理人。

八、缔约国一方居民公司,控制或被控制于缔约国另一方居民公司或者在缔约国另一方进行营业的公司(不论是否通过常设机构),此项事实不能据以使任何一公司成为另一公司的常设机构。

第三章　对所得的征税

第六条　不动产所得

一、缔约国一方居民从位于缔约国另一方的不动产取得的所得(包括农业或林业所得),可以在另一国征税。

二、"不动产"一语应具有财产所在地的缔约国法律所规定的含义。该用语在任何情况下应包括附属于不动产的财产,农业和林业所使用的牲畜和设备,一般法律有关地产规定所适用的权利,不动产的收益权和由于开采或有权开采矿藏、水源与其他自然资源而取得不固定的或固定的收入的权利。船舶、船只和飞机不应视为不动产。

三、第一款的规定也应适用于直接使用、出租或任何其他形式使用不动产取得的所得。

四、第一款和第三款的规定也应适用于企业的不动产所得和用于完成独立个人劳务的不动产所得。

第七条 营业利润

一、缔约国一方企业的利润应仅在该国征税,但该企业通过设在缔约国另一方的常设机构进行营业的除外。如果该企业通过缔约国另一方的常设机构进行营业,其利润可以在另一国征税,但其利润应以仅属于:

(一)该常设机构;

(二)在另一国销售的货物或商品与通过常设机构销售的货物或商品相同或类似;或

(三)在另一国进行的其他经营活动与通过常设机构进行的经营活动相同或类似。

二、从属于第三款的规定,缔约国一方企业通过设在缔约国另一方的常设机构进行营业,如果该常设机构是一个独立分设企业,在相同或类似的情况下从事相同或相似活动,并完全独立地同其所隶属的企业进行交易,该常设机构在缔约国各方可能得到的利润应属于该常设机构。

三、确定一个常设机构的利润时,应允许扣除常设机构进行营业所发生的各项费用,包括行政和一般管理费用,不论其发生于常设机构所在国或其他任何地方。但是,常设机构由于使用专利或其他权利支付给企业总机构或其他办事处的特许权使用费、费用或其他类似款项,或者为提供特别劳务或管理而支付的手续费,或者借款给常设机构而支付的利息,银行企业除外,都不得作任何扣除(属于偿还代垫实际发生的费用除外)。同样,在确定常设机构的利润时,也不考虑由于使用专利或其他权利常设机构从企业总机构或其他办事处取得的特许权使用费、费用或其他类似款项,或者为提供特别劳务或管理而取得的手续费,或者借款给企业总机构或任何其他办事处而收取的利息,银行企业除外(属于偿还代垫实际发生的费用除外)。

四、如缔约国一方习惯于以企业总利润按一定比例分配给所属各部门的方法来确定一个常设机构的利润,上述第2款并不妨碍该缔约国按这种习惯分配方法确定其应税利润。但是采用的分配方法所得到的结果,应与本条所含的原则一致。

五、以上各款中,除了有适当的和充分的理由需要变动外,每年应采用相同的办法确定属于常设机构的利润。

六、利润中如包括有本协定中其他各条单独规定的所得项目时,本条规定不应影响其他各条的规定。

(注:关于仅由于常设机构为企业采购货物或商品,是否将此利润归属常设机构的问题,没有作出决定,留待双边谈判去解决。)

第八条 船运、内河运输和空运

第八条 A(供选择的 A)

一、以船舶或飞机从事国际运输取得的利润,应仅在企业实际管理机构所在缔约国征税。

二、以船只从事内河运输取得的利润,应仅在企业实际管理机构所在缔约国征税。

三、如果船运企业或内河运输企业的实际管理机构设在船舶或船只上,应以船舶或船只母港所在缔约国为所在国;或如果没有母港,应以船舶或船只经营者为居民的缔约国为所在国。

四、第一款的规定也适用于参加合伙经营、联合经营或者参加国际经营机构取得的利润。

第八条 B(供选择的 B)

一、以飞机从事国际运输取得的利润,应仅在企业实际管理机构所在缔约国征税。

二、以船舶从事国际运输取得的利润,应仅在企业实际管理机构所在缔约国征税,但经常在缔约国另一方从事业务发生的船运活动除外。如果这种活动比较经常,上述利润可以在另一国征税。另一国确定征税的利润,应以该企业从船运业务取得全部纯利润为基础作适当的划分。按照这种划分计算的税额应减去　％(这个百分数通过双边谈判加以确定)。

三、以船只从事内河运输取得的利润,应仅在企业实际管理机构所在缔约国征税。

四、如果船运企业或内河运输企业的实际管理机构设在船舶或船只上,应以船舶或船只母港所在缔约国为所在国;或如果没有母港,应以船舶或船只经营者为居民的缔约国为所在国。

五、第一款和第二款的规定也适用于参加合伙经营、联合经营或者参加国际经营机构取得的利润。

第九条　连属企业

一、当

(一)缔约国一方企业直接或间接参与缔约国另一方企业的管理、控制或资本,或者

(二)同一人直接或间接参与缔约国一方企业和缔约国另一方企业的管理、控制或资本。

在上述任何一种情况下,两个企业之间的商业或财务关系不同于独立企业之间的关系。因此,由于这些情况而没有取得的任何利润,可以计入该企业的利润内,并据以征税。

二、当缔约国一方将缔约国另一方已征税的企业利润,而这部分利润本应由首先提及的国家企业取得的,包括在该国企业的利润内,并且加以征税时,如果这种情况发生在两个独立企业之间,另一国应对这部分利润所征税的税额加以适当调整。在确定这项调整时,应适当考虑本协定的其他规定,如有必要,缔约国双方主管当局应相互协商。

第十条　股息

一、缔约国一方居民公司支付给缔约国另一方居民的股息,可以在另一国征税。

二、然而,这些股息也可在支付股息公司为其居民的缔约国,按照该国法律征税。但是如果收款人是股息受益所有人,则所征的税款:

(一)如果受益所有人是直接持有支付股息公司至少10%资本的公司(不是合伙企业)不应超过股息总额的　％(百分数通过双边谈判确定);

(二)在其他情况下,不应超过股息总额的%(百分数通过双边谈判确定)。

缔约国双方主管当局应相互协商,解决实行上述限制的方式。本款不应影响对该公司支付股息前的利润所征收的公司利润税。

三、本条"股息"一语是指从股份、"享受"股份或"享受"权利、矿业股份、发起人股份或非债权关系而是分享利润的其他权利取得的所得,以及按照分配利润公司是其居民的国家法律,视同股份所得同样征税的其他公司权利取得的所得。

四、如果股息受益所有人是缔约国一方的居民,在支付股息公司为其居民的缔约国另一方,通过所设常设机构进行营业或通过所设固定基地在另一国从事独立个人劳务,支付股息的股份与该常设机构或该固定基地有实际联系,不应适用第一款和第二款的规定。在这种情况下,应视具体情况适用第七条或第十四条的规定。

五、缔约国一方居民公司从缔约国另一方取得利润或所得,另一国不得对该公司支付的股息征收

任何税收。但支付给另一国居民的股息或支付股息的股份与设在另一国的常设机构或固定基地有实际联系的除外。对于该公司的未分配利润,即使已支付的股息或未分配利润全部或部分是发生于另一国的利润或所得,另一国也不得征税。

第十一条 利息

一、发生于缔约国一方并支付给缔约国另一方居民的利息,可以在另一国征税。

二、然而,这些利息也可以在其发生的缔约国,按照该国法律征税。但是,如果收款人是利息受益所有人,所征税款不应超过利息总额的　%(百分数通过双边谈判确定)。缔约国双方主管当局应相互协商,解决实行上述限制的方式。

三、本条"利息"一语是指从各种债权取得的所得,不论其有无抵押担保或者是否有权分享债务人的利润;特别是从公债取得的所得,从债券或信用债券取得的所得,并包括附属于这些证券、债券和信用债券的溢价和奖金。由于延期支付的罚款在本条中不作为利息。

四、如果利息受益所有人是缔约国一方的居民,在利息发生的缔约国另一方,通过所设常设机构进行营业或通过所设固定基地在另一国从事独立个人劳务,支付利息的债权与(1)该常设机构或固定基地,或者(2)第七条第一款(三)项规定的营业活动有实际联系,不应适用第一款和第二款的规定。在这种情况下应视具体情况适用第七条或第十四条的规定。

五、当支付人是缔约国一方、所属行政区、地方当局或该国的居民,应认为利息发生于该国。然而,当支付利息的人,不论其是否缔约国一方的居民,在缔约国一方设有常设机构或固定基地,支付利息所发生的债务与该常设机构或固定基地有联系,并由其负担利息,上述利息应认为发生于该常设机构或固定基地所在国。

六、由于支付人与受益所有人之间或者他们双方与其他人之间的特殊关系,就有关债权支付的利息数额超出支付人与受益所有人没有上述关系所能同意的数额时,本条规定应仅适用于后来提及的数额。在这种情况下,支付款项的超出部分,仍应按各缔约国的法律征税,但应适当考虑本协定的其他规定。

第十二条 特许权使用费

一、发生于缔约国一方并支付给缔约国另一方居民的特许权使用费,可以在另一国征税。

二、然而,这些特许权使用费也可以在其发生的缔约国,按照该国法律征税。但是,如果收款人是特许权使用费受益所有人,所征税款不应超过特许权使用费总额的　%(百分数通过双边谈判确定)。缔约国双方主管当局应相互协商,解决实行上述限制的方式。

三、本条"特许权使用费"一语是指由于使用,或有权使用任何文学、艺术或科学著作,包括电影影片、无线电或电视广播使用的胶片、磁带的版权,任何专利、商标、设计或模型、计划、秘密配方或程序作为报酬的各种款项;或者由于使用,或有权使用工业、商业或科学设备,或有关工业、商业或科学经验的情报作为报酬的各种款项。

四、如果特许权使用费受益所有人是缔约国一方的居民,在特许权使用费发生的缔约国另一方,通过所设常设机构进行营业或通过所设固定基地在另一国从事独立个人劳务,支付特许权使用费的权利或财产与(1)该常设机构或固定基地,或者(2)第七条第一款(三)项规定的营业活动有实际联系,不应适用第一款和第二款的规定。在这种情况下,应视具体情况适用第七条或第十四条的规定。

五、当支付人是缔约国一方政府、所属行政区、地方当局或该国的居民,应认为特许权使用费发生于该国。然而,当支付特许权使用费的人,不论其是否缔约国一方的居民,在缔约国一方设有常设机构或固定基地,支付特许权使用费所发生的义务与该常设机构或固定基地有联系,并由其负担特许权使用费,上述特许权使用费应认为发生于该常设机构或固定基地所在国。

六、由于支付人与受益所有人之间或者他们双方与其他人之间的特殊关系,就有关使用、权利或情报,支付特许权使用费数额超出支付人与受益所有人没有上述关系所能同意的数额时,本条规定应仅适用于后来提及的数额。在这种情况下,支付款项的超出部分,仍应按各缔约国的法律征税,但应适当考虑本协定的其他规定。

第十三条 财产收益

一、缔约国一方居民转让第六条所述位于缔约国另一方的不动产取得的收益,可以在另一国征税。

二、转让缔约国一方企业在缔约国另一方的常设机构营业财产部分的动产,或者附属于缔约国一方居民在缔约国另一方的从事独立个人劳务的固定基地的动产而取得的收益,包括转让整个常设机构(单独或随同整个企业)或该固定基地取得的收益,可以在另一国征税。

三、转让从事国际运输的船舶、飞机、内河运输的船只或附属于经营上述船舶、飞机或船只的动产取得的收益,应仅在该企业实际管理机构所在的缔约国征税。

四、转让一个公司股本的股票取得的收益,该公司的财产又主要直接或间接由位于缔约国一方的不动产所组成,可以在该国征税。

五、转让第四款所述以外的其他股票取得的收益,该项股票又相当于参与缔约国一方居民公司的股权的   %(百分数通过双边谈判确定),可以在该国征税。

六、转让第一、二、三、四、五各款所述的财产以外的任何财产取得的收益,应仅在转让者为其居民的缔约国征税。

第十四条 独立个人劳务

一、缔约国一方居民由于专业性劳务或其他独立性活动取得的所得,应仅在该国征税。但在下列情况下,也可以在缔约国另一方征税:

(一)如在缔约国另一方为从事其活动的目的,设有其经常使用的固定基地,在这种情况下,缔约国另一方可以对仅属于该固定基地的所得征税;或者

(二)如在缔约国另一方有关会计年度中停留累计等于或超过183天;在这种情况下,另一国可以对仅在该国进行活动取得的所得征税;或者

(三)如在缔约国另一方进行活动的报酬,是由该缔约国居民支付或者由设在该缔约国的常设机构或固定基地负担,其金额在会计年度中超过   (具体金额通过双边谈判确定)。

二、"专业性劳务"这一用语特别包括独立的科学、文学、艺术、教育或教学活动,以及医师、律师、工程师、建筑师、牙医师和会计师的独立活动。

第十五条 非独立个人劳务

一、从属于第十六、十八和十九条的规定,缔约国一方的居民由于受雇取得的薪金、工资和其他类似的报酬,除了受雇于缔约国另一方的以外,应仅在该国征税。如果受雇于缔约国另一方取得的该项

报酬,可以在另一国征税。

二、虽有第一款的规定,缔约国一方的居民由于受雇于缔约国另一方而取得的报酬,在下列情况下应仅在首先提及的国家征税:

(一)收款人在有关会计年度中在缔约国另一方停留累计不超过 183 天;同时

(二)该项报酬是由并非缔约国另一方居民的雇主支付或代表雇主支付的;并且

(三)该项报酬不由雇主设在另一国的常设机构或固定基地所负担。

三、虽有本条以上规定,由于受雇于从事国际运输的船舶或飞机上,或受雇于从事内河运输的船只上而取得的报酬,可以在企业实际管理机构所在的缔约国征税。

第十六条 董事费和高级管理人员报酬

一、缔约国一方居民作为缔约国另一方居民公司董事会成员取得的董事费和其他类似款项,可以在另一国征税。

二、缔约国一方居民由于担任缔约国另一方居民公司高级管理职务取得的薪金、工资和其他类似报酬,可以在另一国征税。

第十七条 表演家和运动员的所得

一、虽有第十四条和第十五条的规定,缔约国一方居民,作为表演家,如戏剧、电影、广播或电视艺术家或音乐家,或者作为运动员,在缔约国另一方从事其个人活动取得的所得,可以在另一国征税。

二、表演家或运动员从事其个人活动所取得的所得,并非为了表演家或运动员本人而是为了其他人,虽有第七、第十四和第十五条的规定,其所得可以在表演家或运动员从事活动的缔约国征税。

第十八条 退休金和社会保险金

第十八条 A(供选择的 A)

一、从属于第十九条第二款的规定,由于过去的雇用支付给缔约国一方居民的退休金和其他类似报酬,应仅在该国征税。

二、虽有第一款的规定,按照缔约国一方,所属行政区或地方当局社会保险金制度部分的公共计划,支付的退休金和其他款项,应仅在该国征税。

第十八条 B(供选择的 B)

一、从属于第十九条第二款的规定,由于过去的雇用支付给缔约国一方居民的退休金和其他类似报酬,可以在该国征税。

二、然而,该项退休金和其他类似报酬,如果由缔约国另一方居民或者设在该国的常设机构支付,也可以在另一国征税。

三、虽有第一款和第二款的规定,按照缔约国一方所属行政区或地方当局社会保险制度部分的公共计划支付的退休金和其他款项,应仅在该国征税。

第十九条 为政府服务的报酬和退休金

一、(一)缔约国一方,所属行政区或地方当局支付给向其提供服务的个人退休金以外的报酬,应仅在该国征税。

(二)然而,该项报酬应仅在缔约国另一方征税,如果该项服务是在另一国提供,提供服务的个人是该国居民,并且该居民

1. 是该国国民;或者
2. 不是为了提供该项服务的目的,而成为该国居民。

二、(一)缔约国一方,所属行政区或地方当局支付的或从其建立的基金中对向其提供服务的个人支付的退休金,应仅在该国征税。

(二)然而,如果提供服务的个人是缔约国另一方居民,并且是其国民的,该项退休金应仅在该另一国征税。

三、第十五、第十六和第十八条的规定,应适用于向缔约国一方、所属行政区或地方当局进行营业提供服务所取得的报酬和退休金。

第二十条 学生和学徒收到的款项

一、学生或企业学徒是,或在直接前往缔约国一方前曾是缔约国另一方居民,仅由于接受教育或培训的目的停留在首先提及的国家,其为维持生活、接受教育或培训收到的来源于该国以外的款项,该国不应征税。

二、第一款所述学生或企业学徒取得不包括在第一款的赠款、奖学金和雇佣报酬,在接受教育或培训期间,应与其所停留国居民享受同样的免税、优惠或减税。

第二十一条 其他所得

一、缔约国一方居民的各项所得,不论在什么地方发生,凡本协定上述各条未作规定的,应仅在该国征税。

二、第六条第二款规定的不动产所得以外的其他所得,如果所得的收款人是缔约国一方居民,通过设在缔约国另一方的常设机构进行营业,或者通过设在缔约国另一国的固定基地从事独立个人劳务,据以支付所得的权利或财产与该常设机构或固定基地有实际联系,不应适用第一款的规定。在这种情况下,应视具体情况适用第七条或第十四条的规定。

三、虽有第一款和第二款的规定,缔约国一方居民的各项所得,凡本协定上述各条未作规定,而发生在缔约国另一方的,也可以在另一国征税。

第四章　对财产的征税

第二十二条 财产

一、[第六条所指不动产为代表的财产,为缔约国一方居民所有并坐落在缔约国另一方,可以在另一国征税]。

二、[缔约国一方企业设在缔约国另一方常设机构构成营业财产部分的动产,或者缔约国一方居民设在缔约国另一方从事独立个人劳务的固定基地所附属的动产为代表的财产,可以在另一国征税]。

三、[从事国际运输的船舶、飞机和从事内河运输的船只,以及附属于经营上述船舶、飞机和船只的动产为代表的财产,应仅在该企业实际管理机构所在的缔约国征税]。

四、[缔约国一方居民的其他所有财产项目,应仅在该国征税]。

(小组决定,对于缔约国一方居民,不动产和动产为代表的财产以及其他所有财产项目征税问题,留待双边谈判。如果谈判的双方决定在税收协定中包括财产征税这一条,应由他们决定是否采用本条第四款的文字,或者规定留给财产坐落的国家征税。)

第五章　消除重复征税的方法

第二十三条 A　免税方法

一、缔约国一方居民取得的所得[或拥有的财产]，按照本协定的规定可以在缔约国另一方征税时，首先提及的国家应对该项所得[或财产]给予免税，但第二款和第三款的规定除外。

二、缔约国一方居民取得的各项所得，按照第十条、第十一条和第十二条的规定，可以在缔约国另一方征税时，首先提及的国家应允许从对该居民的所得所征税额中扣除，其金额等于在另一国所缴纳的税款。但该项扣除应不超过对来自另一国的该项所得扣除前计算的税额。

三、按照本协定的任何规定，缔约国一方居民取得的所得[或拥有的财产]，在该国免税时，该国在计算该居民其余所得[或财产]的税额时，可对免税的所得[或财产]予以考虑。

第二十三条 B　抵免方法

一、缔约国一方居民取得的所得[或拥有的财产]，按照本协定的规定，可以在缔约国另一方征税时，首先提及的国家应允许从对该居民的所得征税额中扣除，其数额等于在另一国所缴纳的所得税收；和从对该居民财产所征税额中扣除，其数额等于在另一国所缴纳的财产税收；但该项扣除，[在任何情况下]应不超过视具体情况可以在另一国征税的那部分所得[或财产]在扣除前计算的所得税额[或财产税额]。

二、按照本协定的任何规定，缔约国一方居民取得的所得（或拥有的财产），在该国免税时，该国在计算该居民其余所得（或财产）的税额时，可对免税的所得（或财产）予以考虑。

第六章　特别规定

第二十四条　无差别待遇

一、缔约国一方国民在缔约国另一方负担的税收和有关条件，不应比缔约国另一方国民在相同情况下，负担或可能负担的税收或有关条件不同或比其更重。虽有第一条的规定，本规定也应适用于不是缔约国一方或双方居民的人。

二、"国民"一语是指：

（一）所有具有缔约国一方国籍的个人；

（二）根据缔约国一方的现行法律取得其法律地位的所有法人、合伙企业和团体。

三、缔约国一方居民无国籍的人在缔约国任何一方负担的税收和有关条件，不应与各该国国民在相同情况下，负担或可能负担的税收或有关条件不同或比其更重。

四、缔约国一方企业在缔约国另一方常设机构的税收负担，不应高于进行同样活动的该缔约国另一方企业。本规定不应被理解为，缔约国一方由于公民地位或家庭负担原因给予本国居民在税收上任何个人的扣除、优惠和减税，也必须给予缔约国另一方的居民。

五、除适用第九条第一款、第十一条第六款或第十二条第六款的规定外，缔约国一方企业支付给缔约国另一方居民的利息、特许权使用费和其他款项，在确定该企业纳税利润时，应与在相同条件下支付给首先提及的国家的居民一样扣除[同样，缔约国一方企业对缔约国另一方居民的任何债务，在确定该企业的纳税财产时，应与在相同条件下首先提及的国家的居民所确定的债务一样扣除]。

六、缔约国一方企业的资本全部或部分，直接或间接为缔约国另一方一个或一个以上的居民拥有或控制，该企业在首先提及的国家负担的税收和有关条件，不应与首先提及国家的其他类似企业负担或可能负担的税收和有关条件不同或比其更重。

七、虽有第二条的规定，本条规定应适用于各种税收。

第二十五条　相互协商程序

一、当一个人认为缔约国一方或双方的措施，导致或将导致对其不符合本协定规定的征税时，可以不考虑国内法律所规定的补救办法，将案情提交其本人为居民的缔约国一方主管当局；或者如果其案情属于第二十四条第一款，可以提交其本人为国民的缔约国主管当局。该项案情必须在不符合本协定规定的征税行动第一次通知起，三年内提出。

二、上述主管当局如果认为提出的意见合理，又不能单方面满意地解决时，应设法与缔约国另一方主管当局相互协商解决本案，以避免不符合本协定的征税。达成的任何协议应予执行，而不受该缔约国国内法律的任何时间限制。

三、缔约国双方主管当局应相互协商设法解决在解释和实施本协定时发生的困难和疑义。缔约国双方主管当局也可以对为避免本协定未规定的重复征税进行协商。

四、缔约国双方主管当局为对以上各款达成协议，可以直接相互联系。为执行本条规定的相互协商程序，主管当局应通过协商确定适当的双边程序、条件、方法和技术。此外，主管当局可以设法采取适当的单方面程序、条件、方法和技术，以促进上述双边行动和相互协商程序的执行。

第二十六条　情报交换

一、缔约国双方主管当局应交换为实施本协定的规定所必需的情报，或缔约国双方关于本协定所涉及的税种的国内法律，按此征税与本协定不相抵触的情报，特别是防止欺诈或偷漏税收的情报。情报交换不受第一条限制。缔约国一方收到的任何情报，应与按该国国内法律取得的情报同样保密。但是，如果发送国对该情报已作密件，仅应告知本协定规定税收的查定、征收以及有关案件的执行或起诉或裁决上诉的人员或主管当局（包括法院和行政管理部门）。上述人员或主管当局仅应为上述目的使用该项情报，但可在公开法庭程序或法庭判决中透露有关情报。双方主管当局应通过协商确定有关情报交换事宜的适当条件、方法和技术，包括适当地交换有关逃税的情报。

二、第一款的各项规定，在任何情况下，不应被理解为，缔约国一方有义务：

（一）采取与该缔约国或缔约国另一方的法律或行政惯例不相一致的行政措施；

（二）提供按照该缔约国或缔约国另一方的法律或正常行政渠道得不到的情报；

（三）提供泄露任何贸易、经营、工业、商业或专业秘密或贸易过程的情报，或泄露后将违反公共政策（公共秩序）的情报。

第二十七条　外交代表和领事官员

本协定应不影响按照国际法一般原则或按照特别协定规定的外交代表或领事官员的财政特权。

第七章　最后规定

第二十八条　生效

一、本协定应经过批准，批准文件应尽快在　　　互换。

二、本协定应在互换批准文件后生效，其规定生效日期是：
（一）在甲国：
（二）在乙国：

第二十九条　终止

本协定在缔约国一方终止以前应继续有效。缔约国任何一方，可以在　年以后任何历年年底前至少六个月通过外交途径发出终止通知终止本协定。在这种情况下，本协定将自下列日期起停止有效：
（一）在甲国：
（二）在乙国：

结束语

关于协定的生效和终止的规定以及有关签署的结束语应按照缔约国双方的宪法程序加以草拟。

附录二　经济合作与发展组织关于对所得和财产避免重复征税的协定范本

协定名称

甲国和乙国关于对所得和财产避免重复征税的协定

协定序言

协定序言应按照缔约国双方的宪法程序起草。

第一章　协定范围

第一条　人的范围

本协定适用于缔约国一方或缔约国双方居民的人。

第二条　税种范围

1. 本协定适用于缔约国一方、所属行政区或地方当局对所得和财产征收的各种税收，不论其征收方式。

2. 对全部所得、全部财产或者某种所得、某种财产征收的所有税收，包括对转让动产或不动产取得的收益征收的税收，对企业支付的工资或薪金总额征收的税收以及对资本增值征收的税收，都应视为对所得和财产征收的税收。

3. 本协定特别适用于下列现行税种：

（1）在甲国：

（2）在乙国：

4. 本协定也应适用于本协定签订之日以后增加或代替现行税种的任何相同的或实质相似的各种税收。每年年终，缔约国双方主管当局应相互将各自有关税法变动情况通知对方。

第二章　定义

第三条　一般定义

1. 除有关条款另有规定以外，在本协定中：

（1）"人"一语包括个人、公司和其他团体；

(2)"公司"一语是指任何法人团体或者任何在税收上视同法人团体的实体；

(3)"缔约国一方企业"和"缔约国另一方企业"的用语分别指缔约国一方居民经营的企业和缔约国另一方居民经营的企业；

(4)"国际运输"一语是指在缔约国一方设有实际管理机构的企业以船舶或飞机经营的运输，但不包括以船舶或飞机仅在缔约国另一方各地之间的经营。

(5)"主管当局"一语是指：

①在甲国：

②在乙国：

2.缔约国一方实施本协定时，对未经本协定明确定义的用语，除上下文另有规定的以外，应当具有该国关于适用于本协定税种的法律所规定的含义。

第四条 居民

1.本协定中"缔约国一方居民"一语是指按照该国法律，由于住所、居所、管理场所或其他类似性质的标准，负有纳税义务的人。但是这一用语不包括仅由于来源于该国的所得或位于该国的财产在该国负有纳税义务的人。

2.由于第1款的规定，同时是缔约国双方居民的人，其身份应确定如下：

(1)应认为是其有永久性住所所在国的居民；如果在(两个国家)同时有永久性住所，应认为是与其个人和经济关系更密切(重要利益中心)所在国居民；

(2)如果其重要利益中心所在国无法确定，或者在其中任何一国都没有永久性住所，应认为是其有习惯性居处所在国的居民；

(3)如果其在两个国家都有，或者都没有习惯性居处，应认为是其国民所在国的居民；

(4)如果其同时是两个国家的国民，或不是其中任何一国的国民，应由缔约国双方主管当局通过协商解决。

3.由于第1款的规定，除个人以外同时是缔约国双方居民的人，应认为是其实际管理机构所在国的居民。

第五条 常设机构

1.本协定中"常设机构"一语是指一个企业进行全部或部分营业的固定营业场所。

2."常设机构"一语特别包括：

(1)管理场所；

(2)分支机构；

(3)办事处；

(4)工厂；

(5)车间(作业场所)；

(6)矿场、油井或气井、采石场或者任何其他开采自然资源的场所。

3."常设机构"一语包括建筑工地或者建筑，但定装工程仅以连续12个月以上的为限。

4.虽有本条以上各项规定，"常设机构"一语应认为不包括：

(1)专为储存、陈列或交付本企业货物或商品的目的而使用的场所；

(2)专为储存、陈列或交付的目的而保存本企业货物或商品的库存;

(3)专为通过另一企业加工的目的而保存本企业货物或商品的库存;

(4)专为本企业采购货物或商品或者收集情报的目的而设有固定的营业固定场所;

(5)专为本企业进行任何其他准备性质或辅助性质活动的目的而设有的营业固定场所;

(6)专为本款(1)到(5)项各项活动的结合而设有的营业固定场所,如果由于这种结合使营业固定场所全部活动属于准备性质或辅助性质。

5.虽有第1款和第2款的规定,如一个人(适用第6款的独立地位代理人除外)代表缔约国另一方的企业在缔约国一方活动,有权并经常行使这种权力以企业的名义签订合同,对于这个人为企业进行的任何活动,应认为该企业在该国设有常设机构,但这个人的活动仅限于第4款的规定,即使是通过营业固定场所进行活动,按照该款规定,并不得使这一营业固定场所成为常设机构。

6.一个企业仅由于通过经纪人、一般佣金代理人或其他独立地位代理人在缔约国一方进行营业,而这些代理人又按常规进行其本身业务的,应不认为在该国设有常设机构。

7.缔约国一方居民公司,控制或被控制于缔约国另一方居民公司或者在缔约国另一方进行营业的公司(不论是否通过常设机构),此项事实不能据以使任何一公司成为另一公司的常设机构。

第三章 对所得的征税

第六条 不动产所得

1.缔约国一方居民从位于缔约国另一方的不动产取得的所得(包括农业或林业所得),可以在另一国征税。

2."不动产"一语应具有财产所在地的缔约国法律所规定的含义。该用语在任何情况下应包括附属于不动产的财产,农业和林业所使用的牲畜和设备,一般法律有关地产规定所适用的权利,不动产的收益权和由于开采或有权开采矿藏、水源与其他自然资源而取得不固定的或固定的收入的权利。船舶、船只和飞机不应作为不动产。

3.第1款的规定也应适用于从直接使用、出租或以其他任何形式使用不动产取得的所得。

4.第1款和第3款的规定也应适用于企业的不动产所得和用于完成独立个人劳务的不动产所得。

第七条 营业利润

1.缔约国一方企业的利润应仅在该国征税,但该企业通过设在缔约国另一方的常设机构进行营业的除外。如果该企业通过在缔约国另一方的常设机构进行营业,其利润可以在另一国征税,但其利润应仅以属于该常设机构的为限。

2.从属于第3款的规定,缔约国一方企业通过设在缔约国另一方的常设机构进行营业,如果该常设机构是一个独立分设企业,在相同或类似的情况下从事相同或类似活动,并完全独立地同其所隶属的企业进行交易,该常设机构在缔约国各方可能得到的利润应属于该常设机构。

3.确定一个常设机构的利润时,应允许扣除常设机构所发生的各项费用,包括行政和一般管理费用,不论其发生于常设机构所在国或其他任何地方。

4.如缔约国一方习惯于以企业总利润按一定比例分配给所属各部门的方法来确定一个常设机构

的利润,上述第 2 款并不妨碍该缔约国按这种习惯分配方法确定其应税利润。但是采用的分配方法所得到的结果,应与本条所含的原则一致。

5. 不应仅由于常设机构为企业采购货物或商品,将利润归属于该常设机构。

6. 以上各款中,除了有适当的和充分的理由需要变动外,每年应采用相同的方法确定属于常设机构的利润。

7. 利润中如包括有本协定中其他各条单独规定的所得项目时,本条规定不应影响其他各条的规定。

第八条 船运、内河运输和空运

1. 以船舶或飞机从事国际运输取得的利润,应仅在企业实际管理机构所在缔约国征税。

2. 以船只从事内河运输取得的利润,应仅在企业实际管理机构所在缔约国征税。

3. 如果船运企业或内河运输企业的实际管理机构设在船舶或船只上的,应以船舶或船只母港所在缔约国为所在国,或如果没有母港,应以船舶或船只经营者为居民的缔约国为所在国。

4. 第 1 款的规定也适用于参加合伙经营、联合经营或者参加国际经营机构取得的利润。

第九条 连属企业

1. 当

(1)缔约国一方企业直接或间接参与缔约国另一方企业的管理、控制或资本,或者

(2)同一人直接或间接参与缔约国同一方企业和缔约国另一方企业的管理、控制或资本。

在上述任何一种情况下,两个企业之间的商业或财务关系不同于独立企业之间的关系。因此,任何利润本应由其中一个企业取得,由于这些情况而没有取得的,可以计入该企业的利润内,并据以征税。

2. 当缔约国一方将缔约国另一方已征税的企业利润,而这部分利润本应由首先提及的国家的企业所取得的,包括在该国企业的利润内并且加以征税时,如果这种情况发生在两个独立企业之间,另一国应对这部分利润所征收的税额加以适当调整。在确定该项调整时,应适当考虑本协定的其他规定,如有必要,缔约国双方主管部门应相互协商。

第十条 股息

1. 缔约国一方居民公司支付给缔约国另一方居民的股息,可以在另一国征税。

2. 然而,这些股息也可以在支付股息公司为其居民的缔约国,按照该国法律征税。但是如果收款人是股息受益所有人,则所征的税款:

(1)如果受益所有人是直接持有支付股息公司至少 25% 资本的公司(不是合伙企业),不应超过股息总额的 5%;

(2)在其他情况下,不应超过股息总额的 15%。

缔约国双方主管当局应相互协商,解决实行上述限制的方式。

本款不应影响对该公司支付股息前的利润所征收的公司利润税。

3. 本条"股息"一语是指从股份、"享受"股份或"享受"权利、矿业股份、发起人股份或非债权关系而是分享利润的其他权利取得的所得,以及按照分配利润公司是其居民的国家法律,视同股份所得同样征税的其他公司权利取得的所得。

4. 如果股息受益所有人是缔约国一方的居民,在支付股息公司为其居民的缔约国另一方。通过所设常设机构进行营业或通过所设固定基地在另一国从事独立个人劳务,支付股息的股份与该常设机构或该固定基地有实际联系,不应适用第1款和第2款的规定。在这种情况下,应视具体情况适用第七条或第十四条的规定。

5. 缔约国一方居民公司从缔约国另一方取得利润或所得,另一国不得对该公司支付的股息征收任何税收。但支付另一国居民的股息或支付股息的股份与设在另一国的常设机构或固定基地有实际联系的除外。对于该公司的未分配利润,即使已支付的股息或未分配利润全部或部分是发生于另一国的利润或所得,另一国也不得征税。

第十一条 利息

1. 发生于缔约国一方并支付给缔约国另一方居民的利息,可以在另一国征税。

2. 然而,这些利息也可以在其发生的缔约国,按照该国法律征税。但是,如果收款人是利息受益所有人,所征税款不应超过利息总额的10%。缔约国双方主管当局应相互协商,解决实行上述的限制的方式。

3. 本条"利息"一语是从各种债权所取得的所得,不论有无抵押担保或者是否有权分享债务人的利润;特别是从公债取得的所得,从债券或信用债券取得的所得,并包括附属于这些证券、债券和信用债券的溢价和奖金。由于延期支付的罚款在本条中不作为利息。

4. 如果利息受益所有人是缔约国一方的居民,在利息发生的缔约国另一方,通过所设常设机构进行营业或通过所设固定基地在另一国从事独立个人劳务,支付利息的债权与该常设机构或该固定基地有实际联系,不应适用第1款和第2款的规定。在这种情况下应视具体情况适用第七条或第十四条的规定。

5. 当支付人是缔约国一方、行政区、或地方当局或该国的居民,应认为利息发生于该国。然而,当支付利息的人,不论其是否缔约国一方的居民,在缔约国一方设有常设机构或固定基地支付利息所发生的债务与该常设机构固定基地有联系并由其负担利息,上述利息应认为发生于该常设机构或固定基地所在国。

6. 由于支付人与受益所有人之间或者他们双方与其他人之间的特殊关系,就有关债权支付的利息数额超出支付人与受益所有人没有上述关系所能同意的数额时,本条规定应仅适用于后来提及的数额。在这种情况下,支付款项的超出部分,仍应按各缔约国的法律征税,但应适当考虑本协定的其他规定。

第十二条 特许权使用费

1. 发生于缔约国一方并支付给缔约国另一方居民的特许权使用费,如果该居民是特许权使用费的受益所有人,应仅在另一国征税。

2. 本条"特许权使用费"一语是指由于使用,或有权使用任何文学、艺术或科学著作,包括电影影片的版权,任何专利、商标、设计或模型、计划、秘密配方或程序作为报酬的各种款项;或者由于使用,或有权使用工业、商业或科学设备,或有关工业、商业或科学实验的情报作为报酬的各种款项。

3. 如果特许权使用费受益所有人是缔约国一方的居民,在特许权使用费发生的缔约国另一方,通过所设常设机构进行营业或通过所设固定基地从事独立个人劳务,支付特许权使用费的有关权利或财产与该常设机构或固定基地有实际联系,不应适用第1款和第2款的规定。在这种情况下,应视具体情况适用第七条或第十四条的规定。

4. 由于支付人与受益所有人之间或者他们双方与其他人之间的特殊关系,就有关使用、权利或情报支付的特许权使用费数额超出支付人与受益所有人没有上述关系所能同意的数额时,本条规定应仅适用于后来提及的数额。在这种情况下,支付款项的超出部分仍可按各缔约国的法律征税,但应适当考虑本协定的其他规定。

第十三条　财产收益

1. 缔约国一方居民转让第六条所述位于缔约国另一方的不动产取得的收益,可以在另一国征税。

2. 转让缔约国一方企业在缔约国另一方的常设机构营业财产部分的动产,或者附属于缔约国一方的居住者在缔约国另一方设有从事独立个人劳务活动的固定基地的动产而取得的收益,包括转让整个常设机构(单独或随同整个企业)或该固定基地取得的收益,可以在另一国征税。

3. 转让从事国际运输的船舶、飞机、内河运输的船只或附属于经营上述船舶、飞机或船只的动产取得的收益,应仅在该企业实际管理机构所在的缔约国征税。

4. 转让第1、2、3款所述的财产以外的任何财产取得的收益,应仅在转让者为其居民的缔约国征税。

第十四条　独立个人劳务

1. 缔约国一方居民由于专业性劳务或其他独立性活动取得的所得,应仅在该国征税。但在缔约国另一方设有经常为从事上述活动目的的固定基地除外。对于上述固定基地,缔约国另一方可以对仅属于该固定基地的所得征税。

2. "专业性劳务"这一用语,特别包括独立的科学、文学、艺术、教育或教学活动;以及医师、律师、工程师、建筑师、牙医师和会计师的独立活动。

第十五条　非独立个人劳务活动

1. 从属于第十六、十八和十九条的规定,缔约国一方的居民由于受雇取得的薪金、工资和其他类似的报酬,除了受雇于缔约国另一方的以外,应仅在该国征税。如果受雇于缔约国另一方取得的该项报酬,可以在另一国征税。

2. 虽有第1款的规定,缔约国一方的居民由于受雇于缔约国另一方取得的报酬,在下列情况下,应仅在首先提及的国家征税:

(1)收款人在有关会计年度中在缔约国另一方停留累计不超过183天,同时;

(2)该项报酬是由并非缔约国另一方居民的雇主支付或代表雇主支付的,并且

(3)该项报酬不由雇主设在另一国的常设机构或固定基地所负担。

3. 虽有本条以上规定,由于受雇于从事国际运输的船舶或飞机上,或受雇于从事内河运输的船只上取得的报酬,可以在企业实际管理机构所在的缔约国征税。

第十六条　董事费

缔约国一方居民,作为缔约国另一方居民公司董事会成员取得的董事费和其他类似款项,可以在另一国征税。

第十七条　艺术家和运动员

1. 虽有第十四条和第十五条的规定,缔约国一方居民,作为表演家,如戏剧、电影、广播或电视艺术家,或音乐家,或者作为运动员,在缔约国另一方从事其个人活动取得的所得,可以在另一国征税。

2. 表演家或运动员从事其个人活动取得的所得,并非为了表演家或运动员本人而是为了其他人的,虽有第七、第十四和第十五条的规定,其所得可以在表演家或运动员从事活动的缔约国征税。

第十八条　退休金

从属于第十九条第2款的规定,由于过去的雇佣支付给缔约国一方居民的退休金和其他类似报酬,应仅在该国征税。

第十九条　为政府服务的报酬

1.(1)缔约国一方、所属行政区或地方当局支付给向其提供服务的个人退休金以外的报酬,应仅在该国征税。

(2)然而,该项报酬应仅在缔约国另一方征税,如果该项服务是在该国提供,提供服务的个人是该国的居民,并且该居民:

①是该国国民;或者

②不是为了提供该项服务的目的,而成为该国的居民。

2.(1)缔约国一方,所属行政区或地方当局支付的,或从其建立的基金中对向其提供服务的个人支付的任何退休金,应仅在该国征税。

(2)然而,如果提供服务的个人是缔约国中一方居民并且是其国民的,该项退休金应仅在该国征税。

3.第十五、第十六和第十八条的规定,应适用于向缔约国一方、所属行政区或地方当局进行营业提供服务所取得的报酬和退休金。

第二十条　学生

学生或企业学徒是,或在直接前往缔约国一方访问前,曾是缔约国另一方居民,仅由于接受教育或培训的目的停留在首先提及的国家。其为维持生活、教育或培训收到的来源于该国以外的款项,该国不应征税。

第二十一条　其他所得

1. 缔约国一方居民的各项所得,不论在什么地方发生,凡本协定上述各条未作规定的,应仅在该国征税。

2. 第六条第2款规定的不动产所得以外的其他所得,如果所得的收款人是缔约国一方居民,通过设在缔约国另一方的常设机构进行营业,或者通过设在另一国的固定基地从事独立个人劳务,据以支付所得的权利或财产与该常设机构或固定基地有实际联系,不应适用第1款的规定。在这种情况下,应视具体情况适用第七条或第十四条的规定。

第四章　对财产的征税

第二十二条　财产

1. 第六条所指不动产为代表的财产,为缔约国一方居民所有并且坐落在缔约国另一方,可以在另一国征税。

2.缔约国一方企业设在缔约国另一方常设机构构成营业财产部分的动产,或者缔约国一方居民设在缔约国另一方从事独立个人劳务的固定基地所附属的动产为代表的财产,可以在另一国征税。

3.从事国际运输中运用的船舶、飞机和从事内河运输的船只以及附属于经营上述船舶、飞机和船只的动产为代表的财产,应仅在该企业实际管理机构所在的缔约国征税。

4.缔约国一方居民的其他所有财产项目,应仅在该国征税。

第五章 避免重复征税的方法

第二十三条 A 免税方法

1.缔约国一方居民所取得的所得或拥有的财产,按照本协定的规定可以在缔约国另一方征税时,首先提及的国家应对该项所得或财产给予免税。但第2款和第3款的规定除外。

2.缔约国一方居民取得的各项所得,按照第十条和第十一条的规定,可以在缔约国另一方征税时,首先提及的国家应允许从对该居民的所得所征税额中扣除,其金额相等于在另一国所缴纳的税款。但该项扣除应不超过对来自另一方的该项所得扣除前计算的税额。

3.按照本协定的任何规定,缔约国一方居民所取得的所得或拥有的财产,在该国免税时,该国在计算该居民其余所得或财产的税额时,可对免税的所得或财产予以考虑。

第二十三条 B 抵免方法

1.缔约国一方居民取得的所得或拥有的财产,按照本协定的规定可以在缔约国另一方征税时,首先提及的国家应允许:

(1)从对该居民的所得征税额中扣除,其数额等于在另一国所缴纳的所得税收;

(2)从对该居民的所得征税额中扣除,其数额等于在另一国所缴纳的所得税收。

但该项扣除,在任何情况下,应不超过视具体情况可以在另一国征税的那部分所得或财产在扣除前计算的所得税额或财产税额。

2.按照本协定的任何规定,缔约国一方居民取得的所得或拥有的财产,在该国免税时,该国在计算该居民其余所得或财产的税额时,可对免税的所得或财产予以考虑。

第六章 特别规定

第二十四条 无差别待遇

1.缔约国一方国民在缔约国另一方负担的税收和有关条件,不应与缔约国另一国民在相同情况下,负担或可能负担的税收或有关条件不同或比其更重。虽有第一条的规定,本规定也应适用于不是缔约国一方或双方居民的人。

2."国民"一语是指:

(1)所有有缔约国一方国籍的个人;

(2)根据缔约国一方的现行法律取得其法律地位的所有法人、合伙企业和团体。

3.缔约国一方居民无国籍的人在缔约国任何一方负担的税收和有关条件,不应与该国国民在相同情况下,负担或可能负担的税收或有关条件不同或比其更重。

4.缔约国一方企业在缔约国另一方的常设机构税收负担,不应高于进行同样活动的另一国企业。

本规定不应被理解为,缔约国一方由于公民地位或家庭负担原因给予本国居民在税收上任何个人的扣除、优惠和减税,也必须给予缔约国另一方居民。

5. 除适用第九条第 1 款、第十一条第 6 款或第十二条第 4 款的规定外,缔约国一方企业支付给缔约国另一方居民的利息、特许权使用费和其他款项,在确定该企业纳税利润时,应与在相同条件下支付给首先提及国家的居民一样扣除。同样,缔约国一方企业对缔约国另一方居民的任何债务,在确定该企业应纳税财产时,应与在相同条件下首先提及国家的居民的债务一样扣除。

6. 缔约国一方企业的资本全部或部分,直接或间接为缔约国另一方一个或一个以上的居民拥有或控制,该企业在首先提及的国家负担的税收和有关条件,不应与首先提及国家的其他类似企业负担或可能负担的税收和有关条件不同或比其更重。

7. 虽有第二条的规定,本条规定应适用于各种税收。

第二十五条　相互协商程序

1. 当一个人认为缔约国一方或双方的措施,导致或将导致对其不符合本协定规定的征税时,可以不考虑国内法律所规定的补救方法,将案情提交其本人为居民的缔约国主管当局;或者如果其案情属于第二十四条第 1 款,可以提交其本人为国民的缔约国主管当局。该项案情必须在不符合本协定规定的征税行动第一次通知起,3 年内提出。

2. 主管当局如果认为提出的意见合理,又不能单方面满意地解决时,应设法与缔约国另一方主管当局相互协商解决本案,以避免不符合本协定的征税。达成的任何协议应予执行,而不受该缔约国国内法律的任何时间限制。

3. 缔约国双方主管当局应相互协商设法解决在解释和实施本协定时发生的困难和疑义。缔约国双方主管当局也可以对为避免本协定未规定的双重征税进行协商。

4. 缔约国双方主管当局为对以上各款达成协议,可以直接相互联系。当认为达成协议需要口头交换意见时,可以通过缔约国双方主管当局指派代表组成的委员会进行。

第二十六条　情报交换

1. 缔约国双方主管当局应交换为实施本协定的规定所必需的情报,或缔约国双方关于本协定所涉及的税种的国内法律,按此征税与本协定不相抵触的情报。情报交换不受第一条限制。缔约国一方收到的任何情报,应与按该国国内法律取得的情报同样保密。仅应告知本协定规定税收的查定征收以及有关的执行起诉或裁决上诉的人员或主管当局(包括法院和行政管理部门)。上述人员或主管当局仅应为上述目的使用该项情报,但可在公开法庭程序或法庭判决中透露有关情报。

2. 第 1 款的各项规定,在任何情况下,不应被理解为,缔约国一方有义务:

(1)采取与该缔约国或缔约国另一方的法律或行政惯例不相一致的行政措施;

(2)提供按照该缔约国或缔约国另一方的法律或正常行政渠道得不到的情报;

(3)提供泄露任何贸易、经营、工业、商业或专业秘密或贸易过程的情报,或泄露后将违反公共政策(公共秩序)的情报。

第二十七条　外交代表和领馆官员

本协定,应不影响按照国际法一般原则或按照特别协定规定的外交代表或领馆官员的财政特权。

第二十八条　区域的扩大

1. 本协定通过其全部或任何必要的修改,可以扩大到(实施本协定中具体未包括的甲国或乙国领土的任何部分,或)甲国或乙国负责其国际关系的任何国家和地区,而该国家或地区所征收的税收又与本协定适用的税收性质相同。这种扩大,应从缔约国双方通过外交途径的换文或按照其宪法规定的章程的方式指定的和同意的日期生效,并从属于以上的修改和条件,包括终止的条件。

2. 除缔约国双方另有协议外,缔约国一方按照第三十条终止本协定时,本协定(对甲国或乙国的领土的任何部分)对任何按本条规定加以扩大的国家或地区也同时终止。

(注:括号中的文字,适用于按照特别规定,一个缔约国的一部分地区不适用本协定的情况)

第七章 最后规定

第二十九条 生效

1. 本协定应经过批准,批准文件应尽快在　　互换。
2. 本协定应在互换批准文件后生效,其规定生效日期是:
(1)在甲国;
(2)在乙国。

第三十条 终止

本协定在缔约国一方终止以前应继续有效。缔约国任何一方,可以在　年以后任何历年年底前至少6个月通过外交途径发出终止通知终止本协定。在这种情况下。本协定将自下列日期起停止有效:
(1)在甲国;
(2)在乙国。

结束语

关于签署的结束语应按照缔约国双方的宪法程序加以草拟。

附录三 国际税收相关词汇中英文对照表

abuse of tax convention	税收协定滥用
alienation of property	财产转让
allowances	税收减免
anti-avoidance measures	反避税措施
associated enterprises	关联企业
base company	基地公司
bilateral tax convention	双边税收协定
bit tax	比特税
border tax adjustments	边境税收调整
bounded area	保税区
branches	分公司
breach of treaties	违约
business profits	营业利润
captive insurance company	内部保险公司
channel approach	渠道法
conduct company	导管公司
cooperation of tax	税务合作
corporate income tax	公司所得税
Customs Cooperation Council (CCC)	海关合作理事会
Customs Union	关税同盟
destination principle	消费地原则
direct conduct companies	直接导管公司
double taxation	重复征税
duty paying value	完税价格
economic double taxation	经济性重复征税

electronic commerce	电子商务
European Community	欧洲经济共同体
European Union (UN)	欧洲联盟
evasion	逃税
excise duties	消费税
exclusion approach	排除法
exemption	免税
exit taxes	出境税
export rebates	出口退税
finance company	金融公司
free port	自由港
Free Trade Area (FTA)	自由贸易区
free zone	自由区
full accumulation	充分累积制度
General Agreement on Tariffs and Trade (GATT)	关贸总协定
Generalized System of Preference (GSP)	普惠制
graduation clause	毕业条款
harmful tax competition	有害税收竞争
holding company	控股公司
international double taxation	国际重复征税
international tax avoidance	国际避税
international tax competition	国际税收竞争
international tax convention	国际税收协定
international tax evasion	国际逃税
international tax harmonization	国际税收协调
international tax heavens	国际避税地
international tax integration	国际税收一体化
international tax practice	国际税收惯例
international taxation	国际税收
Internet Tax Freedom Act of 1998 (ITFA)	《互联网络免税法案》
investment company	投资公司
juridical double taxation	法律性重复征税
limitation on credit	抵免限额

looking-through approach	透视法
method of credit	抵免法
method of direct credit	直接抵免法
method of exemption with progression	累进免税法
method of full exemption	全额免税法
method of indirect credit	间接抵免法
method of tax deduction	扣除法
method of tax exemption	免税法
Most Favored Nation(MFN)	最惠国
multilateral tax convention	多边税收协定
national treatment	国民待遇
non-discrimination	非歧视
off-shore banks	离岸银行
off-shore center	离岸中心
origin principle	产地原则
Pacific Economic Cooperation Council(PECC)	环太平洋经济合作会议
permanent establishment	常设机构
principle of non-discrimination	非歧视原则
regional tax integration	区域性税收一体化
residence rules	居住地原则
service company	服务公司
shipping company	航运公司
source rules	来源地原则
stepping stone conduct companies	脚踏石导管公司
subject to tax approach	征税法
tariff	关税
tariff concession	关税减让
tax administration	税收征管
tax exiles	税收流亡
tax heaven	避税港
tax incentives	税收优惠
tax jurisdiction	税收管辖权
tax planning	税收筹划

tax policy	税收政策
tax sources	税收来源
tax sparing credit	税收饶让抵免
tax-systematic double taxation	税制性重复征税
the General System of Preferences(GSP)	普惠制
the Organization for Economic Cooperation and Development(OECD)	经济合作与发展组织
thin capitalization	资本弱化
trading company	贸易公司
transfer pricing	转让定价
Treaty of Rome	罗马条约
trust	信托
trust contract	信托合同
value added tax	增值税
withholding tax	预提税
World Trade Organization (WTO)	世界贸易组织

参考文献
References

[1] 查尔斯·I.肯森,辛西娅·A.布卢姆.国际税收[M].北京:中信出版社,2003.

[2] 蔡金荣.电子商务与税收[M].北京:北京税务出版社,2000.

[3] 程永昌,李万甫.国际税收学[M].北京:中国税务出版社,2001.

[4] 戴正华,夏仕平.国际税收新编[M].上海:上海交通大学出版社,1999.

[5] 邓力平.经济全球化、WTO与现代税收发展[M].北京:中国税务出版社,2000.

[6] 杜莉.国际税收学[M].上海:上海三联书店,2001.

[7] 方卫平.国际税收学[M].上海:上海财经大学出版社,2003.

[8] 葛惟熹.国际税收学[M].北京:中国财政经济出版社,1999.

[9] 韩霖.国际税收竞争的效应、策略分析:结合我国国情的研究[M].北京:经济科学出版社,2006.

[10] 胡怡建.税收学[M].上海:上海财经出版社,1999.

[11] 黄济生,殷德生.国际税收理论与实务[M].上海:华东师范大学出版社,2001.

[12] 黄衍电.国际税收教程[M].北京:中国财政经济出版社,2002.

[13] 靳东升.税收国际化趋势[M].北京:经济科学出版社,2003.

[14] 梁蓓,罗勇翔.国际税收[M].北京:对外经济贸易出版社,2003.

[15] 刘隽亭,刘李胜.WTO版纳税、避税与反避税[M].北京:社会科学文献出版社,2002.

[16] 罗宏斌.国际税收学[M].成都:西南财经大学出版社,1996.

[17] 曲顺兰,程燕婷.国际税收学[M].山东:山东人民出版社,2006.

[18] 谭荣华.税务信息化简明教程[M].北京:中国人民大学出版社,2001.

[19] 王铁军,苑新丽.国际税收[M].北京:经济科学出版社,2002.

[20] 徐信艳.国际税收学[M].上海:立信会计出版社,2005.

[21] 杨斌.国际税收[M].上海:复旦大学出版社,2003.

[22] 杨志清.国际税收理论与实践[M].北京:北京出版社,2001.

[23] 朱青.国际税收[M].北京:中国人民大学出版社,2001.
[24] 邵东驰,陈方华.澳大利亚对跨国公司转让定价税务管理给我们的启示[J].安徽税务,2001(7):17.
[25] 陈合.我国外资企业避税的原因、形式及对策[J].经济师,2005(10):51.
[26] 陈贺菁.论经济全球化下的避税地问题[J].福建税务,2000(12):6.
[27] 陈秀丽.跨国公司的国际避税方式——信托避税[J].涉外税务,2002(10):36.
[28] 陈岩.经济全球化条件下跨国公司的国际避税行为[J].生产力研究,2006(12):230.
[29] 初鸣.加拿大的反避税措施[J].科技地带,2003(7):39.
[30] 楚天鸣.国际避税地利弊分析[J].涉外税务,1997(6):25.
[31] 戴海先.日本反避税税制及其启示[J].安徽税务,2002(理论专刊):61.
[32] 邓立平.经济全球化下的国际税收竞争研究:理论框架[J].税务研究,2003(1):11.
[33] 范信葵.刍议国际避税地对非避税地国家的影响[J].北方经济,2006(7):51.
[34] 高树兰.现阶段我国反避税工作面临的挑战与对策[J].经济纵横,2003(2):16.
[35] 胡峰.国际避税产生的动因分析[J].郑州经济管理干部学院学报,2002(3):18.
[36] 靳东升.税收国际协调的现状及发展趋势[J].经济要参,2003:(6).
[37] 靳东升.税收国际协调的展望及思考[J].经济社会体制比较(双月刊),2002(65):71.
[38] 金合武.税收征管权与收入归属权可以分离[J].中国税务报,2007(1):2.
[39] 匡双兴,徐瑞英.浅谈国际税收[J].当代审计,1999(6):44.
[40] 李慧.美国的反避税税制[J].山东税务纵横,2003(11):55.
[41] 李君,谢凤琴.税收管辖权与国际重复征税刍议[J],吉林财税.1999(31):32.
[42] 李爽.国际反避税合作中进行信息交换的障碍及对策[J].涉外税务,2002(6):31.
[43] 刘颖.国际避税的主要形式及其防范[J].经济论坛,2005(12):31.
[44] 刘耘.刍议跨国公司的国际避税与反避税[J].福建税务,2002(7):6.
[45] 牟文华,王复生.资本弱化——国际避税的焦点[J].商业经济,2006

(7):54.

[46] 聂鸿杰,刘宏.跨国公司利用常设机构进行国际避税的可能性及其形式[J].福建税务,1998(5):12.

[47] 牛峻.德国的反避税措施[J].税收科技,2003(8):42.

[48] 荣宏庆,丛春荣.欧盟税收一体化的协调内容及其借鉴[J].当代经济研究,2006(41):43.

[49] 荣满传.英国的反避税措施[J].税收科技,2003(9):41.

[50] 沈卫中.避税行为的成因、后果及法律评价[J].宁夏党校学报,2002(4):47.

[51] 苏宁.简述国际避税的形成原因及方式[J].黑龙江财会,2000(10):8.

[52] 孙岚.国际避税的防范[J].理论界,1999(3):41.

[53] 王辉.跨国公司国际避税的若干形式及其对策[J].兰州学刊,2003(5):118.

[54] 王金红,谢民希.刍议国际避税若干问题[J].生产力研究,2000(5):10.

[55] 王进猛,刘永军,沈黎明.资本弱化的国际比较及影响评析.涉外税务,2003(7):41.

[56] 王玲.国际避税、转让定价与外汇资金流失[J].中国外汇管理,2001(6):26.

[57] 王仙花.西方国家的反避税税制[J].山西财经大学学报,1998(5):44.

[58] 王裕康.展望21世纪税收协定[J].中国税务报,2002(1).

[59] 王仲礼.不可或缺:征管管辖[J].理论园地,2000(11):13.

[60] 翁晓健.国际税收概念刍议[J].涉外税务,1996(11):24.

[61] 萧明同.国际税收90年代发展趋势[J].涉外税务,1999(7):29.

[62] 萧明同.欧盟税收一体化的功绩、困难及借鉴[J].涉外税务,2005(1):45.

[63] 邢成.中国加入WTO后的国际避税与反避税研究[J].现代财经—天津财经学院学报,2000(11):21.

[64] 熊铁军.国际避税地的避税方式及反避税措施[J].涉外税务,1994(8):19.

[65] 杨斌.防止跨国公司避税之对策的比较研究(下)[J].涉外税务,2003(7):32.

[66] 印中华,田明华.国际避税问题及中国应采取的对策[J].世界贸易组织动态与研究,2005(12):8.

[67] 苑新丽.国际税收协调的发展趋势[J].财经问题研究,2002(10):67.

[68] 张新怿.我国外商投资企业与外国企业的避税探讨[J].北方经贸,2006

(5):55.

[69] 郑榕.经济全球化背景下的国际税收政策[J].涉外税务,2002(5):23.

[70] 郑榕.关于涉外税收和国际税收学科概念内涵和外延的再界定[J].扬州大学税务学院学报,1999(3):33.

[71] 中国国际税收研究会理论研究部."区域经济一体化进程中有关税收协调的国际借鉴研究"课题研讨会综述[J].涉外税务,2005(79):80.

[72] 朱青.对付国际避税:各国政府各有高招[J].中国税务,2003(11):16.

[73] Barry Bracewell Milnes, Wisselink M A. International Tax Avoidance[M]. Deventer:Kluwer,1978.

[74] Michael Lang. The Application of OECD Model Tax Convention to Partnerships[J]. Kluwer Law International,2000.

[75] Parl R Me Daniel, Hugh J Ault. Introduction to United States International Taxation[M]. Deventer:Kluwer,1981.